KB119001

가족복지론

좌현숙 · 김혜래 · 김혜미 · 변귀연 · 신나래 · 신영화
신은주 · 양숙미 · 유영림 · 윤혜미 · 홍순혜 공저

Social Welfare with Families

학지사

🌱 머리말

사회복지제도가 도입된 이래 가족은 언제나 사회복지의 중심에 있었다. 사회복지제도는 전통적인 가족기능을 보완, 대체 및 강화하기 위해 등장하였다. 가족이 변화함에 따라 가족복지 또한 전면적인 변화가 불가피하게 되었다.

한국사회가 경험하는 가족변화는 그 어느 사회보다도 극심하다. 1인 가구의 증가, 비혼과 만혼의 증가, 세계 제1위의 초저출생률 등 가족은 급격하게 변화하고 있다. 현대사회에서 가족은 변화하지 않는 실체가 아니다. 사회구조의 변화에 의하여 영향을 받고, 또 한편으로 사회를 이끌어 가는 원인을 제공하기 때문에 대부분의 국가에서 가족은 정책의 주요 대상이 되어 왔다.

코로나 팬데믹 위기로 한국사회는 다양한 문제에 직면했고 그 다양한 문제 중에서 가장 큰 문제는 '돌봄'의 공백이었다. 이러한 돌봄의 공백은 가족구성원이 고스란히 부담해야 하는 문제로 다가왔다. 정부는 적극적으로 돌봄문제에 대응했으나 충분하지 않았고, 돌봄공백은 돌봄위기가 되어 개별가족과 특히 여성 구성원의 부담을 가중시켰다. 급격한 가족의 변화는 기존 가족복지의 질적인 변화, 즉 가족복지 패러다임의 전환을 요구하고 있다.

이 책은 최근 우리사회에서 나타나고 있는 가족의 변화와 가족가치관의 변화, 또한 새로운 가족이슈를 이해하고 사회복지사로서 전문적인 역할을 수행하는 데 필요한 지식과 기술을 학습하고 새로운 가족복지의 발향을 모색하는 데 도움이 되도록 출간하였다.

이 책은 총 13장으로 구성되었다.

제1장 가족과 가족복지에서는 가족의 개념과 가족 관련 이론을 소개하고, 한국가족의 변화를 살펴본 후 가족복지의 역할과 기능을 설명하였다. 제2장 가족체계와

가족생활주기에서는 전통적 가족치료의 기초가 되는 체계이론의 주요 개념을 소개하고 가족을 체계론적 관점에서 가족체계를, 그리고 시간적 관점에서 가족생활주기를 중심으로 살펴보았다. 제3장 가족복지정책에서는 가족복지정책의 배경, 개념, 대상 등을 살펴보고, 탈상품화, 탈가족화 등 가족복지정책의 주요 쟁점들을 소개하였으며, 복지국가의 다양한 가족정책 현황과 문제점 및 과제를 살펴보았다.

제4장 한국의 가족복지 관련법과 정책에서는 가족을 지원하는 공공부조 등 정책 및 관련법을 통해 다양한 법률안에서 가족이 어떻게 규정되고 있으며 어떤 역할을 하고 있는지, 그리고 한국의 가족복지정책의 맥락과 특성을 분석하고 있다. 제5장 가족사례관리에서는 가족사례관리의 개념, 목적, 실천이 지향하는 주요 관점을 소개하고, 가족사례관리의 실천과정과 구체적인 실천사례를 기술하였다. 제6장 가족치료에서는 가족치료 모델의 초기 모델과 후기 모델을 소개하고, 각 모델의 시각, 치료모델, 변화과정, 기법 등 특성에 대해 소개하였다.

제7장 빈곤가족에서는 빈곤의 개념과 빈곤가족의 발생원인, 빈곤가족의 현황과 문제, 빈곤가족을 위한 사회복지정책 및 서비스, 빈곤가족 지원의 과제를 소개하였다. 제8장 한부모가족의 가족복지에서는 한부모 가족의 문제를 유형별로 분석해 보고, 한부모가족의 어려움을 해결할 수 있는 사회복지실천과정과 유형을 살펴보았으며, 궁극적으로 한부모가족 문제를 예방하고 해결하기 위한 사회복지정책을 검토, 대안을 제시하였다. 제9장 아내학대 가족의 가족복지에서는 가정폭력에 대한 정의와 실태를 살펴본 후 아내학대에 대한 대표적인 이론적 접근을 고찰하였다. 그리고 한국에서의 아내학대 가족에 대한 서비스 현황과 향후 바람직한 대책 등에 대해 살펴보았다.

제10장 다문화가족에서는 다문화가족의 정의와 유형, 다문화가족을 이해하기 위한 이론과 더불어 다문화가족의 욕구 및 어려움을 살펴보고, 다문화가족을 위한 정책 및 서비스와 사회복지실천에 대해 논의하였다. 제11장 알코올 중독자 가족에서는 알코올 중독에 대한 사회복지실천의 분야 및 전문치료기관, 지역사회지원 등을 소개하였다. 제12장 장애인가족과 사회복지실천에서는 장애인가족에 대한 이해, 장애인가족의 욕구와 문제점, 장애인가족을 바라보는 다양한 관점과 장애인가족을 지원하기 위한 사회복지실천을 소개하였다. 제13장 가족복지의 미래 전망과 과제 부분에서는 한국사회의 인구, 가족구조의 변동과 가족인식의 변화 및 장래가구추

계를 통해 본 가족변화의 전망과 함의, 그리고 가족복지의 과제를 제시하였다. 마지막으로, 가족정책의 패러다임 전환 및 가족구성권 인정 등 과제를 제시하였다.

이 책은 2005년 한국여성복지연구회에서 출간한 『가족복지론』 초판에 뿌리를 두고 있다. 『가족복지론』 초판은 성인지적 관점과 생애주기별 접근을 가진 최초의 책으로, 이후 가족의 변화를 반영하여 개정을 한 바 있다. 이번에는 한국여성복지연구회 회원 이외에 외부 집필진 세 분을 모시고 이번 책을 출간하게 되었다. 이 책에서는 가족변화의 동향과 전망 및 다양한 가족의 실태에 대한 자료를 최신화하였고 가족 사례관리에 대한 이론과 과정을 구체적으로 이해하도록 실제 사례를 추가하였다. 빈곤가족과 한부모가족, 아내학대가족, 다문화가족의 욕구과 문제점 등을 구체적으로 살펴봄으로써 우리 사회 다양한 가족문제에 대한 지식과 민감성을 높이도록 하였다.

책의 초기 기획을 해 주신 전 회장인 신영화 교수님과 처음부터 출간하는 마지막까지 고생해 주신 편집위원장 좌현숙 교수님, 그리고 책이 나올 때까지 지원해 준 학지사에 감사함을 전한다.

2023년 9월
집필자 일동

차례

제**1**장

가족과 가족복지

1. 가족과 가족복지의 이해

1) 개념

(1) 가족의 개념

가족이란 무엇인가? '가족'은 누구에게나 익숙한 개념이지만 모두에게 똑같은 의미를 가지고 있는 것은 아니다. 미국 인구센서스국에서는 가족(family)을 '출생, 혼인, 또는 입양으로 연결된 두 사람 이상이 가구[1]를 구성하고 있는 것'으로 보았다. 우리나라에서도 출생, 혼인, 입양을 가족을 구성하는 조건이라고 여겨 왔다. 그렇다면 혼인신고 없이 성인 남녀가 각자의 자녀와 함께 한집에서 살고 있다면 이들은 가족일까? 혈연관계가 없는 아동을 일정 기간 양육해 주는 위탁가정은 가족일까? 두 사람의 친구가 오랜 세월 서로를 돌보며 같은 집에서 살고 있다면 이들은 가족일까? 이러한 질문들에 쉽게 답하기 어려운 이유는 시대와 사회의 변화에 따라 사람

---

1) 가구(household)는 '하나의 주거 단위에 살고 있는 모든 사람'을 의미한다(Fields, 2003).

들의 관계와 삶의 형태도 끊임없이 변하기 때문에 유일하면서도 포괄적인 가족 정의를 내리는 일이 사실상 불가능하기 때문이다.

그럼에도 불구하고 가족 개념이 중요한 이유는 우리 사회의 법과 사회정책이 가족을 사회의 기본단위로 보기 때문이다. 개념(concept)의 어원은 '하나로 모아(con) 꼭 붙잡다(cept)'라는 뜻이라고 한다. 개념은 어떤 일의 '시작'이자, 모두가 공유하는 '시각'이다. 가족을 어떻게 정의하는가는 한 사회의 가족에 대한 시각을 반영하므로 정책의 근거이자, 정책 목표 설정의 방향타가 된다.

가족을 보는 시각은 크게 두 가지로 나눌 수 있다. 하나는 가족을 인류 보편의 사회제도로서 하나의 표준적 형태가 있다고 보는 것이다. 이 시각에서는 가족이 자녀를 양육하고 동일한 공간에 거주하며, 구성원 간 유대감으로 연결된 집합체라는 특성을 강조한다. 머독(Murdock, 1949)의 다음과 같은 가족 개념이 대표적이다.

> 가족이란 법률적으로 인정된 배타적 성적 관계를 유지하는 서로 다른 성(性)을 가진 두 사람의 성인과 그들이 출산한 자녀들이 주거와 경제를 공유하는 사회적 집단이다.

머독은 가족 내 여성의 일차적 역할이 아내이며 어머니이고, 남성의 역할은 남편이면서 생계유지자라고 보고, 가족이란 후속세대를 양육하고 교육하며 돌보는 불변의 의미를 가진다고 본다. 이른바 '근대 가족'이다. 근대 가족 개념은 산업화가 급속히 진행되던 근대 국가 형성기에 정형화된 가족 개념이다. 농촌 인력이 산업화에 동원되면서 도시로 몰리자, 대가족은 자연스럽게 붕괴되었고 부부애를 중심으로 한 핵가족 모델이 바람직한 가족관으로 정형화되었다.

두 번째 시각은 가족을 보편적인 것으로 보기보다 어떤 특정한 사회질서 안에서 생겨난 철학적이고 이념적인 구성단위로 보는 것이다. 기든스(Giddens, 1992)가 대표적 학자인데, 현대사회의 가족을 다음과 같이 정의하였다.

> 가족은 정서적이고 물질적인 지지에 기반을 둔 둘 또는 그 이상의 사람들이 상호 간에 기대를 갖고 그들의 삶의 유형과 관계없이 상호책임감, 친밀감과 계속적인 보호를 주고 받는 구성체이다.

머독의 정의와 달리 이 정의에는 가족이라는 개념에 혼인이 반드시 합법적이어야 한다거나 부부가 서로 다른 성별이어야 한다거나 자녀가 혈연이어야 한다거나, 주거를 공유해야 한다는 내용이 없다. 기든스는 가족을 한 사회의 인구·정치·사회적 변동에 따라 변화하는 구성물이며, 혈연에 따른 자연적 집단이 아니라 사랑과 친밀성이 중심이 되는 상호헌신의 계약관계로 보았다. 이 개념은 가족 전체보다 가족구성원 개인에게 초점을 맞춘다.

(2) 가족복지의 개념

가족복지는 가족을 단위로 한 사회복지접근을 말하며, 서구에서는 1960년대 말에, 그리고 한국에서는 1990년대에 등장한 용어이다. 역사를 되돌아보면 사회복지제도는 대부분 빈곤, 자녀양육, 가족구성원의 장애나 질병, 가족갈등, 노후 돌봄과 같은 가족의 문제와 관련된 것이었다. 시간이 흐르면서 차차 가족과 사회변화의 역동적 상호관계를 고려한 '사회제도로서의 가족'이라는 시각에서 가족복지의 영역이 구축되었다. 캐머만과 칸(Kamerman & Kahn, 1978)은 가족복지를 가족의 보호, 가족제도의 보장과 가족기능 강화에 목적을 둔 활동으로 본다. 정리해 보면 가족복지는 가족구성원 개개인, 또는 한 단위로서의 가족 전체를 대상으로 제도나 서비스를 통해 가족과 구성원의 복리상태를 유지하려는 공공과 민간의 노력이라 할 수 있다.

그러면, 가족복지는 '어떤 가족'을 대상으로 하는가? 가족복지의 대상과 내용은 가족을 어떻게 이해하는가에 달려 있다. 머독(1949)처럼 보편적이고 이상적인 표준적 가족이 있다고 가정할 것인지(the family), 아니면 기든스(1992)처럼 가족을 사회변동에 따라 변화하는 유기체로 볼 것인지(families)에 따라 달라지는 것이다. 전자의 입장에서 보면 가족문제는 개별 가족이 보편적 가족기능을 제대로 수행하지 못하는 데서 비롯되므로 가족복지의 핵심은 가족의 기능수행을 보완해 주는 것이라고 본다. 예를 들면, 핵가족을 이상적인 가족유형으로 보고 정책의 기본 대상으로 삼는 것이다. 결혼을 장려하며 이혼예방에 주력한다. 즉, 가족복지는 전통적 핵가족의 보호기능을 유지, 강화 또는 대체하는 일련의 노력을 말한다.

후자의 입장에서 보면 가족복지는 헌신과 책임에 기반한 사람들의 구성체라는 점에 초점을 두고 가족이 어떤 유형이든 간에 이들을 옹호하고 지원하는 것이다. 가족문제는 개인과 사회 사이에 위치한 중간집단으로서의 가족이 사회변동에 대응하지 못하는 데서 비롯된다고 본다. 따라서 사회변화에 가족이 보다 효과적으로 대응하여 구성원 간의 친밀감과 보호책임을 지속할 수 있도록 하려는 것이 가족복지라는 입장이다. 하나의 이상적 가족유형이 존재한다는 가정을 배격하고 다양한 형태의 가족을 포괄하여 어떤 유형이든 가족으로 존중받고 기능을 유지할 수 있도록 지원해야 한다는 것이다.

시간이 지나면서 가족복지는 '가족'이라는 제도를 옹호하고 지원하는 입장에서 더 나아가 가족구성원 개인의 권리와 행복을 옹호하는 시각을 반영하게 되었다. 〈표 1-1〉은 두 가지의 대표적인 가족 개념과 가족문제, 그리고 가족복지에 대한 시각을 정리한 것이다.

표 1-1 가족과 가족문제, 가족복지의 개념

대표 학자	머독	기든스
가족 개념의 주요 구성요소	법률로 공인된 관계	정서적 친밀성에 따른, 헌신의 계약관계
	이성의 성인과 자녀	2인 이상의 공동체
	경제와 주거의 공유	상호책임감, 친밀감, 계속적 보호
가족문제	개별가족의 보편적 기능수행에 문제 발생	가족이 사회변동에 대응하지 못해서 발생
가족복지	개별가족의 기능수행을 보완하려는 노력	가족기능 회복 및 사회의 영향요인에 대응하려는 노력

2) 가족기능과 가족복지

(1) 가족기능

가족은 인간이 발달시켜 온 제도 중 가장 오래된, 모든 문화권에서 공통적으로 발견되는 삶의 방식이다. 사람들은 왜 가족을 이루고 살아왔을까? 아마 혼자보다는 두 사람 이상의 공동생활이 심리적 안정을 주고, 경제적으로 이득이며, 자녀를 낳아 기르기에 유리하기 때문일 것이다. 그러면 가족은 어떤 기능을 수행해 온 것일까?

노동력이 중요했던 농경시대에는 자녀를 많이 낳고, 3세대 이상의 대가족을 이루고 살았다. 생산, 종교, 돌봄, 교육, 소비, 주거, 정서적 지지 등 거의 모든 기능이 가족 내에서 자급자족되었다. 그러다 산업화와 도시화로 대표되는 근대사회에 이어 현대 정보화 시대로의 사회발전은 가족기능에도 많은 변화를 가져왔다. 과거 가족 내에서 자급자족되었던 가족기능의 많은 부분이 가족 외부에서 충족되게 된 것이다. 예를 들면, 가족의 생산과 소비 기능은 일터와 시장에서 해결되고 있으며 종교와 교육, 양육 기능도 종교기관과 공·사적 교육기관의 발달에 따라 가족 외부에서 충족된다. 반면, 개인이 가족에게서 느끼는 정서적 지원과 심리적 안정을 외부에서 대체하기는 어렵다. 이 때문에 가족기능의 우선순위에도 변화가 생겨 현대가족에서는 생존과 사회화를 지원하는 기능보다 애정과 안정감 등의 정서적 기능의 중요성이 크게 강조되고 있다.

또한 전통적 가족기능의 많은 부분이 사적 영역에서 공적 영역으로 옮겨 가면서 가족의 사적인 역기능(아동학대, 청소년 부적응, 배우자 폭력 등) 해결이 공공 영역의 예방과 대응 프로그램으로 이관되면서 가족기능의 경계가 모호해지고 있다. 가족 역기능 또는 가족문제에 대한 공공과 민간 영역의 대응은 가족복지 접근방법의 하나로 발전하고 있다. 〈표 1-2〉는 현대가족의 기능에 대한 학자들의 견해이다.

표 1-2 학자들의 가족기능 분류

스미스와 프레스톤 (Smith & Preston, 1977)	스트롱과 코헨 (Strong & Cohen, 2014)	패터슨 (Patterson, 2002)	장혜경 외 (2006)
• 경제적 기능 • 재생산 기능 • 성적 활동 통제 기능 • 사회화를 통한 문화 전달 • 지위 수여 • 애정과 동반자 정신 • 자녀양육 기능	• 경제적 협조단위 • 자녀 출산 • 사회화 • 가족지위와 사회적 역할 할당	• 경제적 지지 • 재생산과 가족집단 형성 • 양육·교육 및 사회화 • 노약자 보호	• 정서적 기능 • 경제적 기능 • 재생산 기능 • 사회화 기능 • 복지 기능

〈표 1-2〉에서 보여 주는 가족기능을 정리하여 구체적으로 살펴보면, 크게 세 가지 정도로 축약할 수 있다. 첫째, 친밀성에 기반한 정서적 지지 기능이다. 친밀성은 인간에게 가장 원초적인 욕구이다. 개인은 가족 속에서 가장 강력한 애정과 소속감을 느낀다. 특히 사회발달에 따라 산업화·관료화·상업화가 진전되고 기술발달로

비대면적 상황이 확대되면서 사람들은 가족이 제공하는 영속적이고 대가 없는 친밀감과 정서적 지지를 더 중요하게 생각하게 되었다. 지위와 직함, 역할로 인정받아야 되는 세상과 달리 가족이야말로 구성원들이 안전하게 정서적 욕구를 표현하면서 자기 자신으로 살아갈 수 있는 체계이기 때문이다. 한편, 가족기능으로서의 정서적 기능의 부각은 산업사회에서 부부간 친밀감이나 애정이 사라진다면 가족으로서의 존재이유가 그만큼 약해진다는 해석도 가능하다. 현대사회에서 이혼의 증가는 이러한 맥락에서 이해될 수 있다.

둘째, 가족의 재생산과 사회화 기능이다. 자녀를 출산하고 양육하는 기능은 사회제도 중 가족만이 가지는 고유한 기능이기도 하다. 혼인 여부나 가족유형에 상관없이 가족은 자녀 출산과 양육을 통해 재생산과 사회화 기능을 수행해 왔다. 가족 안에서 자녀는 대인관계의 법칙을 배우고 성역할, 또래관계, 자신과 타인에 대한 책임을 습득하며 윤리와 가치를 배우게 된다. 가족은 기성세대에서 다음 세대로 고유의 언어, 믿음, 종교, 지식과 의식 및 가족 전통 등의 문화적 전통을 전수하는 기능을 하기 때문이다. 인터넷이 보편화된 현대사회에서는 매스미디어와 양방향 SNS가 전 지구적인 차원의 문화 통합과 공유의 기회를 제공하기도 하지만 그렇다고 가족의 사회화 기능을 모두 대체하지는 못한다.

최근 한 가족의 자녀수는 과거에 비해 크게 줄었고 무자녀가족도 증가하고 있어 재생산 기능의 규모는 감소하는 추세이다. 여성의 경제활동 증가에 따라 어린이집과 지역아동센터 등 국가 차원의 육아지원이 늘면서 가족의 돌봄 기능이 사적 영역은 물론 공적 영역을 통해 공유되고 있다. 이러한 현상은 가족의 사회화 기능의 축소로 해석될 수 있으나, 오히려 방향의 전환이라고도 볼 수 있다. 현대가족은 자녀를 적게 낳는 대신 자녀양육의 질과 심도에 더 집중하는 경향을 보이기 때문이다.

셋째, 가족의 경제적 기능이다. 과거 농경시대의 가족은 생산과 소비를 나누는 공동체였으나 현대사회에서 가족의 생산 공동체로서의 기능은 많이 약화되었고, 오히려 경제적 기능 중 소비 공동체로서의 기능이 강화되고 있다. 경제 공동체로서 가족의 경제적 기능이 약화되면 가족이 해체되는 경향이 강해, 국가는 가족의 경제적 기능을 보완하기 위한 제도를 강화해 왔다. 사회부조(국민기초생활보장제도)와 고용보험, 노령연금, 아동수당 등이 그것이다.

정리해 보면, 가족에서는 구성원의 지지, 안정감과 관련된 정서적 기능의 중요성이 점점 더 크게 부각되고 있고 가족의 경제적 기능이나 재생산 기능, 사회화 기능까지도 상당 부분 가족 외부의 공적 부문에서 수행되는 추세이다. 가족의 다양한 기능 중에서 과거에 강력했던 기능이 현대에 와서 약화되기도 하고, 일부 기능에서는 국가나 사회의 개입이 더 큰 비중을 차지하기도 하는 등 가족의 변화에 따라 가족의 기능도 변화 중이다.

(2) 가족기능과 가족복지

가족복지는 사회가 복잡해지고 인구가 늘면서 과거의 단순하고 보편적이며 예측 가능했던 가족의 삶이 균열을 일으키는 데 대한 대응책으로 발달해 왔다. 가족기능이 원활하게 수행되지 못하면 가족문제로 이어지고, 가족문제가 잘 해결되지 못하면 가족의 안정성이 위협받게 된다. 다음 사례를 보자.

사례 ❶

김○화(45)씨는 3년 전 가정폭력을 피해 이혼하고 각각 중학교와 초등학교에 진학하는 딸(13)과 아들(7)을 양육하고 있는 한부모로 이혼 후 학습지 방문교사로 일해 왔다. 최근 코로나19 감염병 때문에 무급휴직 중이어서 경제적으로 매우 어려워졌고, 18평 임대아파트에서 두 자녀와 종일 지내면서 심신이 많이 지쳤다. 중학생 딸은 온라인 수업에 관심이 없고 스마트폰 과몰입과 반항적 행동이 심해져서 모녀갈등이 높다. 아버지를 만나고 오면 틱 증세가 심해지는 아들은 어린이집에 다닐 때에도 불안과 경계선 지능장애가 의심된다는 보육교사의 지적이 있었다. 교육 전환기를 맞은 두 아이가 사회적 거리두기 때문에 등교도 못하고 집에서만 지내고 있어 앞으로 새 학교에서의 적응도 걱정된다. 경제적으로도 어려운데 경쟁적인 우리 사회를 생각하면 가족 전체의 미래가 너무 암울해서 분노와 슬픔이 교차하고 자녀들과 함께하는 삶이 버겁다.

이 사례의 가족기능을 살펴보자. 우선, 현대가족에서 대체 불가한 기능으로 중요성을 인정받는 정서적 지지 기능의 약화를 볼 수 있다. 구성원 세 사람 모두가 개인적인 어려움을 겪고 있는데, 어머니는 청소년기 발달위기를 겪고 있는 딸을 이해하고 지원해 주기에 많이 지쳐 있다. 또한 전문적 치료와 상담 및 세심한 배려가 필요

한 어린 아들에게도 안정감, 격려, 애정과 지원을 제공하기 어려워 보인다. 자녀들 역시 가장인 어머니의 책임감이나 부담을 이해하거나 지지하기에는 자신들의 발달단계 과업 및 일상의 상실로 인한 스트레스가 높다. 적절한 개입이 없으면 어머니의 우울감과 절망감, 자녀들의 충족되지 못한 욕구는 갈등과 좌절을 강화시키는 결과로 이어질 것이다.

이 가족의 사회화 기능은 어떤가? 발달단계의 변곡점에 와 있는 두 자녀가 사회적 거리두기로 인해 학교와 놀이터, 지역사회 등에서 배제되어 일상이 중단되고 있어 상대적으로 가족의 사회화 기능이 더 중요해졌다. 그러나 한부모 가정에서 경제와 양육, 가사 등 많은 책임을 혼자 져야 하는 어머니가 스마트폰을 통해 SNS, 유튜브 채널 등 질적인 면에서 걸러지지 않은 다양한 매체에서 쏟아지는 정보와 경쟁하며 자녀들의 건전한 사회화를 수행하기란 쉽지 않다.

경제적 기능 악화는 가족이 가지고 있는 정서적 기능과 사회화 기능에도 부정적 영향을 미친다. 특히 재난이 닥쳤을 때는 계층 차이로 인한 가족의 어려움이 증폭된다. 이 가족의 유일한 생계유지자인 어머니의 실직은 가족의 생활 모든 측면에서 긴장을 가져온다.

이 가족이 일상의 가족기능을 회복하기 위해 외부의 지원이 필요하다는 것은 명백하다. 어머니의 우울증이나 무력감, 아들의 불안장애는 정신보건 관련 치료와 상담이 필요하고, 특히 초등학교 1학년 아들은 돌봄을 시작으로 불안과 경계선 지능장애에 대한 진단과 지속적인 지원 프로그램이 필요하다. 딸 역시 학습지원과 놀이, 문화 박탈에 대한 지원이 필요해 보인다. 미시적 수준에서의 지원과 함께, 어머니의 취업알선과 한부모가정에 대한 소득지원, 지역사회의 가족지원체계를 이용한 접근, 그리고 예기치 못한 위기 상황에서 한부모가족 보호 지원을 위한 보호체계 구축 등 보다 거시적 차원에서의 정책, 행정 등의 지원도 필요하다.

이처럼 가족기능을 회복·유지·강화시키고 사회변화와 발맞추어 가족지원의 방향을 결정하여 정책과 규범을 마련하려는 노력이 가족복지이다. 가족복지의 단위는 전체로서의 가족과 가족구성원 개개인, 양자 모두이다. 이 가정의 경우, 만 12세 미만 아동을 양육하는 경제적으로 어려운 가족에게 통합사례관리를 제공하는 드림스타트, 다양한 가족단위 프로그램을 제공하는 건강가정지원센터(가족센터), 방과후 돌봄과 '느린 학습자' 지원 프로그램을 제공하는 지역아동센터 등 현재 국가와 지방자치단체에서 제공하는 가족복지서비스를 이용할 수 있다.

(3) 가족복지 대상 영역과 방법

가족은 구성원들의 내적 기능과 함께 외부 사회경제체계의 영향에 반응하여 기능하는 집단이다. 가족복지가 구성원 개인과 구성원 간의 내적 역동뿐 아니라 가족정책과 같은 외부 환경과의 상호작용도 포함한다고 할 때, 가족복지의 대상 영역은 무엇일까?

과거에는 가족복지를 스트레스 상황에 처한 가족문제, 즉 가족구성원의 사망, 이혼, 별거, 실직, 전근, 질병 등으로 인해 발생되는 위기 상황에 대응하는 것으로 생각하였다. 또 실직, 파산, 또는 세대 간 전승되어 온 빈곤 등 경제사회적 문제로 일상적 가족기능을 수행하기 어려운 경우도 가족복지의 대상 영역으로 보았다. 가족관계, 가족구성원 개인이 가지고 있는 심신의 문제나 장애 등 가족기능을 지속적으로 저해하는 문제도 포함되었다. 이처럼 만성적 또는 급작스런 위기 상황과 관계갈등 등, 가족 내에서 발생하는 문제 영역이 전통적인 가족복지 영역이었다. 그런데 거시적으로 보면 가족복지 영역은 가족을 구성하고 유지하기 위한 정책 영역도 포함한다. 20세기 이후 대부분의 국가는 결혼, 출생과 관련된 법률, 젠더 관계에 대한 법률, 아동의 보육과 교육 지원, 아동을 양육하는 가족에 대한 세금혜택, 사회보장제도 및 다양한 복지 프로그램으로 가족 형성과 유지에 영향을 미치고 있다.

우리나라의 예를 들어 보자. 그동안 핵가족 중심의 정책을 추진하는 경향이 강했던 정부가 최근 저출생·고령화가 심화되고 성평등의 제도적 실천요구가 높아지자, 가족형성과 가족유지 정책에서 시각의 변화를 보여 주고 있다. 우선, 개인의 선택으로 보아 지원이 미미했던 가족형성과 가족유지 관련 정책이 늘고 있다. 혼인율과 출생률 향상을 위해 각종 출산지원 정책과 신혼부부 주거정책 및 일자리정책, 부모수당, 보편적 보육제도, 돌봄휴가 등 경제적인 측면과 시간적인 측면에서 가족을 지원하고 있다. 또한 가족의 다양성과 가족 내 성평등도 지원한다. 일례로, 2021년 여성가족부의 제4차 건강가정기본계획(2021~2025)은 「건강가정기본법」과 「민법」의 가족 정의와 범위를 확대하고 출생통보제를 도입하는 한편, 자녀의 성(姓) 결정 방식을 부모협의 원칙으로 전환하여 어머니의 성을 쓸 수 있게 하는 등 전통적 부계 중심 핵가족을 넘어서는 시도를 보여 주었다. 물론 법이 개정되기까지에는 상당한 논란과 반대가 예상된다. 그리고 이러한 가족복지 대상 영역은 문제 영역은 물론, 가족형성기-육아기-노후기 등 가족생활주기와 교차시켜 세분화되는 경향이 있다. 지원에서도 전체 가족의 기능회복과 환경개선뿐 아니라 개별 구성원의 욕구에 따른 맞춤형 지원의 중요성을 인정하고 있다.

2. 가족 관련 이론

가족을 어떻게 이해하는가는 한 국가의 가족과 관련된 정책과 서비스의 방향을 결정한다. 가족을 인간 보편의 본성이라 보는지, 특정한 시대와 사회의 정치적·경제적·문화적 구성체라고 보는지에 따라 가족 정책이나 서비스의 방향이 달리 전개되는 것이다. 가족이론은 크게 거시적 관점과 미시적 관점으로 나누어 볼 수 있다. 거시적 관점은 개인을 구속하는 사회와 법제도 등 거시적 구조에서 가족을 설명하는 이론으로 구조기능주의나 갈등주의, 페미니스트 이론 등이 이에 속한다. 미시적 관점은 가족을 개인의 능동적 사고과정과 선택, 타인과의 상호작용과정으로 설명하는 것으로 상징적 상호작용이론과 교환이론이 대표적이다.

1) 구조기능주의 이론

구조기능주의는 사회를 살아 있는 유기체에 비유하여 사회 구성요소들은 사회유지에 적합한 기능을 하며 상호연관되어 있다고 본다. 개인도 사회의 한 부분이며 사회에서 공유하는 가치나 규범은 합의의 산물이기 때문에 사회변화나 갈등은 부정적이며 일시적 현상이라고 본다. 가족 역시 사회체제 유지 기능을 담당하는 긍정적인 사회제도이다. 구조기능주의 이론에 따르면 부모는 자녀가 사회안정에 기여하도록 기존의 사회체제가 요구하는 대로 사회화시키는 역할을 한다. 파슨스(Parsons, 1951)가 대표적 학자이며, 산업화 이후의 현대가족이 사회유지에 가장 적합하게 발전된 가족유형이라고 보았다. 성별분업이 이루어진 핵가족 형태가 산업사회에 기능적으로 가장 적합하다고 본 것이다. 그러나 구조기능주의는 현상유지를 강조하는 보수적 관점으로 갈등과 변동의 중요성을 간과하고 있다고 비판받는다. 1980년대 이후 후기산업사회와 정보화사회로 진행되면서 핵가족이 더 이상 보편적 가족유형이 아니며 다양한 다른 형태의 가족이 등장하고 있는데 구조기능주의는 이를 합리적으로 설명하지 못한다는 것이다.

2) 갈등주의 이론

갈등주의 이론은 사회관계를 기본적으로 지배와 피지배 관계로 보고, 사회 구성요소들은 서로 대립하는 갈등적 관계에 있다고 본다. 갈등은 인간의 욕구에 비해 자원이 희소하기 때문에 모든 시대나 사회에 항상 존재하며, 사회변화의 기여요인으로 파악된다. 주요 학자는 자본주의를 비판한 마르크스(Marx, K. H.)와 엥겔스(Engels, F.)이며 이들은 가족을 자본주의 경제체제의 산물로 보았다. 즉, 가족은 자본주의의 부르주아적 질서를 지탱하는 제도로서, 자본주의의 착취적 속성 때문에 개인이 가족에게 의존적이 되며, 특히 여성의 경제적 의존을 가져와 가부장제와 같은 권위지향적 제도로 귀착된다고 보았다. 갈등주의의 한계는 갈등을 통한 변혁을 강조하기 때문에 개인의 특성이나 사회통합의 중요성을 경시한다는 것이다.

3) 페미니스트 이론

페미니스트 이론에서는 가족 내 권력구조의 불평등성에 주목한다. 19세기 이전의 결혼은 감정보다는 정치적 · 경제적 거래의 산물이었으나, 계몽주의 사상과 임금노동이 확산되면서 '사랑으로 결합하여 남성은 생계를, 여성은 가사와 자녀양육'을 책임지는 가족모델이 등장한 것으로 본다. 페미니스트 이론은 이처럼 가족이 신화화되고 특권화되면서 가부장제를 강화하여 여성과 아동을 억압한다고 설명한다. 또한 상속제도를 통해 한 세대에서 다음 세대로 특권과 불이익이 전달되어 가족이 계급과 성별의 벽을 뛰어넘는 유대를 만들기보다 분할을 재생산하는 제도로 작동한다고 본다(김유미, 2020).

페미니스트 이론은 자유주의 페미니스트 이론, 마르크스주의 페미니스트 이론, 그리고 급진적 페미니스트 이론으로 분화된다. 먼저, 자유주의 페미니스트 이론에서는 여성문제를 개인 차원에서 이해하며 여성문제가 권리와 기회의 부재 때문이므로 남성과 동등한 권리가 보장되어야 한다고 본다. 따라서 가족문제에서도 법과 정책을 통해 호주제 폐지 등의 방법으로 양성 차별을 해결하고자 한다. 둘째, 마르크스주의 페미니스트 이론에서는 여성의 성적 불평등과 여성 억압의 원인이 사회의 형태와 여성의 계급적 위치 때문이라고 본다. 사유재산제를 시작으로 가족제도가 형성되어 성별분업을 가지고 왔으며 여성은 임금을 받는 경제 노동에서 배제되어 지위가 약화되었다고 본다. 즉, 가족 내에서의 억압과 차별이 남성이 아닌 자본주의와 성별분업에 기인한다고 보는 것이다. 셋째, 급진적 페미니스트 이론은 가족제도가 가부장제에 초점을 두고 있다고 본다. 구조화된 공적 영역은 물론, 사적 영역인 가족과 사랑에서도 가부장제가 작동된다는 것이다. 즉, 양성관계를 권력관계로 인식하고, 가족은 여성을 약자의 지위에 묶어 두기 위한 제도라고 본다.

4) 체계이론

체계이론은 인간사회의 심리적·사회적 구조와 관계를 설명하는 보편이론으로 개발되어 상황 속에서 사실과 사건을 설명하는 데 유용한 이론이다. 이후에 발전한 생태체계이론과 같이 인간과 인간을 둘러싼 사회체계의 현상을 설명하는 대표적 이론이 되었다. 체계이론은 인간행동을 원인-결과의 단선적 사고로 이해하기보다 한 체계와 다른 체계의 관계성에 초점을 맞춰 이해한다. 즉, 개인과 환경 사이에 존재하는 상호적응 개념을 중시하고, 개인의 행동은 그가 처한 사회체계에 대한 설명 없이는 이해하기 어렵다고 본다. 체계이론은 가족이론으로도 유용하다. 가족을 하나의 체계로 조망하여 외부 환경체계와 가족의 상호관계, 그리고 가족 내 하위체계와의 관계에서 개인의 상호의존성과 상호작용을 이해하는 틀을 제공해 준다. 한편, 체계이론은 가족현상을 분석하고 설명하는 데 유용하지만 가족 내 성원이 동등하게 체계의 역기능에 기여한다고 가정함으로써 가족 내 남성과 여성의 권력 차이를 간과했으며 다른 이론들처럼 법칙이나 명제를 발전시키기보다는 개념이 지나치게 추상적이어서 설명력이 부족하다는 비판을 받는다.

5) 상징적 상호작용이론

상징적 상호작용이론은 상징과 의미, 상호작용이라는 개념을 토대로 개인의 자아개념의 형성 및 사회와 사회현상을 설명하는 이론이다. 인간은 외부 대상에 대해 자신이 부여하는 의미에 근거하여 행동하는데, 개인과의 상호작용, 그중에서도 언어와 같은 상징적 상호작용이 중요하다. 상징적 상호작용이론은 특히 가족의 사회화과정을 설명하는 데 유용하다. 주요 학자인 미드(Mead, G. H.)는 사회화를 사회적 자아의 획득과정이라고 보았고 사회적 자아 속에 중요타자와 일반화된 타자[2]가 있다고 보았다. 개인은 일상에서 접하는 타인의 시각을 통해 사회화된 자아를 형성해 나가며, 이 과정은 타인과의 상호작용을 통해 이루어진다. 즉, 상호작용 관계에 있는 사람들은 각기 자신의 행동에 대해 상대방이 어떻게 반응할 것인가를 예견하고 상호수용할 수 있는 방식으로 상황을 정의하고 행동의 한계를 설정한다는 것이다. 상징적 상호작용이론은 가족현상의 내면적인 과정, 즉 의사소통, 갈등, 의사결정, 문제해결, 역할 이해, 지위관계 등을 설명하는 데 유용하다. 주요 학자로는 미드, '사회적 자아'의 개념을 주장한 고프먼(Goffman, 1959), '낙인이론' 개념을 만든 베커(Becker, 1963)가 있다. 상징적 상호작용이론의 한계점은 행위자의 중요성을 강조한 나머지 권력, 구조, 역사 등 사회구조의 영향력을 경시하는 경향이 있다고 지적되었다.

6) 교환이론

교환이론의 주요 개념 틀은 행동주의와, 인간의 행동은 그 비용에 따라 결정된다는 경제학의 핵심원리가 결합된 것이다. 기본 전제는 인간은 합리적인 존재이기 때문에 개인과 개인, 개인과 집단, 집단과 집단의 상호작용에서 보상을 극대화하고 비용을 극소화하여 가능한 가장 많은 이익을 얻을 수 있는 상황을 선택한다는 것이다. 사회교환이론에서 비용(cost)은 특정 상황을 선택함으로써 잃게 되는 시간, 돈, 노력, 지위, 관계 등으로 정의된다(Kim, 1990). 교환이론에서 중요한 개념인 보상(reward)은 개인이 다른 사람과 상호작용하면서 경험하는 만족, 기쁨 등 개인이 가

---

2) 일반화된 타자(generalized other): 다른 사람의 역할을 생각하면서 생기는 자기 자신의 이미지(Mead, 1934)

치 있다고 생각하는 것이다. 이익(profit)은 특정 상황에서 보상과 대가에 의해 결정되는데 개인이나 집단은 최대한의 이익과 최소한의 손해를 근거로 의사결정을 한다. 이러한 교환관계는 일대일로 이루어지기도 하고 세대 간 교환으로 나타나기도 하며 순환적 교환이 일어나기도 한다. 예를 들면, 최근 부모-자녀 간 돌봄의 세대 이전을 기대하기 어려워지면서 자녀 출산과 양육 비용에 비해 자녀에게 기대할 수 있는 보상이 적어 교환가치가 낮아졌기 때문에 무자녀가족이 증가한다는 것이다.

이처럼 사회교환이론은 인간은 타인과의 관계에서 보상이 비용보다 많으면 관계를 지속하고, 보상보다 비용이 더 많이 드는 관계는 종식시킬 것이라고 가정한다. 그러나 가족은 보상이나 비용의 불균형에 의해 관계 자체가 종료될 수 없고, 따라서 갈등으로 연결되어 관계가 약화될 수 있다. 또한 교환이론은 사회적 규범에 의해 역할과 책임이 뚜렷한 관계에서는 적용하기 어렵다. 인간은 합리적 계산도 하지만 비합리적으로 여겨지는 이타적 행위에 기꺼이 몰입한다는 점 등을 고려하면 교환이론은 인간의 사회적 행위를 극히 단순화시킴으로써 정서적 행위나 비합리적 행위를 설명하지 못한다는 한계를 갖고 있다.

종합해 보면, 가족에 대해 균형 잡힌 시각을 갖기 위해서는 미시적 관점에서 나타나는 상호작용이 어떻게 더 큰 사회적 관점에 영향을 미치는지, 또는 거시적 관점에서 사회구조가 어떻게 개인의 일상생활에 영향을 미치는지를 동시에 고려해야 한다.

3. 가족의 변화와 가족복지

1) 한국 가족의 변화

지난 50여 년간의 한국 가족변화에서 가장 크게 눈에 띄는 것은 결혼, 이혼 등 혼인 실태와 성별 역할변화이다. 구체적으로는 혼인률 감소와 이혼율 증가,[3] 저출생·고령화 현상, 그리고 저출생에 따른 가족 규모 축소와 여성 경제활동 증가가 가져온 돌봄노동의 탈가족화이다.

---

3) 결혼이 가족의 필수조건인지에 대한 논의는 있지만 여기서는 현재의 법에 기반하여 논의한다.

(1) 혼인율 감소, 만혼 및 이혼율 증가

혼인율은 전체적으로 지속적인 감소추세를 보이고 있다. 2019년 전체 혼인건수는 24만 건, 조혼인율⁴⁾은 4.7건이다. 1980년대 이후 심화되고 있는 낮은 출생률로 인해 20~30대 인구가 감소한 이유도 있고, 만혼과 비혼이 증가하고 있기 때문이다. 특히 2010년대 중반 이전(1983년 이전 출생자)에는 남성과 여성 모두 혼인을 미루는 만혼 현상이 발견되나, 이후에는 대부분의 연령대에서, 그리고 1984년 이후 출생자들은 혼인 자체를 기피하는 현상이 나타나고 있다(이태열, 2020). 평균초혼연령은 남자 33.4세, 여자 30.6세로, 남녀 모두 전년대비 0.2세 상승하면서 평균초혼연령대가 지속적으로 높아지는 것으로 나타났다. 외국인과의 혼인건수는 전년대비 4.2%가

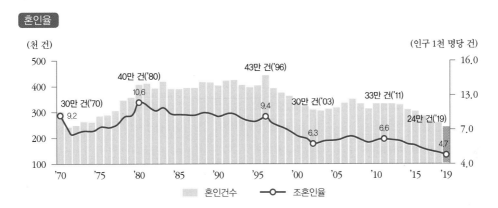

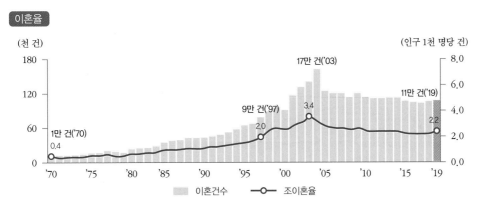

[그림 1-1] 1970~2019년 혼인율과 이혼율 변화 추이

출처: 빅터뉴스(2020. 3. 20.); 통계청(2020. 3. 19.).

4) 조혼인율과 조이혼율: 1천 명당 혼인건수를 나타내며, 조이혼율은 인구 1천 명당 이혼건수를 말한다.

증가했으며 이혼건수는 3.4% 감소한 것으로 나타났다.

한편, 이혼율을 살펴보면 조(粗)이혼율은 2.2건으로 전년보다 0.1건 증가하였다. 연령별 이혼율은 남자는 40대 후반이 8.6건, 여자는 40대 초반이 9.0건으로 가장 높게 나타났으며, 평균이혼연령은 남자 48.7세, 여자 45.3세이다(통계청, 2020. 3. 19.). 대부분 미성년의 자녀를 두고 있을 확률이 높아, 한부모가족이 증가가 예측된다. 혼인지속기간으로 보면 20년 이상 지속한 부부의 이혼이 전체 이혼의 34.7%로 가장 많고, 다음으로는 5년 미만 이혼이 21.0%를 차지하였다.

(2) 저출생 · 고령화와 가구규모 축소

결혼이 줄고 만혼이 늘면서 출생아 수가 줄어들고 있다. 한편, 영양상태와 의료기술의 향상으로 평균수명은 크게 연장되어 저출생 · 고령화 현상이 급속히 진행되어 왔다. 통계청의 2020년 인구동향조사에 따르면, 2019년 우리나라에서는 사상 처음으로 사망자 수가 출생아 수를 넘어서 인구 자연감소가 시작되는 '데드크로스'가 발생하였다. 2019년에 인구가 전년 대비 4만 명 감소하였는데, 2020년에 발생한 코로나19 감염병 영향으로 결혼과 출생이 연기되어 인구절벽이 더욱 가속화될 것이라는 전망이 우세하다.

저출생은 지난 20여 년간 우리 사회의 가장 큰 사회적 이슈이다. 1980년 2.83명이

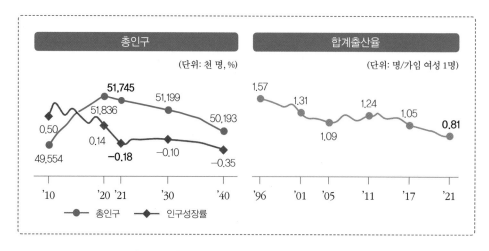

[그림 1-2] 인구 · 인구성장률 및 합계출산율 변화

출처: GBN 뉴스(2023. 1. 4.).

었던 합계출산율[5]은 1990년에는 1.59명으로, 2000년에는 1.47명, 2010년에는 1.23명으로, 2019년에는 0.92명, 2022년 0.78명으로 급격히 줄었다. 결과적으로 한국은 2000년대 중반부터 이미 초저출산 사회(1.32명 이하)로 들어섰으며 세계 최하위 출생률을 기록하고 있다. 대체출산율[6]이 2.1명임을 고려하면 현재 한국 출생률의 심각성을 알 수 있다. 낮은 출생률은 미래 인구규모의 축소뿐 아니라 경제인구 축소를 의미하는 것으로 경제규모나 GDP의 감소를 가져오게 되며, 관련 산업(돌봄과 교육 시장 및 관련 일자리)의 재편을 요구하게 되고, 특히 고령화 사회에서 적은 수의 경제 활동인구가 많은 수의 노인인구를 부양해야 하는 문제로 연결된다. 가족유형과 가족규모에 큰 변화를 가져와 주거형태와 사회보장에도 개편이 불가피해진다.

또한 저출생 · 고령화는 가구규모 축소를 가져온다. 산업화 이후 가족규모는 지속적으로 축소되어 왔으며, 이제 전체 가구의 절반 이상이 1~2인가구이다. 무자녀 가족이 늘면서 2인가구가 늘었고, 2015년 이후 1인가구가 주된 가구유형이 되었다. 물론 가구가 가족인 것은 아니지만 만혼, 비혼인구의 증가, 저출생과 같은 가족 요소가 복합적으로 진행된 결과라고 볼 수 있다.

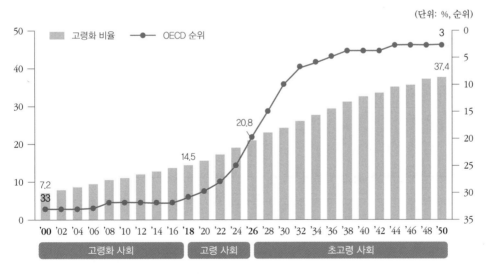

[그림 1-3] 우리나라 고령화 비율 및 OECD 순위 추이

출처: 한국경제연구원 보도자료(2021. 3. 3.).

---

5) 합계출산율: 여성 1명이 15~49세 사이에 낳을 것으로 예상되는 평균 출생아 수
6) 대체출산율: 인구규모 유지에 필요한 출산율, 2.1명

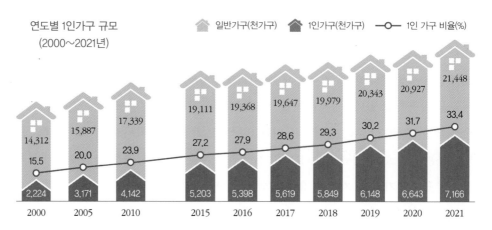

연도별 1인가구 규모
(2000~2021년)

일반가구(천가구)   1인가구(천가구)   1인 가구 비율(%)

[그림 1-4] 연도별 1인가구 증가율

출처: 인구주택총조사 홈페이지.

(3) 가족 내 성역할[7] 변화

성역할은 남자여서, 또는 여자여서 사회적으로 기대되는 역할을 말한다. 가족 내 성인 남성은 가족생계부양자로, 성인 여성은 자녀양육과 가사운영을 담당해야 한다는 등의 성에 따라 다른 역할을 수행해야 한다는 생각이다. 오랜 기간에 걸쳐 성역할 고정관념이 보다 평등한 방향으로의 변화가 이루어지고 있는 것은 사실이다. 남성의 성역할 고정관념은 크게 변하지 않았지만 여성의 가정 내 돌봄노동자로서의 성역할은 산업과 인구구조 변화 및 여성의 교육수준 향상 등에 따라 가정 외부의 경제활동 영역 진출로 이어져 상당 부분 변하였다. 여성 경제활동 참가율은 2013년 55.6%에서 2015년 57.9%, 2022년에는 61.8%로 증가추세에 있다(국가지표체계 Kindicator, 2023). 특히 기혼 여성 취업률은 60.1%(2020)로 전체 여성 취업률보다 높아 맞벌이 가족이 점차 규범화되고 있음을 보여 준다.[8]

여성취업이 증가하면 가족 소득이 증가하여 생활수준과 가족 내 양성평등이 향상된다. 반면, 그동안 무임금으로 여성이 제공했던 가사와 돌봄노동의 공백이 생겨, 가족 내에서의 가사와 양육 책임 분담이 쟁점이 되곤 한다. 남성과 여성의 새로

---

7) 젠더: 성(sex) 대신 사용되는 용어로 섹스가 생물학적 의미의 성인 반면, 젠더(gender)는 사회나 문화를 함축하고 있는 사회학적 의미의 성을 뜻한다.

8) 중산층 이상 여성의 취업은 본인의 교육수준과 남편의 높은 젠더평등 의식과 관련이 있고 저소득층 여성의 취업은 경제 상황 및 여성 본인의 경제활동 의지와 관련이 깊다.

운 역할 규정과 일·가정 양립은 가족의 지속성과 밀접하게 결부되어 있다고 할 수 있다. 일·가정 양립이 가능하려면 어린이집, 방과후 보육 등 돌봄의 사회화가 매우 중요하다.

2) 가족유형의 다양화

2021년 여성가족부는 '제4차 건강가정기본계획(2021~2025)'을 통해 1인가구 증가, 가족생애주기의 다변화, 가족구성원 개인의 권리에 대한 관심 증대 등 최근의 급격한 가족변화를 반영하여 '모든 가족, 모든 구성원을 존중하는 사회' 실현을 목표로 한다고 밝혔다. 예를 들면, 자녀의 성(姓) 결정방식을 자녀 출생신고 시 부모가 협의하여 부 또는 모의 성을 따를 수 있도록 하였고, '혼외자' 등 차별적 용어를 개선한다는 것이다(여성가족부, 여성정책연구원, 2021). 가부장제 핵가족을 '정상가족' 또는 '표준가족'으로 여겨 온 우리 사회에 이러한 변화는 다소 파격적으로 보이기도 하지만, 최근의 가족유형의 다양화를 보면 때늦은 감도 없지 않다.

산업화사회에서 가장 기능적인 가족유형으로 생각되었던 핵가족의 비중이 점차 감소하면서 근대적 핵가족이 가족의 전형은 아니라는 인식이 이미 확산되고 있다. 핵가족은 하나의 제도일 뿐이므로 구성원의 환경이 변화하면 제도가 변화하는 것은 당연하다. 제도가 사람을 위해 존재하는 것이지 사람이 제도를 위해 사는 것은 아니기 때문이다. 다양한 가족유형은 핵가족이라는 근대가족[9]의 한계를 보완하는 역할을 한다. 가족유형을 분류기준에 따라 정리해 본다.

(1) 가족구조에 따른 분류

① 한부모가족: 한부모가족은 이혼이나 사별로 인해 자녀와 한쪽 부모로 구성된다. 모자가족, 부자가족으로 세분하기도 하는데 이혼에 의한 한부모가족이 증가추세이다. 최근에는 비혼 또는 미혼이면서 자녀를 낳아 기르는 가족도 포함

---

9) 근대가족모델은 국가의 손을 빌리면서 급격히 확산하였다. 국가는 각종 복지제도를 동원하여 근대가족모델을 지원하면서, 가정과 일터를 분리하는 작업을 가속화하였다. 미국, 유럽 등지에서 100~200년에 걸쳐 진전된 이 모델은, 한국사회에서 20~30년 사이에 압축적으로 답습되었다.

한다.

② 조손가족: 다양한 이유로 부모가 부재하여 조부모와 18세 미만 손자녀가 함께 사는 경우로 1·3세대 가족이라고도 부른다.

③ 무자녀가족: 난임 또는 자발적 선택으로 아이를 낳지 않고 부부로만 이루어진 가족으로 증가추세에 있다.

④ 독신(1인)가족: 비혼 독신가족, 배우자와의 사별로 인한 (노인)단독가구 등을 포함하며 혼인율 감소와 평균수명 연장 등으로 비율이 높아지고 있다.

(2) 가족구성원 특성에 따른 분류

① 재혼가족: 부부 중 한 사람 혹은 둘 모두가 혼인 경력이 있으며 이혼, 사별 등을 경험한 후 다시 결혼하여 형성한 가족을 말한다. 혼인건수는 감소추세이나 이혼율 증가추세에 따라 재혼가족은 증가하고 있다.

② 입양가족: 출산이 아닌 법률적 과정을 통해 새로운 부모−자녀관계, 형제자매 관계를 형성한 가족을 말한다. 불임 등을 이유로 무자녀가족, 또는 친생자가 있는 유자녀가족도 입양을 통해 입양가족이 된다.

③ 다문화가족(국제결혼가족): 국적을 달리하는 남녀가 결혼하여 형성한 가족을 말한다. 결혼이주여성과 한국 남성이 이룬 국제결혼가족을 특히 다문화가족 이라고 칭하기도 한다.

④ 동성애가족: 이성혼과 동일하게 동성 간 결혼의 유효성을 인정하는 국가가 늘고 있다.

(3) 생활양식 특성에 따른 분류

① 맞벌이가족: 부부가 모두 직업을 가지고 있는 경우이며 자녀가 없는 경우를 딩 크(Double Income No Kids: DINK)족이라고 하기도 한다.

② 기러기가족: 가족구성원 일부(주로 자녀)가 유학 등의 이유로 부모 중 한 사람과 외국에서 거주하고 다른 부모는 국내에서 따로 생활하는 가족을 말한다. 대부분 자녀양육기에 있는 30~40대로 대졸 이상의 고학력 부모들이 많다.

③ 분거가족: 직장이나 학업 등의 이유로 서로 떨어져 사는 가족을 말한다.

④ 동거가족: 혼인신고를 하지 않고 함께 거주하는 경우로 사실혼관계의 가족을

말하며 증가추세에 있다.

⑤ 공동체가족: 혈연과 상관없이 현대사회 가족과 개인의 문제를 뜻을 같이하는
　사람들이 협동적으로 해결하려는 대안가족유형이다. 교육, 생태, 환경 공동체
　등의 주제를 가지고 형성되기도 한다.

그런데 이러한 다양한 가족유형은 근대가족의 혁신적 대안이라기보다는 근대가
족의 한계를 보완하려는 시도에서 형성된 것으로 앞으로도 새로운 유형의 가족이
등장할 수 있다.

3) 변화하는 가족과 가족복지

(1) 가족가치관과 사회구조의 변화

가족은 인류가 지속해 온 가장 오랜 보편적 사회제도이면서 끊임없이 변화하고
있다. 무엇이 가족변화를 초래하는 것일까? 가족변동은 가족구성원 개인의 의식과
경험의 변화를 반영하는 가치관은 물론, 거시적인 사회환경과 밀접하게 관련되어
있다.

가족가치관이란 결혼, 자녀, 성 역할, 노부모 부양과 같은 가족의 생활양식에 대해
가족구성원이 바람직하다고 생각하는 기준이다. 우리나라의 가족 가치관은 시간의
흐름에 따른 변화를 보여 주는데, 과거에는 개인보다는 가족이라는 집단의 결속을
중시하는 유교적 가치관과 가부장의 권위중심 가치관이었다. 그러나 21세기 우리나
라의 가족가치관에서는 가족구성원 개개인의 의견과 입장을 존중하는 평등과 민주
성이 중요해졌고, 이러한 경향은 미래에도 지속될 것으로 보인다. 가족이라는 집단
으로의 이익을 중시하고, 개인보다 전체를 우선하던 전통적 가치관에서 가족 내 구
성원 개인의 입장이 존중되면서 점점 개인주의화되는 방식으로 변화한 것이다.

이런 가치관의 변화는 자연스럽게 가족의 변화로 이어지면서 가족에서의 '다원
화' '개인주의화' '탈제도화' 현상들로 나타났다(서수경, 2002). 더 이상 결혼과 출산을
순차적인 생애 과업으로 수용하지 않음은 물론이고 가부장적 질서에 기초한 젠더
및 세대관계를 반영하는 핵가족의 정당성에 대한 의구심의 결과이다(김혜영, 선보
영, 김상돈, 2011). 2021년 만 20~39세 남녀 1,000명에 대한 여론조사에 따르면(마크

로밀엠브레인, 2021), 응답자의 62.6%가 '결혼을 하지 않아도 행복할 수 있다'고 응답하였고, 56.8%가 '결혼 후 자녀를 갖지 않아도 행복할 수 있다', 그리고 설문에 응한 미혼자 747명 중 미래 결혼계획이 있다는 비율은 35.3%에 그치는 것으로 나타나, 가족형성과 자녀양육에 대한 생각이 크게 변하고 있음을 보여 준다.

가족변동에 영향을 미치는 또 다른 요인은 사회구조의 변화이다. 월터스(Walters, 1982)는 성별 역할 분업과 일과 가정, 또는 공적 영역과 사적 영역의 구분이라는 산업사회의 특성이 핵가족이라는 근대 가족유형을 탄생시킨 것으로 보았다. 그러나 핵가족은 20세기 말 정보화에 따른 산업구조의 변화로 달라지고 있다. 결혼이 늦어지고 이혼이 급증하며, 비혼이 늘고 있는 현재의 실태는 가족 형성과 유지에 대한 인식은 물론, 가족유형에도 상당한 변화가 일어나고 있음을 보여 준다.

21세기 정보통신기술(ICT)의 융합에 기초한 4차 산업혁명[10]도 분명 가족에게 새로운 변화를 가져올 것이다. '초연결성(Hyper-Connected)'과 '초지능화(Hyper-Intelligent)'로 대표되는 4차 산업혁명은 인간과 인간, 인간과 사물, 사물과 사물 간의 연결성을 기하급수적으로 확대시켜 '초연결사회'를 실현할 것으로 예상된다. 또 소셜 네트워크의 확산으로 사람들이 친밀한 관계를 형성하고 유지하는 방식도 변화하고 있다. 이미 많은 사람이 현실의 친구보다 소셜 네트워크상의 지인들이 더 많고, '좋아요'를 누르면서 서로의 감정에 공감하고 있기 때문이다. 초연결사회에서 기능적인 가족은 지금까지와는 매우 다른 형태로 확장될지도 모른다.

(2) 가족변화에 적응하는 가족복지

가족의 변화에 따라 가족기능이 변화하면 가족복지 제도와 서비스 역시 변화가 필요하다. 앞에서 살펴본 바와 같이 남성 생계부양자와 가사 및 양육 담당 여성과 미혼의 자녀라는 핵가족유형은 맞벌이가 규범화되면서 전통적으로 여성이 담당했던 양육, 돌봄, 가사노동의 많은 부분에서 공백을 가져오게 되었다. 양육과 돌봄의

---

10) 1차 산업혁명(동력 혁명)은 18세기 후반 증기기관의 발명과 기계식 생산설비의 발명이 가져온 사회변화를 말하며, 2차 산업혁명(자동화 혁명)은 19~20세기 초의 전기동력과 대량생산체계 기술로 인한 변화를 말한다. 3차 산업혁명(디지털 혁명)은 20세기 후반, 전자기기와 정보통신기술의 발달로 인한 변화를 말하고, 4차 산업혁명(초연결 혁명)은 2015년 이후 사물인터넷, 빅데이터, 인공지능 등의 기반기술 발전에 따른 변화를 일컫는다(송성수, 2017).

공백은 아동의 안전과 학습, 사회화 이슈는 물론 가족관계에도 긴장을 가져오게 되어 가족갈등과 결혼관계의 중단 등 다양한 문제로도 연결되었다. 또한 가구구조 변화로 부모와 자녀로 구성된 4인가구의 수는 줄고 1 · 2인가구가 다수(72%)를 차지하게 되어 기존의 가구주+배우자+자녀라는 정상가족 모델에 대한 재검토를 요구하였다. 1인가구의 확대는 가족관계의 미형성 또는 해체, 탈락에 기인한다.

이러한 변화 때문에 생긴 가족의 전통적인 보호 기능 축소를 가족복지제도로 보완하려는 노력에서 시작된 가족복지도 변화하고 있다. 즉, 가족중심의 가구 지원체계에서 탈피해 다양한 가구형태를 존중하고 사회안전망을 강화해야 하게 된 것이다. 가족구성원의 무한책임에 기초한 가족안전망에서 '사회적 가족'이라는 사회안전망으로 인식의 전환이 더 시급해지고 있다. 또한 가족을 하나의 대상으로 파악했던 시각에서 가족구성원 개개인의 복지를 고려하는 방향으로의 전환에 대한 논의도 필요해졌다.

그러나 여전히 전통적인 핵가족의 모습을 보편적인 것으로 보는 정상가족 이데올로기나 가족주의 특징이 가족복지제도에 남아 있는 것도 사실이다. 예를 들면, 2020년 코로나19 팬데믹으로 인한 소득지원의 방법으로 재난지원금이 지급되었는데, 1차 시기에는 가구주에게 가구원 모두의 지원금이 지급되는 바람에 일부 가족에서는 구성원이 자기 몫을 주장할 수 없는 사태가 발생하였다. 개인별로 소득지원을 계획했으나 실행단계에서 가족을 한 단위로 보았기 때문이다. 또 다른 영역에서는 의료현장의 대면진료 대신 원격진료와 같이 온라인을 이용한 대안적 접근이 상시화되고 있는 데 반해, 가족복지제도는 오히려 그동안 탈가족화되었던 돌봄과 사회화의 기능을 가족 내로 회귀시키는 결과를 가져와 가족부담이 늘어났다. 변화하는 사회와 가족 가치관에 가족복지제도가 신속하게 반응하지 못할 때 경험할 수 있는 괴리와 문제점을 잘 보여 주는 사례이다.

4차 산업혁명은 가상의 사회적 지원(virtual social support)을 가능하게 하여 가족의 돌봄과 사회화 기능이 기술의 영역으로 옮겨 갈 수 있도록 할 것이다(최새은, 2017). 사람과 대화하고 감정에 반응하는 인공지능 로봇의 등장은 가족의 정서적 기능을 일부 대체할 수도 있어, 가족복지서비스의 내용도 상당한 변화를 겪게 될 것이다. 가족복지는 다가올 사회환경 변동의 영향력에 관심을 기울여 사전적 대응체계를 구축해 나가야 하는 과제를 안고 있다.

이 장의 요약

　　이 장에서는 가족의 개념과 가족 관련 이론을 소개하고, 한국 가족의 변화를 살펴본후 가족복지의 역할과 기능을 설명하였다. 1절에서는 가족과 가족복지의 개념을 소개하며 주요 가족기능을 다루고, 가족복지를 사회변화를 반영하여 가족기능을 회복, 유지하고 강화하기 위한 실천적·정책적 노력을 살펴보았다.

　　2절에서는 가족을 설명하는 다양한 이론을 정리하였다. 거시적 구조에서 가족을 설명하는 구조기능주의나 갈등주의, 페미니스트 이론 및 체계이론과, 미시적 관점에서 가족을 개인의 능동적 사고과정과 선택, 타인과의 상호작용과정으로 설명하는 상징적 상호작용이론과 교환이론을 소개하였다.

　　3절에서는 지난 50여년간 한국 가족의 변화를 살펴보고 다양한 가족유형을 제시하고 가족복지의 미래를 예측해 보았다. 한국의 가족변화에서 가장 눈에 띄는 현상은 혼인율 감소와 만혼 및 이혼율 증가, 저출생·고령화와 가구규모 축소, 그리고 가족 내 성역할의 변화이다. 가족유형은 가족구조에 따라, 그리고 가족구성원 특성에 따라 분류하였다. 가족변화는 가족중심에서 개인중심으로의 가치관 변화, 산업구조의 변화가 가져온 사회구조의 변화로부터 영향을 받고 있으며 초연결사회인 미래사회에서 또 새롭게 변화할 것이며, 가족복지 역시 이러한 변화에 적응하면서 진화할 것으로 생각된다.

생각해 볼거리/토론거리

1. 2020년 코로나19 감염병으로 국민의 일상이 침해되자 정부는 3차에 걸쳐 긴급재난지원금을 지급하고 자녀가 있는 가정에 맞춤형 돌봄쿠폰을 지원하였다. 이때 다문화가족의 중도입국청소년(외국 출신 부모의 출신국에서 살다가 한국인과 재혼한 부모와 도중에 합류한 청소년)은 공적 마스크 지급과 돌봄쿠폰 지급 및 긴급재난지원금 대상 가족원에서도 제외되었다. 재혼한 어머니와 실제로 함께 살고 있는 아동(청소년)이 가족으로 인정되지 않은 것이다. 이러한 정책적 결정이 근거하고 있는 가족 개념은 무엇인지 논의해 보시오.

2. 코로나19 시기, 사회적 거리두기로 인해 돌봄과 교육 기능 일부가 가족으로 회귀되면서 돌봄 부담이 특히 여성에게 집중되는 결과를 가져왔다. 가족돌봄의 가정으로의 회귀는 가족복지 시각에서 어떻게 보아야 하는지, 재난을 대비한 가족복지는 어떻게 수정·보완되어야 하는지 논의해 보시오.

3. 1인가구는 가족일까? 개인일까? 논의해 보시오.

참고문헌

강홍렬 외 24인(2006). 정보화로 인한 가족관계와 가족역할의 미래변화 총괄보고서. 경제인문사회연구회 협동연구총서. 정보통신정책연구원·한국여성개발원

김기화, 양성은(2011). 기러기 가족의 분거 경험에 관한 사회교환이론적 고찰. *Family and Environment Research, 50*(2), 11-23.

김유미(2020). 페미니즘 읽기: 가족의 틀을 넘어 새로운 관계와 사회를 열자. 사회진보연대, 171, 185-201.

김혜영(2008). 한국가족의 다양성 증가와 그 이중적 함의. 아시아여성연구, 47(2), 7-37.

김혜영, 선보영, 김상돈(2011). 여성의 만혼화와 저출산에 관한 연구. 한국여성정책연구원 발간자료.

마크로밀엠브레인(2021). 리서치보고서: 결혼관(계약결혼, 동거 등) 및 저출산 이슈 관련 조사, 2021권 1호.

박미선, 조윤지(2020). 연령대별, 성별 1인가구 증가양상과 주거특성에 따른 정책 대응방향. 국토정책 Brief, 2, 1-8.

박승희(2006). 가족의 다양성론에 대한 성찰적 검토. 경제와 사회, 70, 215-236.

서수경(2002). '포스트모던 가족' 담론과 한국 가족의 변화. 대한가정학회지, 5, 95-108.

송성수(2017). 산업혁명의 역사적 전개와 4차 산업혁명론의 위상. 과학기술학연구, 17(2), 5-40.

여성가족부, 여성정책연구원(2021). 제4차 건강가정기본계획(2021~2025).

이숙진(2017). 다양한 가족과 사회정책. 월간 복지동향, 219, 5-10.

이재경(2015). 가부장제 이후의 한국가족: 정상성에서 유연성으로. 한국문화연구, 29, 283-310.

이태열(2020). 우리나라 혼인율 급락의 구조적 특징. KIRI 리포트. 서울: 보험연구원.

통계청(2020. 3. 19.). 2019 이혼 통계.

통계청 보도자료(2020. 12. 8.). 통계로 보는 1인가구. 대전: 통계청 사회통계국 사회통계기획과.

최새은(2017). 제4차 산업혁명과 가족생활. 한국가정과교육학회 학술대회 자료집, 120-133.

한국경제연구원 보도자료(2021. 3. 3.). 한국, 연평균 저출산·고령화 속도 OECD 37개국 중 가장 빨라. http://www.keri.org/web/www/news_02?p_p_id=EXT_BBS&p_p_lifecycle=0&p_p_state=normal&p_p_mode=view&_EXT_BBS_struts_action=%2Fext%2Fbbs%2Fview_message&_EXT_BBS_messageId=356141

함인희(2014). 가족사회학 연구의 동향과 전망. 한국사회, 15(1), 87-120

Becker, H. S. (1963). *Outsiders: Studies in the sociology of deviance*. New York: Free Press Glencoe.

Fields, G. S. (2003). Accounting for Income Inequality and Its Change: A New Method, with Application to the Distribution of Earnings in the United States. In S. W. Polachek (Ed.), *Worker well-being and public policy (Research in Labour Economics, Vol. 22)* (pp. 1-38). Bingley: Emerald Group Publishing Limited.

Giddens, A. (1992). *Human Societies: An Introductory Reader in Sociology*. Cambridge, MA: Policy Press.

Goffman, E. (1959). *The presentation of self in everyday life*. New York: Doubleday.

Kamerman, S. B., & Kahn, A. J. (Eds.). (1978). *Family policy: Government and families in fourteen countries*. New York: Columbia University Press.

Kim, M-C. (1990). Choice, Exchange Perspective in Family Research. *The Korean Home Economics Association, 28*(3), 147-160.

Lister, R. (1994). 'She has other duties'-Women, Citizenship and Social Security. In S. Baldwin & J. Falkingham (Eds.), *Social security and social change: New challenges to the beveridge model* (pp. 31-44). Linconln, UK.: Harvester Wheatsheaf.

Maynes, M. J., & Waltner, A. (2012). *The family: A world history*. 윤영미 역(2018). 가족의 역사: 당신에게 가족이란 무엇인가? 서울: 다른세상.

Mead, G. H. (1934). *Mind, self, and society from the standpoint of a social behaviorist*. Chicago: University of Chicago Press.

Murdock, G. P. (1949). *Social structure*. Oxford, UK: Macmillan.

Parsons, T. (1951). An outline of the social system. In T. Parsons, E. A. Shills, K. D. Naegele, & J. R. Petts (Eds.), *Theories of society* (pp. 30-79). New York: Free Press.

Patterson, J. M. (2002). Integrating family resilience and family stress theory. *Journal of Marriage and the Family, 64*, 353.

Smith, R. W., & Preston, F. W. (1977). *Sociology: An introduction*. New York: St. Martin Press.

Strong, B., & Cohen, T. (2014). *The marriage and family experiences* (12th ed.). NY:

Wadsworth Press.

Walsh, F. (1993). Conceptualization of normal family process. In F. Walsh (Ed.), *Normal family processes* (2nd ed., pp. 3-72). New York: The Guilford Press.

Walter, L. H. (1982). Are families different from other groups? *Journal of Marriage and the Family, 44*(4), 841-850.

빅터뉴스(2020. 3. 20.). [통계N] 2019년 혼인 · 이혼 통계, 결혼 7.2%↓ 이혼 2.0%↑.

GBN 뉴스(2023. 1. 4.). 우리나라 가구 30%는 '1인가구'··· 저출산 · 고령화 '뚜렷'.

국가지표체계 Kindicator(2023). https://www.index.go.kr/unify/idx-info.do?idxCd=5025

인구주택총조사 홈페이지 https://www.census.go.kr/cdssgis/Interactive.doq_menu=5&q_sub=4

통계청 KOSIS 국가통계포털 홈페이지 https://kosis.kr/index/index.do

통계청 KOSIS 인구로 보는 대한민국 https://kosis.kr/visual/populationKorea/PopulationByNumber/PopulationByNumberMain.do?mb=N&menuId=M_1_1&themaId=A01

제**2**장

가족체계와 가족생활주기

가족은 한 사회가 안정적이고 연속적으로 유지 및 성장해 나가는 데 매우 중요하고 핵심적인 역할을 담당한다. 가족의 중요한 기능은 재생산, 보호, 사회화, 애정의 제공 등인데(Zastrow, 1995), 우리나라는 최근 가족해체의 증가, 최저 출산율, 그리고 만혼과 독신 증가, 그리고 다양한 가족의 등장 등 가족구성상 큰 변화에 직면하고 있다. 따라서 가족을 혈연성과 안정성을 강조하는 전통적 가족의 개념에서 벗어나 가족의 형태, 구조 및 기능상의 변화에 대응하는 개방적이고 융통성 있는 시각이 필요하다.

가족의 개념 및 특성, 그리고 양상은 시대에 따라 변화하고 있지만 기본적으로 다음과 같은 속성을 가지고 있다(엄명용, 노충래, 김용석, 2020).

- 첫째, 가족은 특정한 목적 달성을 위해 인위적으로 형성된 집단이 아니라 자연스럽게 형성된 사회집단이다.
- 둘째, 가족은 함께 생활하는 과정에서 일련의 생활유형 또는 규칙을 발전시키게 되는데, 이것은 가족의 생활방식, 가족관습 등으로 일컬어진다.
- 셋째, 가족의 각 구성원들에게는 나름대로 할당되고 부여된 역할들이 있다.

- 넷째, 가족은 나름대로의 권력구조를 가지고 있다.
- 다섯째, 가족은 공공연하거나 은밀하면서 복잡한 의사소통 형태를 가지고 있다.
- 여섯째, 가족은 나름대로 문제를 해결하고 타협하는 방법들을 가지고 있다.
- 일곱째, 가족은 역사, 세상에 대한 관점, 목적의식 등을 공유하고 있다.
- 여덟째, 가족은 이혼, 별거 등에 의해 법적으로 또한 의도적으로 단절관계에 있다 해도 가족 내 각 개인의 사고, 정서, 행동에 미치는 가족 간의 영향력은 여전히 존재한다.

이러한 기본적 속성을 가지고 있는 가족을 대상으로 실천하는 사회복지사는 가족을 공간과 시간의 개념을 양축으로 하여 파악할 필요가 있다. 우선, 가족을 공간의 관점에서 살펴보고 이해하기 위해 유용한 관점은 가족을 하나의 사회적 단위 (family as a unit)로, 또한 하나의 체계로(family as a system) 이해하는 것이다. 즉, 체계론적 관점에서 가족을 이해하는 것이 필요한데, 체계론적 관점은 가족을 전체 사회 환경속의 하나의 체계로 보면서 가족을 둘러싼 사회 환경과의 상호관계 속에서 파악하는 것이 가족의 기능과 구조를 이해하는 데 도움이 될 것이다. 사회복지사는 가족을 공간적 개념뿐 아니라 시간적 관점으로도 이해하고 시기적절한 도움을 주어야 한다. 가족을 시간의 관점에서 보는 유용한 방법은 가족생활주기를 중심으로 가족의 문제를 살펴보는 것으로 가족의 성장 시기에 따른 과업을 제시하고 성취하게 함으로써 단계별 발달에 도움을 줄 수 있다.

이 장에서는 가족을 체계론적 관점에서 가족체계를, 그리고 시간적 관점에서 가족생활주기를 중심으로 살펴보고자 한다.

1. 가족체계

최근에 사회복지실천 현장에서는 가족 전체를 하나의 개입 단위로 보고 가족의 기능을 강화하기 위한 가족 수준의 개입을 수행하는 실천이 중요해지고 있다(양옥경 외, 2018). 가족을 하나의 실천 단위로 보고 접근하기 위해서는 체계론적 관점이 유용하다. 즉, 가족을 하나의 체계(family as a unit or system)로 인식하고 가족을 둘러싼 사회 환경과의 상호작용 속에서 가족의 기능과 구조, 그리고 욕구를 사정하는 것이 가족 대상 사회복지실천에 도움이 된다.

체계란 상호긴밀한 영향을 주고받는 구성분자들의 집합체를 의미한다(von Bertalanffy, 1968). 일반체계이론에서 제시하는 '전체는 부분의 합보다 크다'는 명제는 체계 내 구성분자들 간의 상호작용의 힘이 얼마나 중요한지를 시사한다(엄명용, 노충래, 김용석, 2020). 이를 가족에 적용시켜 보면, 가족 개개인은 끊임없이 상호작용하면서 가족을 발전시켜 나가고 그런 속성으로 인하여 가족이 모두 동일한 속성을 가지지 않고 다른 가족과 차별성을 보일 수 있음을 알 수 있다. 또한 가족은 가족을 둘러싸고 있는 보다 더 큰 체계의 하위체계로 존재하며 주변 사회 환경의 다양한 체계와의 상호작용을 통해 유지되고, 성장하며, 발달해 간다. 가족의 기본 욕구를 충족시키기 위해 확대가족, 이웃, 지역사회 등 사회 환경으로부터 자원과 지지를 확보하며 도움을 주고받는다. 직업을 가지고 일을 하면서 수입을 확보하여 가족구성원들의 생계를 유지하고 이웃들과 공동체를 통해 상호부조하는 가운데 정서적·물리적 지원, 애정과 소속감을 주고받는다. 가족은 사회로부터 교육, 보건의료, 보육 서비스들을 제공받기도 하는 한편, 지역사회에 봉사를 통해 서비스를 제공하는 입장에 서기도 한다. 그러나 사회와의 상호적 관계를 통해 적절한 적응을 하지 못한 가족체계는 고립되거나 문제를 발생하게 된다(김혜래, 2012).

사회복지사가 체계론적 관점을 가지고 가족복지실천을 하기 위해서는 경계, 하위체계, 순환적 인과성, 항상성, 피드백, 의사소통과 같은 체계이론의 개념들을 가족에 적용시켜 활용하는 것이 필요하다.

1) 가족경계

체계론적 관점에서 가족은 하나의 체계로 간주된다. 사회체계란 상호긴밀한 상호작용 속에서 관계를 맺고 영향을 주고받는 사회구성원들의 집합체를 의미한다. 사회 내에서 하나의 체계는 상위체계의 일부분이며, 하나의 체계 속에는 다양한 하위체계가 존재할 수 있다. 이렇듯 체계는 다른 체계들과의 상호관계 속에서 함께 존재하는데, 이때 체계와 체계를 구분해 주는 것을 경계(boundaries)라고 한다. 경계는 체계 간의 차이를 보호하는 기능을 한다(김정진, 임은희, 권진숙, 2007). 가족이라는 체계는 외부적으로 환경과 가족체계 간에 구별되는 경계를 가지게 되며 동시에 경계를 넘어 상호작용하는 특성을 가지며, 가족 내부적으로도 다양한 하위체계 간에 구별과 상호작용의 관계가 성립된다. 가족경계(family boundaries)란 가족 내부에 국한시켜 보면 가족 내의 개인과 다른 가족구성원들 간의 관계에서 형성된 개인의 정체성을 형성하는 한편, 가족과 가족 외부 환경과의 관계로 확장시켜 보면 한 단위로서의 가족과 더 큰 사회체계 간의 관계에서 형성된 가족의 정체성이기도 하다(Atwood, 1992).

가족체계는 가족경계의 개념을 기준으로 크게 개방체계와 폐쇄체계로 나누어 볼 수 있다. 개방체계는 그 경계가 가족구성원들 간의 통합이나 전체성을 잃지 않는 범위 내에서 외부체계와의 상호작용을 허용하는 반면, 폐쇄체계는 환경과의 상호작용이 없이 자신의 경계 내에서만 활동한다. 경계를 사이에 두고 경계 안과 밖 사이에 에너지 및 정보 교환이 자유롭게 이루어지는 것을 투과성이라고 하는데, 적절한 투과성을 가진 체계가 개방체계이고 건강하고 기능적인 가족체계이다. 가족은 어느 정도의 침투적인 경계를 갖고 외부체계와 교류할 수 있고, 적절한 가족기능을 위해 하위체계들도 자신의 경계를 유지하면서 각자의 역할과 책임을 수행하며 서로 교류한다. 체계가 더 복잡해질수록 체계를 사정할 때 가족이 개방체계로서 기능할 수 있는 능력, 가족구성원의 위계질서, 역할이 분담되는 방법과 가족 내의 행동기준 등 가족과 외부체계와의 경계를 규정짓는 규칙 등을 함께 고려하여야 한다. 개방체계로서의 기능적인 가족은 환경체계들과 분명히 구분되는 동시에 개방적이고 융통적이며 적응적인 경계를 가진다. 이런 가족의 경우 명확한 경계를 가졌다고 할 수 있다. 명확한 경계를 가진 가족은 가족구성원 간의 소통이 원활하면서도 각 개인의 의견과 프라이버시가 존중되는 경계를 가지고 있다. 명확한 경계의 가족구성원은 서로 간에 책임과 권한이 분명하며 상호존중하는 가운데 협동적 분위기를 잘 만들 수 있다. 그 결과, 명확한 경계를 가진 가족은 '우리'라는 집단의식을 가지면서도 자기 자신의 입장과 감정을 표현할 수 있다.

이와 반대로 비기능적인 가족은 혼돈된 경계와 경직된 경계를 가질 때 발생한다. 혼돈된 경계를 가진 가족은 구성원들 간에 서로에게 지나치게 영향을 미쳐서 구성원 각자가 가져야 할 '나'의 공간이 없고 '우리'만 존재한다. 혼돈된 가족의 경우 가족체계의 상호작용 규칙이 애매하여 개별 구성원이 상호 간의 관계에 지나치게 깊이 관여하는 밀착된(too enmeshed) 관계를 갖게 된다. 가족 중 한 사람의 일이 다른 사람에게 영향을 미치고, 지나친 일체감 때문에 가족 내 개인의 자율성이 보장되지 않게 된다. 대표적인 경우를 예로 들자면, 어머니와 자녀가 정서적으로 지나치게 밀착되어 있게 되면 어머니는 자녀의 결혼 후에도 자녀의 독립을 인정하지 않고 자녀의 부부생활에까지도 영향을 미치게 되며, 자녀의 입장에서도 자율성을 획득하지 못하고 결혼 후에도 모든 결정적인 상황에서 어머니에게 의존하게 된다. 비기능적인 가족경계의 또 다른 경우가 경직된 경계의 가족이다. 경직된 경계의 예로는 자녀의 독립심을 지나치게 강조하고 지나치게 유리된(too disengaged) 관계를 가진 경우이다. 경직된 경계의 가족은 가족구성원 간에 거리감과 소외감을 느끼게 되고, 최소한의 접촉만이 이루어지는 경우를 생각할 수 있다. 이때 가족구성원은 가족체계 외부와의 접촉을 통해 애정 욕구를 충족하고자 하는 노력을 하게 된다. 이 경우 발생하는 전형적인 문제에는 방임으로 인한 청소년 가출 혹은 비행 문제 등이 있다(김혜래, 2012).

2) 가족 하위체계

가족 내 구조란 보이지 않는 가족 내에서의 일련의 기능적 요구이고, 가족구성원 간에 존재하는 인간관계의 규칙이라 할 수 있다. 구조는 두 가지 체계의 구속 원리에 의해 지배된다. 첫 번째 원리는 모든 가족은 성인이 아동보다 더 큰 권위를 행사하는 위계구조를 갖는다는 것이다. 그러나 이 구조에서 명심해야 할 것은 권위 행사가 상호보완적 기능을 해야 한다는 것이다. 두 번째 원리는 그 가족만의 특별한 것으로, 현재 시점에서는 보이지 않지만 가족의 구조는 가족력에 기반을 두어 가족구성원의 역할, 규칙, 방식을 규정한다는 것이다. 이를 기초로 가족구성원의 행동이 지속적이고 반복적이고 예측 가능할 때 정상적이 된다.

가족체계가 가족 간의 상호작용에 있어서 지적ㆍ정서적ㆍ행동적 과정이 진행되는 역동적인 질서라면, 가족 하위체계는 각각이 자체적인 구조와 의사소통을 가진 가족체계의 하부 단위를 의미한다(Atwood, 1992). 가족체계는 여러 하위체계로 구성되어 있고, 하위체계를 통해 가족의 기능을 수행한다. 개인도 하나의 하위체계이다.

가족의 각 하위체계에서는 각기 다른 정도의 힘(주도권)이 행사되고 각기 다른 기술이 학습된다. 각 가족구성원은 동시에 여러 하위체계에 속하기 때문에 다른 가족구성원과 다른 상호보완적 관계를 갖는다. 각 하위체계에서 다른 역할을 하며 다른 유형의 상호작용을 하도록 기대될 수 있다. 부부 하위체계의 역기능은 부부갈등으로 인하여 자녀가 희생양이 되거나 다른 한쪽 부모에 대항하여 한쪽 부모와 가까워질 때 나타난다.

하위체계는 그 스스로 체계 내 요소들과 상호작용하고 호혜적으로 영향을 끼치는 체계의 부분이다. 성별에 따라 하위체계가 나뉠 수 있고, 요즈음은 취미나 거주 지역에 따라 하위체계가 나뉘는 등 무한히 많은 가족 내 하위체계를 생각해 볼 수 있다. 특히 다세대 정서체계 가족치료에서 제안하듯이, 삼각관계에 의한 다양한 형태의 하위체계도 매우 의미 있는 하위체계를 형성한다. 가장 대표적인 것으로는 부부 하위체계, 형제 하위체계, 부모 하위체계, 부모-자녀 하위체계가 있다.

(1) 부부 하위체계

핵가족 하위체계에서 가장 핵심적인 하위체계로 상호보완성의 개념을 중시하는 부부 하위체계는 가족생활의 성공적인 길을 협상과 적응으로 본다. 부부 하위체계 속에는 2개의 배우자 하위체계가 있으며, 각 배우자 체계는 상대방의 잠재적 재능과 취미를 개발할 수 있는 상호보완적 욕구를 가지고 있다. 그러나 어떤 배우자도 자신의 개별성을 완전히 상실해 가면서까지 적응할 수는 없으며, 결혼생활에서는 배우자 간의 상호교환이 이루어져야 하고, 각기 개인으로 인정받으면서 배우자의 성격, 자원, 유일성에 적응하며 서로의 입장을 존중해야 한다.

부부 하위체계는 상호보완하는 관계로서의 특성이 중요하지만, 부부에 따라 배우자의 긍정적인 측면을 활성화할 수도 있고 부정적인 측면을 더 활성화할 수도 있다. 이 또한 부부간 경계에 따라 상호보완의 과업 여부가 결정되기도 한다. 부부 하위체계의 또 다른 주요한 과업이라고 한다면, 서로의 차이에 대한 이해와 이를 좁히려는 적응 노력이다. 이러한 과업이 잘 수행되고 있는지 가족사정에서 파악한다면 주요한 단서가 될 수 있다.

(2) 형제 하위체계

형제 하위체계 내에서는 아동이 되도록 또래집단과의 관계를 실험하도록 허용한다. 이상적인 부모는 형제끼리 타협하는 능력(경쟁하고, 차이점을 발굴하고, 서로를 지지할 수 있는)을 계발할 수 있도록 도와야 한다. 예를 들어, 부모 부재 시 가족체계 내에서의 권위 행사의 순위와 책임감 등이 적절하게 분배되어 형제관계 내에서도 상호보완적이고 지지적이 되도록 해야 한다. 또한 이들은 부모와 타협하기 위해 형제끼리 연합하는 것을 배우기도 한다.

형제 하위체계는 형제 순위나 성별 등에 따라 하위체계가 나뉠 수 있으며, 자녀수에 따라서도 가족 내의 역할이 달라진다. 형제간에도 서로 협상하는 방법을 배움으로써 외부 관계와의 교량 역할을 하게 된다(송성자, 2002).

(3) 부모 하위체계

자녀가 생기면 가족 내에 부모 하위체계가 형성된다. 부부 하위체계가 성공적으로 협상 · 적응되었다면 그 기술이 부모 하위체계 발전에도 유용하게 사용될 것이다. 부모는 자녀의 발달단계에 따른 요구에 협상하고 적응해야 한다. 예를 들어, 3세 유아에 대한 부모 역할과 기대는 청소년 자녀를 위한 부모 역할과 기대와는 다르다는 것이다. 부모 하위체계는 자녀에 대한 부모 역할에 있어서 한 팀으로 행동하는 것이 중요하다.

(4) 부모-자녀 하위체계

부모-자녀 하위체계가 타 하위체계와 다른 점은 다른 세대의 사람들로 구성되었다는 점이다. 이때 체계 간 권위의 한계가 분명하면 건강한 가족구조를 유지할 수 있다. 예를 들어, 핵가족의 경우, 기능적인 가족에서도 어머니의 부재 시에는 일시적으로 장녀가 어머니의 역할을 대신하게 된다. 그러나 이때 주의해야 할 점은 모든 가족구성원에게 장녀의 역할이 명확히 전달되어야 하고, 자녀가 지속적으로 부모의 역할을 하여 혼동을 주는 일이 없도록 노력해야 한다는 것이다. 부모-자녀 하위체계 간에는 심각한 경계의 문제가 발생하는 경우가 있는데, 병이나 전쟁으로 남편을 잃은 어머니가 장남을 자신의 배우자처럼 대하여 심각한 갈등을 초래하는 경우를 쉽게 볼 수 있다.

부부의 의견이 상이하여 자녀가 중간에서 갈등하거나 혼돈을 경험하는 경우가 많다. 이때 자녀는 나뉜 충성심으로 고민하거나 부모 각자로부터 비난의 대상이 되기도 한다. '가족 희생양'의 개념이 이러한 부모-자녀 관계에서 나온다고 하겠다. 따라서 가족치료에서 부모-자녀 하위체계는 매우 주요한 관심이 된다. 부모와 자녀는 각자 자신들의 영역을 잘 지켜 나가는 것이 중요하고 각자 역할이 다른데, 때로는 역할이 혼돈되어 부모가 가족의 집행체계로서의 역할을 하지 못하는 경우가 있다. 때로는 서로 융합되어 각자의 역할을 수행하기도 힘들고, 이러한 과정에서 가장 불편해지는 가족구성원이 생기게 된다.

3) 순환적 인과성

순환적 인과성(circular causality)는 단선적 인과성(linear causality)와 대립되는 개념이다. 순환적 인과성은 일의 결과를 해석할 때 단순히 한 가지의 원인을 찾기보다는 결과에 이르기까지 관련된 사람들 간의 상호작용을 중심으로 상황을 이해하는 방법이다.

순환적 인과성에 따르면 가족 내 한 성원의 변화는 다른 성원들과 가족 전체에 영향을 미치며, 이런 영향은 다시 변화를 가져온 성원에게 영향을 미친다는 것이다. 가족구성원들 간의 행동은 서로 긴밀하게 연결되어 있고 서로 영향을 미치고 있기 때문에 가족문제의 원인과 결과를 정확히 식별해 내는 것은 불가능하며, 가족구성원 사이에 발생하는 문제는 순환 중인 가족관계의 맥락 속에서 파악되고 이해되어야 한다. 따라서 순환적 인과성에 따른 가족 개입은 문제의 원인 혹은 문제의 책임 있는 구성원에 초점을 두기보다는 문제를 유지하는 가족의 상호작용에 초점을 둔다(김혜란, 홍선미, 공계순, 2008; 엄명용, 노충래, 김용석, 2020).

가족 내 한 구성원에게 영향을 주면 그 효과는 다른 구성원에게 영향을 주어 결국 가족 전체에 영향을 미치게 된다는 파문효과(ripple effect)의 활용도 순환적 인과성을 이용한 가족문제 해결 접근이라고 할 수 있다. 파문효과란 호수에 돌을 던지면 파문이 동심원을 그리듯이 멀리 퍼져 나가는 것처럼 체계의 한 구성요소에 변화를 주면 그 효과는 상호작용 고리를 가지고 있는 다른 구성요소에 영향을 주어 결국 전체 체계에 영향을 준다는 것이다(엄명용, 노충래, 김용석, 2020). 이런 체계적 속성을 활용하면 가족문제의 해결을 위해 가족문제의 근원이 되는 구성원의 변화가 어렵다면 가장 변화가 쉬운 구성원을 통하여 가족 전체의 변화를 꾀할 수 있다.

4) 항상성

항상성(homeostasis)은 체계가 하나의 구심점을 중심으로 역동적인 균형을 유지하고 그것이 깨졌을 때 균형을 회복하려는 경향이다. 가족의 항상성은 가족 내에서 일어나는 내적이고 지속적인 관계를 유지시켜 주는 상호작용적 과정을 뜻하며, 내적 균형을 보장해 준다. 가족은 현재의 평형상태를 유지하려는 속성을 가지고 있다. 가족 간에 존재하는 이 균형적 상태가 위협을 받으면, 마치 자동온도조절장치에 의해 방 안의 온도가 일정 온도를 유지하는 것처럼 가족구성원들의 행동에 대해 통제함으로써 예전의 평온한 상태로 돌아가려고 한다. 이처럼 항상성은 그들의 가족규칙을 활성화함으로써 지속적인 관계를 유지하도록 한다.

항상성 개념은 가족이 변화를 필요로 할 때 나타나는 가족구성원들의 저항과 두려움을 이해하는 데 도움이 된다. 자녀들이 성장하면서 가족의 규칙이 도전받게 되면 이러한 상황은 가족 내에 불균형을 가져오고 새로운 패턴이 가족의 균형을 회복할 때까지는 상실감과 거리감 등이 생긴다. 체계는 갑작스럽거나 큰 변화보다는 안전한 범위 내에서 스스로를 유지하고자 한다. 가족구성원의 성장, 또는 가족을 둘러싼 환경의 변화에 따라 가족의 규칙, 상호작용 등이 변화해야 함에도 불구하고 가족이 완고하게 예전의 패턴을 고집하고 변화하는 상황에 대응하지 못하게 되면 가족은 어려움을 겪을 수밖에 없다.

5) 피드백

피드백(feedback)은 하나의 체계가 어떻게 적응과 자기관리를 하는가를 설명하기 위한 개념으로, 정보가 접수되어 처리하는 상호작용의 과정을 말한다. 즉, 체계는 피드백을 통하여 자신의 기능수행을 끊임없이 감시하고 적응할 수 있게 된다.

피드백을 설명하는 데 있어서 정적 피드백과 부적 피드백의 의미는 학자들에 따라 차이가 있다. 그러나 일반적으로 기존의 행동 유형들을 정당화시켜 주고 격려하는 것을 정적 피드백이라 하고, 현재의 행동을 방해하거나 무효화함으로써 변화를 장려하는 것을 부적 피드백이라고 한다. 일상생활에서 정적 피드백을 칭찬으로, 부적 피드백을 비난이나 깎아내림의 유사어로 사용하는 것과는 다르다. 항상성을 유지하게 하느냐의 여부, 즉 변화 초래 여부가 정적 피드백인지 부적 피드백인지를 결정하는 기준이다.

예를 들어 보자. 어떤 빈곤가정의 소년이 계절에 맞지 않고 불결한 옷차림을 하고 있을 때, 한 교사가 이 소년의 학업 성적은 좋지 못할 거라고 추측한다. 이 소년은 이 추측에 맞추어 반응하여 교사의 견해가 옳았음을 증명한다. 교사들은 이 소년의 학습에 대해 무관심하고 지적으로 도전이 되는 자료를 더 제공하지도 않는다. 결국 소년은 학습에 완전히 흥미를 잃게 된다. 소년은 열등한 학생의 위치를 자신의 지위로 받아들인다. 그래서 결국 이 소년이 무력하거나 불필요한 학생으로 인정된다면 이것은 정적 피드백의 예이다. 하지만 이 사례에서, 소년으로 하여금 자기 자신을 재평가하게 해서 타인들이 그에 대한 기대를 바꿀 수 있도록 충분한 변화를 유발하는 정보가 제공된다면 그것은 부적 피드백의 예가 될 것이다.

6) 의사소통

가족에 대해 개입을 할 때 가족구성원 간에 이루어지는 의사소통의 내용이나 방식을 이해하는 것은 매우 중요하다(성정현 외, 2022). 가족 내부체계 간의 상호작용을 의사소통이론을 통해 이해하는 것은 매우 유용하므로 여기에서 의사소통이론 중에서 가족 개입에 필요한 개념들에 대해 간단하게 다루고자 한다.

의사소통(communication)은 가족구성원 간의 정보 교환을 통해 관계를 형성해 나가는 모든 행동을 의미하며, 전달하는 내용뿐만 아니라 전달과정이 중요한 의미를 갖는다. 의사소통의 개별 단위는 메시지이며, 상호작용은 두 사람 사이에서 연속적으로 메시지를 교환하는 것을 말한다. 시간이 지남에 따라 의사소통의 피드백 과정은 반복되고 패턴화되며, 이러한 상호작용의 패턴은 규칙이 된다.

의사소통은 말로 전달되는 또는 전달하고자 하는 내용 외에 다른 의미도 함께 표현되고 전달된다. 즉, 모든 의사소통은 내용 메시지와 관계 메시지라는 두 가지 수준을 포함한다. 내용 메시지는 말로 표현되는 표면적 내용이며, 관계 메시지는 언어로 표면에 나타나지는 않지만 비언어적 형태로 전달되는 메시지이다(성정현 외, 2022). 내용 이외에 의사소통이 전달되는 모든 메시지를 상위 의사소통 혹은 메타의사소통(metacommunication)이라고 한다(김유숙, 2014). 말하자면, 메타의사소통은 말하는 사람과 듣는 사람 간의 관계의 성격을 정의하는 기능을 가진다(성정현 외, 2022).

의사소통 이론가들은 일반적으로 의사소통의 원칙에 대해 다음과 같이 주장한다(Collins, Jordan, & Coleman, 1999).

- 인간의 모든 행동은 의사소통으로 언어적 · 비언어적 행동을 포함한다.
- 의사소통에는 정보를 전달하는 '내용'과 정보가 전달되는 방식을 나타내는 '관계'의 두 차원이 있다.
- 가족구성원 간의 의사소통 패턴은 가족 내 규칙을 통해 유지된다.
- 모든 의사소통은 그 맥락 속에서 이해되어야 한다.

가족구성원 간의 의사소통 유형은 가족과 외부 간 경계의 유연성과 경직성, 하위체계 간의 경계선 상태, 위계질서, 규칙, 가족 발달단계의 위기 등이 표현되는 통로이다. 가족 간의 의사소통은 가족구성원들이 서로를 이해하고 지지하여 심리적 공감대를 나누고 '우리'라는 유대감을 형성할 수 있는 긍정적 기능을 한다. 하지만 가족구성원들 간에 말하는 내용과 말하는 사람의 표정, 행동, 억양 등이 서로 모순되는 경우, 특히 이것이 반복되어 생활화될 경우 가족 내 문제를 야기한다. 부부 사이에도 이런 모순된 의사소통이 많을수록 부부갈등이 커질 수밖에 없다. 문제가 되는 가족 내 의사소통에서 발견되는 또 다른 유형은 상대방의 정신을 헷갈리게 하여 갈팡질팡하게 하는 것이다. 즉, 상대방의 생각과 느낌의 타당성을 부인하고 상대방이 혼란을 느끼고 스스로의 정신 상태를 의심하도록 만드는 것이다.

가족치료에서 강조하는 역기능적인 의사소통의 유형 중 가장 대표적인 것은 '이중구속(double bind)'이다. 이중구속은 전략적 가족치료 모델에 영향을 미친 MRI 팀이 개발한 개념으로 가족구성원 간에 논리적으로 상호모순되고 일치하지 않는 두 가지 메시지를 동시에 전달하는 것을 의미한다. 부모가 자녀에게 전달하는 이중 메시지가 대표적인 예이다. 한 예로, 부모가 청소년 자녀에게 "네가 스스로 원하는 일을 생각해 봐라."라고 이야기하기보다 "나는 네가 반드시 스스로 원하는 일을 하게 할 거야."라는 메시지를 반복한다면, 자녀는 자기 스스로 원하는 일을 찾아야 할지, 또는 부모가 그러한 일을 찾아 줄 것인지 혼돈스러워 정작 행동에 옮기기 어려울 것이다. 이중구속적인 상황에서는 메시지를 받은 사람이 어떤 의견을 말하거나 그 장면에서 벗어나는 것이 금지되어 있다.

가족 내 문제가 되는 또 다른 유형의 의사소통으로는 한쪽의 일방적인 순응을 요구하는 보완적 의사소통과 겉으로 보기에는 평등한 관계로 보이나 서로 너무 팽팽하게 경쟁하는 대칭적 의사소통이 있다. 두 유형 모두 가족갈등, 특히 부부갈등을 야기할 수 있는 의사소통이다.

이와 같이 의사소통 이론가들은 의사소통이 가족구성원의 행동장애를 설명하는 주요 요인이라고 생각하였고, 이러한 의사소통 패턴을 유지하려는 성향을 가족의 항상성 개념으로 설명하였다. 의사소통, 가족규칙, 순환적 인과성, 항상성 등 가족치료의 주요 개념은 서로 밀접하게 연결되어 있음을 알 수 있다.

2. 가족생활주기

1) 가족생활주기의 개념 및 단계

(1) 가족생활주기의 개념

가족생활주기는 시간의 경과에 따른 가족 내의 발달적인 경향을 묘사하기 위하여 일반적으로 사용하는 용어이다(Carter & McGoldrick, 1988). 가족생활주기란 사람이 가족생활에서 경험하는 결혼, 출산, 양육, 노후의 각 단계에 걸친 시간적 연속을 의미하는 것으로(김유경, 2014), 가족도 개인과 마찬가지로 발달단계를 거치면서 고유하고 특정한 문제를 보이게 된다. 가족은 결혼, 자녀출생, 자녀의 출가, 배우자의 죽음 등 일련의 가족생애사건들을 단계적으로 경험하면서 형성, 확대, 축소, 해체되어 가는 과정을 겪는다. 가족성원들 간의 역할관계에 커다란 변화를 가져오는 가족사건들이 가족주기의 단계를 구분 짓는 전환점이며 가족은 이 전환기에 적응상의 문제를 일으킬 수 있다. 가족생활주기 관점은 개인적인 생활과정의 모든 영역을 포함하면서 동시에 전체로서의 가족을 강조한다(성정현 외, 2004).

　가족생활에서 발생하는 예측 가능한 위기를 이해하는 중요한 이론적 틀인 가족생활주기 관점은 가족 대상 사회복지실천에서 매우 유용하다. 사회복지사는 가족의 특정 발달단계에서 일어나는 문제를 규명하고 가족을 사정하며 개입함에 있어서 가족생활주기 관점을 통하여 도움을 받는다. 즉, 가족생활주기 관점을 가진 사회복지사는 대상 가족의 현재 가족주기를 확인하고, 이에 대한 가족성원들의 인식 정도를 알아보며, 발달단계에 따르는 가족구성원들의 변화 능력과 가족문제를 파악하여, 가족주기에 따라 체계변화를 위한 개입계획을 세우고 실행하게 된다. 어떤 특정한 사건이 어떻게 가족에게 영향을 미칠 것인지 예측하는 것은 어렵지만, 가족생활주기를 잘 이해함으로써 가족이 전 생애에 걸쳐 경험하게 될 위기의 유형을 이해하고 각 단계마다 가족이 직면하게 될 고유한 발달 이슈 및 과업을 파악하는 것은 사회복지실천에 있어서 매우 필요하다. 사회복지사는 가족생활주기에 적응하기 위해 가족이 어떻게 태도를 변화시키고 관계를 수정해야 하는지를 이해할 필요가 있으며 이를 바탕으로 발달위기와 관련된 어려움에 압도되어 있는 가족에게 필요한 지식, 기술, 전략과 지지를 제공할 수 있다(Collins, Jordan, & Coleman, 1999).

(2) 가족생활주기 단계

　가족생활주기 관점에서 보면 가족은 예측 가능한 방식으로 성장하고 변화한다. 각 가족은 생애사건에 고유하게 반응하지만 대개의 가족은 유사한 범주의 발달위기에 직면하게 된다. 일반적으로 가족은 결혼, 첫 자녀의 출생 혹은 부모의 은퇴와 같은 출발점 또는 전환사건의 발생에 따라 특징적인 유사한 발달과정을 통하여 발전해 나간다. 가족주기의 세대 기준이나 단계별 구분은 〈표 2-1〉에서 보는 바와 같이 시대마다, 문화마다, 그리고 학자마다 다르다.

표 2-1 가족생활주기 단계 비교*

Duvall & Hill		Carter & McGoldrick		Collins, Jordan, & Coleman		WHO*		한국여성복지연구회 (2008)	
단계		단계		단계		단계		단계	
		1	결혼 전기					1	독립 및 결혼기: 결혼
1	결혼부부	2	결혼 적응기	1	결혼	1	형성기 (결혼- 첫째아 출생)		
2	자녀 출산 가족	3	자녀 아동기	2	학령전 자녀가족	2	확대기 (첫째아 출생- 막내아 출생)	2	자녀양육기: 출산, 양육 등 부모역할
3	학령전 아동가족								
4	아동기 자녀가족			3	학령기 자녀가족				
5	청소년 자녀가족	4	자녀 청소년기	4	10대 자녀가족	3	확대완료기 (막내아 출생- 첫째아 집 떠남)		
6	청년자녀 떠나보내기	5	자녀 독립기	5	자녀진수기 가족	4	축소기 (첫째아 집 떠남-막내아 집 떠남)	3	중년기: 성인자녀, 자녀 독립
				6	중년기 부모				
7	중년기가족	6	노년기	7	노년가족 성원	5	축소완료기 (막내아 집 떠남-배우자 사망)	4	노년기: 빈둥지 시기 이후
8	노년기가족					6	해체기(배우자 사망-본인 사망)		

*WHO (1978)의 기본모델에 준함.

출처: 성정현 외(2004); Collins, Jordan, & Coleman (1999); 한국여성복지연구회(2008)의 가족생활주기 단계 도표 재구성.

2) 가족생활주기 단계별 가족과업

가족생활주기 관점은 초기에 2세대 핵가족을 기준으로 발전되어 왔는데, 가족생활주기는 인구가족환경에 따라 변화하는 것이 마땅하다. 최근 만혼과 미혼율의 증가, 출산율 저하, 자녀수 감소, 노령화 및 황혼 이혼의 증가 등의 사회현상을 보이는 우리나라의 환경을 고려한 한국여성복지연구회(2008)의 분류에 따라 가족생활주기 단계의 특성과 가족과업을 살펴보고자 한다.

우리나라의 가족이 최근 급변하는 사회 속에서 다양한 형태로 나타나긴 하지만 중산층 핵가족의 전형적인 발달과정을 볼 때, 결혼, 부모역할(양육), 자녀 독립, 배우자 사망 등은 가족생활주기의 기준 요인이 될 것이다. 이를 기준으로 독립 및 결혼기, 자녀양육기, 중년기, 노년기의 4단계로 분류하여 각 단계의 특성과 과업을 제시한다.

(1) 독립 및 결혼기

결혼 전 성인기의 핵심적인 발달과업은 원가족으로부터의 독립이다. 원가족의 자녀라는 위치에서 진정한 의미의 독립적인 성인의 위치로 삶의 중심을 이동해야 한다. 이 단계에서 성인기에 접어든 젊은이들은 다음 두 가지 과업을 동시에 수행해야 한다. 첫 번째 과업은 친밀한 연대감 또는 성적 결합을 통해 자신의 정체감과 타인의 정체감을 결합하는 일이며, 두 번째 과업은 성인 초기의 생활구조를 만들어 나가면서 삶의 뿌리와 안정 및 지속성을 갖는 것이다.

부부가 되어 가족을 이루게 되는 결혼은 가족생활주기 중에서 가장 복잡하면서도 어려운 전환 중의 하나이다. 새로 파트너가 된 부부에게 있어서 요구되는 가장 주요한 세 가지 과업은 부부간에 서로 만족할 수 있는 새로운 관계수립, 확대가족과의 관계 재조정, 부모되기에 대한 결정이다(Collins, Jordan, & Coleman, 1999).

부부는 결혼하기 전 원가족에서부터 형성된 가치관, 생활습관, 행동 등을 그대로 유지한 채 새로운 관계를 수립하게 되면서 서로 다른 삶의 방식에 직면하게 된다. 따라서 결혼을 하게 되면 새 가족의 역할과 가족규칙을 협의하여 형성하여야 한다.

결혼한 부부가 확대가족과의 관계를 형성하는 유형은 보통 다음의 세 가지이다. 첫 번째 유형은 원가족과 분리되지 못하고 융합되어 있는 구성원이 결혼 후에도 계속 이런 관계를 지속하는 경우이고, 두 번째 유형은 독립성을 얻기 위해 원가족과의 관계를 단절하는 경우이다. 세 번째 유형은 관계를 유지하되 약간의 폐쇄성과 갈등이 있으며 특정한 주제를 피하는 경우이다. 확대가족과의 관계에서 이상적인 상황은 배우자들이 결혼 전의 원가족으로부터 독립한 상태이면서 친밀하고 따뜻한 유대를 갖는 것이다.

결혼을 하게 되어 부모되기를 선택하면 부모역할을 하게 된다. 따라서 부모가 되는 것에 대한 부부간의 합의된 의사결정에 의해 임신을 계획하는 일이 필요하다. 계획하지 않은 임신이나 서로 다른 동기에 의한 임신 등은 출산 이후 부모역할을 수행하는 데 어려움이 있다.

(2) 자녀양육기

자녀양육기는 자녀 연령에 따라 학령전 자녀가족, 학령기 자녀가족, 청소년기 자녀가족으로 나눌 수 있으며, 각 시기별 발달과업은 다음과 같다.

① 학령전 자녀가족

㉮ 부부체계에 자녀를 위한 공간 만들기

첫 자녀의 출생은 중대한 가족적응을 요구하는 위기이다. 부모됨에 대한 상호동의하에 자녀의 출생을 기대하고 있던 부부라 할지라도 첫 자녀 출생은 가족생활을 복잡하게 만들고 부부에게 급격한 변화를 초래한다. 첫 자녀 출생 후 부부가 겪게 되는 어려움에는 산후우울증, 성적 친밀감 위협, 생활에서의 자유 상실 등이 있다(Collins, Jordan, & Coleman, 1999). 이 시기에는 부부가 자녀를 위한 심리적 공간을 마련하여, 아동으로 인해 부부가 서로를 방임한다고 느끼지 않게 하고 서로의 욕구를 충족시킬 뿐 아니라 아동의 욕구를 함께 충족시키려고 노력하는 일이 필요하다.

㉯ 학령전 아동의 욕구에 적응하기

학령전 아동은 자신과 중요한 관계를 갖는 사람들과의 경험을 통해서 기본적 신뢰감을 형성하게 되는데 이를 돕기 위해 부모는 자녀의 욕구를 충족시키는 신뢰할 만한 대상이 되어야 한다. 또한 학령전 시기의 아동은 기본적인 생활습관을 습득하고 환경에 대한 호기심을 갖고 적극적으로 탐구한다. 이 단계의 부모는 아동을 안전하게 보호하면서 적절한 양의 자극을 제공해야 한다.

㉢ 자녀양육 및 가사에 부부 공동참여하기

자녀양육으로 인하여 부모의 에너지는 고갈되고 부모-자녀관계는 사생활의 결여로 긴장될 수 있다. 출산 및 자녀양육과 관련하여 가족에게 다음과 같은 상황이 발생하면 스트레스가 가중될 수 있다. 첫째, 장애를 가지고 출생한 자녀가 있는 가족이 자녀를 돌보는 데 필요한 적당한 자원과 기술을 가지고 있지 않을 때, 둘째, 부모가 모두 취업한 상태에서 부부 중 한 사람이 자녀를 보호하기 위해 직업을 포기해야 할 때, 셋째, 빈곤한 가족이나 많은 사회문제를 가진 가정에 아동이 출생하여 기존의 스트레스를 가중시킬 때, 넷째, 불임인 부부의 경우 불임치료를 할 것인지, 자녀를 입양할 것인지, 혹은 자녀가 없는 상태로 지낼 것인지를 결정해야 할 때이다.

따라서 자녀의 출산과 양육에 관한 일, 재정에 관한 일을 부부가 공동으로 참여하도록 함으로써 가족이 이 단계의 위기를 함께 잘 극복할 수 있도록 하여야 한다.

② 학령기 자녀가족

아동이 학령기에 도달하면 아동의 학교 및 과외활동에 따라 가족 패턴은 다시 변화한다. 이 단계에서의 가족과업은 아동이 학교생활을 통해 책임감과 성취감을 얻을 수 있도록 도와주고, 동년배, 그리고 부모 이외의 권위적인 인물과 협동적으로 상호작용하는 공적인 학습 상황에 적응하도록 지지하는 것이 포함된다.

㉮ 아동양육에 가족공동체적 참여하기

학령기 자녀가족의 주요한 과업은 제시간에 아동을 등하교시키기, 아동에게 방과 후 안전한 장소를 제공하고 적절한 학습 환경을 제공하기이다. 부부가 공동으로 자녀의 보호 및 교육에 대한 책임을 분담하여 협력관계를 유지함으로써 부부관계의 친밀성을 유지시키는 동시에 자녀와의 적절한 경계선을 유지하는 일이 필요하다.

㉯ 아동이 학업에서 성취감을 발달시키도록 격려하기

이 단계에서 부모의 과업은 아동이 학교 환경에서 생존하는 데 필요한 기술과 태도를 습득하도록 돕는 일이다. 아동이 학교생활에서 성취감을 얻을 수 있도록 돕기 위해서 부모는 학문적 문화(academic culture)를 조성해야 하며 공부에 관해 긍정적인 태도를 표명해야 한다. 이 단계의 부모는 아동이 관련하고 있는 제도들과 강한 연계를 가져야 한다. 특히 학교와의 긴밀한 유대는 아동이 능력과 기술을 발달시키는 데 도움이 된다.

③ 청소년기 자녀가족

청소년기에 접어든 자녀가 자율과 독립성을 요구하게 되면 세대 간의 관계에 갑작스런 변화가 초래된다(Carter & McGoldrick, 1988). 자녀가 청소년이 되면 가족은 어린 자녀를 양육하고 보호하던 역할에서 벗어나 성인의 주된 역할이 되는 책임감을 가질 수 있도록 가족의 구조와 조직을 변화시켜야 한다.

㉮ 청소년의 정체성 확립과 독립에 대처하기

청소년기에는 신체적으로 변화할 뿐 아니라 아동기에서 성인기로의 심리적 전환이 시작된다. 자녀가 아동기에서 청소년기로 전환하는 과정은 가족 내에서 자녀의 상실을 의미한다. 부모는 자녀가 독립적이 되어 가는 것을 보면서 대견함과 자녀가 더 이상 이전과 같이 자신을 필요로 하지 않는다는 공허감의 양가감정을 갖게 되면서 양육의 본질이 바뀌어야 한다는 점을 느끼게 된다. 가족이 이 단계를 성공적으로 보내기 위해 가장 중요한 것은 상실을 수용하고 융통성을 가져야 한다는 것이다. 가족경계의 융통성을 증가시키고 부모의 권위를 조정함으로써 청소년 자녀가 독립성과 발달적 성숙을 얻을 수 있도록 해야 한다.

특히 청소년기 가족이 겪는 변화의 근본 원인은 자녀의 급속한 신체적 · 성적 성숙에 기인한다. 청소년 자녀의 성적 성숙에 대하여 가족이 서로 개방적으로 정보를 나눌 수 있을 때 수용적이고 현실적이며 민감한 한계를 설정할 수 있는 가능성이 있다.

㉯ 가족규칙 변화에 자녀를 참여시키기

청소년이 독립적이고 건강한 정체성을 발달시키기 위하여 허용적이고 양육적인 태도가 필요한 반면, 보다 책임감을 가질 수 있도록 지도하는 것도 필요하다. 대부

분의 부모에게 객관적이고, 지지적이며, 민주적이면서도 동시에 통제력을 가지는
것은 어려운 과업이다. 부모가 자녀의 행동에 대한 결정을 내려 주던 이전의 가족규
칙은 변화되어야 하며, 가족규칙을 수정할 때 자녀도 의사결정에 참여시켜야 한다.

(3) 중년기

중년기는 인생의 전반에서 후반으로 바뀌어 가는 전환기이다. 중년기는 자녀들
이 부모로부터 독립된 삶을 확립하는 단계로 자녀양육과 관련된 역할이 감소하면
서 좀 더 부부중심적 관계가 부각되는 시기이다(Carter & McGoldrick, 1988). 이 시기
는 부부가 이제까지 자신들의 살아온 길을 되돌아보며 이루어 놓은 일에 대한 성취
감, 놓쳐 버린 일에 대한 회의감 또는 허무함이 공존하는 시기로 성인이 된 이후 다
시금 찾아오는 전환기이다. 또한 중년기 가정은 부부의 원가족 부모가 노년기에 접
어드는 시기와도 맞물려 노년기 부모에 대한 부양 부담까지도 가정의 문제로 들어
오게 되는 경우도 많다. 부부가 중년기에 접어든 가정의 주요발달과업은 성인자녀
와 부모 간의 새로운 관계형성하기, 새로운 부부관계의 확립, 노년기 원가족 부모와
의 관계 해결 등이다(한국여성복지연구회, 2008).

① 성인자녀와 부모 간의 새로운 관계형성하기

중년기의 시작은 자녀가 독립된 생활을 위해 집을 떠나면서 시작된다. 중년기에
는 그동안 수행해 왔던 자녀양육과 관련된 역할과 권한이 감소하면서 부모는 자아
상과 생활만족감에 혼란이 오고 중년기 자아정체감에 혼란이 생긴다. 부모역할에
시간적 투자를 많이 한 부모일수록 이 시기에 어려움을 겪게 된다. 자녀의 독립을
긍정적 시각으로 바라보고 자녀와의 분리과정을 부모의 새로운 정체감 형성의 계
기로 삼아야 한다.

② 새로운 부부관계의 확립

중년기 이전의 자녀양육이 부부관계에서 중요한 부분을 차지하였다면 중년기를
계기로 두 부부간의 관계, 결혼의 의미를 재조명해 보고 성찰하는 기회로 만들어야
한다. 이런 과정을 통해 중년가정이 더욱 성숙되고 안정된 관계를 형성하도록 상호
노력해야 한다.

③ 노년기 원가족 부모와의 관계 해결

자신의 책임하에 의존적이 되어 가는 노부모를 돌보아야 하는 입장에 있는 중년기 가족이 자녀와의 유대감을 중시하는 노부모의 권위의식과 의존적 욕구 사이에서 어려움을 겪게 된다. 노부모와의 해결되지 않은 문제들을 갖고 있을 경우 원가정의 부모와 중년기 가족 간의 세대 간 관계가 긴장될 수 있다. 세대 간 상호의존하는 정도를 현실적인 수준으로 조정하고 관리하고 각자의 욕구에 대해 정확하게 의사소통함으로써 긍정적인 관계를 유지할 수 있다.

(4) 노년기

노년기는 가족생활주기 중 마지막 단계이다. 노년기 가족 시기는 은퇴에서 가족 사망까지로 구분하기도 하고, 막내자녀의 결혼 이후부터를 노년기라고 규정하기도 한다. 노년기 가족은 은퇴, 신체적 노화의 진행, 막내자녀의 결혼으로 가족체계가 재조직화되는 시기이다.

노년기의 주요발달과업은 은퇴와 노화에 따른 가족관계에서의 역할 전환을 수용하기, 새로운 가족관계 확립하기, 사별 등 상실에 적응하기, 자기의 죽음에 대비하기 등이다.

① 노년기 부부관계 재정립하기

노년기에는 결혼생활을 유지하는 것만으로도 개인에게 긍정적이다. 은퇴시기가 앞당겨지고 평균수명이 길어지면서 노년기에 부부가 함께하는 기간이 길어졌기 때문에 부부관계가 노년기 삶의 만족도를 결정짓는 중요한 요인이 되었다. 하지만 가사에 대한 일방적 역할 담당을 포함하여 이전의 부부관계가 재정립되지 않으면 노년기 이혼과 가정폭력이 증가하기도 한다.

노년기 역할 전환에 따라 적응하기 위해서 다음과 같은 적응과업을 수행해야 한다(한국여성복지연구회, 2008).

- 노화에 의한 신체적·심리적·사회적 기능의 약화를 수용해야 한다.
- 은퇴 전 부부간의 역할 배분을 수정하여 서로 간에 협력하고 책임 한계를 설정하는 등 역할 재조정을 하여야 한다.

• 노년기 남녀 모두 상대 배우자에게 도구적 역할을 요구하기보다 정서적 친밀
감과 애정을 적극적으로 표현하고 양성적 역할(도구적/정서적)에 대한 학습과
수행이 필요하다.

② 죽음 등 사별에 대한 적응

노인의 죽음은 자연스런 과정이지만 오랫동안 부부관계를 통해 정서적·물리적
지원자로서 애정을 나눠 왔던 배우자의 죽음은 노년기에 가장 스트레스를 주는 사
건이다. 노년기에 사별을 하게 되면 슬픔, 죄의식, 후회, 삶의 목적 상실과 같은 정
서적 반응을 보인다. 사별 후 충분히 슬픔을 표현하고 주변과 슬픔을 공유하는 적절
한 애도과정을 통하여 배우자의 죽음을 인정하고 변화된 현재 상황에 적응하는 방
법을 찾도록 노력하여야 한다. 또한 자신의 죽음에 대한 긍정적 이해와 정서적·현
실적 대비를 해야 한다.

🔆 이 장의 요약

1. 가족체계

이 장에서는 전통적 가족치료의 기초가 되는 체계이론의 주요 개념 중 가족경계, 가족
하위체계, 순환적 인과성, 항상성, 피드백, 의사소통의 여러 개념 등 가족을 하나의 체계
로 이해하는 데 도움이 되는 개념들에 대해 살펴보았다.

가족을 한 체계로 보았을 때 가족경계에 따라 가족 하위체계를 생각해 볼 수 있으며,
이러한 하위체계별 경계에 따라 가족관계가 다르게 형성되는 것을 알 수 있다. 체계이론
의 관점에서 볼 때 한 개인의 행동을 더 이상 단선적인 인과관계로 보지 않고 순환적 인
과성의 관점에서 볼 수 있게 된다. 가족 간에 의사소통의 피드백 과정은 반복되고 패턴
화되며, 의사소통 시에는 전달하는 내용뿐만 아니라 전달하는 과정이 중요하다.

2. 가족생활주기

가족생활에서 발생하는 예측 가능한 위기를 이해하는 중요한 이론적 틀인 가족생활주
기 관점은 가족복지에서 매우 유용하다. 가족도 개인과 마찬가지로 발달단계를 거치면
서 고유하고 특정한 문제를 보이게 된다. 가족은 결혼, 자녀출생, 자녀의 출가, 배우자의

죽음 등 일련의 가족생애사건들을 단계적으로 경험하면서 형성, 확대, 축소, 해체되어 가는 과정을 겪는다. 결혼과 출산, 양육을 기준으로 가족생활주기는 일반적으로 독립 및 결혼기, 자녀양육기, 중년기, 노년기의 4단계로 분류할 수 있으며 각 단계마다 발달과업이 있다. 가족생활주기 관점은 가족을 각 발달단계에 따라 검토하여 가족을 이해하는 유용한 방법 중의 하나로서, 사회복지사가 가족의 특정 발달단계에서 일어나는 문제를 규명하고 가족을 사정하며 개입하는 데 도움이 된다. 핵가족을 중심으로 결혼과 자녀 출산 및 양육을 기본 전제로 하여 발전된 가족생활주기 관점을 다양한 가족 형태가 출현하고 있는 최근 한국사회에서 어떻게 적용하고 발전시켜야 할지는 앞으로의 과제이다.

생각해 볼거리/토론거리

1. 다음은 가족생활주기를 이용한 사회복지사의 개입이다.

> 가족생활주기를 이용한 사회복지사의 개입과정(김정진, 임은희, 권진숙, 2007)
> 첫째, 현재 가족생활주기를 우선적으로 파악한다.
> 둘째, 현재 가족생활주기에 대한 가족구성원의 인식 정도를 파악한다.
> 셋째, 가족발달단계에서 성취해야 하는 가족과업에 대한 가족구성원들의 변화 능력을 파악한다.
> 넷째, 가족생활주기의 전반적인 내용과 관련된 가족문제를 파악한다.
> 다섯째, 가족의 동의와 함께 가족생활주기에 따른 개입계획을 세운다.
> 여섯째, 가족생활주기에 따른 가족체계 변화를 위하여 개입을 실시한다.

이 개입과정을 당신의 가족(또는 가상의 사례)에 적용하여 다음 질문에 답하시오.

1) 당신의 가족은 가족생활주기상 어느 단계에 있습니까?(이 책의 본문을 참조하시오)

2) 현재 당신 가족의 생활주기단계에서 요구되는 발달과업을 가족구성원들은 각각 어떻게 인식하고 있습니까?

3) 수행 정도가 높은 과업과 수행 정도가 낮은 과업의 목록을 적고 그 이유를 파악하여 적어 보시오.

4) 현재의 가족생활주기상 발달과업 성취를 목표로 가족체계 변화를 위한 계획을 세워 보시오.

2. 현재 본인의 가족이 항상성을 유지하기 위해 사용하고 있는 정적 피드백과 부적 피드백은 어떤 것이 있는지 사례를 들어 설명하시오.
3. 가족 중 한 사람에게 변화가 일어나면 다른 가족구성원들에게도 영향을 미침으로써 가족이 변화하는 사례에 대해 생각해 보시오.

참고문헌

권진숙, 신혜령, 김정진, 김성경, 박지영(2006). **가족복지론**. 경기: 공동체.

김유경(2014). 가족주기 변화와 정책제언. 보건복지포럼, 211, 7-22. 세종: 한국보건사회연구원.

김유숙(2014). **가족치료: 이론과 실제(3판)**. 서울: 학지사.

김정진, 임은희, 권진숙(2007). **사회복지실천기술론**. 경기: 서현사.

김혜란, 홍선미, 공계순(2008). **사회복지실천기술론(개정2판)**. 경기: 나남출판.

김혜래(2012). **사회복지실천기술론**. 서울: 청목출판사.

성정현, 김예성, 김희주, 장연진, 좌현숙, 최승희(2022). **사회복지실천기술론**. 서울: 신정.

성정현, 여지영, 우국희, 최승희(2004). **가족복지론**. 서울: 양서원.

송성자(2002). **가족과 가족치료(2판)**. 서울: 법문사.

양옥경, 김정진, 서미경, 김미옥, 김소희(2018). **사회복지실천론(개정 5판)**. 경기: 나남출판.

엄명용, 노충래, 김용석(2020). **사회복지실천기술의 이해(4판)**. 서울: 학지사.

한국여성복지연구회(2008). **가족복지론(개정판)**. 서울: 청목출판사.

Atwood, N. C. (1992). Combining individual and family treatment: Guidelines for the therapist. In D. Greenfeld (Ed.), *Treating diverse disorders with psychotherapy* (pp. 3-20). CA: Jossey-Bass.

Carter, B., & McGoldrick, M. (Ed.) (1988). *The changing family life cycle: A framework for family therapy* (2nd ed.). New York: Gardner Press.

Collins, D., Jordan, C., & Coleman, H. (1999). *An introduction to family social work*. 이화여자대학교 사회복지연구회 역(2001). **사회복지신서 10: 가족복지실천론**. 서울: 나눔의 집.

von Bertalanffy, L. (1968). *General systems theory: Foundations, development application*. New York: Braziller.

Zastrow, C. H. (1995). *Instruction to social work and social welfare* (6th ed.). CA: Brooks/Cole.

제**3**장

가족복지정책

가족복지정책은 국가가 가족 및 가족구성원의 기능을 지원하여 가족복지를 실천하는 제도적·거시적 접근방법이다. 최근 현대사회에서는 여성의 사회진출 증가, 출생률 감소, 급속한 노령화와 함께 가족의 유형이 이혼·재혼가족, 한부모가족, 1인가구 등으로 다양해지고 있으며, 개인 및 가족단위에서 대응하기 어려운 사회구조적 위험이 발생하기도 한다. 가족의 형태는 다양해지고 소규모화되면서 구조적 변화가 발생하고 있으며, 전통적으로 가족이 담당했던 재생산, 양육 및 교육 기능의 약화, 전통적 성역할의 변화 및 개인중심적 가치관의 확산에 따라 가족가치관이 변화하며 가족의 기능도 변화하고 있다. 가족복지정책의 패러다임은 이러한 시대와 환경을 반영하여 변화하며 그 안에서 국가의 정책적 목적성과 방향성을 발견할 수 있다.

과거에는 사회와 가족이 공사 영역으로 구분되어 사적인 가족문제는 스스로 해결해야 한다는 가족 책임주의가 팽배하였다. 보수적 가족복지정책은 사회의 모든 구성원을 대상으로 한 보편적 지원이 아닌 특정 요보호가족을 대상으로 하는 선별적·제한적 정책 형태로 운영되었다. 전형적 가족유형을 전제로 전통적 가족기능이 약화된 가족을 비정상으로 간주하여 획일적인 정책을 통해 가족욕구에 대응한 것이다. 하지만 사전개입을 통한 예방이 아닌 사후개입을 통한 소극적 정책 대응은 가족의 결핍을 다루기에 충분하지 못했다. 개인과 사회는 상호작용하며 변화·성장하는 유기적 관계이며 다양한 가족 형태와 차별적 욕구가 발생하므로 국가의 획일적 정책 대응이 아닌 수요자 중심의 다차원적 정책 개입이 필요한 것이다. 가족위기가 사회위기를 야기할 수 있는 상황에서 다양한 복지 프로그램을 통한 가족지원이 확대되고 '선 가정책임, 후 국가개입'의 소극적 정책방향에서 예방적·보편적인 사회복지정책 수립으로 가족복지정책의 방향성이 전환되고 있다.

1. 가족복지정책의 이해

1) 가족복지정책의 배경

19세기 말 본격적인 산업화시대가 도래하며 여러 변화가 발생하였고, 이전 농경사회에서는 발생하지 않았던 사회적 위험들을 맞닥뜨리게 되었다. 시장구조의 변화에 따라 실업, 건강, 재해, 환경, 안전과 같은 새로운 사회문제들이 대두되었으며, 산업화에 따라 도시로 이주하는 사람들이 늘어나고, 이에 따라 도시빈민도 함께 증가하였다. 자본주의 시장에서 임금노동자는 자본가의 필요에 의해 소비되는 요소로 간주되었지만, 임금노동자에 대한 사회적 보호 없이는 자본가 역시 안정적으로 부를 축적하기 어렵다. 자본주의 체제와 자본가의 사회적 지위 유지를 위해서는 안정적이고 지속적인 노동자 공급이 필요했기 때문에 노동자와 가족을 지원하는 사회정책의 필요성이 대두되었다.

1970년대까지도 가족의 문제는 가족 내에서 해결되어야 한다는 생각이 지배적이었으며, 국가가 법과 제도를 통해 국민의 사적 영역에 개입하는 것을 침해로 받아들이기도 하였다. 하지만 고령, 질병, 사고, 실업, 장애 등 개인과 가족이 경험하는 생애 위기들이 개인적 차원에서 해결하기 어려워지자 이러한 위험에 사회적·조직적으로 대응하기 위한 사회정책들이 수립되었다. 또한 사회가 변화하며 여성의 학력 향상과 취업 증가로 인해 가정에서 여성의 몫으로 여겨지던 가사와 돌봄의 영역에 대해 사회화 논의가 진행되었다. 이를 바탕으로 가정과 사회에서 성차별 없는 역할

분배, 일·가정 양립을 위한 초석이 다져졌다.

2) 가족복지정책의 개념

가족정책이란 가족에게 영향을 미치는 모든 정책을 의미하는데, 가족정책뿐만 아니라 경제, 교육, 건설교통 등 다른 영역의 정책 수행과정에서도 가족이 직간접적으로 대상이 되기도 한다. 가족복지정책은 국가가 가족에 대해 의도를 가지고 개입하는 행위로 가족의 복지향상을 목적으로 하는 정책이다. 과거에는 가족정책과 가족복지정책이라는 용어에 어떠한 의미 차이가 있는지를 분석하고 가족복지정책이 가족정책의 하위 영역으로 다루어지기도 하였다. 하지만 최근에는 그 차이가 모호하고 구분 없이 사용하기도 하므로 이 장에서는 가족복지정책이라는 용어로 통일하여 설명한다.

가족복지정책의 목적은 환경 및 생애주기의 변화에 따라 가족과 가족구성원의 욕구가 변화하고 다양해질 때, 정책지원을 통해 다양한 가족의 복지욕구를 수용하고 사회통합을 달성하기 위함이다. 가족복지정책은 가족단위의 기능을 향상시키는 예방적·보편적 정책과 특정 문제를 호소하는 요보호 가족구성원을 대상으로 하는 사후적 정책으로 구분된다.

가족복지정책은 가족이 그 대상이자 목적인 경우와 다른 목적을 위해 가족을 수단적으로 이용하는 경우로 구분하여 볼 수 있다. 캐머만과 칸(Kamerman & Kahn, 1978)은 가족정책을 국가의 의도가 겉으로 드러나는지 여부에 따라 명시적 가족정책과 묵시적 가족정책으로 구분하였다. 명시적(explicit) 가족정책은 국가가 명백한 의도를 가지고 가족단위에 개입하는 정책을 말하며, 돌봄서비스, 아동복지서비스, 가족상담, 생활부조, 주택정책 등을 예로 들 수 있다. 묵시적(implicit) 가족정책은 국가가 의도를 가지고 가족에 개입한 것은 아니지만 결과적으로 가족에 영향을 미치는 정책을 의미하며, 인구정책, 이민정책 등을 예로 들 수 있다.

또한 캐머만과 칸은 관점, 분야, 수단 세 가지를 기준으로 가족정책을 분류·설명하였다. 첫째, 관점(perspective)을 기준으로 할 때, 모든 사회정책은 직간접적으로 가족에게 다차원적 영향을 미치므로 가족정책으로 볼 수 있다. 이러한 기준에서는 명시적·묵시적 가족정책을 포함한 모든 정책이 가족정책으로 간주될 수 있기

에 별도의 가족정책을 구성할 필요가 없다. 하지만 다른 분야의 정책들과 중첩되거
나 구분이 모호하다는 비판이 있으며 가족정책을 분리 운영하지 않고 다른 사회정
책들을 통해 가족을 지원하는 것이 현실적으로 가능한지에 대해서도 사회적 논의
가 필요하다. 둘째, 분야(field) 기준에 따르면 가족과 관련된 특정 목표가 있는 정책
을 가족정책으로 설명할 수 있으며, 이는 ① 소득보장정책(사회보장, 현물급여, 세제급
여)에 관한 것, ② 인구정책(가족계획), ③ 고용 및 노동시장 정책, ④ 주택정책, ⑤ 아
동양육(공적ㆍ사적 돌봄), ⑥ 보건 및 의료 서비스 정책, ⑦ 대인복지서비스의 7개 영
역으로 구분될 수 있다. 마지막으로, 수단(instrument)의 기준에서는 직접적으로 가
족의 복지와 관련이 없지만 사회정책의 목적 달성을 위해 가족정책이 하나의 수단
으로 작용하는 경우를 말한다.

국가는 사회가 추구하는 목표를 달성하려는 의도를 가지고 개인과 가족에게 개
입한다. 따라서 가족복지정책은 가족의 복지증진을 정책목표로 삼아 가족 전체 및
가족구성원의 욕구충족을 위해 국가가 수립하고 운영하는 모든 정책으로 정의될
수 있다(성정현 외, 2020).

3) 가족복지정책의 대상

가족복지정책은 가족 및 가족구성원을 대상으로 이들이 호소하는 욕구충족 및
문제해결을 위해 개입한다. 가족이 직면한 스트레스 상황, 경제적 곤란 및 자원의
결핍, 가족구성원 간의 관계적 문제 등도 가족복지정책의 대상이 될 수 있다. 가족
구조, 가족기능, 가족생활주기에 따라 가족복지의 대상을 구분하여 가족복지정책
수립에 반영할 수 있다(이영실 외, 2013). 먼저, 가족의 구조적 측면에서는 한부모가
족, 미혼모가족, 이혼 및 재혼가족, 핵가족 및 무자녀(부부)가족 등 가족을 구성하고
있는 구조적 특성을 고려한다. 가족의 기능적 측면에서는 학대가족, 저소득ㆍ빈곤
가족, 중독자가족, 다문화가족 등 기능상의 결손이 있거나 가족 내 병리ㆍ장애로 인
한 어려움을 고려한다. 마지막으로, 가족생활주기에 따른 결혼 및 임신ㆍ출산ㆍ양
육기, 영유아기, 아동기, 청소년기, 청ㆍ장년기, 노년기 등의 생애주기에 따라 개인
과 가족의 변화ㆍ적응을 가족복지의 대상으로 한다. 이 과정에서 하나의 전체로서
의 가족과 가족구성원 개인의 욕구가 상충하지 않는지 또한 살펴볼 필요가 있다.

2. 가족복지정책의 주요 쟁점들

자본주의 시장경제는 상품의 생산과 이를 담당하는 노동력의 재생산을 통해 유지된다. 이는 가족 내 무급노동이 시장에서의 유급노동과 동등한 가치를 가지는 생산활동으로 두 영역이 함께 균형을 이루며 안정적으로 발전해야 함을 의미한다. 불안정한 노동시장에서 남성 일인생계부양자 가족모델은 안정적이지 못하고, 여성의 노동시장 진입을 제한하는 것은 사회·경제적으로 효율적이지 않다. 또한 남성임금노동자와 여성돌봄노동자로 성별 분리된 고정적(이분법적) 사고는 성평등적 생계부양, 보편적 돌봄노동에 반하는 개념이다.

따라서 자본주의 사회의 유지를 위해서는 노동시장이라는 공적 영역과 가족이라는 사적 영역 간에 끊임없는 조율이 필요하다. 전통적인 복지국가에서 가족의 역할은 노동력의 재생산을 목적으로 하였다. 전통적 성역할을 기반으로 가족 내 충실한 재생산을 통한 노동력 공급은 여성의 노동시장 진입이 증가하며 가족 내 재생산 기능의 재편이 요구되었고, 기존의 가족복지정책은 남성중심의 가부장제 질서를 대변하는 측면이 있어 비판받았다(이진숙, 신지연, 윤나리, 2010). 또한 현대사회에서 가족과 가족구성원은 개인의 노력으로는 해결할 수 없는 사회구조적 문제에 맞닥뜨리게 되고 이에 대응하는 국가의 역할에 따라 복지국가는 유형화되었다. 전통적 복지국가에서의 화두는 남성생계부양자로 대표되는 노동과 자본 간의 갈등에서 발현된 구사회적 위험(old social risks), 즉 개인이 해결하기 어려운 노령, 질병, 실업, 산업재해 등에 대응하는 과정이었다. 이후 복지국가의 역할에 대한 논쟁에서 여성이 배제되었다는 문제제기를 바탕으로 변화에 대한 시대적 요구가 발현되자 복지국가 재편기에는 임신·출산·양육으로 대변되는 신사회적 위험(new social risks)을 둘러싸고 남성을 대변하는 복지국가와 여성 간의 협상이 주된 쟁점으로 작용하였다.

1) 탈상품화와 탈가족화 논쟁

(1) 상품화와 탈상품화

에스핑-안데르센(Esping-Andersen, G.)은 탈상품화(decommodification)를 개인이나 가족이 시장에 의존하지 않고서도 적절한 수준의 생활을 유지할 수 있는 정도라고 설명하였다. 즉, 탈상품화되었다는 것은 노동자가 일하지 않는 상황에서 국가의 복지지원을 통해 일정 생활을 유지할 수 있음을 나타낸다. 복지국가는 탈상품화의 정도가 높으며 복지지원은 노동자뿐만 아니라 그 가족원들까지 대상으로 하여 소득재분배 효과를 가진다. 탈상품화를 이해하기 위해서는 자본주의 체계에서의 상품화에 대한 이해가 선행되어야 하는데, 상품화(commodification)란 노동자가 노동시장에서 자신을 상품화시키는 것을 말한다. 인간 노동력의 상품화는 16세기 자본을 가진 자본가가 잉여가치 창출을 위해 시장에서 노동력을 구매하며 시작되었다. 하지만 노동과 자본은 동등하게 교환되기보다 권력의 차이를 내포하기 때문에 노동자와 자본가 사이에는 힘의 불균형이 발생하였다. 자본가(고용주)는 질병, 노령 등으로 잉여가치 생산이 불가능한 노동력을 구매하지 않거나 구매를 연기, 혹은 다른 노동력이나 기계로 대체할 수 있기 때문이다. 노동의 맥락과 가치를 배제하고 수단으로서만 바라본다면 노동력은 소비될 뿐 재생산되지 않는다(Esping-Andersen, 1990). 그러나 장기적으로 이렇게 사용되고 버려지는 노동력의 사이클이 반복된다면 노동자 개인 차원에서는 생계가 위협받게 되며, 노동시장 차원에서는 자본주의 체제 자체가 흔들릴 수 있으므로 탈상품화가 필요한 것이다.

하지만 이러한 탈상품화 개념에 대해 다음과 같은 비판이 제시되었다. 첫째, 탈상품화 정책은 일인생계부양자 남성과 피부양자 여성·아동을 전제하며 노동시장에 참여하고 있는 노동자, 즉 상품화된 남성을 주대상으로 삼고 노동시장 밖의 여성을 배제하였다. 따라서 가정에서 돌봄노동을 전담하며 노동시장에서 배제되는 여성 다수 및 취업과 가사·돌봄의 이중 부담을 안고 있는 여성노동자의 특수한 상황과 욕구를 탈상품화 정책에 반영하지 못했다고 비판받았다(이진숙, 신지연, 윤나리, 2010). 또한 여성을 배제하였다는 것을 넘어서 가족과 사회 기능 유지에 중요한 부분을 담당하고 있는 가족 내 무급노동을 탈상품화의 대상에서 배제하였다는 것도 문제로 인식되었다.

둘째, 탈상품화의 과정에서 불안정한 상품화에 놓여 있는 비정규직 노동자가 배제되는 것에 대한 비판이다. 탈상품화는 상품화가 가능한 정규직 노동자를 중심으로 설명되어 상대적으로 취약한 비정규직이 오히려 정책 대상에서 배제되는 결과를 낳게 된 것이다. 탈상품화의 개념은 남성 일인생계부양자 중심으로 노동시장이 안정적이었던 1980년대 이전의 환경에서 복지국가를 설명하는데는 용이하였지만, 노동시장의 유연화가 가속화되며 노동불안정이 발생하자 정규직 남성노동자 중심의 탈상품화 정책은 비판으로부터 자유롭기 어려웠다.

(2) 가족화와 탈가족화

탈상품화가 성별분업화된 노동시장에서 상품화된 남성 노동자를 전제로 하는 것에 대한 비판이 제기되며, 탈상품화를 보완하기 위해 탈가족화의 개념이 도입되었다. 에스핑-안데르센(1999)은 탈상품화의 논리에 대한 여성주의 비판을 받아들여 가정 내 무급노동의 중요성을 언급하며, 탈가족화(defamilization)를 가족 내 돌봄과 가사의 책임이 국가나 시장의 서비스 제공을 통해 완화되는 정도로 설명하였다(윤홍식, 송다영, 김인숙, 2011). 이에 앞서 가족화(familization)란 가족구성원이 자신의 노동력을 상품화하지 않고 돌봄이 필요한 가족을 보살피는 것인데, 가족화와 탈가족화의 개념은 명확히 구분되기보다 정책에서 다양한 모습으로 발현된다. 탈가족화의 정도는 아동수당, 세금공제 등의 현금지원과 돌봄서비스의 제공 등 서비스지원의 영역에서 분석될 수 있다.

탈가족화 개념에 대한 논의가 지속되며, 접근방법에 따라 탈가족화를 해석하는 관점의 차이가 발생했다. 에스핑-안데르센(1999)이 말하는 여성의 탈가족화는 가족에 대한 경제적 의존을 줄이고 가족 내 무급노동의 완화인데, 이를 위해서는 여성의 상품화와 탈상품화가 선행되어야 한다. 즉, 탈가족화를 위해 여성의 상품화가 전제조건으로 작용하며, 여성의 상품화가 가능하려면 가족돌봄에 대한 사회적 지원이 필요하다. 반면, 리스터(Lister, 2000)의 탈가족화는 여성에게 적용되는 탈상품화의 다른 표현으로, 즉 탈상품화가 남성이 유급노동에서 벗어나도 적절한 생활보장이 가능한 것이라면, 탈가족화는 여성이 가족 내 무급노동에서 벗어나도 적절한 생활보장이 가능한 것을 의미한다(윤홍식, 송다영, 김인숙, 2011).

2) 돌봄의 자유선택 논쟁

돌봄의 자유선택이란 돌봄서비스와 다양한 형태의 양육지원금을 통해 돌봄과 관련된 선택지를 다양하게 제공하여 가족의 상황에 따른 유연한 선택이 가능한 것이다. 하지만 진정한 자유선택이 가능한지에 대해서는 논쟁의 여지가 있다. 현실적으로 다양한 선택지가 제공되더라도 노동시장에서의 성별 분리와 성별 임금 격차, 보육 인프라 구축 미비, 가족 내 돌봄노동에 대한 성별 기대가 유지되는 한 가족의 선택은 자유롭지 못하고 한정적이기 때문이다.

가족복지정책은 현금정책, 시간정책, 그리고 보육서비스 정책 중 어느 쪽을 주요 도구로 사용하는지에 따라 가족정책이 노동중심적, 양육중심적, 또는 양자통합적인지 그 성격이 결정될 수 있다(이진숙, 신지연, 윤나리, 2010). 따라서 영유아 돌봄지원과 관련하여 보육서비스, 양육수당 등 지원의 유형에 따라 정책효과가 달라질 수 있다. 공보육의 확대는 직접적인 돌봄서비스 제공으로 여성의 사회참여를 증가시키며 탈가족화를 지원한다. 반면, 양육수당 지급의 확대는 여성이 노동시장 진입 대신 가족 내 돌봄을 전담하게 만들어 보육의 개별화, 가족화를 야기한다.

돌봄의 사회화와 관련하여 보육의 공공성에 주목하며 공보육서비스 및 무상보육정책에 대한 논의가 시작되었다. 양육을 가족의 몫으로만 다루면 돌봄의 사각지대가 발생할 가능성이 높아지므로, 사회적 책무성을 바탕으로 공보육서비스를 강화할 필요가 있기 때문이다. 이명박 정부에서는 보육정책의 개별화와 시장화, 보육서비스 제공의 효율성과 형평성을 강조하면서, 결과적으로 공보육서비스 제공보다 양육수당의 확대와 민간보육시설의 지원금을 확대하는 방향으로 보육정책이 진행되었다(백선희, 2008). 하지만 보육을 개인과 시장에 전담시키는 것에 대한 비판이 지속되며 공보육 확대에 대한 사회적 요구가 커지고 있다. 2021년 통계에 따르면 전국 국공립어린이집은 5,437개로 전체 33,207개의 어린이집 중 약 16%를 차지하고 있다.[1] 2008년 전체 5.5%에 그쳤던 국공립보육시설의 수에 비해서는 증가한 모습이지만, 보육의 공공성을 달성하기에는 여전히 부족한 수치이기 때문에 공보육

---

1) 출생률 감소에 따라 전체 어린이집 수는 감소하고 있지만 국공립어린이집의 수는 소폭으로 꾸준히 증가하는 추세이다.

2022년 보육지원 현황

　2022년 만 0~5세 영유아 양육을 위해 소득계층 상관없이 보육료 지원을 받을 수 있다. 우리나라의 돌봄지원은 서비스 지원보다 예산투입 중심이며, 자녀양육 방식에 대한 부모의 선택권 강화를 위해 어린이집 · 유치원 이용 시 보육료 지원과 가정양육 시 양육수당 중 하나를 선택 가능토록 제시하고 있다.

1. 보육료 지원사업(무상보육)
   - 지원목적: 영유아 보육료 지원을 통해 양육부담 경감, 가족의 노동시장 참여 지원
   - 지원대상: 시설보육(어린이집 · 유치원)을 이용하는 만 0~5세 아동의 보육료 지원
2. 양육수당(영아수당, 가정양육수당)
   - 지원목적: 연령에 따른 지원금 차등 지원. 어린이집을 보내지 않는 가정에 대한 형평성 제고, 가정 내 아동양육 지원
   - 지원대상 및 지원금액: 만 0~12개월 월 30만 원, 12~24개월 월 15만 원, 24~86개월 월 10만 원
* 우리나라 보육정책의 확대를 통한 자녀돌봄의 탈가족화 효과에 대해 분석해 보면, 비용 측면에서 가족화와 탈가족화가 혼재되어 있으며, 서비스 측면에서는 탈가족화를 시장에 의존하는 형태로 볼 수 있다.

시설의 확대가 필요하다.

3) 남성의 돌봄 참여

　출산과 양육을 위한 휴가제도 이용 과정에서 소득 손실이 발생하는데, 육아휴직은 이를 일부 보장하며 자녀를 출산하고 양육하는 노동자들이 노동시장에서 이탈하지 않고 양육에 전념할 수 있는 권리를 보장하는 제도이다(윤지영, 2018). 여성고용 안정을 위한 육아휴직은 여성이 출산과 양육으로 인해 노동시장에서 퇴출되지 않고, 여성노동자가 일터 복귀를 보장받으며 일정 기간 양육에 전념할 수 있도록 지원하는 제도이다. 이는 여성고용을 지원하며 궁극적으로 남성노동자 또한 그 대상으로 삼고 있으며, 일 · 생활 균형을 통해 출산율 제고까지 꾀하고 있다.

육아휴직의 제도화에 따라 사용자가 늘고는 있으나, 현실적으로 이용의 한계가 존재한다. 여성이 가족 내 돌봄의 주책임자라는 사회적 분위기 속에서 여성이 노동시장으로 복귀하고 남성이 자녀양육을 위해 휴직한다는 것은 노동자로서의 남성 이미지에 손실을 입히는 것으로 간주되곤 하였다. 가구소득 측면에서도 평균적으로 여성에 비해 남성이 상대적으로 높은 임금수준을 유지하고 있을 때, 남성배우자가 시장노동을 지속하는 것이 가족에게 효율적인 선택이 될 수 있다. 하지만 이런 이유로 가족 안에서 남성 시장노동자, 여성 돌봄제공자의 역할이 반복되면 가족뿐만 아니라 노동시장에서의 성별 분리가 개선되기 어렵다. 남성 육아휴직에 대한 사회적 공감대가 형성되기 어렵자 강제성을 띤 육아휴직 할당제의 필요성이 대두되었다. 아버지 할당제(아빠의 달)는 총 육아휴직기간 중 부에게 특정 기간을 할당하는 기간할당형, 총 육아휴직기간 중 부가 일정 기간을 이용하면 전체 육아휴직기간이 연장되는 인센티브형, 총 육아휴직기간 중 부모 각각에게 일정 기간을 균등하게 할당하는 균등분할형으로 구분할 수 있다.

북유럽 복지국가 중 하나인 노르웨이에서도 제도화된 남성 육아휴직 사용률이 처음부터 높았던 것은 아니다. 하지만 아빠 할당제(Daddy Quota)를 통해 남성에게 육아휴직기간 10주를 강제로 할당하고 급여대체율을 100%로 지원하자 1990년대 초 3~4%에 머무르던 이용률이 2017년에는 97%까지 상승하였다. 스웨덴은 자녀 출산에 따라 부모에게 공동 유급휴가를 480일 지급하는데, 그중 90일은 부모 각자에게 의무 할당되며 양도가 불가능하다.

우리나라에서도 2014년 「고용보험법」을 통해 남성 노동자의 육아휴직 사용률을 높이기 위한 '아빠의 달' 제도를 도입하였다. 이후 남성 육아휴직 사용을 유도하기 위해 3+3 부모육아휴직제[2]가 신설되었으며, 2022년에는 아빠육아휴직보너스제가 1년간 한시적으로 운영되었다. 남성 육아휴직자에 대한 사회적 인식이 개선되며 남성 육아휴직은 지속적으로 증가하여 2015년 1,345명, 2016년 2,703명이 이용한 것을 시작으로 2021년에는 6,359명으로 전체 육아휴직자 중 26.3%를 차지하였다. 육아휴직기간 동안 급여의 소득대체율이 너무 낮아 육아휴직 사용에 대한 경제적

---

2) 생후 12개월 내 자녀의 부모가 동시 또는 순차적으로 육아휴직을 사용할 경우, 3개월 동안 각각 750만 원(통상임금 100%)의 육아휴직 급여를 받을 수 있도록 급여 수준이 향상되었다.

유인효과가 낮다는 문제가 지속적으로 제기되며 육아휴직 급여도 지속적으로 인상되고 있다. 하지만 육아휴직제도 자체가 부부 모두 육아휴직을 안정적으로 사용할 수 있는 일자리에서 6개월 이상 근무한 정규직 노동자를 대상으로 하고 있어 부부 중 한 명이라도 6개월 미만으로 근무한 경우에는 부부에게 보장되는 총 2년의 육아휴직을 사용할 수 없게 된다는 단점이 있다(윤지영, 2018).

3. 복지국가의 가족복지정책

복지국가에 대한 개념과 정의는 사회적 맥락에 따라 차이가 있을 수 있다. 일반적으로 복지국가란 국민의 일상생활에서 발생하는 사회문제에 국가가 개입하여 국민 개개인의 안정을 보장하는 국가를 뜻한다(이진숙, 신지연, 윤나리, 2010).

1) 급여의 유형

사회급여와 관련된 정책적 선택을 위해서는 다양한 사항을 고려해야 한다. 가족복지정책에서 급여의 유형은 크게 현금급여정책, 시간(휴가)정책, 서비스(보육 인프라) 정책으로 구분할 수 있다. 현물급여와 현금급여, 시간과 서비스의 제공은 각각의 장단점과 목적성을 가지고 있으며, 이러한 급여의 유형은 가족 내 돌봄에 대한 이데올로기적 선택의 결과로 볼 수 있다.

(1) 현금급여정책

가족 내 돌봄이란 어린 영유아 자녀에 대한 돌봄부터 노령기 부모세대에 대한 수발돌봄, 질병이나 장애를 가진 가족원에 대한 돌봄 등을 모두 포함한다. 돌봄의 기간에 따라 장·단기적 돌봄, 일시적·상시적 돌봄 등 다양한 형태를 가지며, 가족 내 돌봄제공자는 배우자, 자녀, 부모 등을 포함하나 현실적으로 딸, 며느리, 엄마로 대표되는 여성이 가족돌봄을 주로 담당하고 있다.

가족 내 돌봄부담을 경감시키기 위한 현금급여정책 중 가족 내 영유아 자녀돌봄을 지원하기 위한 현금급여의 종류로는 가족수당, 아동수당, 양육수당, 육아휴직수당 등이 있다.[3] 복지급여의 유형 중 현금급여는 수급자의 선택권을 최대한 보장하여 수급자의 만족도와 효용을 최대화시키는 장점을 가진다. 서비스 제공자(주로 가족)에게 금전적 보상을 제공하여 비공식 영역에서의 무급 돌봄노동을 유급노동으로 전환시키는 효과를 가진다. 이는 수급자들이 가장 선호하는 방식이기도 하며, 가구의 소득보전 효과를 통해 수급자는 시장돌봄과 가정돌봄, 공식적·비공식적 돌봄 사이에서의 선택권을 갖게 된다. 이를 통해 시장에서의 서비스 제공자들 간 경쟁이 촉진되며 소비자로서의 수급자의 권리가 강화된다. 현물급여에 비해 전달과 관리가 용이하여 운영비용의 절감효과를 가지는 것 또한 큰 장점이다.

동시에 현금급여는 가족 내 소득효과(income effect)가 발생하여 여성의 노동시장 참여 동기를 약화시키고, 여성이 가족 내 돌봄을 위해 가정에 머무를 확률을 높게 만든다. 현금급여는 비공식 돌봄노동에 대해 경제적으로 보상함으로써 가족 내 여성의 돌봄제공을 강화시켜 전통적 성역할을 고착시키는 결과를 가져온다. 여성의 무급 돌봄노동에 대한 사회적 보상은 장기적으로 여성의 노동시장 참여 가능성을 낮추고, 돌봄의 책임을 가족화시켜 돌봄의 사회화에 반대되는 결과를 가져온다. 즉, 현금급여를 통한 가족돌봄지원은 돌봄의 여성화, 전통적 성역할 규범의 강화로 귀결될 수 있다. 또한 급여의 오용과 남용에 대한 통제가 어려워 급여가 최종 수혜자인 아동에게 전달되지 못해 급여정책의 목적이 달성되지 못할 수 있다. 돌봄전담자의 심리적·육체적 부담이 증가하고 비공식 영역에서의 돌봄서비스 질을 관리하기 어려운 단점도 있다. 돌봄으로 인해 여성의 직업경력 단절의 문제가 발생하고, 이는 장기적으로 가족의 재정적 어려움을 야기할 수 있다. 다른 유형의 가족지원정책에 비해 현금급여가 출산율에 미치는 영향 또한 상대적으로 낮은 편이며 효과성 또한 일관되지 못한 결과들로 보고되고 있다.

(2) 시간(휴가)정책

돌봄지원 중 시간정책은 부모로 대표되는 주양육자의 노동시장 체류시간을 축소시켜 가족 내 머무는 시간을 확보하고, 자녀에게는 양질의 돌봄을 제공하고 부모의 돌봄 욕구를 충족시키기 위한 제도이다. 대표적인 시간정책으로는 모성휴가(출산전

---

3) 각 수당에 대한 자세한 내용은 제4장 '한국의 가족복지 관련법과 정책'에서 다루고 있다.

후휴가)와 양육휴가(부성휴가를 포함한 육아휴직)를 들 수 있다. 양육 관련 휴가 및 휴직 제도는 이용자에게 노동의 연속성을 보장하며 노동권과 부모권을 동시에 지원한다. 또한 노동자와 가족의 삶의 질 향상, 여성노동자의 경력단절 예방 및 취업유지를 목적으로 한다. 시간정책은 이용조건, 기간, 소득대체율을 고려하여 각국마다 다르게 적용되고 있는데 휴가 및 휴직 기간 동안 얼마만큼의 소득이 보전되는가, 휴가 및 휴직이 가능한 기간이 얼마인가가 정책의 핵심으로 작용한다.

① 모성휴가(출산전후휴가)

모성휴가는 모성보호를 위해 출산휴가 및 육아휴직이 제공되는 것으로 출산여성의 건강관리적 성격을 띤다. 국제노동기구(International Labour Office: ILO)는 최소 14주 이상의 모성휴가와 휴가기간 동안 생활유지가 가능한 정도의 현금급여 제공을 권고하고 있다. 우리나라는 임신 중의 여성에게 출산 전과 출산 후를 통하여 90일의 출산휴가를 보장하고 있다. 여성근로자는 임금상실 없이 임신 · 출산으로 소모된 체력을 회복하고 휴식을 보장받기 위해 휴가기간 동안 사업주와 고용보험으로부터 통상임금에 해당하는 휴가급여를 지급받는다.

② 육아휴직

육아휴직이란 노동자의 육아부담을 해소하고 근로의 지속성을 보장함으로써 근로자의 생활안정 및 고용안정을 보장하고 기업이 숙련노동자를 확보할 수 있도록 지원하는 제도이다. 우리나라의 육아휴직제도는 노동자가 자녀양육을 위해 일정 기간 휴직할 수 있도록 만 8세 이하 또는 초등학교 2학년 이하의 자녀를 대상으로 지원된다. 육아휴직의 기간은 자녀 1명당 1년 이내이며, 한 자녀에 대해 부와 모가 각각 1년씩 사용할 수 있으며 2020년 2월부터는 부부가 한 자녀를 위해 동시에 육아휴직 사용이 가능해졌다.

여성노동자의 증가와 양성평등적 사회분위기의 확산으로 성평등한 육아휴직 사용에 대한 논의가 지속되고 있다. 자녀 출산에 따른 모성휴가가 끝나면 부모 모두는 육아휴직을 사용할 수 있으며 이는 국가에 따라 부모휴가 혹은 자녀양육휴가로 불리기도 한다. 부모의 성별에 따르지 않고 일 · 가정 양립이 가능하도록 육아휴직을 지원하고 있으나 실질적으로는 여성이 관련 휴가를 주로 이용하며 성평등 효과를 가져오지 못한다는 한계를 보이고 있다. 또한 출산여성과 자녀, 가족에게는 적절한 육아휴직기간이 필요하지만, 육아휴직의 사용은 기회비용을 발생시킨다. 휴직 기간이 길수록 소득보전이 어려워 경제적인 어려움이 발생하거나 인적자본의 소실과 승진 기회의 제한 등 직장 복귀의 어려움이 발생하는 것이다. 육아휴직 사용 후에 복직하지 않는 경우를 막기 위해 육아휴직급여의 25%는 복직 이후 6개월 이상 근무한 뒤에 일시금으로 받을 수 있다.

(3) 서비스(보육 인프라) 정책

자녀돌봄 관련 서비스 정책은 자녀의 출산에서부터 취학 전까지의 영유아를 대상으로 보육서비스를 제공하는 정책이다. 이는 아동양육에 대한 사회적 책임을 명시하며 출산 이후 노동자로서의 여성의 복직을 지원하여 양육자의 부모권과 노동권을 동시에 보장하려는 정책 목적을 가진다. 현재 우리나라의 공보육은 주양육자의 취업 여부나 가구소득수준과 상관없이 자녀의 연령에 따라 이원화되어 제공된다. 0~2세 영유아 대상의 서비스 정책에는 보육의 개념이, 3~5세 아동은 학교 입학을 준비하는 교육의 개념이 내포되어 있다.

보육시설을 통해서 제공되는 돌봄서비스 정책은 현금정책과 시간정책에 비해 여성의 취업률 향상에 상대적으로 큰 영향을 미친다. 특히 3세 미만의 자녀를 양육하는 여성노동자에게는 탄력근무제나 다른 정책들보다 보육 인프라 제공이 가장 효과적인 것으로 나타났다. 가족수당 등의 현금급여는 여성의 재생산 노동을 지원하는 효과를 가져 전통적 성역할 분리를 야기하기 때문에 여성을 포함한 양육자의 일·가정 양립을 위해서는 시간정책과 보육 인프라 정책을 효율적으로 운영하는 것이 중요하다.

2) 복지국가 유형에 따른 가족복지정책

에스핑-안데르센은 『복지 자본주의의 세 가지 세계(The three worlds of welfare capitalism)』(1990)에서 탈상품화와 계층화의 정도에 따라 복지국가를 자유주의 복지국가(liberal welfare state), 보수주의 복지국가(conservative welfare state), 사회민주주의 복지국가(social democratic welfare state)의 세 가지 유형으로 분류하였다. 여기에

표 3-1 에스핑-안데르센의 복지국가 유형

	사회민주주의 복지국가	보수주의 복지국가	자유주의 복지국가
탈상품화 정도	높음	중간	낮음
계층화 효과	낮음	중간	높음
재분배 효과	강함	보통	약함
가족복지 유형	탈가족주의	이원적 가족주의	가족주의
가족과 국가의 역할	국가가 복지의 중심 역할	가족이 일차적 책임의 주체, 국가는 이차적 책임을 담당	전통적 가족기능을 강조하며 국가개입을 최소화
예시	스웨덴, 노르웨이, 핀란드, 덴마크 등 스칸디나비아 국가들	독일, 프랑스, 오스트리아 등 유럽 대륙의 국가들	미국, 캐나다, 호주 등

서 탈상품화란 자신의 노동력을 시장에 내다 팔지 않고서도 일상생활이 유지되는 정도로 사회복지정책이 노동력을 상실한 국민들의 삶의 수준을 일정 부분 보장하는 것이다. 즉, 시장에 대한 임금노동자의 의존성을 약화시키는 정도를 말한다. 계층화(statification)란 한 사회 내에서 계층 간의 차이가 발생하는 것을 뜻한다. 특히 자본주의 사회에서는 소득수준에 따라 사회적 지위의 차이가 발생하기도 하는데, 자본주의 시장에서 불평등한 계층구조가 발생하는 정도를 사회복지정책이 완화시키거나 재계층화하는 정도에 따라 복지국가가 유형화되는 것이다.

(1) 사회민주주의 복지국가의 가족정책

사회민주주의 복지국가는 보편적 사회서비스의 제공에 따라 탈상품화의 정도가 높고 계층화의 정도는 낮다. 또한 사회적으로 고용을 늘이기 위한 정책을 제공하여 여성고용률과 공공부문의 고용률이 높은 편이다. 국가는 그동안 전통적으로 가족이 담당했던 양육·돌봄의 역할을 사회로 이양시켜 가족의 부담을 최소화시킨다. 가족 내 문제가 발생한 뒤 사후적으로 보완하기보다 보편적·포괄적 복지체계를 구축하여 가족이 실패하기 이전에 높은 수준의 사회복지제도를 통해 문제를 예방하고자 한다.

사회민주주의 복지국가에는 스칸디나비아 국가들을 예시로 들 수 있다. 그중 스웨덴의 가족복지정책을 살펴보자면 성평등주의적 모델(pro-egalitarian model)을 바탕으로 여성의 경제활동 참가율과 출산율, 성평등 정도가 상대적으로 높은 수준이다. 스웨덴은 조세방식을 바탕으로 운영되는 최저보장연금제도(guaranteed pension system)와 공공부조를 통해 사회적 취약계층을 지원하고, 개인이 어떠한 가족유형을 선택하든 국가가 일정 수준의 생활을 보장하고자 한다.

스웨덴 또한 과거에는 여성이 전통적인 주부의 역할을 담당했으나, 1930년대에 출산율의 하락을 경험하며 이에 대응하고자 인구정책과 함께 적극적인 가족복지정책을 수립하였다. 스웨덴의 부모(출산)휴가는 총 480일이며 해당 자녀가 12세(혹은 초등학교 5학년)까지 재량껏 나누어 사용할 수 있으며, 전체 휴가기간 중 부와 모 각각에게 할당된 기간이 90일, 그리고 30일은 부모가 동시에 사용할 수 있다. 부모휴가급여는 임금수준과 휴가기간에 따라 차등 지급되며 임금의 약 80% 선에서 지급된다. 부모휴가의 대상을 확대하여 부모휴가급여의 수급기준을 충족하지 못하는 경우에도 일정 수준의 기본급여를 제공한다. 기준에 따른 정률급여와 누구나 받을 수 있는 기본급여, 상대적으로 높은 대체급여율과 아버지 휴가 사용에 대한 인센티브에 더해 급여 대상의 포괄성을 달성하므로 스웨덴 부모의 대부분이 부모휴가제도를 적극적으로 활용하고 있다(저출산고령사회위원회, 2020). 또한 스웨덴은 다양한 보육서비스를 제공하며 이용료를 15% 이내에서 소득에 따라 차등적으로 설정하여 이용자(양육자)의 부담을 덜어 주었다. 16세 이하 아동을 대상으로 보편적 아동수당(기본아동수당, 추가아동수당, 연장아동수당)을 지급하여 아동의 건강한 발달 보장, 양육자의 돌봄부담 경감 및 수직적 소득재분배를 달성하고자 하였다.

[기사] '왕자도 아동수당 받는다' 스웨덴식 보편복지

스웨덴은 '왕자도 아동수당을 받을 정도'의 보편적 복지로 잘 알려져 있다. OECD 주요 회원국 중 GDP 대비 아동 관련 지출 비율이 영국 다음으로 높은 나라이기도 하다.

스웨덴의 복지정책은 1930년대에 급격한 출산율 감소를 겪으면서 자리를 잡았다. 인구문제 해결과정에서 예방적 사회정책이라는 보편적 복지 개념을 도출했다. 사회를 유지하려면 인간의 생존과 재생산 같은 기본적인 요소가 위협받지 않도록 선제적으로 대응해야 한다는 것이다.

1937년 사회민주주의당이 주도해 처음 시행된 아동수당(Barnbidrag)은 자산 조사를 통해 차등지급 하는 방식을 채택했으나, 1948년 부모의 재산과 상관없이 모든 아동을 수혜 대상으로 확대했다.

아동수당은 크게 기본아동수당과 연장아동수당, 다자녀가족보조금 등 세 종류로 구성된다. 기본아동수당은 자녀가 16세가 될 때까지 매월 1인당 1050스웨덴크로나(14만 원)를 지급하는 제도이다. 이 수당은 별도 신청 없이 자녀를 출산했다면 이후 수혜 아동 부모 계좌에 자동 송금된다.

자녀가 고등학교 등에 재학할 경우 졸업할 때까지 연장아동수당을 지급받는다. 자녀가 2명 이상인 가족은 다자녀가족보조금을 받는다. 자녀수에 따라 수당 금액은 누진 증가하며, 자녀가 16세가 지났더라도 부모와 함께 살고 고등학교 등에 다니며, 결혼하지 않았다면 20세가 되는 해 6월까지 지급한다.

출처: 베이비뉴스(2018. 2. 27.)

(2) 보수주의 복지국가의 가족정책

가족주의적 성격이 강한 보수주의 복지국가는 탈상품화나 계층화의 수준이 중간 정도이다. 국가는 사회보험 중심의 복지정책을 중심으로 사회계층을 유지하려 하므로 정책에 따른 재분배 효과가 상대적으로 미비하다. 보수주의 복지국가는 전통적 가족의 특성을 지원하고, 가족이 실패한 후에 국가가 최소한으로 개입하기 때문에 국가가 가족기능을 충분히 보완한다고 보기 어렵다.

보수주의 복지국가의 가족복지정책은 보편적 특성보다 나라 각각의 역사와 국민 정서를 바탕으로 한 상대적 차이가 발견되므로 하나로 묶어 설명하기가 쉽지 않다. 프랑스, 벨기에, 네덜란드는 탈가족화와 가족화정책이 상호보완적으로 작용하며 상대적으로 높은 탈가족화 수준을 보여 사회민주주의 복지국가들과 유사한 모습을 보여 준다. 반면, 상대적으로 강한 가족주의적 성향을 보이는 독일과 오스트리아의 가족복지정책은 탈가족화정책에 대한 대체재적 성격을 가졌으나, 1990년대 이후 탈가족화 정책에 힘이 실리는 모습을 보인다(윤홍식, 2007).

보수주의 복지국가 유형에 속하는 프랑스는 제1·2차 세계대전 동안 출산율 저하를 경험하며 출산장려의 성격을 가진 가족지원정책을 운영하고 있다. 프랑스의 가족복지정책은 특정 유형의 가족, 즉 다자녀가족을 지원하는 형태로 자녀가 늘어

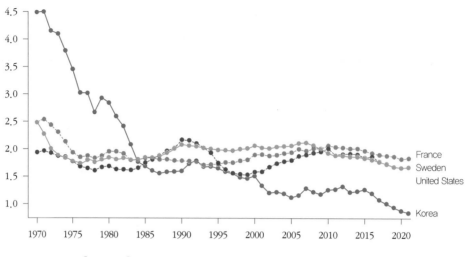

[그림 3-1] 1970~2021년 프랑스, 스웨덴, 미국, 한국의 출생률 추이

출처: OECD Data 홈페이지(https://data.oecd.org).

날수록 누진적 급여를 제공하는 대가족 친화적인 지원 형태이다. 저소득가족에게 지급하는 공공부조와 함께 두세 자녀 이상의 가족을 대상으로 가족수당 및 가족소득보충급여를 지급하여 가족을 지원하고 출산율을 향상시켰다.

(3) 자유주의 복지국가의 가족정책

사회민주주의 복지국가와는 대조적으로 자유주의 복지국가의 가족정책은 낮은 탈상품화 수준과 높은 계층화 효과를 가진다. 자유주의 복지국가의 사회복지정책은 요보호가족 대상의 공공부조를 중심으로 형성되며, 노동시장에 대한 국가의 개입 수준은 낮다. 가족과 국가의 역할에서 가족의 일차적 책임을 강조하며 가족이 실패한 경우에만 선택적 · 사후적으로 최소한의 수준에서 국가가 개입하는 모습을 보여 준다. 전통적인 자본주의 사회의 모습을 반영하며 사회복지서비스 공급에 있어서도 시장이 큰 역할을 차지한다.

자유주의 복지국가의 유형에 속하는 미국은 개인주의적 가치를 중시하며, 국가보다는 시장의 역할을 강조한다. 미국의 가족복지정책은 사회적 취약계층, 주로 빈곤가족을 대상으로 한정적 지원을 제공한다. 가족을 지원하기 위한 미국의 대표적 공공부조제도는 1962년에 시작된 AFDC(Aid to Family with Dependent Children)로 부양아동이 있는 빈곤가족을 지원하여 모가 자녀를 양육하도록 하는 유인정책이다. TANF(Temporary Assistance to Needy Family)는 빈곤가족에 대한 한시적 부조 프로그램으로 1996년부터 AFDC를 대체하였다. TANF는 현금지원에 취업을 조건으로 내걸어 대상자의 노동의무를 강조하며 근로연계복지(workfare)의 개념을 확대하였고, 최대 수급기간을 60개월로 한정하였다. 소득보장제도인 EITC(Earned Income Tax Credit) 또한 근로소득세액을 환급해 주는 프로그램으로 근로자의 노동을 전제로 하는 현금성 지원이다. 미국은 일 · 가정 양립을 위한 보편적 아동수당 및 가족수당을 지급하지 않으며, 미국의 보육시스템은 시장에서의 이용자 구매를 중심으로 한다.

 이 장의 요약

가족복지정책의 목적은 가족과 가족구성원을 지원, 다양한 가족의 복지욕구를 수용하고 사회통합을 달성하기 위함이다. 가족의 기능과 구조가 변화하는 현대사회에서 특정 요보호가족을 대상으로 하는 선별적 · 제한적 정책이 아닌 예방적 · 보편적 가족복지정책을 통해 개인 및 가족단위에서 해결하기 어려운 사회구조적 위험에 대응할 필요가 있다.

가족복지정책은 노동시장과 가족 간의 상호작용에 영향을 받으며 가족복지정책과 관련된 주요 쟁점들로는 탈상품화와 탈가족화, 돌봄의 자유선택, 남성의 돌봄참여에 대한 논쟁 등이 있다. 복지국가의 가족복지정책은 목적성에 따라 급여의 유형을 현금급여정책(가족 · 아동수당 및 양육수당 등), 시간정책(출산휴가 및 육아휴직), 서비스 정책(보육 인프라)으로 구분할 수 있다. 국가의 탈상품화 정도, 계층화 및 재분배 효과의 차이에 따라 사회민주주의, 보수주의, 자유주의 복지국가로 유형화되며, 복지국가 유형에 따라 가족복지정책의 내용 및 방향성의 차이를 보인다.

생각해 볼거리/토론거리

1. (가족복지정책의 필요성) 임신·출산·양육, 질병, 노동 등 가족이라는 사적 영역에서 발생하는 이슈들에 대해 국가가 정책적으로 개입해야 하는가? 가족에 대한 국가의 개입이 필요하다면 어느 정도가 적절한가?
2. (가족복지정책과 젠더) 우리나라의 최근 가족복지정책은 가족 내 성별 격차를 양산하는가, 혹은 완화하는가?
3. (가족복지정책과 나) 나와 나의 가족이 경험한 가족복지정책은 무엇인가? 현재 가장 시급한, 그리고 앞으로 가장 필요한 가족복지정책은 무엇인가?

참고문헌

백선희(2008). 이명박 정부의 보육정책에 관한 비판적 고찰. 이명박 정부의 보육정책, 과연 수요자 중심인가 토론회. KYC/공동육아와공동체교육/참여연대사회복지위원회/한국단체연합.

성정현, 우국희, 최승희, 임세희, 김희주(2020). 가족복지론. 경기: 양서원.

윤지영(2018). 육아휴직제도의 현황 및 문제점. 사회보장법연구, 7(2),139-166.

윤홍식(2007). 신사회위험에 대한 보수주의 복지국가의 대응과 한국복지의 과제: 가족여성정책영역을 중심으로. 인하대학교 신진연구자지원사업(인문사회).

윤홍식, 송다영, 김인숙(2011). 가족정책: 복지국가의 새로운 전망. 경기: 공동체.

이영실, 김재경, 김봉순, 박용권, 조명희, 홍성희(2013). 가족복지론. 경기: 양서원.

이진숙, 신지연, 윤나리(2010). 가족정책론. 서울: 학지사.

이충은(2017). 한부모가족 지원정책에 관한 비교법적 고찰. 국제법무, 9(1), 129-152.

저출산고령사회위원회(2020). 육아휴직제도 관련 국외 참고자료: 스웨덴.

Esping-Andersen, G. (1990). *The three worlds of welfare capitalism.* 박시종 역(2007). 복지자본주의의 세 가지 세계. 서울: 성균관대학교출판부.

Esping-Andersen, G. (1999). *Social foundations of postindustrial economies.* New York: Oxford University Press.

Kamerman, S. B., & Kahn, A. J. (1978). *Family policy: Government and families in fourteen countries.* New York: Columbia University Press.

Lister, R. (2000). *Dilemmas in Engendring Citizenship. U: Gender and citizenship in transition* (str. 33-83).

베이비뉴스(2018. 2. 27.). '왕자도 아동수당 받는다' 스웨덴식 보편복지.

OECD Data 홈페이지 https://data.oecd.org

제**4**장

한국의 가족복지 관련법과 정책

우리나라는 가족주의를 바탕으로 공공의 영역보다 상대적으로 시장과 가족에 의존하여 복지제도를 운영해 왔다. 가족복지정책은 가족의 일차적 책임을 전제로 하였고 국가는 요보호가족에 대해 사후적·제한적으로 개입했던 것이다. 가족을 명시적 대상으로 삼는 복지정책은 부재하였고 1980년대부터 노인, 아동, 장애인 등을 대상으로 하는 복지법이 제·개정되며 가족에게 영향을 미치기 시작했으나, 가족구성원 개개인을 중심으로 접근하며 가족을 하나의 유기적 단위로 다루지 않았다. 이후 1989년 저소득 모자가정을 지원하기 위한 「모자복지법」이 제정되어 특정 요보호가족을 대상으로 하는 명시적 가족복지정책이 시작되었으며, 2004년에는 「건강가정기본법」이 제정되어 가족을 다루는 독자적 법률로 작동하였다. 따라서 이 장에서는 우리나라에서 가족을 지원하는 사회복지제도와 법에 대해 알아본다.

1. 가족을 지원하는 공공부조와 사회보험

가족을 지원하는 대표적 공공부조로는 국민기초생활보장제도가 있으며, 사회보험으로는 국민연금을 들 수 있다.

1) 국민기초생활보장제도

국민기초생활보장제도는 공공급여를 통해 생활이 어려운 이들의 최저생활을 보장하는 제도로서 국민 최저생계 보장에 대한 국가적 책임을 내포하고 있다. 1961년 제정된 「생활보호법」은 생활유지의 능력이 없거나 생활이 어려운 자에게 필요한 보호를 제공하여 이들의 최저생활을 보장하고 자활을 지원함을 목적으로 하였다. 생활보호제도는 18~65세 실업자를 노동능력이 있다고 전제하여 지원대상에서 제외하는 시혜적 관점의 잔여적 복지 특성을 가졌다. 하지만 1997년 외환위기 발생으로 비자발적 실업자 및 일하는 빈곤가족(working poor family)이 증가하며 사회적 문제가 야기되자 노동능력이 있는 빈곤가족에 대한 제도적 지원이 요구되었다.

이러한 상황에서 2000년부터 시행된 「국민기초생활 보장법」은 시혜적 복지를 넘어서 국민의 권리로서의 복지를 제도적으로 보장하고자 하였다. 가구별 소득인정액(개별가구의 소득평가액과 재산의 소득환산액을 합산한 금액)에 따라 수급자격을 확인하여 각종 감면제도와 생계급여, 의료급여, 주거급여, 교육급여를 지원하고 저소득 · 빈곤가족의 경제적 어려움을 경감시킨다(〈표 4-1〉 참조). 이는 개별가구를 단위로 수급자격이 판정되고 급여가 제공된다는 측면에서 가족복지적 성격이 뚜렷하다. 하지만 소득기준에서 소액이라도 넘어서면 모든 급여가 중단(all or nothing)되어 수급자의 자립 유인이 부족하고 가구별 · 상황별 탄력적 지원이 불가능하다는 비판에 따라 2014년 국민기초생활 보장법이 일부 개정되었다. 주요 개정사항으로는, 첫째, 급여별 선정기준 다층화로 가구소득이 일부 증가하더라도 전체 급여대상에서 제외되지 않도록 소득기준을 수정한 것, 둘째, 최저생계비 대신 중위소득을 반영하여 상대적 빈곤의 개념을 도입한 것, 셋째, 부양의무자 기준이 완화된 것 등을 들 수 있다.

표 4-1 2022년도 기준중위소득 및 가구규모별·급여종류별 수급자 선정기준

가구규모	1인가구	2인가구	3인가구	4인가구	5인가구	6인가구
2022년 기준중위소득	1,944,812	3,260,085	4,194,701	5,121,080	6,024,515	6,907,004
생계급여 선정기준 (기준중위소득 30% 이하)	583,444	978,026	1,258,410	1,536,324	1,807,355	2,072,101
의료급여 선정기준 (기준중위소득 40% 이하)	777,925	1,304,034	1,677,880	2,048,432	2,409,806	2,762,802
주거급여 선정기준 (기준중위소득 46% 이하)	894,614	1,499,639	1,929,562	2,355,697	2,771,277	3,177,222
교육급여 선정기준 (기준중위소득 50% 이하)	972,406	1,630,043	2,097,351	2,560,540	3,012,258	3,453,502

출처: 보건복지부(2022a).

또한 국민기초생활보장제도의 적용에서 제외되는 사각지대가 존재하여 비수급 빈곤층을 양산하고 있다는 비판에 따라 2018년부터는 부양의무자 기준의 단계적 폐지를 진행하고 있다. 2022년 기준으로 부양의무자가 없거나, 부양의무자가 있어도 부양능력이 없거나 부양을 받을 수 없는 사람도 지원을 받을 수 있도록 부양의무자 기준을 대폭 완화하여 수급대상을 확대하였다.

2) 국민연금

과거에는 질병, 노령, 장애, 빈곤 등을 개인이 책임져야 할 문제로 간주하였다. 이후 산업화를 겪으며 환경오염, 도시빈민, 산업재해 등 개인의 노력만으로는 해결하기 어려운 사회적 문제들이 발생하였고, 농경사회와 대가족 중심의 가족문화에서 도시화·핵가족 중심으로 가족유형이 변화하며 자식이 부모를 부양하는 사적부양의 역할이 점차 축소되었다. 또한 노동시장 불안으로 개별적 노후준비가 충분하지 못한 가구가 증가하며 노년기의 빈곤이 심각한 사회문제로 대두되었고, 예금·적금·저축성보험, 사적연금, 퇴직금 등을 통한 사적대비가 쉽지 않자 사회보험에 대한 필요성이 대두되었다. 이러한 사회적 위험으로부터 국민을 보호하기 위해서 국가는 사회보장제도라는 장치를 마련하였다.[1]

현대사회는 의료기술의 발달과 평균수명의 연장으로 급속도로 노령화가 진행되는 동시에 출산율은 감소하는 모습을 보인다. UN 기준에 따르면 우리나라는 2000년 65세 이상 노령인구 비율이 7.2%로 고령화 사회(노인인구 비율 7%)로, 2017년 14.2%로 고령사회(노인인구 비율 14%)에 진입하였다. 2022년의 노령인구 비율은 17.5%로 2025년 초고령사회(노인인구 비율 20%) 진입이 예상되고 있다(통계청, 각 연도).[2] 기대수명 또한 증가하고 있는 데 반해 출산율은 지속적으로 감소하여, 2022년에는 합계출산율이 0.78명으로 사회가 부양해야 하는 노령인구의 비율이 증가하고 있음을 보여 준다.

이에 국민연금제도는 국민의 노령, 장애 또는 사망에 대한 연금급여를 실시하여 국민의 생활 안정과 복지 증진을 달성하고자 시행되었다. 「국민연금법」은 1973년 「국민복지연금법」을 제정하며 도입준비 단계, 1986년 「국민연금법」 개정 및 1988년 제도시행을 통한 도입 및 실시단계, 1988년 이후로 꾸준히 적용대상 확대를 통한 확대단계를 거쳐 왔다. 현재 국민연금은 우리나라의 대표적인 사회보험[3]이며 노령으로 인한 근로소득의 상실을 보전하기 위한 노령연금, 주소득자의 사망에 따른 소득상실을 보전하기 위한 유족연금, 질병·사고로 인한 장기적 근로능력 상실에 의한 소득상실을 보전하기 위한 장애연금 등으로 운용되고 있다. 가입자의 개인별 수급권을 다루기에 가족을 단위로 하는 소득보장체계는 아니지만, 개인수급자의 가족부양의무를 지원하며 가족의 소득보장 효과를 가진다. 또한 국민연금제도는 전 국민의 강제가입을 채택하고 있어 소득활동을 하는 사람은 의무적으로 가입해야 하며, 기준소득월액에 따라 보험료가 차등적으로 산정된다. 이를 통해 고소득층에서 저소득층으로 세대 내 소득재분배 효과, 미래세대가 현재의 노인세대를 부양하는 세대 간 소득재분배 효과를 가져 계층과 세대 간 소득 격차를 줄이며 궁극적으로 사회통합에 기여한다.

1) 사회보험과 공공부조, 사회복지서비스 등은 협의의 사회보장제도, 국민의 복지향상을 위한 관련 제도 전반은 광의의 사회보장제도로 분류될 수 있다.
2) 초고령사회에 도달하는 속도 또한 문제인데 고령사회에서 초고령사회에 진입하는 데 영국이 50년, 프랑스가 39년, 미국이 15년 걸린 것에 비해 한국은 약 8년이 소요될 것으로 예상되고 있다.
3) 우리나라의 4대 사회보험은 장애·사망·노령 등에 대한 연금보험, 질병과 부상에 대한 건강보험, 업무상의 재해에 대한 산업재해보상보험, 실업에 대한 고용보험제도이며, 2008년 노인의 일상생활 지원을 위한 노인장기요양보험이 더해졌다.

2. 가족을 지원하는 소득보장정책

1) 아동수당

우리나라의 출산율이 세계 최저 수준에 달하자 가족의 양육부담을 경감시키고 출산율을 높이기 위한 보편적 정책 개입의 필요성이 대두되어 2018년 9월 「아동수당법」이 제정되었다. 이는 아동수당을 아동의 권리로 상정하고, 아동양육에 따른 가족의 경제적 부담을 경감, 아동의 건강한 성장 환경을 조성하여 아동의 기본적 권리보장과 복지 증진에 기여한다는 목적을 가진다. 아동수당은 사회적 책임의식을 바탕으로 한 보편적 이전지출[4] 정책으로 소득수준과 상관없이 가계의 가처분소득을 증대시키는 효과를 가져오고, 내수경제 활성화에 기여하여 궁극적으로 국가의 출산율을 제고한다.

2018년 아동수당제도가 도입되었을 때는 소득·재산 하위 90% 가구의 만 0~5세 아동을 대상으로 월 10만 원의 현금이 선별적으로 지급되었다(〈표 4-2〉 참조). 하지만 운영과정에서 선별지급으로 인한 사회적 통합 효과 저해, 상위 10% 선별을 위한 행정절차와 비용의 발생에 대한 비판이 제기되었다. 이후 선별지급 기준을 삭제하고 수급연령을 확대하여 2021년에는 소득·재산 수준과 상관없이 만 8세 미만의 모든 아동이 월 10만 원의 아동수당을 받도록 「아동수당법」이 개정되었다.[5] 이러한

표 4-2 아동수당 대상의 확대

구분	일자	아동수당 대상
도입	2018. 9. 1.	만 6세 미만의 일부 아동(소득·재산 기준 하위 90%)
보편지급	2019. 1. 1.	만 6세 미만의 모든 아동
연령확대	2019	만 7세 미만의 모든 아동
	2021	만 8세 미만의 모든 아동

---

4) 이전지출(transfer payment)이란 정부가 해당 기간의 생산활동과 무관한 사람에게 어떠한 반대급부 없이 지급하는 것을 말한다.

5) 아동의 국외 체류기간이 90일 이상 지속되거나 행방불명·거주불명등록(실제 거주지를 알 수 있는 경우 제외)인 경우에는 지급이 정지될 수 있다.

표 4-3 　주요국의 아동수당제도 비교

	스웨덴	영국	핀란드	프랑스	독일	일본	한국
도입연도	1947년	1945년	1948년	1932년	1954년	1972년	2018년
대상 아동	0~16세	0~16세	0~17세	0~20세	0~18세	0~15세	0~8세
월 지급액*	14만 원	15만 원	13만 원	16만 원	23만 원	16만 원	10만 원

* 아동수당은 국가별로 자녀수와 연령, 가계소득수준에 따라 차등적으로 지급되며, 표의 월 지급액은 대략적
  인 금액으로 환율·시기 등에 따라 달라질 수 있다.
출처: 김나영, 김아름(2017).

대상연령 확대와 보편지급은 아동의 기본권 보장 및 복지 증진에 대한 국가 책임을
확대하는 소득보장정책으로 작용하며 보편적 복지의 기본축이 되었다.

　이미 세계 114개국, OECD(경제협력개발기구) 가입 35개국 중 31개국은 아동의 권리
및 복지 증진, 양육부담 경감 등을 위해 아동수당을 도입하고 있다. 프랑스(1932년),
영국(1945년), 일본(1972년) 등에 비해 우리나라의 아동수당 도입 시기는 2018년으로
상대적으로 늦은 편이다(〈표 4-3〉 참조). 우리나라는 아동수당 지급액 수준 또한 낮
은 편인데, 국내총생산(GDP) 대비 아동 관련 공공지출 비중(1.1%)은 OECD 주요국
평균(2.1%)의 절반이며, 아동에 대한 현금지출 또한 GDP 대비 0.2%(OECD 평균의
1/6)로 매우 낮은 수준이다.

　아동수당은 모든 아동의 기본적 권리로서 가족의 경제적 양육부담 경감과 아동
의 건강한 성장 환경 조성을 지원한다. 선진국 중에는 전 아동을 대상으로 고등학교
졸업 연령까지 아동수당을 지급하는 사례들도 있어 우리나라에서도 대상연령의 확
대와 비용의 적정성, 국내에 거주하는 외국인 아동을 지급대상에 포함시키는 방안
에 대해서 지속적으로 논의하고 있다.

[기사] 자녀 성인될 때까지 아동수당 주는 유럽

　여섯 살 지아(가명)는 2017년 독일에 거주할 때 아동수당으로 매달 192유로(약 25만
원)를 받았다. 아빠의 연수차 1년 동안 독일에 머물렀던 지아네 가족은 이민자도, 시민
권자도 아니었다. 그런데도 지아와 동생, 두 아이의 아동수당 384유로(약 50만 원)는
매달 꼬박꼬박 나왔다. 이 돈으로 지아의 유치원 수영, 발레 강습료를 내고, 자전거와

학용품도 샀다. 킨더겔트(Kindergeld)라는 독일의 아동수당제도 덕분이었다.

　독일에 거주하는 모든 양육자는 아동수당을 지급받을 '권리'가 있다. 아이가 만 18세가 되기 전까지 기본 지급되고, 학생이거나 직업훈련을 받는 중이면 만 25세까지 연장된다. 2018년 현재 두 자녀까지는 자녀 1명당 월 194유로(2018년 기준), 셋째 자녀는 200유로, 넷째부터는 225유로(약 29만 원)로 금액이 늘어난다. 부모의 소득·자산과는 상관없다. 다만, 저소득층의 경우에는 170유로(약 22만 원)의 추가 아동수당이 지급된다.

출처: 한겨레(2018. 11. 6.).

2) 양육수당

　양육수당은 가정에서 자녀를 돌볼 경우, 부모의 자녀양육 부담을 낮추기 위해 현금을 지원하는 제도이다. 양육수당은 양육자의 보육서비스 선택권을 보장하고 무상보육을 이용하지 않고 가정에서 양육되는 아동에게 형평성을 보장하기 위한 정책으로 가구소득과 상관없이 보편적으로 지급되는 공적소득이전이다.

　양육수당은 2009년 아동양육정책의 변화에 따라 도입되었으며, 초기에는 차상위계층 이하 24개월 미만을 대상으로 월 10만 원의 양육수당을 지원하였으나 2013년부터 전 계층 취학 전 아동으로 대상을 확대하며 보편적 가족복지정책으로 자리매김하였다. 이후 지속적으로 지원대상과 지급수당을 확대하여 2022년을 기준으로 지원대상은 소득수준에 관계없이 어린이집, 유치원(특수학교 포함), 종일제 아이돌봄서비스 지원을 받지 않고, 가정에서 영유아(초등학교 미취학인 최대 86개월 미만 아동)를 돌보는 가족의 경우이다. 지급수당은 자녀 연령에 따라 12개월 미만 영유아의 경우에는 20만 원, 12개월 이상~24개월 미만은 15만 원, 24개월 이상~86개월 미만(취학전)은 10만 원이 지원된다. 이러한 요건에 충족하면서 장애인으로 등록된 영유아에게는 장애아동 양육수당이, 농어촌아동의 자격 요건을 갖춘 영유아에게는 농어촌아동 양육수당이 함께 지급된다.

　또한 2022년부터 출생한 모든 아동을 대상으로 지원 소득인정액 기준 없이 '영아기 첫만남꾸러미(첫만남이용권·영아수당·아동수당)'가 지원된다. 이는 영아기 집중투자 사업의 하나로 부모(양육자)가 경력단절이나 소득 상실에 대한 걱정 없이 가정

표 4-4   2022년 양육수당 및 보육료 지원 현황   (단위: 원)

양육수당			보육료		
연령	지원금	지원형태	연령	지원금	지원형태
0~11개월*	200,000	현금	만 0세반(0~11개월)	499,000	이용권 (바우처)
12~23개월*	150,000		만 1세반(12~23개월)	439,000	
24~86개월 미만 (취학 전)	100,000		만 2세반(24~35개월)	364,000	
			만 3~5세반(36~85개월)	280,000	

* 2022년 이후 출생아는 영아수당으로 대체됨.
출처: 보건복지부(2022b).

에서 자녀를 양육할 수 있도록 지원하고, 아동양육 가구의 경제적 부담을 줄여 줌으로써 양육에 대한 사회적 책임을 강화하기 위한 정책이다. 이 중 첫만남이용권이란 출생 초기 양육부담을 경감하기 위해 2022년 출생 아동을 대상으로 200만 원의 바우처(카드적립금)가 지급되는 것으로 유흥·사행업종과 레저업종 등 지급목적에서 벗어난 업종을 제외한 전 업종에서 현금처럼 사용이 가능하다. 영아수당은 0~24개월 미만 아동을 대상으로 양육자의 선택에 따라 가정양육 시 현금 30만 원을 지원하는 것으로 기존의 가정양육수당을 대체한다.[6] 아동수당은 기존에 운영되던 정책으로 8세 미만의 아동을 대상으로 10만 원의 수당을 지급하는 것이다. 그 외에도 정부는 저출산·고령화 사회에 대한 대응책으로 향후 관련 지원의 점진적 확대를 계획하고 있으며, 지방자치단체에 따라 출산장려금 등의 추가적 지원을 제공하기도 한다.

3. 가족복지 관련법

우리나라 「헌법」 제36조에는 "① 혼인과 가족생활은 개인의 존엄과 양성의 평등을 기초로 성립되고 유지되어야 하며, 국가는 이를 보장한다. ② 국가는 모성의 보

---

6) 2023년부터 영아수당이 '부모급여'로 대체되어 만 0세와 1세 아동에게 각각 월 70만 원과 35만 원, 2024년에는 각각 월 100만 원과 50만 원으로 지원을 확대할 예정이다.

호를 위하여 노력하여야 한다."고 가족보호를 위한 국가의 개입 의무를 명시하고 있다. 이를 바탕으로 가족복지와 관련되어 제정된 법들은 다음과 같다.

1) 건강가정기본법

현대사회에서 결혼에 대한 가치관이 변화하고 가족의 형태와 기능이 다양화되는 등 가족을 둘러싼 변화가 발생하고 있다. 특히 1990년대 IMF로 인한 경제적 위기 발생으로 많은 가족이 해체되고 가족의 기능과 구조의 변화가 가속화되었다. 기존의 사회복지 관련법(「아동복지법」「장애인복지법」「노인복지법」「국민기초생활 보장법」 등)들이 가족을 단위로 하고 있지 않다는 한계가 제기되며 새로운 가족복지 관련법의 제정이 요구되었다.

이와 함께 1980년대부터 형성되기 시작한 건강가정 담론이 2003년부터 본격화되며 2004년 「건강가정기본법」이 제정, 가족복지를 다루는 독자적 입법으로 자리매김하였다. 이 과정에서 사회복지학계, 가정학계, 여성학계 및 행정부처(보건복지부와 여성부) 등에서 '건강가정'이라는 이념을 둘러싸고 가족에 대한 공방이 진행되었다. 건강가정을 지지하는 입장에서는 가족문제가 사적·도덕적 문제이며 국가를 가족을 통제하고 관리하는 강력하고 적극적인 주체로 간주하였다. 반면, 건강가정의 개념을 비판하는 입장에서는 가족문제를 사회적·구조적 문제로 바라보며, 국가는 가족을 지원하는 보조적 위치로 규정하였다(김인숙, 2007). 2005년 여성부가 여성가족부로 확대 개편되며 여성정책뿐 아니라 가족정책을 전담하고, 아동, 노인, 여성, 장애인 등 분절적으로 적용되던 대상을 가족 단위로 통합하여 접근하기 시작하였다.

「건강가정기본법」은 제1조에서 "건강한 가정생활의 영위와 가족의 유지 및 발전을 위한 국민의 권리·의무와 국가 및 지방자치단체 등의 책임을 명백히 하고, 가정문제의 적절한 해결방안을 강구하며 가족구성원의 복지 증진에 이바지할 수 있는 지원정책을 강화함으로써 건강가정 구현에 기여"하는 것을 목적으로 명시하고 있다. 주요 사업내용으로는 가족에 대한 포괄적 지원, 요보호가족 지원, 자녀양육 지원, 가족 단위의 복지·건강·부양(돌봄) 증진과 생활문화 발전, 가정의례와 건강가정 교육 등을 포함하며, 이는 '건강가정 기본계획'과 가족정책의 토대로 작용하고 있다.

하지만 「건강가정기본법」은 가족의 범위를 한정적으로 규정한다는 비판을 받는다. 제3조에서 가족을 "혼인 · 혈연 · 입양으로 이루어진 사회의 기본단위"로 정의하여 전형적인 전통 가족의 형태만을 포함하고 이에 속하지 않은 다양한 유형의 가족들이 가족의 범주에서 제외될 수 있기 때문이다.[7] '건강가정'이라는 용어 자체가 '건강하지 않은 가정'을 추론하게 만들고 이에 속하지 않은 가정을 비정상 가정으로 이분화시켜 비전형 가정에 대한 부정적 의미를 부여할 수 있다. 또한 제31조 이혼 예방 및 이혼가정지원에 관한 조항은 이혼의 위기를 경험하며 부부관계 개선을 원하는 부부에게 상담의 제공을 가능케 하지만, 이혼을 막아야 하는 것으로 대상화한다는 비판으로부터 자유롭지 못하다. 상황에 따라 이혼이 합리적인 선택이 될 수도 있기에 이혼예방보다는 이혼상담 및 이혼가정지원이라는 용어의 사용이 권고된다(이진숙, 신지연, 윤나리, 2010). 제8조 제1항의 "모든 국민은 혼인과 출산의 사회적 중요성을 인식하여야 한다."라는 조항을 통해 혼인과 출산이 개인의 자유로운 선택을 넘어서는 사회적 책무라고 전제하는 것에 대한 비판도 함께 제기되고 있다.

2) 영유아보육법

전통적으로 가정 내 여성의 역할로 규정되던 양육의 이슈가 산업화 이후 돌봄의 사회화, 공적 영역에서의 양육지원에 대한 논의로 확장되었다. 아동보호는 권리주체인 영유아가 적극적으로 권리보장을 요구하기 어렵기 때문에 사회적 의무로 다루어져야 한다. 적극적 복지의 개념이 확산되면서 영유아를 단순 보호하는 수준에서 벗어나 국가가 아동발달에 적극 개입하여 관련 프로그램과 제도를 개발하고 있다. 보육정책과 보육법은 소극적 수준에서의 생존권 보장을 넘어서 교육권과 양육 보장권의 강화를 통해 정부 재정지출의 증가를 야기, 영유아의 권리보장을 위해 발전하고 있다(강현구, 이순형, 2015).

우리나라에서는 1961년 「아동복리법」의 제정을 통해 영유아보육과 유아교육에 대한 국가적 책임을 명시하기 시작했다. 1991년에는 「영유아보육법」이 제정 및 공

---

7) 또한 가정을 "가족구성원이 생계 또는 주거를 함께하는 생활공동체로서 구성원의 일상적인 부양, 양육, 보호, 교육 등이 이루어지는 생활단위"로, 건강가정을 "가족구성원의 욕구가 충족되고 인간다운 삶이 보장되는 가정"으로 규정하고 있다.

포되었으며 법령의 목적을 "영유아의 심신을 보호하고 건전하게 교육하여 건강한 사회구성원으로 육성함과 아울러 보호자의 경제적·사회적 활동이 원활하게 이루어지도록 함으로써 영유아 및 가정의 복지 증진에 이바지함"으로 규정하였다. 아동권리의 관점에서 「영유아보육법」을 분석한 결과, ① 생존권 및 성장발달권, ② 복지권(기초보건 및 복리권), ③ 교육권(교육받을 권리 및 문화향유권), ④ 양육보장권(가정환경 및 대리보호에 대한 권리) 등 4개의 권리 분야가 적극적으로 지원되고 있다.

(1) 무상보육

보육서비스 확대에 대한 가족 차원에서의 욕구가 증가하자 보육의 공공성 강화에 대한 필요성 또한 커지고 있다. 무상보육은 노동시장과 가족의 구조가 변화하는 사회적 맥락에서, 저출산 문제에 대처하고 맞벌이를 통한 가족의 경제적 욕구 해결을 지원하고자 논의되었다. 무상보육의 목적은 보편복지의 담론 속에서 영유아가 가구소득이나 형태, 지역 등에 의해 차별받지 않고 충분한 보육서비스를 누릴 수 있도록 보장하여 아동 간의 형평성을 달성하고, 가족 내 양육부담을 덜어 가정 경제를 돕기 위함이다.

무상보육은 「영유아보육법」에 따라 국가와 지방자치단체가 영유아에 대한 보육서비스를 무상으로 제공하는 것을 뜻한다. 이는 소득분위에 따라 제공되던 보육지원을 전 아동 대상으로 확대한 것이며, 영유아 연령과 가구소득, 맞벌이 여부 등에 관계없이 보육시설을 이용하는 만 0~5세 아동의 보육료를 국가가 지원하는 것이다. 무상보육정책은 2012년 3월 만 0~2세 영아를 대상으로 무상보육이 시작된 이후 무상보육 폐지와 소득에 따른 선별지원, 가정양육수당의 신설 등을 거듭하였다. 2013년부터 만 0~5세를 대상으로 무상보육 시행이 확대되며, 만 3~5세 유아를 대상으로 한 누리교육이 무상으로 제공되었다. 2016년 부모의 취업 여부에 따라 종일반과 맞춤반으로 이용시간을 차등 지원하는 '맞춤형 보육'이 도입 및 시행되었지만 이에 대한 사회적 반발로 폐지되면서 보육정책에 대한 사회적 논의가 재점화되었다.

무상보육정책을 찬성하는 관점에서는 사보육 시장에서 발생하는 보육·교육의 불평등을 비판하며 보육에 대한 국가 책임을 강조한다. 또한 무상보육은 후세대 노동력의 확보, 사회문제로 인해 발생 가능한 사회비용의 예방, 아동학대와 방임을 발견하거나 예방하는 긍정적인 효과를 가진다. 반면, 무상보육을 반대하는 입장에서는 아동보육의 조기결정성이 중요하다 하더라도 자녀보육과 사회적응에 대한 일차적 책임은 국가가 아닌 부모가 가져야 하며, 무상보육을 통해 주양육자의 책임 회피가 발생할 수도 있다고 주장한다.

'2021년 전국보육실태조사'(김은설 외, 2021)에 따르면, 가정양육수당과 시설보육료 지원 중에 선택 가능한 상황에서 정부가 가정양육수당을 현행보다 인상하더라도 응답자의 85.7%는 '기관에 계속 다님'을 선택하겠다며 현재 이용 중인 무상보육에 대한 선호를 표현하였다. 물론 무상보육의 운영과정에서 몇 가지 개선사항이 요구되었다. 보육은 무상으로 제공되지만 시설인프라가 이를 뒷받침하기 어려워 현실적으로 보육시설 이용이 제한되었기 때문이다. 최근 국공립 보육시설의 비중이 전체의 25% 가량으로 늘어나긴 했지만 수요에 비해 여전히 부족한 상황이라 국공립 보육시설의 확충이 필요하다. 우리나라는 무상보육을 통한 국가의 보육료 100% 지원을 지향하고 있지만, 실제 보육시설 이용과정에서는 부가비용이 발생하고 있어 보육비용 절감에 대한 논의가 지속되고 있다.[8] 또한 공보육 질에 대한 엄격한 관리를 바탕으로 양질의 보육서비스를 제공하여 지역 간 격차가 발생하지 않도록 지원해야 한다.

3) 저출산 · 고령사회기본법

우리나라의 2022년 출생아 수는 약 24.9만 명, 합계출산율은 0.78명으로 2012년의 출생아수 약 48.5만 명, 합계출산율 1.297명에 비해 지속적인 하락세를 보이고 있다.[9] 합계출산율이 1.3명 이하는 초저출산국으로 인구 감소를 우려해야 하는데, 2022년 OECD 38개국 평균 1.59명에 비해 우리나라는 10년째 회원국 중 최하위이자 평균의 절반에도 미치치 못하고 있다.

이러한 저출산 문제를 극복하고자 2005년 「저출산 · 고령사회기본법」을 제정, 대

---

8) 전국 2,500가구를 대상으로 조사한 김은설 등(2021)의 '2021년 전국보육실태조사'에 따르면, 영유아 가구에서 지출하는 월 보육 · 교육 총비용은 평균 23만 4200원이며 가계 소득에서 차지하는 비중은 4.9%였다. 2021년 전체 양육비 지출 평균은 97.6만 원으로 2018년 86.9만 원에 비해 증가하였고, 전체 평균 가구소득 505만 5천원 대비 19.3%, 가구지출 327만 6천원 대비 29.8%를 차지하였다.

9) 합계 출산율(Total Fertility Rate: TFR)이란 가임여성(15~49세) 1인이 평생 동안 낳을 것으로 예상되는 평균 출생아 수를 나타낸 지표로서 국가의 출산력 수준을 나타내는 대표적 지표이다.

통령을 위원장으로 저출산·고령사회위원회를 발족하였고 15개 중앙부처와 각계 전문가 등이 참여하여 '저출산·고령사회 기본계획: 새로마지플랜 2010(2006~2010)' 을 수립하였다. 이후 5년마다 기본계획이 발표되고 있으며 제4차 저출산·고령사회 기본계획(2021~2025)을 통해 저출산·고령화 문제에 적극적으로 대응하고 있다.

「저출산·고령사회기본법」은 인구정책 수립과 노인복지 향상을 위해 제1조에서 는 그 목적을 "저출산 및 인구의 고령화에 따른 변화에 대응하는 저출산·고령사회 정책의 기본방향과 그 수립 및 추진체계에 관한 사항을 규정함으로써 국가의 경쟁 력을 높이고 국민의 삶의 질 향상과 국가의 지속적인 발전에 이바지함"으로 명시하 고 있다.

이 법령은 32개 조항과 부칙으로 이루어졌으며, 크게 저출산대책과 고령사회정 책으로 구분된다. 저출산 극복을 위한 대책에는 출산과 양육에 장애로 작용하는 환 경의 개선, 자녀양육의 경제적 부담 완화, 결혼·출산·양육에 대한 사회적 책임의 강화, 신혼부부 지원 및 보육·교육비 지원 등이 있다. 고령사회정책으로는 일할 의 욕과 능력이 있는 고령자의 고용 및 소득 보장, 건강 및 안전 보장, 여가·문화·사 회 활동 장려, 평생교육 및 정보 격차 해소, 취약계층 노인 지원 등이 포함된다.

[기사] 선진국은 '여성 경제활동' 많을수록 출산율 높은데, 한국은 왜?

1980년엔 여성의 경제활동 참여율이 높은 국가일수록 합계출산율이 낮았다. '일하는 여성은 출산의 기회비용을 따지느라 출산을 꺼린다.'는 전통적 논리에 부합하는 결과였 다. 이를 바탕으로 '경제적 지원'에 초점을 맞춘 수많은 저출생대책이 나왔다. 2000년엔 반대였다. 여성의 경제활동 참여율이 높은 국가에서 합계출산율도 높았다.

왜일까. 이른바 '워킹맘'이 행복하게 살 수 있는 문화가 출산율을 좌우하는 시대가 됐 기 때문이다. 여성의 일과 양육 병행을 장려하는 미국과 노르웨이에선 1980년에 비해 2000년 출산율이 증가했다. 보수적 문화 탓에 일과 양육의 병행이 힘든 스페인과 이탈 리아에선 같은 기간 출산율이 감소했다.

NBER(전미경제연구소)는 출산율이 높은 선진국엔 네 가지 특징이 있다고 꼽았다. △남성의 적극적인 가사·육아 노동 참여 △워킹맘에 우호적인 사회적 분위기 △정부 의 적극적인 가족정책 △육아를 마친 남녀의 취업 문턱이 낮은 유연한 노동시장 등이다.

출처: 한국일보(2022. 8. 27.).

4) 남녀고용평등과 일 · 가정 양립 지원에 관한 법률

1987년 노동현장에서 여성들이 경험하는 성차별을 해소하기 위해 「남녀고용평등법」이 제정되었다. 이는 2007년 「남녀고용평등과 일 · 가정 양립 지원에 관한 법률」로 개정되며 남녀근로자의 성평등한 노동조건 및 환경의 개선과 일 · 가정 양립을 통한 가족기능 강화를 목표로 삼았다. 이 과정에서 겉으로 드러나는 고용상의 성차별은 일정 부분 해소된 것으로 평가되었으나 여전히 노동시장에서의 성별 격차가 발생하고 있다.

여성의 시장노동활동에도 불구하고[10] 가정 내 돌봄과 가사노동의 부담이 여전히 남아 있다. 최근 남녀 시간사용 분석 결과를 살펴보아도 맞벌이가정에서의 가사 및 돌봄노동 시간 사용에 성별 격차가 발생하고 있음을 볼 수 있다.[11] 또한 기혼여성의 임신 · 출산으로 인한 경력단절과 노동시장으로의 복귀가 쉽지 않으므로 「남녀고용평등과 일 · 가정 양립 지원법」을 통해 여성의 고용안정성 강화를 지원하고 있으며, 대표적 지원정책으로는 출산휴가와 육아휴직이 있다.

(1) 출산휴가(출산전후휴가)

출산휴가는 임신 · 출산 · 양육의 신사회적 위험에 대응하며 임신 중 여성근로자의 건강을 보호하고, 출산으로 인한 여성근로자의 노동시장 이탈을 방지하기 위한 휴가제도이다. 출산휴가는 출산 당사자를 위한 출산전후휴가와 배우자를 위한 배우자(남편) 출산휴가로 이루어져 있다. 「근로기준법」 제74조 임산부의 보호 조항을 통해 여성근로자는 임신 · 출산을 준비하고 이 과정에서의 체력 회복을 위해 출산전과 후 90일의 출산전후휴가를 사용할 수 있으며, 휴가기간의 배정은 출산 후에 최

---

10) 여성 경제활동 참가율은 만 15세 이상 여성인구 중 경제활동인구의 비율(%)을 의미하는 것으로 여성경제활동의 활성화 정도를 나타내는 대표적 지표이다. 통계청(각 연도)의 「경제활동인구조사」에 따르면, 여성 경제활동 참가율은 2013년 50.3%, 2022년 54.6%로 지난 10년간 약 50% 수준에 머물고 있다.

11) 2019년 생활시간조사에 따르면, 맞벌이 남편의 가사노동(가정관리+가족 보살피기) 시간은 54분(2014년 41분)이고, 맞벌이 아내의 가사노동 시간은 3시간 7분(2014년 3시간 13분)으로 나타났다. 남성 외벌이가족의 남편이 53분, 아내가 5시간 41분을 가사노동에 소비하는 것과 비교하였을 때, 남성의 가사노동 시간은 맞벌이 여부에 따라 큰 차이가 없었으며 맞벌이 여성은 시장노동과 가사노동의 이중 부담을 떠안고 있는 것으로 나타났다.

소 45일 이상, 90일을 연속으로 사용해야 한다.[12] 출산전후휴가 중 최초 60일(한번에 둘 이상의 자녀를 임신한 경우에는 75일)은 유급휴가이며,[13] 임신 중의 노동자는 출산전후휴가 후 동일 업무, 동등한 수준의 임금을 지급하는 업무로 복귀가 보장되어야 한다.

'배우자 출산휴가'는 「남녀고용평등과 일 · 가정 양립 지원에 관한 법률」에 따라 근로자가 배우자의 출산을 이유로 휴가를 청구하는 경우에 사업주가 10일의 휴가를 주어야 함을 말한다. 배우자 출산휴가는 출산 이후 90일 이내에 1회에 한정하여 나누어 사용할 수 있으며, 이때 사용한 휴가기간은 유급으로 처리한다. 이는 유급 3일(무급 포함 최대 5일)이던 배우자 출산휴가가 2019년 본 법률의 개정을 통해 유급 10일로 대폭 확대된 것인데, 남성 배우자의 육아 참여를 확대하고 '맞돌봄' 문화를 확산하기 위함이다. 더 나아가, 출산휴가 사용으로 인해 여성노동자가 노동시장에서 기피되거나 배제되는 성차별성을 극복하고 출산전후휴가 사용 후 동일업무 · 동일수준 임금으로 복귀하는지를 살펴봐야 한다.

(2) 육아휴직

육아휴직은 모성보호, 양성 고용평등 및 일 · 가정 양립을 목적으로 하는 부모휴가제도이다. 근로자의 입장에서는 육아휴직기간 동안 일정 급여를 지급받으며 고용의 안정성을 확보하고, 기업의 입장에서는 숙련된 근로자를 확보하는 효과를 가진다.

만 8세 이하 또는 초등학교 2학년 이하의 자녀를 가진 근로자는 육아휴직을 사용할 수 있으며, 근로자가 이를 신청하면 사업주는 최대 1년의 육아휴직을 허용하여야 한다. 한 자녀당 부모 각각 1년씩 육아휴직의 신청이 가능하며, 지원요건으로는 육아휴직 개시 예정일 전날까지 해당 사업장에서 지속 근로한 기간이 6개월 이상인

12) 임신한 근로자가 유산 · 사산했거나, 임신 근로자 연령이 만 40세 이상이거나, 유산 · 사산의 위험이 있는 경우 유산 · 사산휴가를 통해 출산 전 휴가를 나누어 사용할 수 있다.
13) 출산휴가의 최초 60일은 사업주가 통상임금 100%의 급여를 지급해야 한다. 대규모 기업인 경우 최초 60일은 사업주가, 마지막 30일은 정부(고용센터)가 통상임금을 지급한다(2023. 1. 1., 월 최대 210만 원). 우선지원 대상기업인 경우 최초 60일에 대해서는 정부가 월 최대 210만 원을 지급하고 부족 부분은 사업주가 지급, 마지막 30일에 대해서는 정부가 통상임금을 지급한다.

근로자여야 한다. 과거 「남녀고용평등법」은 육아휴직 사용에 1년의 근무요건을 전제로 하여, 갑작스러운 임신으로 근무기간이 1년 미만이거나, 비정규직 근로자의 경우 보호받지 못하는 문제가 발생하였다. 이러한 문제점을 시정하기 위해 2018년 「남녀고용평등과 일·가정 양립 지원에 관한 법률 시행령」 개정을 통해 재직 및 고용보험 피보험단위기간이 6개월 이상인 근로자부터 육아휴직을 사용할 수 있도록 변경, 대상이 확대되었다.

휴직 시 임금에 대해서는 사업주가 아닌 고용보험에서 지원되며 육아휴직기간에 받을 수 있는 급여는 최대 1년간 지원된다. 이는 휴직기간과 개인 임금수준에 따라 차등 지급되는데, 2022년 기준으로 월 통상임금의 80%(상한액 150만 원, 하한액 70만 원)가 육아휴직 급여액으로 지급된다.[14] 단, 근로자들이 육아휴직 급여를 받고 복직하지 않고 퇴직하는 경우를 막기 위해 급여의 25%는 사업장 복귀 후 6개월 이상 계속 근무 후에 일시불로 지급한다는 육아휴직 급여 사후지급분 제도가 규정되었다.

우리나라 육아휴직의 경우, 52주의 수급기간은 OECD 평균 수급기간이 약 37주인 것에 비해 짧은 편은 아니나, 육아휴직급여의 소득대체율이 매우 낮은 편에 속한다. 덴마크, 노르웨이, 스웨덴의 경우 육아휴직기간 급여의 소득대체율은 80~100%이므로 근로자들은 소득의 감소에 대한 큰 부담 없이 부모휴가를 사용할 수 있다. 그러나 우리나라의 육아휴직급여는 통상임금의 80%, 월상한액 150만 원으로 소득대체율이 낮아 임금수준이 높은 노동자일수록 육아휴직의 활용을 꺼리게 만든다.

육아휴직 대상의 한정성 또한 비판받는데, 전형적 임금노동자가 아닌 자영업자, 농어업종사자 등은 고용보험에 가입되지 않아 육아휴직제도의 대상에 해당하지 않기 때문이다. 하지만 자영업자와 같이 육아휴직의 대상이 되지 못하는 근로자 또한 육아를 위하여 일을 중단할 경우 소득이 줄어들고 일·가정 양립 및 모성보호가 어려워지는 것은 임금노동자와 다를 바 없어 육아휴직의 적용대상을 확장할 필요가 있다. 이전에는 기간제근로자 또한 육아휴직의 대상에 포함되지 않았으나, 「남녀고용평등과 일·가정 양립 지원에 관한 법률」의 개정에 따라 해당 회사에서 6개월 이

---

14) 2021년까지의 육아휴직급여는 첫 3개월 동안 월 통상임금의 80%(상한액 150만 원, 하한액 70만 원), 나머지 9개월 동안은 월 통상임금의 50%(상한액 120만 원, 하한액 70만 원)였으나 2022부터 급여가 확대되었다.

[기사] '일 · 가정 양립'보다 '삶의 균형'이다

　　사실 그동안 '일 · 가정 양립' 지원정책의 혜택을 받아 온 이들은 주로 근무환경이 좋은 공공부문이나 대기업에 다니는 기혼여성들로, 대부분은 안정적인 직업(수입원)을 가진 남편을 둔 '중산층 정상가족'의 여성들이다. 육아휴직의 경우 여전히 낮은 급여 수준 때문에 가족의 생계를 책임져야 하는 미혼모나 한부모 여성 가장, 영세 계층의 여성들은 제대로 사용하지 못한다. 중소기업에서는 제도를 시행하는 데 현실적인 어려움이 크고 여성들은 눈치가 보이거나 불이익이 커서 사용하지 못하는 경우가 많다. 형편이 비교적 좋은 대기업에 재직하는 여성들조차도 여러 가지 이유로 휴직기간을 다 사용하지 못하거나, 사용했을 때 승진, 임금인상 등에서 불이익을 감내해야 하는 경우가 많다.

……(중략)……

　　육아휴직이나 기타 '일 · 가정 양립' 지원정책을 지속적으로 확대한다고 해도 이를 여성들이 주로 사용하는 한 그 부작용은 부메랑처럼 여성들에게 되돌아올 것이다. 여성들이 육아휴직이나 관련 제도를 사용하는 데 대해 불만을 토로하는 남성들을 종종 본다. 인력 부족이 심각한 조직에서 이 문제는 여성과 남성들 사이뿐 아니라, 같은 여성들 사이에서도 혼인상태나 자녀 여부에 따라 갈등의 소지가 된다. 낮은 휴직 급여의 문제도 더 많은 남성이 제도를 사용하면 개선될 것이 분명하다. 보수적인 의사결정자들이 아직 남성을 생계부양자로 생각하는 경향이 있기 때문이다. 그런 의미에서 아빠 육아휴직 의무/할당제가 반드시 필요하다.

출처: 여성신문(2017. 8. 2.)

상 근무하고 근로계약기간이 종료되기 전인 근로자의 경우 정규직근로자와 같이 출산 · 육아휴직을 사용할 수 있게 되었다.[15]

　　북유럽 복지국가에서도 1960년대 이전에는 여성이 가족 내 돌봄을 담당하는 주양육자라는 사회적 인식이 보편적이었다. 돌봄노동의 분담에 대한 사회적 논의가 지속되며 아버지 할당제를 통해 부의 돌봄휴가(육아휴직) 사용을 의무화시켰고, 부모휴가의 사용이 남성근로자의 부모권 실현을 위한 권리인 동시에 의무라는 사회

---

15) 「남녀고용평등과 일 · 가정 양립 지원에 관한 법률」에 따라 원칙적으로 육아휴직기간만큼 근로계약기간이 자동으로 연장되지만, 휴직기간 내에 예정된 근로계약기간이 만료되면 계약이 종료된다는 고용노동부의 행정해석(여성고용정책과-2173)도 있어 실무적 논쟁이 계속되고 있다.

적 합의를 이끌어 냈다. 그 밖에도 육아기 근로시간 단축 및 출퇴근 시간 조절의 유연근무제 또한 여성의 노동시장 이탈 및 경력단절을 예방하고 재취업을 지원하는 제도 중 하나이다.

5) 한부모가족지원법

우리나라 한부모가족의 수는 1990년대부터 꾸준히 증가추세를 나타내며 2021년에는 약 150만 가구로 전체 가구의 6.9%를 차지하고 있다(한국사회보장정보원, 2021). 2021년 한부모가족 실태조사에 따르면, 한부모가족의 월평균소득은 약 245만 원으로 전체 가구 월평균소득 416만 원의 58.8% 수준으로 나타났다(여성가족부, 2021. 12.).[16] 또한 한부모가족은 생계부양과 가족돌봄을 양육자 1인이 책임지며 시간 빈곤을 겪고 있었으며 경제적 어려움, 사회적 편견, 자녀 양육 및 교육의 문제, 정서적 고립감 등의 개인적·사회적 어려움을 호소하고 있다.

다양한 가족을 포용하려는 가족정책 패러다임의 변화와 한부모가족을 요보호 대상자에서 다양한 가족의 한 형태로 받아들이려는 사회적 인식의 변화에 따라 2007년 「한부모가족지원법」이 개정되었다. 「한부모가족지원법」은 여성이 생계를 책임지는 모자가정의 자립을 지원하기 위해 1989년에 제정된 「모자복지법」에 근간을 두고 있다. 「모자복지법」은 2002년 「모·부자복지법」으로 개정되며 법의 적용대상에 부자가족을 포함, 정책대상을 양성평등하게 확장하였다. 2007년에는 가족구성의 다양성을 반영하고자 65세 이상의 고령자와 손자녀로 구성된 조손가족을 포함하여 「한부모가족지원법」으로 개정, 지원의 범위를 확대하였다. 한부모가족의 자립과 생활안정, 자녀양육 지원을 위해 「한부모가족지원법」에는 31개 조항과 부칙을 포함하고 있으며, 제1조에서 "한부모가족이 건강하고 문화적인 생활을 영위할 수 있도록 함으로써 한부모가족의 생활 안정과 복지 증진에 이바지함을 목적"으로 함을 명시하고 있다.

「한부모가족지원법」에서는 자녀 연령과 소득수준에 따른 아동양육비 및 아동교

---

16) 특히 모자가구의 월평균소득(188만 원)이 부자가구의 월평균소득(264만 원)보다 약 76만 원가량 적어 자녀양육과 생활고의 이중고가 더욱 심각한 것으로 나타났다.

육지원비, 한부모가족복지시설 입소자 대상의 생계비 등의 복지급여, 복지자금대출, 고용촉진, 보호시설의 입소, 국민주택 분양 및 임대 지원, 가족지원서비스 등을 명시하고 있다. 한부모가족 지원을 위해서는 「한부모가족지원법」과 「국민기초생활보장법」 이외에도 「아동복지법」 「긴급복지지원법」 「영유아보육법」 「건강가정기본법」 등을 활용할 수 있다.

　최근에는 만 24세 이하의 청소년 한부모가족의 비율이 증가하고 있는데, 청소년 한부모의 경우 어른 한부모가 호소하는 빈곤, 자녀양육의 어려움뿐만 아니라 학업중단과 취업역량 부족 등에 있어 더 큰 어려움을 경험할 가능성이 크다(이충은, 2017). 따라서 청소년 한부모가족의 생활안정화를 위해 아동양육비와 학업중단 청소년 한부모를 위한 학업지원의 필요성이 증대하고 있다. 하지만 〈표 4-5〉와 같이 한부모가족 대상의 보장 수준이 낮다는 비판이 제기되고 있다.

표 4-5 2022년 한부모가족 복지급여 지급기준

지원종류	지원대상	지원금액
아동양육비	소득인정액이 기준 중위소득 52% 이하인 가족의 만 18세 미만 자녀	월 20만 원
	소득인정액이 기준 중위소득 58% 이하인 가족의 만 18세 미만 자녀	월 10만 원
추가 아동양육비	소득인정액이 기준 중위소득 58% 이하인 조손 및 만 35세 이상 미혼 한부모가족의 만 5세 이하 아동	자녀 1인당 월 5만 원
	소득인정액이 기준 중위소득 58% 이하인 만 25세 이상 34세 이하 청년 한부모가족의 만 5세 이하 아동	자녀 1인당 월 10만 원
	소득인정액이 기준 중위소득 58% 이하인 만 25세 이상 34세 이하 청년 한부모가족의 만 6세 이상 18세 미만 아동	자녀 1인당 월 5만 원
아동교육 지원비(학용품비)	소득인정액이 기준 중위소득 58% 이하인 가족의 중학생 · 고등학생 자녀	자녀 1인당 연 8.3만 원
생계비 (생활보조금)	한부모가족복지시설에 입소한 가족 중 소득인정액이 기준 중위소득 58% 이하인 가족	가구당 월 5만 원

출처: 여성가족부 누리집(2022)-여성가족부 홈페이지 검색.

6) 다문화가족지원법

1990년대 외국인노동자 유입 및 국제결혼의 증가에 따라 우리나라 또한 다인종사회로 한발 가까워지며 다문화가족의 사회통합을 제도적으로 지원하고자 2008년에 「다문화가족지원법」이 제정되었다. 해당 법은 다문화가족 구성원이 안정적인 가족생활을 영위하고 사회구성원으로서의 역할과 책임을 다할 수 있도록 지원함으로써 다문화가족의 삶의 질 향상과 사회통합에 이바지함을 목적으로 한다. 총 17개 조항과 부칙을 통해 국가와 지방자치단체의 책무, 다문화가족 지원을 위한 기본계획의 수립, 다문화가족에 대한 이해 증진과 실태조사 및 다양한 지원을 명시하고 있다.

「다문화가족지원법」에 따라 2010년부터는 종합적이고 장기적인 정책지원을 위한 다문화가족정책 기본계획이 수립되었다. 2010년 제1차 다문화가족정책 기본계획(2010~2012)에서 이민사회로 진입하는 데 필요한 정책적 토대를 구축했다면, 제2차 기본계획(2013~2017)에서는 결혼이민자의 체류기간이 길어지면서 다문화가족 지원을 위한 정책 추진기반 구축, 국제결혼 피해 예방을 위한 법·제도 마련, 다문화가족 정착지원을 위한 맞춤형 서비스 확대, 다문화 수용성 제고 등을 목적으로 하였다. 동시에 이민자의 초기 적응중심 정책에 머무르지 않고 장기 정착화를 지원하는 정책으로의 재편, 중장기 관점에서의 다문화 수용성을 제고하기 위한 방안 마련 등의 향후 과제를 남겨 놓았다. 이를 바탕으로 제3차 다문화가족정책 기본계획안(2018~2022)에서는 모두가 존중받고 차별 없는 다문화사회 구성, 다문화가족의 사회·경제적 참여확대, 다문화가족 자녀의 건강한 성장 도모를 3대 목표로 설정하였다.[17]

우리나라에서는 '빈곤의 여성화'에 따른 '이주의 여성화'의 영향으로 결혼이주여성을 중심으로 한 다문화가족이 큰 비중을 차지하고 있었다. 하지만 점차 다문화가족 안에서도 다양한 모습이 발현되어 이러한 다양성을 품을 수 있는 법제의 개편이 요구되고 있다. 다문화가족에 대한 정의는 결혼이민자, 외국인노동자, 북한이주민, 유학생 등을 포함하고 있으나 이 지원법은 생래적 국민과 결혼이민자로 이루어진

---

17) 3대 목표에 따른 5개의 정책과제는 다음과 같다: ① 다문화가족 장기정착 지원, ② 결혼이민자의 다양한 사회참여 확대, ③ 다문화가족 자녀의 안정적 성장지원과 역량 강화, ④ 상호존중에 기반한 다문화 수용성 제고, ⑤ 협력적 다문화가족정책 운영을 위한 추진체계 강화.

가족이나 귀화자 가족에게만 국한되었다는 비판을 받았다(이경희, 2010). 「건강가정
기본법」에서는 가족의 성립 원인을 '혼인·혈연·입양'으로 규정하고 있으며, 이 또
한 다문화가족의 정의에 영향을 주고 있다. 따라서 다문화가족에 난민인정자가족,
북한이탈가족 및 동포가족, 귀화자가족, 특정 외국인체류자 등을 포함하고, 이민배
경을 둔 아동 및 청소년을 대상으로 사회적응과 학업지원을 강화할 필요가 있다(김
종세, 2021).

 이 장의 요약

> 이 장에서는 우리나라의 주요 가족복지 관련법과 정책에 대해 살펴보았다. 가족을 지
> 원하는 공공부조인 국민기초생활보장제도는 공공급여를 통해 최저생계를 보장하는 것
> 으로 개별가구를 단위로 수급자격이 판정되는 가족복지적 성격을 가지며, 가구별 소득
> 인정액에 따라 생계·의료·주거·교육 급여가 지원된다. 사회보험인 국민연금은 노후
> 빈곤문제와 저출산·고령화 문제에 대응하고자 근로자의 의무가입을 통한 소득재분배
> 효과와 사회통합에 기여하려는 목적을 가진다.
>
> 가족을 지원하는 대표적 소득보장정책으로는 아동수당과 양육수당이 있다. 아동수당
> 은 가족의 소득수준과 상관없이 아동의 연령에 따라 지급되는 보편적 이전지출정책으로
> 아동의 기본권 보장 및 아동양육의 경제적 부담 감소를 목적으로 한다. 양육수당 또한
> 무상보육을 이용하지 않고 가정양육되는 아동을 대상으로 가구소득과 상관없이 연령에
> 따라 보편 지급되는 공적소득이전이다.
>
> 가족복지 관련법 중 「건강가정기본법」은 가족 단위의 통합적 접근을 위한 근거법령으
> 로 가족에 대한 포괄적 지원을 명시하고 있다. 「영유아보육법」은 공적 영역에서의 양육
> 책임을 강화시키며 무상보육과 양육수당 지원의 근거가 된다. 「저출산·고령사회기본
> 법」을 통해 저출산 문제를 해결하려는 인구정책과 고령화 문제에 대응하는 노인복지정
> 책들이 운영된다. 「남녀고용평등과 일·가정 양립 지원에 관한 법률」을 통해 출산휴가와
> 육아휴직이 지원되어 양육자의 노동권과 부모권을 함께 보장한다. 또한 「한부모가족지
> 원법」과 「다문화가족지원법」을 통해 다양한 유형의 가족들을 대상으로 촘촘한 사회적 지
> 원을 제공하고자 시도하였다.

생각해 볼거리/토론거리

1. 세계화(globalization) 시대에서 우리나라가 유독 저출산의 문제를 오랜 기간 경험하고 있는 이유는 무엇인가? 다른 국가들과 비교했을 때 저출산 대응정책에 어떠한 차이가 있으며 해결방법은 무엇인가?

2. 자신과 배우자가 임신ㆍ출산ㆍ양육을 고려할 때 가장 중요하게 생각하는 것은 무엇인가? 정책적으로 어떠한 가족복지 지원이 가장 필요한가?

3. '가족 전체'와 '가족구성원' 개인의 욕구와 원하는 목표가 다를 경우에는 어떻게 접근해야 하는가?

참고문헌

강현구, 이순형(2015). 아동권리관점에서 본 영유아보육법 제정법령 분석 및 평가. 아동학회지, 36(1), 125-146.

김나영, 김아름(2017). 해외 아동수당 도입사례. 육아정책포럼, 53, 6-14.

김은설, 최윤경, 권미경, 최효미, 김나영, 김자연, 박은영(2021). 2021년 전국보육실태조사-가구조사 보고. 세종: 보건복지부.

김인숙(2007). 건강가정기본법 제정과정에 나타난 가족 및 가족정책 담론. 한국사회복지학, 59(3), 253-280.

김종세(2021). 다문화가족지원법의 쟁점과 새로운 방향. 법학연구, 21(2), 31-56.

보건복지부(2022a). 국민기초생활보장 사업안내.

보건복지부(2022b). 2022년도 보육사업안내.

여성가족부(2021. 12.). 2021년 한부모가족 실태조사.

이경희(2010). 다문화가족지원법의 문제점과 개선방향: 다문화가족의 정의 및 범위를 중심으로. 법학논고, 32, 509-536.

이진숙, 신지연, 윤나리(2010). 가족정책론. 서울: 학지사.

이충은(2017). 한부모가족 지원정책에 관한 비교법적 고찰. 국제법무, 9(1), 129-152.

통계청(각 연도). 경제활동인구조사.

통계청(각 연도). 장래인구추계. (검색일 2023. 1. 31.). https://kosis.kr/statHtml/statHtml.do?orgId=101&tblId=DT_1BPA002&conn_path=I2

한국사회보장정보원(2021). 차상위 및 한부모 가족 수급자 현황, 한부모가족 수급가구 현황-가족유형별. (검색일 2023. 1. 31.). https://kosis.kr/statHtml/statHtml.do?orgId=452&tblId=DT_452001_C015&conn_path=I2

여성신문(2017. 8. 2.). '일 · 가정 양립'보다 '삶의 균형'이다.
한겨레(2018. 11. 6.). 자녀 성인될 때까지 아동수당 주는 유럽.
한국일보(2022. 8. 27.). 선진국은 '여성 경제활동' 많을수록 출산율 높은데, 한국은 왜?

여성가족부 홈페이지 http://www.mogef.go.kr

제**5**장

가족사례관리

가족사례관리(family case management)는 복합적인 욕구나 문제를 가진 가족에게 맞춤형 서비스를 제공하는 가족중심(family centered)실천이다. 가족사례관리실천은 특별히 아동학대나 방임 등으로 인하여 아동이 안전하지 않다고 판단된 가족에 대한 서비스에서 필수적이다. 아동, 청소년뿐만 아니라 재난이나 상황적인 위기에 처한 가족과 질병이나 장애 등으로 삶의 여러 영역에 걸친 서비스를 지속적으로 필요로 하는 다문화, 노인, 장애인, 정신보건 분야에서 가족사례관리는 일반적 서비스이며 실천이다. 최근 사회와 가족의 변화로 가족의 취약성이 날로 심해지는 점을 고려할 때 가족사례관리는 가족복지를 대표하는 실천방법론이다. 가족사례관리에서는 가족단위로 서비스를 제공하는 특성상 서비스 계약에서 종결과 평가에 이르는 전 과정에서 가족에게 충분한 정보를 제공하면서 가족의 선택과 참여를 보장하고 촉진하는 것이 중요하다. 따라서 가족 전체를 서비스 이용자로 고려하며, 강점관점에 근거하여 가족이 가진 강점과 탄력성을 발견하고 변화를 위해 활용한다. 무엇보다도 가족구성원과 전체로서 가족에 대한 미시적 접근을 넘어서서 지역사회를 서비스 환경의 맥락으로 이해하며 가족생활 공간으로서 지역사회서비스 체계를 설정하여야 한다.

1. 가족사례관리의 이해

가족사례관리는 가족중심 사례관리로 정의할 수 있다. 여기서는 먼저 가족중심 실천이 의미하는 바가 무엇인지를 살펴보고 가족사례관리의 개념과 목적을 정의하며 가족사례관리실천이 지향하는 주요 관점을 검토해 본다.

1) 가족중심실천

가족중심실천(family centered practice)은 개인의 생활에서 가족이 갖는 중심적 위치를 강조한다. 가족중심실천은 관심의 단위로서 가족, 충분한 정보제공에 기초한 가족의 선택, 가족의 강점과 능력이라는 세 가지 핵심요소로 정의할 수 있다(Allen & Petr, 1998). 가족중심실천에서 특히 주목하는 대상은 아동이 있는 가족이다. 아동은 함께 사는 가족의 성실하고 적절한 돌봄으로 성장한다. 또한 가족이나 부모가 취약할 때 그 영향을 가장 많이 받기 때문이다. 따라서 가족중심실천에서는 아동과 가족의 보다 나은 복지를 달성하기 위해 실천과정을 강조한다.

예컨대, 개별아동이 문제를 가진 것으로 제기될 때, 아동은 가족의 한 구성원으로서 최우선적으로 고려되어야 한다. 동시에 가족구성원 모두가 사정평가, 계획과 개입에서 관심의 단위가 되고 초점을 두는 것이 가족중심실천의 첫 번째 요소이다. 아동이 학대당하거나 방임된 것으로 판정된 가족에 대한 서비스에서 부모나 가족은 문제의 원인이거나 아동발달에 장애가 되거나 서비스 개입에 저항하는 것으로 사정평가 될 수 있다. 극단적인 아동학대 상황이 아닐 경우를 전제로 가족중심실천에서는 관심의 단위를 가족으로 초점화하여 가족을 변화의 주체로 본다.

가족중심실천의 두 번째 요소는 충분한 정보제공에 기초한 가족의 의사결정능력에 대한 신념이다. 가족은 삶의 당사자로서 서비스 전달과정에서 의사결정의 권한을 가진다. 사회복지사는 가족의 욕구와 문제를 사정평가하고 목표를 설정하고 개입하는 전체 실천과정에서 가족과 정보를 공유하고 가족이 자신들을 위해 결정하고 참여할 수 있도록 지원한다.

세 번째 요소는 강점관점이다. 강점관점을 지향하는 사회복지사는 문제의 원인

제공자로서 가족을 비난하기보다는 가족구성원의 강점과 능력을 믿고 존중한다. 가족이 가진 긍정적인 자질, 능력, 자원, 희망을 인식하고 존중하는 것은 가족과의 협력적인 관계를 가능하게 하고 실천과정에서 가족의 참여와 임파워먼트를 촉진한다.

한편, 가족중심실천은 최근 사회변화와 가족의 변화에서 나타나는 가족 형태의 다양화, 가족규모의 축소화, 가족기능의 취약화 등의 현상을 반영하지 못하고, 지나치게 미시적으로 개인과 가족의 역량을 강조하는 한계를 가진다. 가족중심실천이 관심단위로서 가족체계에 초점을 두는 것만으로는 가족 내에서 증가하는 개인화와 가족유대의 약화로 인해 발생하는 가족문제에 대처할 수 없다(김성천, 2017). 가족중심실천의 한계를 극복하고 가족에 대한 서비스 전달체계를 지역사회로 확장하는 대안적 실천이 지역사회에 기반한 가족사례관리이다.

2) 가족사례관리의 개념과 목적

가족사례관리는 복합적인 욕구나 문제를 가진 가족에 대한 맞춤형 서비스를 지역사회에 기반하여 제공하는 가족중심 사례관리이다. 이에 사례관리의 개념을 살펴본다. 사례관리의 개념은 한국적 상황에 기반한 '사회복지 사례관리 표준 실천 지침'에 의하면 다음과 같다(한국사례관리학회, 2016).

> 사례관리란 복합적이고 다양한 욕구가 있는 클라이언트와 가족의 사회적 기능 회복을 돕는 통합적 실천방법이다. 이를 위해 운영체계를 확립하고, 클라이언트와 함께 강점관점의 체계적 사정을 해야 하며, 클라이언트의 내적 자원 및 지역사회 자원을 개발하고 활용하여 삶의 질 향상을 위해 노력해야 한다.

사례관리의 개념 정의는 사례관리 이용자에 대한 정의, 사례관리의 목적과 관점, 사례관리를 위한 운영체계, 사례관리실천의 특징을 잘 보여 주고 있다. 사례관리 개념이 가지는 구체적인 내용을 살펴보면 다음과 같다.

첫째, 사례관리 이용자는 복합적이고 다양한 욕구를 가지며, 이용자 개인뿐만 아니라 그가 속한 가족 등의 체계가 해당한다.

둘째, 사례관리의 목적은 사례관리 이용자와 가족의 욕구충족을 통한 사회적 기능 회복이며, 궁극적으로는 삶의 질 향상을 지향한다.

셋째, 사례관리의 관점은 강점관점에 기초한다. 사례관리 이용자는 내적·외적 자원이 부족하고 자원에 접근할 기회나 경험이 부족하며, 이용자와 가족을 둘러싼 사회지지체계가 취약하다. 따라서 사례관리 이용자와 가족이 사례관리사와의 협력 관계에서 주체적으로 사례관리 과정에 참여할 수 있도록 강점을 찾아 인식할 수 있도록 돕고, 강점에 기초하여 서비스를 계획하고 실행하는 강점사정이 중요하다.

넷째, 사례관리 운영체계의 확립이다. 사례관리실천은 이용자와 가족을 중심에 두고 이용자의 복합적이고 다양한 욕구에 대한 사정에서 출발하기 때문에 기본적으로 팀 접근을 요구한다. 또한 서비스를 위한 이중구조(O'Connor, 1988)의 운영체계에 기반한다. 사례관리는 사례관리 팀 기반 실천체계와 서비스 연계와 조정을 가능하게 하는 행정체계의 이중구조를 전제로 한다. 더불어 사례관리서비스 운영을 가능케 하는 기관 내부 운영체계와 통합사례관리를 지원하는 외부 운영체계를 필요로 한다.

다섯째, 사례관리는 사례관리자와 이용자의 관계에서 직접적·간접적 서비스 등 다양한 체계적 접근을 포함하는 통합적 실천방법이다. 사례관리실천을 효과적으로 수행하기 위한 구성요소는 복합적 욕구를 가진 이용자와 가족, 실천과정을 담당하는 사례관리자, 활용 가능한 자원, 실천 수행을 지원하는 운영체계, 그리고 일련의 사례관리 과정 등이다.

따라서 가족사례관리의 개념은 가족의 중심적 지위를 강조하는 가족중심실천에 더해서 지역사회에 기반한 통합적 실천방법론인 사례관리를 적용하여 정의할 수 있다. 가족사례관리는 가족생활의 기반인 지역사회 환경을 서비스 환경으로 설정한다. 가족과 지역사회 환경이 상호교류하는 과정에서 적합성을 지향하는 가족-환경 적합(family-environment fit)의 개념을 가족사례관리에 적용하면 지역사회는 가족의 욕구를 잘 충족해 주고, 가족은 지역사회 요구에 잘 반응하는 서비스체계를 지향하는 것이다(민소영, 2017).

3) 가족사례관리의 관점과 실천

가족사례관리가 지향하는 관점으로 생태체계 관점, 임파워먼트 관점, 사회구성주의 관점, 강점관점, 네트워크 이론, 옹호관점을 들 수 있다. 가족사례관리는 가족이 가진 복합적인 욕구와 문제에 기초하여 목표를 설정하고 이에 적합한 지역사회의 자원을 연계하여 가족의 삶의 질을 향상하는 개입과정이므로 실천가의 관점이 매우 중요하다. 이에 가족이 가진 복합적인 욕구와 취약한 자원과 지위를 '색다른 시선'으로 바라보고 사례관리자와 가족의 협력관계에서 가족의 자기결정권, 강점 및 자원접근활동을 강조하는 임파워먼트 관점, 사회구성주의 관점, 강점관점과 실천 지침을 소개한다.

⑴ 임파워먼트 관점

임파워먼트(empowerment)는 억압받는 집단의 권리(power) 증진이라는 사회현상을 배경으로 1970년대 등장한 개념이다. 임파워먼트는 개인과 가족이 자신들의 삶의 조건 향상을 위한 조처를 취할 수 있는 개인적·대인관계적·정치적 힘을 획득하는 과정이다(Gutierrez, DeLois, & GlenMaye, 1995). 임파워먼트 관점은 무력감(powerless)에 효과적으로 대응하는 관점이면서 실천과정이다(Lee, 1994: 신영화, 2010에서 재인용).

임파워먼트 관점은 사회복지실천이 강조하는 '자기결정권' '환경 속의 인간' '강점사정' '지역사회 참여' '실천가-이용자의 협력관계' 등의 기본 시각과 접근법이 유사하여 사회복지실천 관점으로 발전해 왔다. 특히 임파워먼트 관점은 개인에게 권력과, 사회적·정치적·경제적 제도 내에서 권력관계의 중요성을 인식시키는 데 기여하였다(윤혜미, 2009). 임파워먼트 관점이 일반 사회복지실천과 가지는 차별성은 다중체계적 접근과 실천요소로서 소집단, 강점사정, 자원접근활동, 평등한 원조관계에 있다(신영화, 2010). 무력감을 경험하는 개인이나 가족의 임파워먼트는 개인, 가족, 집단, 지역사회의 다양한 사회체계 수준에서 다중적으로 접근할 때 효과적이다.

- 임파워먼트 관점에 기초한 대표적인 사례관리 실천모델은 드보이스와 마일리(Debois & Miley, 2018)의 자원접근을 강조한 모델이다. 이 모델은 자원접근활

동에 초점을 둔 대화, 발견, 개발의 3단계를 제시하고 있다. 대화 단계는 가족이 가지는 주요 욕구와 문제를 구체화하고, 강점과 자원을 구체화하는 과정이다. 발견 단계는 가족이 가진 자원과 지역사회 자원체계를 탐색하고 변화계획을 개발하는 과정이다. 개발 단계는 가족이 이용하지 않은 접근 가능한 강점과 자원을 사정하고 강화하는 과정이다. 이 과정에서 성공 경험을 통합하여 가족이 변화를 유지하도록 지원하는 것이 중요하다.

(2) 사회구성주의 관점

사회구성주의(social constructionism) 관점은 탈근대주의(post-modernism)에 영향을 받은 주관적 인식론인 구성주의를 대인서비스 분야에 적용한 것이다. 사회구성주의는 모든 현실은 객관적인 실체로 발견되는 것이 아니라 참여자에 의해 구성되고 형성되며, 경험을 통해 사건에 대한 의미와 일관성을 찾을 수 있다고 전제한다. 사회구성주의 관점은 빈약함을 강점으로 만들고 문제에서 해결책을 구성하며 과거에서 벗어나 미래지향적 시각을 가지게 하는 대화를 중시한다. 대화가 새로운 현실을 구성할 수 있다는 점(고미영, 2007)에서 언어가 핵심적 역할을 한다. 현실은 사람 사이에서 언어를 매개로 상호작용을 통해 이루어지고, 의미 역시 사람 사이에서 만들어지는 것이다(이영분 외, 2020).

- 사회구성주의 관점을 가진 사례관리자는 가족과의 동등한 관계를 형성하고 참여와 능동적 역할이 가능하도록 존대하는 호칭을 사용하거나 '할 수 있다'는 대화로 역량강화된 현실을 창조할 수 있다(신영화, 2010). 가족사례관리 과정에서 사례관리자의 입장은 가족을 삶의 주체로 인정하고 그들이 경험하는 세계와 문화를 '모른다는 자세(not knowing)'로 호기심을 가지는 것이다. 무엇보다 중요한 것은 과거, 현재, 미래에서 자신들이 지향하는 삶이 무엇인지 가족에게 지속적으로 질문하여 자신들이 선호하는 정체성과 지향하는 삶의 의미를 재구성할 수 있도록 지원하고 가족들이 단순히 서비스 수급을 넘어서 삶의 목적과 지향하는 바를 향해 나아가도록 하는 것이다.

(3) 강점관점

'강점관점'은 1990년대 초에 사회복지학계에 알려지기 시작하여 지금은 사회복지실천에서 사정과 개입에서 중요한 관점으로 인정받고 있다. 강점관점은 개인, 가족, 지역사회의 문제, 결핍, 비정상에 초점을 두는 병리모델로부터 탈피하여 개인과 가족뿐만 아니라 이웃과 지역사회의 강점, 장점과 자원의 중요성과 가치를 발견하는 관점의 전환을 의미한다. 강점관점 사례관리의 원칙은 다음과 같다(Rapp & Goscha, 2006). 첫째, 가족은 스스로의 삶을 회복, 개선, 변화시킬 수 있다. 둘째, 가족의 결점보다는 강점에 초점을 둔다. 셋째, 지역사회는 자원의 오아시스이다. 넷째, 가족은 실천과정의 지도자이다. 다섯째, 사례관리자와 가족의 관계가 가장 우선적이며 필수적이다. 여섯째, 실천의 장은 가족이 살아가는 지역사회이다.

• 강점관점은 가족사례관리 과정에서 가족과 이들을 둘러싼 환경의 강점에 초점을 두는 사정평가와 개입방향 설정에 도움이 된다. 강점관점 가족사례관리의 과정은 다음과 같이 진행된다. 첫째, 협력적인 파트너십 관계에서 시작한다. 둘째, 가족의 주도적 참여로 가족과 환경의 강점을 사정한다. 셋째, 사례관리자와 가족이 합의한 개별화된 목표와 계획을 세우고, 강점사정에 기초하여 자원, 도움 제공자, 서비스를 구체화한다. 넷째, 자원 획득 단계에서 목표 달성을 위해 지역사회 자원과 서비스를 확인하고 서비스나 자원 제공자와 협상한다. 다섯째, 지속적인 협력관계를 유지하며 계획대로 실행되는지 점검하고 지지한다. 여섯째, 종결은 목표가 달성되었거나 이용자 가족이 문제해결능력이나 자원획득능력을 갖추었다고 판단될 때 실시한다. 종결과 함께 비공식 지원체계가 공적 서비스를 대체할 수 있다(김경미, 윤재영, 2010).

강점관점 실천에서 중요한 것은 단순히 '강점'을 발견하고 사정하는 것이 아니라, 가족사례관리의 전 과정에서 가족과 협력관계를 수립하고 가족이 진정으로 원하는 변화와 하고 싶은 것에 초점을 맞추는 것이다.

2. 가족사례관리의 실천과정

효과적인 가족사례관리를 이해하기 위해 실천의 틀을 제공하는 가족사례관리 운영체계를 제시하고, 가족사례관리의 실천과정을 살펴본다.

1) 가족사례관리 운영체계

가족사례관리 운영체계는 효율적인 실행을 위해 매우 중요하다. 가족사례관리는 사례관리실천(case management practice)과 사례관리 체계(case management system)의 이중구조에서 이루어진다(O'Connor, 1988). 사례관리는 실천 차원에서 사례관리자가 사례의 발굴 · 의뢰 · 연계의 전 과정에서 가족과 관계를 맺고 가족이 삶의 주체로서 참여하고 자원에 접근할 수 있도록 대면접촉에 의한 직접적 서비스로 관여한다. 이러한 가족사례관리실천을 보다 효과적이고 효율적으로 수행하기 위해서 운영체계 확립이 필수적이다.

가족사례관리 운영체계가 효율적으로 운영될 때, 가족의 발굴 · 의뢰 · 연계가 활발하게 진행될 수 있으며, 서비스 제공자 간의 협력이 강화되어 지역사회 자원 활용이 활발해진다. 여기에서는 가족사례관리 운영체계를 기관 내부운영체계와 외부운영체계로 구분하여 살펴본다.

(1) 내부운영체계

기관 내부운영체계는 가족사례관리를 담당하는 사례관리자와 사례관리팀이다. 가족의 복합적 욕구 사정, 자원 연계와 옹호활동으로 대표되는 가족사례관리실천의 복합적인 특성과 과중한 업무부담(김은정, 2015; 이경란, 최정숙, 2020)으로 인해 가족사례관리는 팀 접근과 적절한 슈퍼비전 체계, 그리고 실천과정별 과업 설정을 필요로 한다.

사례관리자는 가족사례관리의 전 과정을 수행하는 전담인력이다. 사회복지사 1급 자격증 취득 후 사회복지실천 경력 2년, 또는 사회복지사 2급 자격증 취득 후 사회복지실천 경력 4년 이상 되어야 하며, 사례관리 교육과 훈련을 받은 사람이어야 한

2. 가족사례관리의 실천과정 117

다(한국사례관리학회, 2016). 사례관리팀장은 가족사례관리 전 과정을 총괄하며 사례관리자에게 슈퍼비전을 제공하고, 기관 내부 협력과 사례회의를 주관한다. 사례관리 업무수행 경험에 기초하여 임상과 행정 측면의 슈퍼비전을 제공하는 것이 바람직하다. 사례관리팀은 정기적인 사례회의와 슈퍼비전을 통해 팀의 역량을 강화하고 사례관리가 원활히 수행되도록 한다.

(2) 외부운영체계

기관 입장에서 외부운영체계는 지역사회단위의 통합사례관리체계와 기관이 자체적으로 조직하는 운영체계로 나눌 수 있다. 통합사례관리체계는 인적 구성이나 관계에서 공공과 민간의 파트너십으로 운영하는 것이 바람직하다. 지역사회단위의 통합사례관리체계에는 통합사례관리팀, 통합사례회의, 솔루션위원회, 슈퍼바이저 등이 포함된다. 지역에 따라 공공이나 민간의 통합사례관리지원단이 운영되기도 한다. 이때 기관은 서비스 제공기관으로서 통합사례관리체계에 참여하거나, 기관에서 서비스를 제공하는 가족사례관리 과정에서 제기되는 어려운 문제를 자문 의뢰할 수 있다.

한편, 기관의 자체적인 외부운영체계는 기관이 주도적으로 가족사례관리를 원활히 하기 위해 지역사회기관을 연계하여 조직할 수 있다. 그것은 통합사례회의, 솔루

통합사례회의 운영사례

K시 다문화가족지원센터에서는 남편은 사고로 실직상태에서 재활치료를 필요로 하고, 결혼이민자인 아내는 치매 시어머니를 돌보면서 돌봄이 필요한 초등학생 딸 및 게임중독과 학교부적응 문제를 가진 중학생 아들의 문제를 호소하는 다문화가족 사례를 발굴하였다. 초기상담을 통해 가족의 복합적인 문제와 욕구에 사정평가하고 가족사례관리로 지원하기로 했다. 기관은 사정 단계에서부터 통합사례회의를 개최하여 보다 효과적이고 효율적으로 접근하기로 결정했다. 통합사례회의는 행정복지센터 사회복지공무원, 재활병원 의료사회복지사, 치매안심센터 사례관리사, 지역아동센터 사회복지사, 청소년상담복지센터 사례관리사, 교육복지사 등 사례가족의 욕구충족과 문제해결을 위한 경험과 자원을 가진 지역사회기관으로 구성하였다(신영화, 2021).

선위원회와 슈퍼바이저가 해당한다. 통합사례회의는 외부기관 전문가의 도움과 지원을 받아 사례관리를 하는 것이다.

2) 가족사례관리의 과정

가족사례관리의 과정은 사례 발굴과 접수, 초기 상담, 사례관리 이용자 가족 선정, 동의 및 계약, 가족의 욕구충족을 위한 종합적 사정, 목표 설정과 서비스 계획 수립, 욕구충족을 위한 자원 연계와 조정, 가족 면담을 통한 서비스 점검과 삶의 질 향상 촉진과 자원 개발, 서비스의 평가와 종결 등의 과업을 포함한다.

표 5-1 가족사례관리의 과정

단계	초기	사정	목표 설정과 계획 수립	실행과 점검	종결
내용	• 사례 발굴 및 접수 • 초기 상담 • 이용자 가족 선정 • 동의 및 계약	• 욕구 사정 • 자원 · 강점 사정 • 장애물 사정 • 종합적 사정	• 목표 설정 • 계획 수립	• 직접실천 • 간접실천 • 점검 및 조정 • 옹호 • 재사정	• 평가 • 종결 • 사후관리
기록 양식	• 초기 상담지 • 사례관리 동의서 • 사례회의록	• 사례관리 사정 결과표	• 사례관리 계획 및 평가표 • 사례회의록	• 사례관리 과정 기록지 • 서비스 의뢰서/의뢰 회신서 • 사례관리 점검표 • 사례보고서 • 사례관리 슈퍼비전 일지	• 사례관리 종결보고서

출처: 여성가족부(2021), 신영화(2021)를 참조하여 재구성.

(1) 초기 단계

초기 단계는 잠재적 사례관리 이용자 가족을 발굴하기 위한 노력과 초기 상담을 통해 사례관리 이용자 가족을 선정하는 과정이다.

사례관리사업에 대한 안내와 홍보활동, 그리고 찾아가는 서비스(out-reach)는 잠재적 가족사례관리 이용자 가족을 발견하고 발굴하기 위한 중요한 활동이다. 사례관리자의 직접적 발굴 외에, 잠재적 사례관리 이용자 가족은 관련 기관의 의뢰, 기관 내 의뢰, 개인이나 가족 혹은 지인의 요청 등 다양한 경로로 탐색될 수 있다. 따라서 정기적인 가족사례관리에 대한 안내와 홍보활동과 찾아가는 서비스를 통해 이용자 가족을 발굴하여야 한다.

초기 상담은 가족사례관리의 목적과 수행방법에 대해 설명하고 잠정적 동의를 확보하며, 가족사례관리에 대한 준비작업을 하는 과정이다. 잠재적 가족사례관리 이용자 가족은 초기 상담을 거쳐 적격성 심사과정과 사례회의에 의해 서비스 대상 선정 여부가 결정된다. 선정된 가족사례관리 이용자 가족에 대해 실천과정과 협력적 참여에 대해 설명하고, 가족사례관리 동의를 얻으며 계약을 맺는다. 서비스 결정은 가능한 빨리, 최대한 3일을 넘기지 않는 것이 바람직하고, 1주일 이내에 결정에 관해 신청자 가족에게 알리도록 한다. 참고로 다문화가족지원센터의 사례관리 계약기간은 위기관리가구 1~3개월, 일반형·통합형 관리가구 3~12개월이다.

표 5-2 가족사례관리 이용자 유형

위기 관리 가구	가정폭력, 이혼, 자살(시도) 등의 상황적 위기로 인해 정신적 외상(트라우마)이나 알코올 의존증 등 정신질환을 경험하는 개인 및 가족 등
통합형 관리 가구	가족의 문제 및 욕구의 심각성, 복합성이 높아 통합적·집중적 접근을 요구하는 개인 및 가족, 기존의 사회서비스로는 욕구충족이 불가능하여 새로운 내·외부 자원을 발굴·연계해야 하는 가족 등 사례관리 개입 효과가 가족에 국한하는 것이 아닌 지역사회의 역량강화와 사회제도의 변화를 이끌어 내는 데 초점을 두는 사례
일반형 관리 가구	가족이 기본역량은 있으나, 정보 부족, 소득 부족 등으로 다양한 사회서비스를 이용하지 못하는 가족(문제와 욕구의 심각성이 상대적으로 낮은 경우)

출처: 여성가족부(2021), p. 231을 참조하여 재구성.

(2) 사정 단계

사정 단계는 가족이 가지고 있는 욕구와 문제를 종합적으로 사정평가하여 개입의 방향을 결정하는 과정이다. 사정은 가족의 욕구와 문제, 그리고 공식적·비공식적 사회적 지지체계와 자원체계 등의 수집된 자료를 분석하여 욕구나 문제의 우선순위를 정하고 이를 기초로 개입 목표와 방향을 설정하는 것이다.

사정은 욕구 사정, 자원·강점 사정, 장애물 사정의 차원으로 구분된다. 욕구 사정은 개입의 필요성, 즉 서비스나 자원 형태의 개입을 통해 변화를 도모해야 할 가족 상황에 대한 가설을 수립하는 과정으로 정의할 수 있다(김성천 외, 2020). 가족이 제시하는 문제나 직접적인 요구 이면의 욕구를 탐색하고 더 나은 대안을 찾아 주는 전문성을 발휘해야 한다.

자원·강점 사정은 가족의 욕구충족을 위해 투입 가능한 다양한 노력이나 자원을 사정평가하는 것이다. 강점과 자원은 강점관점에 기초하여 가족이 가진 희망, 삶의 목적, 경험과 자원, 확대가족이나 지지체계, 지역사회 인적·물적 자원으로 정의할 수 있다.

장애물 사정은 가족사례관리를 통해 이루고자 하는 목표 달성을 위한 노력을 저해하거나 걸림돌이 되는 조건이나 특성을 사정평가하는 것으로, 장애물은 내부 장애물과 외부 장애물로 구분해 볼 수 있다. 내부 장애물은 비관주의, 비판주의, 운명주의, 냉소주의 등의 태도, 신념, 가치(Ballow & Mink, 1996)로 변화 노력에 걸림돌이 되는 성격이나 심리적 특성이다. 외부 장애물은 지지체계나 자원의 부족이나 부적합, 접근성 부족 등 가족이 처한 삶의 상황이나 환경적 특성으로 인한 장애물을 의미한다.

가족사례관리의 사정평가 과정은 문화적 민감성을 요구한다. 전문가의 가치나 생활 원칙을 내려놓고 가족의 가치와 문화, 생활기술을 존중하고 민감성을 발휘하여 관련 자료 수집과 분석에서 가족의 참여와 협력을 이끌어야 한다. 일반적으로 서비스 대상 선정 후 한 달 이내에 욕구 사정을 완료한다.

(3) 목표 설정과 계획 수립 단계

이 단계에서는 사정 단계에서 잠정적으로 도출한 목표와 개입방향에 기초하여, 가족의 욕구 우선순위를 고려한 합의된 목표를 설정하고 서비스 계획을 수립한다.

목표는 사정을 근거로 장기목표와 단기목표를 구분하여 설정해야 한다. 단기목표는 3개월 내 달성 가능한 목표로서 장기목표를 달성하기 위한 중간 단계의 목표라고 할 수 있다. 목표는 정해진 시간 내에 달성 가능해야 하며, 달성 여부를 평가할 수 있도록 수립되어야 한다.

계획 수립과정에서는 '사례관리 사정 결과표'를 기반으로 서비스 계획을 수립하고 '사례관리 계획 및 평가표'를 작성한다. '사례관리 계획 및 평가표'에는 우선순위, 장단기 목표, 실행방법(서비스), 서비스 제공자, 서비스 제공기간과 빈도, 평가 등을 기술한다. '사례관리 계획 및 평가표'는 실행 단계에서 점검양식으로 사용할 수 있다(김성천 외, 2020).

서비스 계획에서 변화 노력의 주체가 가족이라는 점을 분명히 하여 가족이 적극적으로 참여하도록 이끌어야 한다. 예를 들어, 다문화 가족사례관리에서는 의사소통을 정확히 하기 위해 통역사를 대동하거나 충분한 설명을 제공하여야 한다.

(4) 실행과 점검 단계

가족사례관리의 실행과 점검 단계는 전체 과정 중에서 가장 가시적인 과정이며, 사례관리의 중심 기능인 서비스의 연계, 점검과 조정이 강조되는 단계이다. 이 단계에서 사례관리자는 가족의 상황에 변화를 가져오는 서비스를 제공하기 위해 직접적 실천과 간접적 실천을 가장 활발하게 수행한다. 사례관리자는 가족과 합의한 목표를 달성하기 위해 지역사회 자원을 탐색·개발하고, 여러 기관의 서비스 제공자와 가족을 연결하며, 가족의 욕구에 맞는 서비스가 제공되고 있는지 점검하고, 필요할 경우 서비스를 조정하며, 가족의 입장을 옹호하는 등의 활동을 한다. 이러한 자원개발, 서비스 연계, 점검, 조정과 옹호 등의 활동이 간접적 실천이다.

실행과 점검 단계에서 사례관리자는 가족과 전화, 내원 면담, 가정방문 등 다양한 방식으로 접촉을 유지하면서 면담기술을 사용하여 가족의 참여를 촉진하고 협력관계를 유지한다. 사례관리자는 면대면(face to face) 직접적 실천을 통해 가족의 욕구나 상황에 변화가 있는지 확인하고, 서비스 제공기관으로부터 원활하게 서비스를 이용하도록 하며, 변화 노력을 유지하도록 관여한다. 또한 서비스와 자원의 제공으로 가족의 삶의 질이 향상되고 있는지, 삶에 대한 태도나 의지가 변화하고 있는지, 가족관계가 개선되고 있는지 확인하는 활동이 직접적 실천에서 중요하다.

실행과 점검 단계에서는 과정기록지, 서비스 의뢰서, 서비스 의뢰 회신서, 서비스 점검표, 사례회의와 슈퍼비전을 위한 사례보고서, 사례관리 슈퍼비전 일지 등의 기록양식을 사용한다. 예를 들어, 다문화가족지원센터에서는 과정기록을 위기관리가구는 총 3회 이상, 일반형·통합형 관리가구는 총 5회 이상 작성하도록 한다. 또한 서비스 의뢰, 연계, 협력 등의 다양한 네트워크 활동을 기록하는 네트워크 활동지를 사용하고 있다.

(5) 종결 단계

종결단계는 가족사례관리를 위해 가족과 계약한 과정을 종료하는 과정으로 평가, 종결, 사후관리로 이루어진다.

가족사례관리에서 평가는 목표 설정과 서비스 계획 수립에서부터 시작된다. 서비스를 계획할 때 평가계획을 고려해야 하며, '사례관리 계획 및 평가표'에 서비스 수행 결과를 기록한다. 평가 질문은 매우 다양하다. 가족과 합의하여 계약된 사례관리실천과 관련하여, 설정한 장단기 목표를 어느 정도 달성했는지, 계획대로 수행되었는지, 사례관리실천은 가족의 기능 향상과 삶의 개선에 어떤 변화를 가져왔는지, 가족이 사례관리서비스에 어느 정도 만족했는지 등을 질문할 수 있다. 평가는 그 목적에 따라 목표 달성에 관한 결과평가, 서비스 운영에 관한 과정평가, 사례관리서비스 전반적인 효과성 평가, 가족의 만족도 평가 등으로 구분된다.

종결은 제공되는 서비스가 종료되는 것을 의미하면서 사례관리자와 가족의 전문적 관계가 종료된다는 의미를 가진다. 종결을 결정하게 되는 이유는 목표를 달성했거나, 상황이 호전된 경우, 가족의 주거지 이전, 사망, 장기간 연락 두절, 가족의 종결이나 중단의 의사결정 반영 등이 일반적이다.

종결과정에서 사례관리자와 가족은 전문적 관계의 종료로 인한 심리적 불안이나 긴장을 경험할 수 있다. 사례관리자는 종결 시기를 미리 알려 가족이 종결에 따른 불편한 감정을 다룰 수 있도록 하고, 함께 종결과 관련된 감정적 반응을 다루도록 한다.

가족사례관리가 계획대로 종결되어도 서비스가 필요한 미해결 과제가 있다면, 기관 내부나 외부 기관에 의뢰할 수 있다. 의뢰 시 의뢰의 목적을 명확히 하고, 의뢰기관에 대한 정보와 이용 가능한 정보를 안내하고, 의뢰에 대한 가족의 동의를 얻어야 한다.

사후관리는 서비스 종결 후에 일정 기간을 두고 전화, 편지, 혹은 직접 방문하여 변화가 유지되는지, 혹은 서비스가 다시 필요한지를 확인하는 것이다. 변화 추이를 검토하여 재개입 여부를 결정할 수 있다.

3. 가족사례관리의 실천사례[1)]

1) 초기 단계

이 사례는 중소도시 변두리에 자리한 지역사회복지관 사례관리팀에서 수행한 다문화가족 사례이다. 사례의 발견은 사회복지협의회 자원봉사자 '좋은 이웃'이자 복지관 운영위원으로 활동하는 주민이 이웃에 사는 다문화가족의 청소년이 낮에 학교에 가지 않고 동네를 배회하는 것을 보고 지역사회복지관에 알리면서 이루어졌다. 복지관에서는 내부회의를 통해 사례관리팀에서 사례를 접수하여 가정방문을 통해 다문화가족의 상황을 파악하고 자료를 수집하였다. 사례관리자의 가정방문 초기 상담 후에 사례회의를 통해 집중·통합형 사례관리 이용자 가족으로 선정하고 사례관리 서비스에 대한 가족의 동의·계약에 의해 사례관리를 진행하였다.

> **사례 개요: "가족이 건강하고 행복했으면 해요"**
>
> 어머니(35세)는 베트남 농촌지역 출신으로 친구의 소개로 한국으로 결혼이민을 왔다. 어머니는 나이 차이가 스무 살이나 나는 남편과의 사이에서 1남 1녀의 자녀를 낳았다. 3년 전 남편이 일하던 현장에서 실족사로 사망하고 어머니는 시간제로 식당에서 일하면서 아들(14세)과 딸(10세)을 키우고 있다. 생전에 남편은 거의 날마다 술을 많이 마시고 가족들에게 폭언과 폭력을 자주 행사하였다. 어머니는 마른 체격에 갑상선염과 자궁근종을 앓고 있으며, 남편 사망 후 자살시도를 한 적이 있고, 우울증 약을 복용했었다. 아들은 약간 비만한 체격에

게임 과몰입으로 학교에 지각과 결석을 자주 하고, 어머니와 동생과 거의 말을 하지 않으며, 가끔 어머니와 동생에게 거칠게 행동하고 욕설을 하곤 한다. 현재까지 딸은 착하고 학교에 잘 다니고 있다. 현재 이용자 가족은 재개발로 철거 예정인 열악한 환경의 쪽방에서 월세로 살고 있고 생계급여를 수급하고 있다. 결혼할 때부터 남편은 형제들과 거의 왕래를 하지 않았고, 어머니 역시 한국에 온 이후에 경제적인 이유로 베트남 가족과 소원하게 지내고 있다.

2) 사정 단계

아동·청소년이 있는 가족과 함께하는 사례관리실천을 효과적으로 수행하기 위해 사례관리사는 강점관점 사례관리 지침(Rapp & Goscha, 2006)에 따라 가족과 협력적 관계를 수립하고 지속적으로 협력을 촉진하는 면담태도를 유지하였다. 사례관리사는 가족과 만나면서 가족구성원에게 따뜻하고, 진정성 있으며, 공감과 존중하는 태도를 표현하고, 가족구성원이 삶의 주체라는 원칙을 강조하였다.

또한 사례관리사는 문화역량을 발휘하여 작은 체격의 베트남 출신 어머니가 말하는 작은 목소리에 귀를 기울이고, 아들의 무관심한 태도에서 저항을 민감하게 관찰하여 호기심과 경청하는 태도로 듣고 묻는 자세를 취하였다. 가족이 아버지 사망으로 경험했을 상실과 어려움에 대해 인정하였다. 그리고 현재까지 착하고 문제가 없다는 초등학생 딸에게 흥미를 가지는 교과목과 친한 친구는 누구인지를 물어 따뜻한 관심과 애정을 표현하였다. 또한 딸이 원하는 것이 무엇인지 질문하여 가족 구성원으로서 소속감과 자신의 입장을 표현할 수 있도록 관여하였다.

사정과정에서 사례관리사는 가족과 함께 가족이 살아온 삶의 이야기를 듣고, 현재의 욕구나 문제에 대해 자신들이 의미 부여하는 것을 촉진하면서 희망하고 원하는 삶에 대한 대안적 이야기를 이끌어 냈다. 이러한 가족 관여는 삶의 주체로서 가족구성원의 유능감을 향상시키고 가족구성원 사이의 연결을 촉진하여 임파워먼트를 하는 결과를 가져왔다.

강점사정 원칙에 기초하여 가족구성원이 원하는 욕구와 문제, 강점과 자원, 장애물을 종합적으로 사정한 결과는 〈표 5-3〉에 제시하였다.

표 5-3	가족사례관리 사정 결과표			
우선 순위	제시된 욕구	욕구	강점 및 자원	장애물
1	• 아들이 지각, 결석 하지 않고 학교를 잘 다녔으면 좋겠 어요. • 학교가 멀고 친구 가 없어요.	지각, 결석 없 이 학교에 출 석하기	• 중학교를 졸업하고 싶음 • 아들의 등교에 대한 어머니의 바람	• 늦은 취침시간 • 등교에 시간이 많이 걸림 • 중학교 진학 후 친구 가 없음
2	게임을 줄이고 운동 을 했으면 좋겠어요.	친구와 함께 운동하기	• 운동에 관심이 있음 • 복지관의 풋살 청소 년 동아리	• 게임 과몰입 • 게임 외에 취미활동이 없음 • 운동할 친구가 없음
3	엄마가 건강했으면 좋겠어요.	치료비 지원 받기	• 건강에 대한 희망 • 의료급여/후원 가능 • 다문화 한부모 자조 집단	• 자주 우울, 무기력감 을 느낌 • 자살시도 경험이 있음
4	방이 2개인 집으로 이사 가고 싶어요.	주거지 이전 지원받기	• 공공임대주택 이주 우선권 • 한국어 의사소통이 가능하여 자신을 옹 호할 수 있음	• 신청방법에 대한 정보 가 없음 • 입주보증금을 마련하 지 못함
	가계도, 생태도(생략)			

욕구 사정 평가:

• 아들은 학교 다니기를 원하는데 중학교에 진학하면서 집과 학교의 거리가 멀고 친구가 없어서 등교에 흥미를 잃고, 게임을 하다가 늦게 취침하여 아침에 늦게 일어나는 일이 반복되고 있음

• 어머니 본인과 자녀들은 어머니가 질병을 치료하여 건강을 회복하기를 원하는데, 어머니는 우울과 무기력감으로 인해 희망대로 살아가지 못하고 있음. 현재 주거지 철거로 보증금을 마련하여 새로운 거주지로 이사 가기를 원함

개입방향:

• 아들의 운동에 대한 관심을 살려 풋살 동아리 활동 가입을 권유하고, 동아리에서 친구 사귀기를 촉진하여 학교생활에 흥미를 유발시킬 수 있음

• 어머니의 치료비 지원, 공공임대주택 이전을 추진하여 가족의 건강과 안전성을 확보하고자 함. 다문화가족지원센터에 연계하여 어머니의 다문화 한부모 자조집단 참여를 지원하고 학교 교사와 협력하여 아들의 학교생활 적응을 지원하도록 격려함

(사정 종합 의견)

3) 가족사례관리 개입과정과 종결 단계

사례관리사는 종합적 사정 결과에 기초하여 사례관리에 대한 목표를 설정하고 서비스 계획을 수립하였다. 사례관리는 사정, 서비스 계획, 개입과 평가의 과정이 단절된 것이 아니라 연속적인 과정이며 가족과 합의에 의하여 가족이 주체적으로 참여해 진행한다는 원칙에 따라 접근하였다. 여기에서 중요한 것은 사정 단계에서 가족이 제시한 요구를 그대로 수용하는 것이 아니라, 요구 이면의 욕구에 초점을 맞추어 욕구가 목표와 서비스 계획으로 전환되도록 하는 것이다.

(1) 가족과 합의한 장단기 목표

사례관리사는 가족과 합의하여 단기목표로 아들의 학교 적응하기, 어머니의 건강관리하기, 장기목표로 안전한 주거지로 이사하기를 설정하였고, 궁극적으로 가족이 안전하고 건강하게 살아가는 것을 목표로 삼았다.

- 단기목표: 아들의 학교 적응하기
  어머니의 건강관리하기
- 장기목표: 안전한 주거지로 이사하기

(2) 서비스 계획 수립과 실행 · 점검 단계

사례관리사는 가족과 함께 탐색한 강점과 자원에 기초하여 개별화된 서비스 계획을 세웠다. 이때 사례관리사는 장애물 사정에서 파악한 욕구충족에 걸림돌이 되는 장애물을 해소하기 위한 전략을 서비스 계획에 반영하였다. 사례관리사는 아들의 게임 과몰입과 늦은 취침시간이 학교에 다니고 싶은 욕구충족을 어렵게 할 뿐만 아니라 건강한 생활을 방해하는 걸림돌이라는 것을 확인하였다. 또한 친구와 운동을 하고 싶다는 욕구를 충족하기 위해 복지관에서 운영하는 청소년 풋살 동아리 활동을 개별화된 서비스 계획으로 설정하였다.

어머니의 경우에도 질병을 치료하고 싶은데, 치료비가 부족하고 우울과 무기력감으로 인해 자주 치료를 포기하고 건강관리를 소홀히 하는 '치료에 대한 희망'과 '자포자기'의 상반된 생활태도를 가지고 있었다. 이러한 희망과 심리적 걸림돌을 해결하기 위해 치료비 지원받기와 지역의 다문화가족지원센터에서 운영하는 다문화 한부모 자조집단 활동 참여하기를 제안하여 서비스 계획에 포함하였다. 장기목표 인 안전한 주거 이전은 공공임대주택에 대한 정보를 제공하고, 사례관리사와 어머 니가 함께 관계기관에 신청서류를 제출하였다. 관련 서비스 계획으로 임대보증금 마련을 위해 사례관리사가 후원자와 후원기관을 찾고, 후원자와 어머니를 연계하 는 옹호활동을 전개하였다. 또한 사례관리사는 어머니에게 아들의 담임교사와 연 락하여 아들이 학교에서 학습과 또래관계를 지지받을 수 있도록 요청하기를 지원 하였다.

(3) 종결 단계

이 사례는 4월에 시작하여 11월말에 서비스 평가표에서 제안한 기간에 목표를 달성하여 종결되었다. 종결시점에서 사례관리사는 이용자 가족과 함께 과정평가와 결과평가 결과를 확인하고 공유하였다. 계획대로 서비스가 제공되었는지를 평가하 는 과정평가에서 100% 완료된 것으로 평가되었다. 성과를 평가하는 결과평가는 목 표 달성 척도에 의해 평가한 결과, 모든 서비스 계획이 기대 이상의 향상에 도달하 였다.

사례관리사는 가족이 사례관리실천의 주체가 되어 사례관리 과정에 함께한 것이 변화의 힘이었다고 인정하고 지지하였다. 가족은 복합적인 문제를 가진 채 고립되 었던 사례 발굴 시점에 비하여 지역사회의 다양한 기관의 자원에 접근하면서 지역 사회의 주민으로 변화한 성과를 확인하였다. 또한 가족과 함께한 시간을 기억하기 위해 개별화된 서비스 계획 활동에 참여해서 찍은 사진 앨범을 전달하고, 다과를 나 누며 앞으로 삶에 대한 희망을 나누었다. 앞으로도 가족은 복지관의 회원으로서 동 아리 활동을 계속하기를 희망하여 도움이 필요하다면 언제든지 사례관리사에게 연 락하도록 하였다. 사후관리 차원에서 한 달 후에 전화 통화로 변화가 유지되고 있는 지, 재개입의 필요성이 있는지 확인함으로써 서비스 종결을 최종 완료하였다.

이 장의 요약

　　이 장에서는 먼저 가족사례관리의 이해를 돕기 위해 가족중심실천의 개념을 관심의 단위로서 가족, 충분한 정보제공에 기초한 가족의 선택, 가족의 강점과 능력이라는 핵심 요소로 정의하였다. 사례관리 개념 규정에 의하여 가족사례관리의 개념과 목적을 살펴보고, 가족사례관리가 지향하는 임파워먼트 관점, 사회구성주의 관점, 강점관점을 소개하였다. 그리고 가족사례관리의 실천과정을 운영체계와 실천과정의 이중구조로 기술하였다. 운영체계는 기관 내부 운영체계와 외부 운영체계로 살펴보았고, 실천과정은 초기 단계, 사정 단계, 목표 설정과 계획 수립 단계, 실행과 점검 단계, 종결 단계로 구분하였다. 마지막으로, 다문화가족과 함께한 가족사례관리 실천사례를 소개하였다. 가족사례관리는 사례의 발굴로부터 시작되는 초기 단계부터 종결 단계에 이르는 전 과정에서 전체로서 가족과 가족구성원 개인과 접촉하고 협력하여 가족이 사례관리의 주체로 참여할 수 있는 기회를 제공하고, 강점사정에 따른 목표를 설정하고 맞춤형의 개별화된 서비스 계획을 수립하는 것이 중요하다. 실천가는 조력자와 옹호자의 위치에서 실천의 중심을 가족에게 두고, 가족구성원과 직접 만나고 서비스를 연계하는 과정에서 호기심을 가지고 가족구성원 개인과 전체 가족이 소망하고 희망하는 삶의 목적과 의미를 지속적으로 묻고 어떤 변화가 나타나고 있는지 탐색하고 질문하는 자세가 필요하다.

 생각해 볼거리/토론거리

사례: 교육복지 현장에서 접근하는 가족사례관리

　K시 초등학교 교육복지실에 3학년 담임교사로부터 엄미정 학생이 의뢰되었다. 담임교사에 따르면 미정이가 최근에 자주 지각을 하고 철에 맞지 않는 옷을 입고 머리를 감지 않아 냄새가 나는 등 위생의 문제를 가지고 있다. 또한 같은 반 아이들과 잘 어울리지 못하고 거의 말이 없으며 숙제를 제대로 해 오지 않고 있다. 어머니에게 여러 번 전화로 연락을 취했는데 통화를 하지 못했다고 한다. 교육복지사는 방과후에 미정이를 만나서 학교생활과 가정생활에 어려움이 있는지 물었다. 미정이는 잘 모르겠다면서 입을 닫았다. 며칠 후 교육복지사는 담임교사와

함께 미정이 가정을 방문하여 어머니를 만나고 가정환경을 살펴보았다. 미정이는 재개발로 철거가 예정된 노후한 주택단지에서 어머니와 단둘이 살고 있었다. 최근 어머니는 식당에서 일하다가 팔과 다리에 화상을 입어 병원에 입원하였고 지금은 퇴원하여 재활치료를 받는 중이었다. 어머니의 입원기간 동안에 미정이는 가끔 이웃의 도움을 받으며 거의 혼자서 지냈다. 어머니는 주변에 도와줄 가족이 없고, 곧 이사를 가야 하는데 마땅히 갈 곳을 찾지 못해 걱정이다.

1. 교육복지사 입장에서 이 사례에서 클라이언트가 누구인지 생각해 보시오.
2. 미정이 가족과 함께 사례관리실천을 한다면, 사례관리 대상으로 선정하는 근거는 무엇이며, 사정을 어떻게 할 것인지 생각해 보시오.
3. 미정이 가족과 함께하는 사례관리실천에서 목표 설정, 서비스 계획 수립, 실행과 점검, 종결을 어떻게 할 것인지 생각해 보시오.

참고문헌

강흥구(2016). 사례관리. 경기: 정민사.

고미영(2007). 사회복지 실천에서의 임파워먼트 접근에 대한 구성주의적 이해와 적용. 상황과 복지, 23, 131-163.

김경미, 윤재영(2010). 강점관점과 지역사회네트워크를 기반으로 하는 통합적 사례관리 실천방법의 구조화 개념도 연구법(concept mapping)을 활용하여. 한국가족복지학, 78, 93-118.

김성천(2017). 한국 가족복지실천 패러다임에 대한 성찰과 외연확장을 위한 탐색적 연구. 한국가족사회복지학회 춘계학술대회 자료집, 9-29.

김성천, 김승용, 김연수, 김현수, 김혜성, 민소영, 박선영, 백은령, 양소남, 유명이, 유서구, 이기연, 정희경, 조현순, 최말옥, 최지선, 함철호(2020). 사례관리론: 개념, 기술, 실천역량 이해. 서울: 학지사.

김은정(2015). 다문화가족지원센터 사례관리자의 실천경험에 관한 연구. 사회복지연구, 46(3), 5-34.

민소영(2017). 지역사회차원 접근과 가족대상 실천: 개별가족단위 실천과 지역공동체 만들기의 결합. 한국가족사회복지학회 춘계학술대회 자료집, 57-80.

보건복지부(2022). 2022년 희망복지지원단 업무안내.

보건복지부, 사회보장정보원(2021). 통합사례관리 실천가이드.

신영화(2010). 다문화가족의 역량강화접근. 가족과 가족치료, 18(2), 161-192.

신영화(2021). 다문화 사례관리. 김혜영 외 공저, 사회복지와 문화다양성(pp. 219-242). 서울: 학지사.

여성가족부(2021). 2022년 가족사업안내(II).

윤혜미(2009). 결혼이민자 가족을 위한 임파워먼트 기반의 사회복지실천 연구. 한국사회복지학, 61(4), 85-108.

이경란, 최정숙(2020). 다문화가족 사례관리사 직무 경험에 관한 근거이론 연구. 한국사회복지행정학, 22(1), 161-218.

이영분, 김유순, 신영화, 전혜성, 최선령(2020). 사례로 배우는 가족상담. 서울: 학지사.

최지선, 민소영(2016). 사례관리실천분석연구: 현장 사례관리자가 인식하는 지역사회 성과를 중심으로. 청주: 한국보건복지인력개발원.

한국사례관리학회(2016). 사회복지 사례관리 표준 실천지침.

행정안전부, 보건복지부(2022). 2022년 주민자치형 공공서비스 구축사업 읍면동 찾아가는 보건복지서비스 매뉴얼.

Allen, R. I., & Petr, C. G. (1998). Rethinking family-centered practice. *American Journal of Orthopsychiatry, 68*(1), 4-15.

Ballow, J. R., & Mink, G. (1996). *Case management in social work: Developing the professional skills needed for work with multiproblem clients.* Springfield, IL: Charles C. Thomas Publisher, Ltd.

Debois, B. L., & Miley, K. K. (2018). *Social work: Empowering profession* (9th ed.). Boston, MA: Pearson Education, Inc.

Gutierrez, L. M., DeLois, K. A., & GlenMaye, L. (1995). "Understanding empowerment practice: building on practitioner based knowledge". *Family in Society, 76*(9), 534-542.

O'Connor, G. G. (1988). Case management system and practice. *The Journal of Comtemporary Social Work, 69*(2), 97-106.

Rapp, C. A., & Goscha, R. J. (2006). *The strengths model: Case management with people with psychiatric disabilities.* New York: Oxford University press.

제**6**장
\-\-\-\-\-\-\-\-

가족치료

가족치료 모델은 가족의 세대 간 관계 혹은 가족 내부의 문제에 개입한다. 지금까지 발전되어 온 가족치료 모델은 모더니즘의 영향을 받은 초기 모델과 모더니즘의 한계를 벗어나려는 포스트모더니즘의 영향을 받은 후기 모델로 나눌 수 있다. 각 모델에 따라 가족문제에 대한 시각이나 치료목표, 변화과정, 기법 등에 큰 차이가 있을 수 있다. 가족체계가 복잡하고 다양하기 때문에 하나의 개입모델 혹은 실천원칙들을 선택하여 적용하는 것만으로는 충분하지 못한 경우, 문제의 원인과 유형, 그리고 개입계획을 달성하기 위해 필요한 자원의 유형 등에 따라 다양한 실천모델과 기술을 복합적으로 활용할 수 있다.

1. 초기 모델

1950년대에 태동하여 1970년대까지 발달한 가족치료 초기 모델은 체계론적 사고를 바탕으로 발전하였다. 초기 모델은 보웬(Bowen, M.)을 중심으로 한 다세대 정서체계 모델, 사티어(Satir, V.)를 중심으로 한 경험적 모델, 미누친(Minuchin, S.)의 구조적 모델, 그리고 헤일리(Haley, J.), MRI, 밀란(Milan)모델을 포함하는 전략적 모델로 분류될 수 있다.

1) 다세대 정서체계 가족치료

(1) 주요 개념 및 개입목표

보웬은 증상을 호소하는 가족의 주요 문제는 정서적으로 융합된 미분화된 체계의 문제라고 보았다. 미분화된 가족체계는 스트레스에 매우 취약하고, 민감하게 감정반사적 행동을 함으로써 문제를 효과적으로 해결하기보다는 역기능적인 관계패턴을 반복한다. 이 역기능적 관계패턴은 삼각관계로 고정되고, 가족은 자율성을 잃고 서로 융합되어 감정투사를 반복하게 된다. 그리하여 개인 내적 관계의 갈등적 증상을 발전시키는 결과를 가져온다. 따라서 보웬은 증상에 초점을 두기보다는 체계의 역동성에 초점을 두고 체계를 변화시킴으로써 불안 감소와 분화 수준의 향상으로 개인과 가족의 관계 패턴이 기능적이 될 수 있도록 돕는다.

① 자기분화

자기분화(differentiation of self)는 보웬이론의 핵심 개념으로, 개인이 타인이 아닌 자신만의 방식에 따라 기능하는 것을 배우는 과정이라 할 수 있다. 자기분화는 정신 내적인 개념인 동시에 대인관계적 개념으로, 정신 내적으로는 사고와 감정을 분리할 수 있는 능력을 의미하며, 대인관계적으로는 자신과 타인 사이의 분화를 의미한다.

분화는 개인의 성숙성과 정서적 건강성을 의미한다. 가족이 원가족 정서체계의 영향에서 미분화되어 있으면 미분화된 가족 자아군(undifferentiated family ego mass)을 형성하여 핵가족 정서체계는 역기능적이 된다.

② 삼각관계

보웬이론의 또 다른 핵심 개념인 삼각관계(triangles)는 가족 내 불안과 긴장을 해소하기 위해 만들어지는 삼인체계의 정서적 역동을 의미하는 것으로, 삼각관계에 가장 주요한 영향을 미치는 것은 불안이다. 즉, 두 사람의 관계가 불안정해졌을 때 제3의 사람이나 대상에게 다가감으로써 불안을 회피하는 행동을 삼각관계라고 한다.

③ 가족투사 과정

가족투사 과정이란 원가족에게서 형성된 자신의 불안한 감정문제를 핵가족 관계에 투사하는 과정을 말한다. 원가족 관계에서 형성된 만성불안은 다음 세대의 자녀에게 투사되기도 하고, 부부관계에 투사되기도 한다. 원가족에게서 알코올 문제가 있는 아버지와 갈등적이었던 딸이 결혼하여 남편의 가벼운 음주에도 과민반응을 함으로써 심각한 부부갈등 문제가 일어나는 것도 가족투사의 한 가지 예이다.

④ 세대 간 전수과정

세대 간 전수과정은 미분화된 가족정서가 가족투사와 삼각관계 과정을 거쳐 세대 간에 불안이 전달되고, 이로 인해 가족의 증상이 세대를 걸쳐 전수되어 가족의 증상이 반복되는 과정을 말한다.

⑤ 핵가족 정서체계

핵가족 정서체계는 다세대적 개념으로, 개인이 원가족으로부터 학습된 방식으로 타인과 관계를 맺게 되는데, 결혼 선택을 할 때도 분화 수준이 비슷한 상대를 배우자로 선택하며, 원가족에서의 정서체계가 핵가족 정서체계 안에서도 반복됨을 말한다.

⑥ 정서단절

정서단절이란 상대방에서 멀리 떨어져 있음으로써 심리적 거리를 두려고 하는 것을 말한다. 이것은 가족구성원끼리의 대화를 기피하고, 자신을 가족관계에서 고립시키는 것으로 나타난다. 정서적으로 성숙한 사람이 정상적으로 가족으로부터 자율성을 확립하여 부모에게서 독립해서 자신의 삶을 영위하는 것과 미분화된 사람이 가족으로부터 정서단절을 하여 독립적으로 보이는 것은 차이가 있다. 원가족과의 단절은 미해결된 불안한 정서의 문제를 독립성으로 위장하지만, 내적으로는 정서적 의존의 문제를 가지고 있다.

⑦ 형제 순위

보웬은 출생순위 또는 형제자매 위치가 가족의 정서체계 안에서 특정한 역할과 기능을 한다고 보고, 배우자의 상호작용 역시 그들의 원가족 안에서의 형제자매 위치와 관련이 있다고 보았다. 그러나 형제자매 위치가 반드시 출생순위와 일치하는 개념은 아니다. 막내와 같은 역할을 하는 장녀도 있는 반면, 장자의 역할을 하는 차남도 있다. 즉, 미래의 행동을 결정하는 것은 실제 출생순위보다 가족 내의 기능적 위치에 의존한다고 보는 것이 적절할 것이다.

⑧ 사회적 정서과정

사회적 정서과정은 가족에서의 정서과정과 유사하다. 사회적 정서과정도 가족에서의 정서과정과 마찬가지로 만성적 사회불안이 증가하게 되면 사회적 분화의 수준이 저하된다. 따라서 가계도 접근을 할 때 세대 간 경험하는 사회역사적 사건과 연관된 사회불안이 가족체계에 어떤 영향을 주었는지, 거기서 형성된 불안한 가족 규칙이 세대 간에 투사되어 만들어진 가족역동에 대하여 관심을 두고 평가하고 개입을 하도록 한다.

(2) 개입방법

① 목표를 달성하기 위하여 가계도를 사용한다

가족을 사정할 때 가장 먼저 활용되는 도구인 가계도(genogram)는 상징적인 가족관계를 가시화하고 이해하도록 돕기 위해 개발된 것이다. 가계도는 생물학적 특정 기간 동안 클라이언트 가족의 역사와 그 과정에서 있었던 주된 사건을 한눈에 보여 준다. 따라서 특히 면접 초기에는 수차례의 면접을 통해 정보를 수집하는 것보다 가계도를 그리고 해석하는 것이 가족의 장점뿐 아니라 가족의 스트레스나 불안, 고통을 이해하는 데 더 도움이 될 수 있다.

이러한 도식을 활용하여 가계도를 작성한 후에는 가족에 관한 정보를 기록한다. 정보에는 가족구성원의 이력과 역할, 중요한 가족사건 등이 포함된다. 구체적으로 구성원의 이력은 연령, 출생 시기, 사망 시기, 주소, 직업, 교육수준을 의미하며, 가족의 역할은 가족구성원의 신체·정서·행동에 관한 정보, 직장생활에 관한 정보 등을

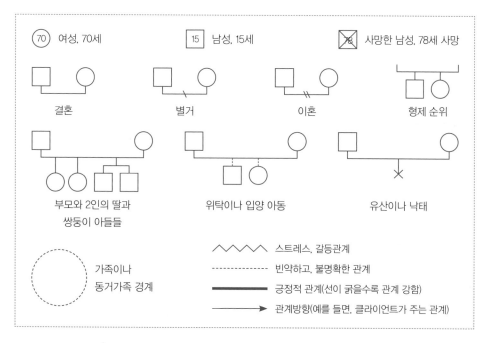

[그림 6-1] 가계도와 생태도에서 사용되는 상징들

출처: Sheafor, Horejsi, & Horejsi (2015).

말하고, 중요한 가족사건은 인간관계의 변화와 상실, 성공, 이사 등을 포함한다.

마지막으로, 추론에 근거하여 가족관계를 기술한다. 가족관계는 앞에서 기술한 가족구조나 가족사건보다는 복잡하고 임상가에 따라 달리 사용하기도 하지만, 선을 상징화하여 사용한다는 점에서 공통된다. 일반적으로는 [그림 6-1]에 나타난 선들을 사용한다.

② 탈삼각화 기법

보웬에 따르면, 구성원들의 분화가 이루어지지 않은 가족일수록 두 구성원 간 불안 수준이 높아지면 다른 구성원을 끌어들여 삼각관계를 형성한다. 예를 들어, 자신에게서 멀어지는 남편을 대신하여 아내는 한 자녀에게 지나치게 관여함으로써 삼각관계를 형성한다. 삼각관계에 있는 이 자녀는 부모의 갈등을 중재하기 위한 행동을 하거나 혹은 문제행동을 나타냄으로써 부모가 다시 뭉칠 수 있도록 행동한다. 탈삼각화(detriangulation)란 두 구성원의 감정 영역에서 제3의 구성원을 분리시키는 과정이다. 앞의 예에서 어머니에게 자녀 훈육을 위한 기술을 교육하는 것만으로는 문제가 해결되지 않으며, 남편과의 갈등을 남편과 직접적으로 해결하고 자녀를 우회하지 않도록 원조함으로써 자녀가 부모의 갈등에서 벗어나도록 하는 것이 바람직하다.

2) 경험적 가족치료

(1) 주요 개념 및 개입목표

경험적 가족치료는 개인의 정서적 경험과 가족체계에 대한 이중적 초점을 강조하는 접근이다. 개인의 변화가 가족체계에서 주고받는 상호작용의 변화를 끌어내므로 개인의 경험을 확장시키는 것이 가족을 위한 새로운 시작을 가능하게 한다고 본다.

그중에서도 가장 많이 보급되어 사용하고 있는 사티어의 경험적 가족치료 모델은 자기가치와 자아존중감을 중시하여 가족구성원이 의사소통 유형을 자기가치와 일치시키도록 도와 보다 선택적인 삶을 살 수 있도록 한다.

사티어의 경험적 가족치료 모델은 사정과 개입에 있어 자아존중감, 가족의 규칙과 신념, 의사소통 유형을 가장 중요하게 다루고 있다.

① 자아존중감

자아존중감(self-esteem)은 자기에 대한 신뢰와 존중을 의미하며, 타인이 자신을 어떻게 판단하는가 하는 것하고는 별개이다. 긍정적인 자기가치는 개인과 가족의 정신건강에 기초가 된다. 성장을 지향하는 경험적 가족치료 모델은 개인의 낮은 자아존중감을 향상시켜 자신의 가치를 인정하고, 자신의 장점과 자원을 발견하고 활용하도록 함으로써 해결책을 찾게 한다.

② 가족의 규칙과 신념

가족의 규칙은 명시적으로나 암묵적으로 가족구성원들의 행동이나 관계를 통제하는 패턴화되고 예측 가능한 규범이나 기대를 의미한다. 이런 규칙들은 가족구성원들 간의 반복적인 상호작용의 결과이다. 이러한 가족 및 구성원의 지위와 역할에 대한 신념이나 태도를 사정하는 것은 가족문제에 대한 인식과 변화 가능성을 예측하고, 적합한 개입방법이나 기술들을 계획하는 데 도움이 될 수 있다.

③ 의사소통 유형

모든 의사소통은 언어적 · 비언어적 메시지를 담고 있다. 특히 비언어적 메시지는 사람의 내면 상태를 반영한다. 언어적 메시지와 비언어적 메시지가 다를 때, 이를 의사소통의 불일치라고 한다. 아동은 성장하면서 부모 및 중요한 타인과 언어적 · 비언어적 의사소통이나 암묵적인 가족규칙에 의하여 자신의 가치에 대한 느낌을 발달시킨다. 또한 알아차리거나 추측할 수 있는 언어적 · 비언어적 위협으로부터 자기가치를 지키기 위하여 소통한다.

의사소통의 유형은 다음과 같다

㉮ 회유형

회유형(placating)은 자신의 내적 감정이나 생각을 무시하고 타인의 비위에 맞추려는 성향을 말한다. 따라서 다른 사람의 의견에 무조건 동조하고 비굴한 자세를 취하며, 사죄와 변명을 하는 등 지나치게 착한 행동을 보인다.

㉯ 비난형

비난형(blaming)은 회유형과는 정반대로 타인을 무시하는 성향을 보인다. 타인의 말이나 행동을 비난하고 통제하며 명령하는데, 외적으로 보이는 행동은 공격적이나 내적으로는 소외감을 느끼며 외로운 실패자라고 생각한다.

㉰ 초이성형

초이성형(super-reasonable)은 자신과 타인을 모두 무시하고 상황만을 중시한다. 규칙과 옳은 것만을 절대시하는 극단적인 객관성을 보인다. 매우 완고하고 냉담한 자세를 취하고 독재적인 행동을 하지만 내적으로는 쉽게 상처받으며 소외감을 느낀다.

㉱ 산만형

산만형(irrelevant)은 초이성형과 반대로 자신, 타인, 상황을 모두 무시한다. 따라서 상담에서 심리적으로 접촉하기가 가장 어려운 유형이다. 주제나 상황에 맞지 않는 말을 하며 산만하게 행동한다.

⑰ 일치형

일치형(congruent)은 앞의 네 가지 유형과는 달리 기능적인 유형으로, 의사소통의 내용과 내적 감정이 일치한다. 의사소통이 매우 진실하며 자기감정을 잘 알아차리고 이를 적절하게 표현한다. 매우 생동적이고 창조적이며 독특하고 유능한 행동양식을 보인다. 일치형의 자원은 높은 자아존중감이다. 사티어의 중요한 치료목표는 사람들이 일치형의 의사소통을 하도록 도와 자기가치 수준을 향상시키는 것이다

(2) 개입방법

가족치료자 자신을 적극적으로 활용하고, 개인 내면의 다양한 정서적 경험 수준에 접촉하여 경험을 변화시키는 다양한 기법과 도구를 사용하고 있다.

① 빙산치료

개인의 빙산은 개인 및 가족의 심리 내적 경험을 이해할 수 있는 지도이다. 개인이나 가족에 대한 개입은 경험이 다양한 수준에서 이루어지는데, 빙산에 비유해 보면, 수면 위에 보이는 것이 사람의 행동과 대처방식이고 수면 밑에 있는 것이 사람의 감정, 지각, 기대, 열망이다. 그리고 빙산의 가장 바닥에 내적 경험의 근원인 자기(self)가 있다. 개인의 내적 과정을 이끌어 내는 은유적인 방법으로 사티어는 빙산기법을 활용하였다. 개인의 내적 과정을 통해 전달하고자 하는 것은 우리의 경험 대부분이 '수면 아래'에서 경험된다는 것이다. 이 치료에서는 내담자가 내면의 감정을 진정으로 느끼고 표현하며, 자신이 품었던 기대를 저버리게 하는 것이 중요한 치료과정이 된다.

② 원가족 삼인군 치료

사티어는 치료의 대상을 스타(star)라는 용어를 사용한다. 원가족 삼인군 도표는 스타, 스타의 어머니, 스타의 아버지 삼인군의 원가족 도표를 말하며, 흔히 사용하는 가계도와는 내용과 구성에서 차이가 있다. 원가족의 맥락 속에서 개인 심리의 내

적 과정뿐 아니라 가족과의 상호작용 및 가족의 역동성을 이해하고 평가하게 해 준다. 구체적으로, 이 도표를 통하여 가족구성원의 성격, 자아존중감 정도, 대처방법인 의사소통 방식, 가족규칙, 가족의 역동성, 가족 내의 대인관계, 세대 간의 유사점과 차이점, 사회와의 연계성 수준들을 파악할 수 있다. 또한 스타가 높은 자아존중감을 갖고 일치된 의사소통을 하는 데 어떤 변화가 필요한지를 알 수 있다.

③ 나의 생활 연대기

나의 생활 연대기(life chronology)는 출생 후 현재까지 나의 주요 생활사건을 연대별로 나열한 것이다. 이것을 통해 자신의 인생 경험을 반추해 보며, 자신에게 영향을 미쳤던 사건을 인식하고 재구성하는 과정을 통해 성장할 수 있는 기회를 제공한다.

④ 가족 조각기법과 가족 그림

경험적 모델에서 주로 사용하는 기법으로는 가족 조각과 가족 그림을 들 수 있다.

첫째, 가족 조각(family sculpture)이란 구성원들이 가족에 대해 어떻게 인식하고 있는지를 시각적으로 표현함으로써 가족에 대한 이해를 돕기 위한 기법이다. 가족 조각을 통해 가족은 이전에 미처 깨닫지 못하던 부분을 새롭게 이해할 수 있다. 가족 조각을 위해 사회복지사는 먼저 한 구성원에게 다른 구성원들을 의미 있게 배치해 보도록 요청한다. 이때 요청을 받은 구성원은 자신이 인식하는 대로 가족구성원들의 공간, 몸짓, 태도 등을 무언으로 연출한다. 구성원들은 연출하는 구성원의 지시대로 배치되어 무언극을 하게 되고, 무언극을 하는 과정에서 연출하는 구성원이 가족에 대해 어떻게 느끼고 생각하는지에 대해 이해할 수 있다.

둘째, 가족 그림(family drawing)이란 가족구성원들에게 자신이 느끼는 대로 자유롭게 가족에 대해 그림을 그리도록 하는 기법이다. 그림을 통해 구성원들 자신이 가족에 대해 어떻게 느끼는지 이해할 수 있을 뿐 아니라 다른 구성원들이 서로에 대해 어떻게 느끼는지, 가족관계에 어떤 문제가 있는지 등을 이해할 수 있다.

⑤ 의사소통훈련

사티어의 중요한 치료목표는 사람들이 일치형의 의사소통을 하도록 도와 자기가

치 수준을 향상시키는 것이다

3) 구조적 가족치료

(1) 주요 개념 및 개입목표

어떠한 가족이든 가족구성원 간의 상호작용을 반복적으로 관찰하다 보면 일정한 패턴을 가지고 있음을 알 수 있다. 미누친의 구조적 가족치료에서는 가족의 상호작용 패턴을 가족구조의 개념으로 설명하고 있다. 집이라는 물리적 공간이 일정한 구조를 갖고 있는 것 같이 가족의 상호작용도 일정한 구조로 이루어진다는 것이 구조적 가족치료의 핵심이다. 이 외에도 하위체계, 경계선, 위계구조 등 몇 가지 개념을 제시함으로써 기능적 가족구조와 역기능적 가족구조를 설명해 준다.

구조적 가족치료의 목적은 가족을 재구조화하는 것이며, 이러한 목적을 달성하는 과정에서 내담자의 문제나 증상이 자연스럽게 사라진다고 본다. 치료자는 가족의 일원으로서 합류하고 가족을 있는 그대로 존중하면서 가족을 재구조화하기 위한 치료적 개입을 시도한다.

① 가족구조

가족체계는 구조, 즉 가족구성원들이 상호작용하는 조직화된 유형을 가진다. 가족을 형성하는 구성원에 따라 한부모가족, 다세대가족, 핵가족 등 다양한 구조가 있으며, 부모와 자녀들 간의 위계가 형성됨에 따라 가족 내 구조가 이루어진다.

② 하위체계

또한 가족은 개별 구성원들뿐만 아니라 세대, 성(gender), 관심 등으로 구분되는 다양한 하위체계를 가진다. 대표적인 가족 내 하위체계는 부부 하위체계, 부모 하위체계, 부모-자녀 하위체계, 형제자매 하위체계 등이다.

③ 경계선

가족은 환경체계들의 경계뿐 아니라 가족 내 하위체계의 경계에 의해 구분된다. 가족 내 경계 역시 유리되거나 밀착될 수 있다. 유리된 가족구성원들은 자기중심적이며 다른 가족에게 별로 관여하지 않으며, 자율성은 많으나 응집과 유대가 부족하며, 오히려 가족 이외의 다른 사람들과 연관된다. 밀착된 가족구성원들은 서로에게 지나치게 관여함으로써 매우 응집되어 있으나 차별성에 대한 이해와 자율성이 부족하다.

④ 위계구조

가족의 위계구조는 집이라는 물리적 구조의 '층'을 비유로 설명할 수 있다. 여러 층으로 이루어진 집의 경우 아래층은 위층을 지탱할 수 있도록 설계되고 건설되어야 한다. 위층이 아래층보다 더 무겁게 지어진다면 그 집은 서서히 붕괴될 것이다. 마찬가지로 가족이 적절하게 기능하기 위해서는 효율적인 위계구조가 확립됨으로써 구성원이 각자 적합한 위치에 있어야 한다. 효율적인 위계구조는 가족 내 권력을 기반으로 한다. 가족 내 권력은 권한 및 책임과 관계가 있으며, 하위체계의 기능 및 경계선과 관계가 있다. 즉, 가족이 기능적이기 위해서는 부모와 자녀가 분화된 권한을 가져야 하며, 자녀의 성장과 발달에 책임을 지는 부모 하위체계가 자녀 하위체계보다 위계구조의 위에 위치해야 한다.

(2) 개입방법

① 합류

가족의 성공적인 재구조화는 합류(joining)에서 시작된다. 합류는 치료자가 가족의 조직과 상호작용 교류를 있는 그대로 수용하고 가족의 강점을 직접 경험함으로써 가족체계와 관계를 맺는 활동이며, 가족의 정서체계에 적응한다는 것이다. 따라서 가족과의 성공적인 합류를 위해서는 치료자가 먼저 가족을 있는 그대로 받아들이고 존중해야 하며, 가족의 위계구조를 존중할 때 가능하다.

② 실연

가족구조나 가족의 상호교류 과정은 치료자의 관찰을 통해 파악할 수 있다. 구조적 가족치료에서 하는 실연(enactment)은 치료자가 가족에게 요청하여 가족의 상호작용을 치료실에서 실제로 행동해 보도록 하는 것이다. 예를 들어, 자녀의 행동문제를 부모가 어떻게 다루는지 치료실에서 직접 논의하도록 요청할 수 있다. 실연을 관찰하는 동안 치료자는 가족구조 또는 하위체계 간의 경계를 파악할 수 있으며, 바로 재구조화 작업을 진행할 수 있다.

③ 재구조화

가족은 단순하지 않은 방식으로 상호작용하는 여러 부분으로 이루어져 있으며, 부분들은 위계적인 순서로 서로 관련을 맺고 있다. 가족구성원들은 각기 다른 역할을 수행하는 체계 혹은 홀론(holon)에 속하여 상호작용을 한다. 구조적 치료모델 기법으로 이런 부분들 혹은 홀론이 원활하게 상호작용할 수 있도록 체계를 활성화시켜야 하는데 이것을 재구조화(restructuring)라 한다. 이와 같은 방법으로는 경계만들기, 역균형, 보완성을 들 수 있다.

㉮ 경계만들기

경계만들기(making boundary)는 서로 다른 체계에 속한 구성원들이 과도하게 밀착되거나 혹은 유리된 경계를 만들거나 혹은 일정 정도의 거리를 유지하도록 하는 것을 말한다. 즉, 가족 내 하위체계들의 관계를 변화시키거나 하위체계들 간의 거리를 변화시키는 데 목표를 둔다. 이를 위해서 사회복지사는 공간적 지표를 비롯한 다양한 지표에 민감해야 한다. 즉, 가족구성원이 이야기할 때 누가 가로막고 지지하는지, 누가 도움을 주는지 혹은 지나치게 개입을 하거나 연합을 하는지 혹은 3인조는 누구인지 등을 파악해야 한다. 또 경계를 만들기 위해서 제3의 인물을 활용하기, 하위체계를 만들기, 앉은 자리의 위치를 바꾸기 등과 같은 다양한 방법을 활용한다.

㉯ 역균형

역균형(unbalancing)은 한 홀론 혹은 체계 안에서 지위나 권력구조를 변화시키는 것이다. 예를 들면, 가족구성원의 한 사람으로서 희생당하거나 낮은 위치에 있는 구성원을 위해 사회복지사는 다른 구성원과 제휴(affiliation) 혹은 합세하거나 연합(coalition)하며, 때로는 다른 구성원을 무시하거나 공격하기도 한다. 이렇게 하여 낮은 지위에 있는 구성원에게 힘을 부여함으로써 가족 안에서 새로운 현실을 만들어 내는 것이다. 그러나 때로는 공정하지 못하고 일부 구성원만을 지원하게 되는 문제점도 있다.

㉶ 보완성

마지막으로, 보완성(complementary)이란 부분이면서 동시에 전체인 가족구성원들이 상보적인 관계에 있음을 인식하는 것이다. 예를 들어, 하나의 부분인 가족구성원이 갈등을 겪고 있는 경우 이것이 단지 부정적인 결과만을 초래하는 것이 아니라 문제에 기여한 요소들을 살펴보고 그것을 가족 전체에 환류함으로써 장기적으로는 가족에게 긍정적 변화를 산출할 수 있다는 점에서 보완성이 있다고 할 수 있다.

4) 전략적 가족치료

(1) 주요 개념 및 개입목표

인공두뇌학과 에릭슨(Erikson, E. H.)의 최면 의학, 그리고 의사소통에서 유래된 헤일리의 전략적 가족치료는 구체적이고 치밀한 치료계획을 바탕으로 지시적 기법을 사용하여 단기간에 문제해결을 유도한다. 문제의 원인에 대한 통찰이나 이해에는 관심이 적으며, 치료적 이중 상황을 만들어 증상을 유지시키는 가족 내 역기능적 연쇄과정을 끊는 것에 집중하였다. 명확한 치료목표와 개별적인 전략, 창의적 지시를 활용한 점, 또 가족 내 권력관계나 상담자와 내담자와의 권력관계에 주목한 점 등은 가족치료 분야에 독특한 통찰을 제공한 부분이다. 그러나 바로 이 점 때문에 지나치게 냉정하고 조작적이라는 비난과 역설적 기법이 종종 윤리적 문제를 발생시킬 가능성이 제기되면서 1980대 이후 가족치료의 중심자리를 내놓게 되었다. 최근에 전략적 가족치료는 가족의 문제보다는 강점, 전략적인 면보다는 인간적인 면을 강조하는 추세로 진화하고 있다. 주요 개념으로는 의사소통, 이중구속, 피드백고리, 가족 항상성, 가족규칙, 권력과 위계, 가족게임의 개념을 발전시켰다.

(2) 개입방법

① 역설적 지시

역설적 지시(paradoxical directives)는 문제를 유지하는 연쇄를 변화하기 위해 가족이 역설적이라고 생각하는 행동, 즉 문제행동을 유지하거나 혹은 강화하는 행동을 오히려 수행하도록 지시하는 기법이다. 가족이 역설적 지시에 따르게 되면, 문제를 통제한다는 것을 인정하는 것이 되며, 따르지 않으면 문제를 포기하는 것이 된다. 역설적 지시의 예로서, 우울한 구성원에게 일정한 시간을 정해 놓고 우울해하도록 지시한다. 또 다른 예로서, 부모가 결혼한 자녀의 생활에 지나치게 간섭하는 경우, 오히려 부모에게 전적으로 의존하도록 지시함으로써 부모가 자녀의 의존에 부담을 느끼고 더 이상 간섭하지 않는 결과를 가져올 수 있다.

② 순환적 질문하기

순환적 질문하기(circular questioning)는 가족구성원들이 문제에 대해 제한적이고 단선적인 시각에서 벗어나 문제의 순환성을 깨닫도록 돕기 위한 질문을 연속적으로 하는 기법이다. 예를 들면, 자녀의 우울증을 정신의학적인 문제보다는 가족구조의 변화에 따른 증상으로 이해하기 위해 순환적 질문하기를 사용한다.

③ 재구성

재구성(reframing)은 가족구성원들이 문제 혹은 이슈를 다른 시각에서 보도록 혹은 다른 방법으로 이행하도록 돕는 것을 의미한다. 재구성은 재명명(relabeling) 혹은 재규정(redefining)이라고도 한다. 가족 개입에서는 주로 한 구성원의 다른 구성원에 대한 부정적인 생각이 보다 새롭고 긍정적인 시각으로 변화하도록 돕는 것을 의미한다.

④ 긍정적 의미부여

긍정적 의미부여(positive connotation)는 가족의 응집을 향상하고 치료에 대한 저항을 줄이기 위한 목적으로 가족의 문제나 행동을 긍정적으로 재해석하는 기법이다. 예를 들어, 자녀 출산 이후 소원해진 부부관계를 가족의 생애주기에 따른 정상적인 변화로 재해석하거나 자녀가 부모에게 반항하는 행동을 부모 사이의 갈등을 우회하기 위한 행동으로 재해석할 수 있다.

2. 후기 모델

포스트모더니즘의 확산으로 발전된 가족치료 후기 모델은 1980년대부터 구체화 되었으며, 해결중심 가족치료 모델과 이야기치료 모델로 분류될 수 있다.

1) 해결중심 가족치료

(1) 주요 개념 및 개입목표

드 세이저(de Shazer, S.)와 버그(Berg, I. K.)가 발전시킨 해결중심 가족치료에서는 '클라이언트가 있는 곳에서 출발하기' '클라이언트의 강점과 자원의 강조' '개인의 행동을 형성하는 환경의 중요성' 등을 강조한다는 점에서 사회복지 실천이론과도 공통점이 있다. 특히 해결중심 가족치료는 실용주의, 인지에 대한 강조, 쉽게 가르칠 수 있는 기법들로 이루어져 있어 사회복지 실천현장에서 활용하기에 용이하다.

① 해결중심 가족치료의 기본원리

해결중심 가족치료의 기본원리는 다음과 같다.

- 첫째, 병리적인 것 대신에 건강한 것에 초점을 둔다. 잘못된 것에 초점을 두기 보다는 성공한 경험과 성공하게 된 구체적인 방법을 발견하는 데 관심을 둔다.
- 둘째, 내담자나 가족의 강점, 자원, 건강한 특성을 발견하여 치료에 활용한다.
- 셋째, 탈이론적이고 비규범적이며, 내담자 견해를 중시한다.
- 넷째, 간단하고 단순한 방법을 일차적으로 사용한다.
- 다섯째, 변화는 불가피하다. 누구에게나 변화는 삶의 일부이기 때문에 변화를 막을 수는 없다. 문제가 발생하지 않는 예외적인 상황을 파악하고 예외를 증가 시킴으로써 변화를 긍정적인 방향으로 이끈다.
- 여섯째, 현재에 초점을 맞추며, 미래 지향적이다. 과거와 문제에 관심을 두기 보다는 현재의 상태와 미래의 해결에 초점을 둔다.
- 일곱째, 내담자와의 협력관계를 중요시한다. 치료자와 내담자가 함께 해결방

안을 발견하고 구축하는 과정에서 협력을 중요시한다.

② 해결중심 가족치료의 중심철학

해결중심 가족치료의 중심철학은 다음과 같다.

- 첫째, 내담자가 문제 삼지 않는 것은 건드리지 마라.
- 둘째, 일단 무엇이 효과가 있는지를 안다면 그것을 더 많이 하라.
- 셋째, 그것이 효과가 없다면 다시는 그것을 하지 말고, 그것과 다른 어떤 것을 행하라.

③ 해결중심 가족치료의 목표 설정

해결중심 가족치료의 목표를 잘 형성하기 위해서는 다음과 같은 원칙을 제시한다.

- 첫째, 내담자에게 중요한 것을 목표로 한다. 치료목표는 내담자에게 중요하며 유익한 것이어야만 한다. 왜냐하면 내담자에게 중요한 목표를 치료목표로 설정하는 경우 내담자는 목표를 성취하기 위하여 보다 더 노력하게 되며, 치료자에게 협조적이 된다.
- 둘째, 작은 것을 목표로 한다. 내담자가 설정하는 목표가 작을수록 내담자가 쉽게 목표를 성취할 수 있다. 성취감은 내담자로 하여금 성공의 경험을 가지게 함으로써 희망과 변화하고자 하는 동기를 증가시킬 수 있게 된다.
- 셋째, 구체적이며 명확하고 행동적인 것을 목표로 한다. 목표가 '행복하게 되는 것'과 같이 애매모호하게 설정되면 목표를 성취하고 있는지와 치료 결과를 파악하는 것이 불가능하므로 내담자로 하여금 성공의 경험을 가질 수 없게 한다. 고로 치료자와 내담자가 진행하고 있는 것을 쉽게 평가할 수 있는 목표를 설정하는 것이 유용하다.
- 넷째, 없는 것(문제를 없애는 것)보다는 있는 것(바람직한, 긍정적인 행동들)에 관심을 둔다. 문제시되는 것을 없애는 것에 관심을 두기보다는 하기 바라는 또는 긍정적인 행동에 관심을 둔 목표가 더 성취하기가 쉽다.
- 다섯째, 목표를 종식보다는 시작 단계로 간주한다. 내담자들은 치료에 왔을 때

문제가 완전히 사라지거나 성취하기를 바라는 최종 결과에 목표를 둔다. 그러나 내담자가 목표를 향해 나가도록 도움을 받지 않는 한, 내담자의 목표는 희망일 뿐 아무것도 도움이 되지 않을 수 있다. 치료자는 내담자의 견해를 전적으로 수용하는 한편, 원하는 결과를 성취하기 위하여 처음 단계에서 필요한 것을 명확하고 구체적으로 설명해야 한다.

- 여섯째, 내담자의 생활에서 현실적으로 성취 가능한 것을 목표로 한다. 내담자의 생활환경에서 어떤 것이 현실적이고 성취가 가능한지, 혹은 비현실적이고 성취가 불가능한지를 결정하는 것이다.
- 일곱째, 목표 수행은 힘든 일이라고 인식한다. 내담자가 목표란 힘든 일이라고 인식하는 것이 중요하다.

(2) 개입방법
해결중심 질문기법을 사용하여 목표를 설정하고 달성한다.

① 해결중심 질문기법
해결중심 질문기법은 해결중심 가족치료 접근에서 활용하는 기법이다. 해결중심 가족치료에서는 사회복지사가 질문을 통해 클라이언트로 하여금 해결과정을 구축해 가도록 돕는다. 구체적인 질문기법을 살펴보면 다음과 같다.

㉮ 면담 전 변화에 관한 질문
해결중심 가족치료의 기본 가정은 변화란 불가피한 것이므로 계속적으로 일어나고 있다고 본다. 따라서 클라이언트가 처음 면담을 약속한 이후부터 지금까지 일어났던 변화에 대한 질문은 때로 아주 중요한 단서를 제공한다. 면담 전의 변화가 있는 경우는 클라이언트가 이미 지니고 있는 해결능력을 인정, 칭찬, 강화하고 확대할 수 있도록 격려한다.

> **예** "우리의 경험에 의하면 처음 상담을 약속했을 때부터 상담을 받으러 오기까지의 시간 동안에 어려운 상황이 좀 나아진 사람들이 많았습니다. 당신도 그런 변화를 경험하셨습니까?"
>
> "문제가 매우 심각하여 상담을 약속한 때, 즉 가장 심각한 상태가 1이고, 문제가 다 해결된 상태가 10이라고 한다면, 지금은 약 몇 점 정도 될까요?"

⑭ 예외질문

예외란 클라이언트가 문제로 생각하고 있는 행동이 일어나지 않는 상황이나 행동을 의미한다. 어떠한 문제에도 예외는 있기 마련이라는 것이 해결중심 가족치료의 기본 전제이다. 해결중심 가족치료에서는 한두 번의 중요한 예외를 찾아내 계속 그것을 강조하면서 클라이언트의 성공을 확대하고 강화시켜 준다.

클라이언트가 우연히 성공한 점을 찾아내어 의도적으로 계속 실시하도록 격려한다. 이것은 예외적인 상황을 찾아내어 그것을 밝히고, 클라이언트가 가지고 있는 자원을 활용하여 클라이언트의 자아존중감을 강화하기 위한 것이다. 예외질문은 첫 면접에서 대체로 목표 설정 후에 사용되고 2회 면담부터는 '무엇이 더 좋아졌는가?'라는 식으로 물을 수 있다.

> **예** "문제가 일어나지 않거나, 아니면 조금이라도 덜 심각한 때가 있습니까? 그러한 때는 언제입니까? 그런 일이 어떻게 일어납니까? 그런 일이 일어나게 하기 위해 당신은 무엇을 하셨습니까? 이것은 당신에게 처음 있는 일인가요? 당신이 ～을 하니까 당신과 ～와의 사이에서 달라진 점은 무엇입니까? 또는 가정에서 달라진 점은 무엇입니까?"

⑮ 기적질문

기적질문은 문제 자체를 제거시키거나 감소시키지 않고 문제와 별개로 해결책을 상상하게 하는 것이다. 이 질문을 통해 사회복지사는 클라이언트가 바꾸고 싶어 하는 것을 스스로 설명하게 하여 문제에 대한 집착으로부터 벗어나 해결중심 영역으로 들어가게 한다.

> **예** "이제 좀 색다른 질문을 하고자 합니다. 이번에는 상상력을 발휘해야 할 것 같군요. 오늘 치료 후에 집에 가시지요? 저녁 식사를 하시고, 일이 다 끝나면 주무시지요? 잠자는 동안 기적이 일어나 당신을 여기 오게 한 그 문제가 극적으로 해결됩니다. 그러나 당신은 잠을 자고 있어서 이런 기적이 일어났는지를 모르겠지요. 그런데 아침에 일어나서 지난밤 기적이 일어나 모든 문제가 해결되었다는 것을 어떻게 알 수 있을까요? 당신이 아침에 일어나서 맨 처음 무엇을 보면 지난밤에 기적이 일어났다는 것을 알 수 있을까요?"

㉑ 척도질문

척도질문은 숫자의 마력을 이용하여 클라이언트에게 자신의 문제, 문제의 우선순위, 성공에 대한 태도, 정서적 친밀도, 자아존중감, 치료에 대한 확신, 변화를 위해 투자할 수 있는 노력, 진행에 관한 평가 등의 수준을 수치로 표현하도록 하는 방법이다. 이러한 척도질문을 통해서 사회복지사는 클라이언트의 문제해결에 대한 태도를 보다 정확하게 알아볼 수 있으며 클라이언트의 변화과정을 격려하고 강화해 주는 구체적인 정보를 얻을 수도 있다. 첫 면담에서는 면담 전 변화상태나 동기에 대해 파악한다.

• 첫째, 문제해결 전망에 관련하여 척도질문을 활용한다.

> 예 "1부터 10까지의 척도에서 10은 문제가 다 해결되었다고 확신하는 것을 말하고 1은 문제가 가장 심각할 때를 말합니다. 오늘은 몇 점에 해당하십니까?"
> "이 문제가 어느 정도 해결될 수 있다고 생각하십니까?"
> 내담자가 현재의 상태를 6점이라고 했다면, "6점에서 7점으로 변화할 때 무엇이 달라질 것 같습니까?"
> "남편이 여기 계시면, 그는 이 문제가 해결될 가능성을 얼마라고 말할까요?"

• 둘째, 동기와 관련하여 척도질문을 활용한다.

> 예 같은 10점 척도에서,
> "이 문제를 해결하기 위해 어느 정도 노력할 수 있겠습니까?"
> "남편은 당신이 1점 높이기 위해 무엇이 필요하다고 말할까요?"

• 셋째, 진전상태를 평가하기 위하여 척도질문을 활용한다.

> 예 "10을 치료목표가 성취된 상태라고 하고, 1을 치료받으러 왔을 당시의 상태라고 한다면, 오늘의 상태는 몇 점인가요?"
> "1점을 높이기 위해 무엇을 다르게 해야 할까요?"
> "1점이 올라간다면 누가 변화를 가장 먼저 알 수 있을까요?"

⑰ 대처질문

이 질문은 자신의 미래를 매우 절망적으로 보아 아무런 희망이 없다고 하는 클라이언트에게 주로 사용한다. 이런 절망적인 상황에 빠져 있는 클라이언트에게 희망을 심어 주기란 결코 쉬운 일이 아니다. 대처방안에 관한 질문을 통해서 사회복지사는 클라이언트의 신념체계와 무력감에 대항해 보는 동시에 클라이언트에게 약간의 성공을 느끼도록 유도할 수 있다. 이러한 질문을 통해서 사회복지사가 클라이언트에게 심어 주고자 하는 것은 클라이언트 자신이 바로 대처방안의 기술을 가졌음을 깨닫게 하는 것이다.

> **예** "당신은 그 어려운 상황 속에서 어떻게 지금까지 견딜 수 있었습니까?"

⑭ 관계성 질문

이 질문은 클라이언트와 밀접한 관계에 있는 다른 사람들에 대한 질문이다. 사람이 자신의 희망, 힘, 한계, 가능성 등을 지각하는 방식은 자신에게 중요한 타인이 자신을 어떻게 보고 있을 것이라는 생각과 밀접한 관계가 있다. 때때로 클라이언트는 문제가 해결되었을 때 자신의 생활에 무엇이 달라질 것인지에 대하여 전혀 예측하지 못하는 경우가 있다. 그러나 클라이언트는 자신의 입장에서 자신을 보다가 중요한 타인의 눈으로 자신을 보게 되면, 이전에는 없었던 가능성이 생길 수도 있다.

> **예** "당신 어머니가 여기 계시다고 가정하고 제가 어머님께 당신 문제가 해결되면 무엇이 달라지겠느냐고 묻는다면 어머니는 뭐라고 말씀하실까요?"라고 질문을 하면, 클라이언트는 "아마 제가 텔레비전을 덜 보게 될 것이라든가, 일자리를 찾아 나설 것이라고 하시겠지요."라고 대답할 수 있을 것이다.

㉑ 간접적인 칭찬

칭찬에는 직접적인 칭찬과 간접적인 칭찬이 있다. 간접적인 칭찬은 클라이언트에 대한 어떤 긍정적인 것을 암시하는 질문이다. 클라이언트로 하여금 자신의 강점이나 자원을 발견하도록 이끄는 자기 칭찬의 질문 형태를 취하기 때문에 직접적인 칭찬보다 더 바람직하다.

간접적인 칭찬을 하는 방법은 다음과 같다.

- 첫째, 클라이언트가 이야기한 바람직한 결과에 대하여 더 많은 질문을 하는 것이다.

> 예 "어떻게 집안을 그토록 조용하게 유지할 수 있었어요?"

- 둘째, 관계에 관한 질문을 통하여 어떤 긍정적인 것을 암시하는 것이다. 즉, 사회복지사는 클라이언트로 하여금 다른 사람의 입장에서 질문에 답하도록 요청할 수 있다.

> 예 "만약 당신의 아이들이 여기에 있어서 제가 그들에게 당신이 좋은 엄마가 되기 위해 무엇을 했느냐고 묻는다면, 당신 생각에는 그 아이들이 뭐라고 대답할 것 같습니까?"

- 셋째, 클라이언트는 스스로에게 가장 좋은 것이 무엇인가를 안다는 것을 암시하는 것이다.

> 예 "당신의 아이들 개개인을 특별한 아이들인 것처럼 대하는 것이 중요하다는 것을 어떻게 아셨습니까?"

2) 이야기치료

(1) 주요 개념 및 개입목표

화이트(White, M.)와 엡스턴(Epston, D.)이 개발한 이야기치료는 사회구성주의, 페미니즘, 포스트모더니즘과 후기구조주의를 토대로 인간의 삶의 문제를 언어, 의미, 맥락의 차원에서 새롭게 조명하고, 그에 따른 해결방안을 모색하는 데 초점을 둔다. 개인과 가족의 삶의 문제는 사회적 관계 속에서 언어를 통해 의미가 부여되는 과정에서 구성되는 것이라 보기 때문에, 해체적 대화를 통해 문제 이야기와 거기에 담긴 내담자의 정체성의 절대성에 도전하고 재저작 대화를 통해 내담자의 기존 정체성에 대안적 정체성을 지속적으로 더해 감으로써 내담자의 자기 이야기가 풍부해지고 자기 삶의 주체로서의 역량이 향상되는 데 목표를 둔다.

(2) 개입방법

치료의 과정은 내담자 이야기를 해체, 독특한 결과의 발견과 확장, 이야기 재저작을 통한 내담자 삶의 방향 모색과 정체성 재구성으로 이루어진다. 내담자의 대안적 삶의 이야기와 정체성을 사회적으로 풍부히 하기 위해 외부증인 집단을 참여시키는 정의 예식과 치료적 문서를 활용하기도 한다. 치료자는 내담자 이야기의 공동 저자로서 치료적 대화과정에 거푸집을 짓는 역할을 하기 때문에 영향력을 발휘하되 '탈중심적'인 입장을 취한다.

① 문제의 외현화

문제의 외현화(externalization)는 가족문제를 개별 구성원 혹은 가족이 아닌 문제 자체로 보고, 가족을 괴롭히는 하나의 별개 존재로서 이야기를 이야기하는 것을 의미한다. 예를 들어, 남편의 자기중심성으로 인해 괴로워하는 아내에게 "자기중심성이 남편을 당신이 괴로워하도록 행동하게 하는군요."라고 말하는 것이다. 문제를 외현화함으로써 부부는 문제로부터 벗어난 건강한 모습을 볼 수 있으며, 문제와 대항하기 위한 방법을 모색할 수 있다 .

② 독특한 결과 도출

치료자는 문제 해체과정에서 도출된 독특한 결과에 스스로가 의미를 부여할 수 있도록 한다. 독특한 결과는 내담자가 했던 행동이 될 수도 있고 내담자가 지향하는 가치나 방향이 될 수도 있는데, 내담자가 원하는 긍정적인 삶의 모습을 담고 있는 것이어야 한다.

③ 대안적 이야기 구성

내담자의 삶의 이야기를 다시 쓰는 재저작(reauthoring) 작업은 독특한 결과에서 출발한다. 독특한 결과는 일회성 사건이 아니라, 그 사람의 삶에 존재하는 여러 가지 관련 사건의 결과이다. 치료자는 독특한 결과와 관련 있는 과거 사건을 찾아내고, 그 사건들이 순서에 따라 시간의 흐름 속에서 특정한 주제와 구성을 갖는 이야기로 발전하도록 함으로써 현재 곤경의 돌파구나 미래행보에 관해 이야기하도록 돕는다.

 이 장의 요약

가족치료 모델은 가족의 세대 간 관계 혹은 가족 내부의 문제에 개입한다. 지금까지 발전되어 온 가족치료 모델은 모더니즘의 영향을 받은 초기 모델과 모더니즘의 한계를 벗어나려는 포스트 모더니즘의 영향을 받은 후기 모델로 나눌 수 있다. 각 모델에 따라 가족문제에 대한 시각이나 치료목표, 변화과정, 기법 등에 큰 차이가 있을 수 있다.

1950년대에 태동하여 1970년대까지 발달한 가족치료 초기 모델은 체계론적 사고를 바탕으로 발전하였다. 초기 모델은 보웬을 중심으로 한 다세대 정서체계 모델, 사티어를 중심으로 한 경험적 모델, 미누친의 구조적 모델, 그리고 헤일리, MRI, 밀란모델을 포함하는 전략적 모델로 분류될 수 있다. 포스트모더니즘의 확산으로 발전된 가족치료 후기 모델은 1980년대부터 구체화되었으며, 해결중심 모델과 이야기치료 모델로 분류될 수 있다.

가족체계가 복잡하고 다양하기 때문에 하나의 개입모델 혹은 실천 원칙들을 선택하여 적용하는 것만으로는 충분하지 않을 경우, 문제의 원인과 유형, 그리고 개입계획을 달성하기 위해 필요한 자원의 유형 등에 따라 다양한 실천 모델과 기술을 복합적으로 활용할 수 있다.

 생각해 볼거리/토론거리

1. 자신의 가계도를 작성하고 분석해 보시오.
2. 자신의 의사소통 유형은 어느 유형에 속하는지 파악해 보고, 일치형으로 의사소통하는 연습을 해 보시오.
3. 2인 1조(상담자와 내담자)로 역할을 바꾸어 가며, 해결중심 질문기법들의 예를 활용하여 역할연습을 해 보시오.

참고문헌

이영분, 김유순, 신영화, 최선령(2020). 사례로 배우는 가족상담. 서울: 학지사.

정문자, 정혜정, 이선혜, 전영주(2012). 가족치료의 이해. 서울: 학지사.

성정현, 우국희, 최승희, 임세희, 김희주(2020). 가족복지론. 경기: 양서원.

김혜란, 홍선미, 공계순(2002). 사회복지실천기술론. 경기: 나남출판.

Sheafor, B. W., Horejsi, C. R., & Horejsi, G. A. (2015). *Techniques and guidelines for social work practice* (2nd ed.). 남기철, 정선욱 공역(2020). 사회복지 실천기법과 지침(개정3판). 경기: 나남출판.

제**7**장

빈곤가족

1. 빈곤의 개념과 빈곤가족의 발생 원인

1) 빈곤의 개념

빈곤은 개인의 생존 위협과 삶의 질 하락을 초래할 수 있을 뿐만 아니라 가족구성원 모두를 한꺼번에 고통에 빠뜨릴 수도 있고 가족을 해체시킬 수도 있다. 빈곤으로 인한 고통이나 위험은 보통 개인적 차원에 그치지 않고 가족 수준의 문제가 된다. 아버지나 어머니의 빈곤은 한 개인의 문제가 아니라 자녀 빈곤으로 이어지기 때문에 빈곤은 일반적으로 가족문제라 할 수 있다.

빈곤의 개념은 국가나 사회, 그리고 시대에 따라 다르며 학자에 따라 다르게 사용되고 있으며 개인 간에도 다르게 이해될 수 있다. 빈곤을 한마디로 정의하는 것은 쉽지 않지만 크게 절대적 빈곤, 상대적 빈곤, 주관적 빈곤으로 나누어 볼 수 있다. 이 중 절대적 빈곤과 상대적 빈곤은 빈곤의 정도를 수치화하여 객관적 지표로 사용한다는 점에서 객관적 빈곤이라고 할 수 있으며, 객관적 기준 없이 개인이 충분히 가지고 있지 않다고 느끼는 빈곤을 주관적 빈곤이라고 한다.

(1) 절대적 빈곤

절대적 빈곤은 의식주 등 인간의 기본적인 생존욕구를 충족하는 데 필요한 최소한의 자원이 부족한 상태로, 최저생활 유지에 요구되는 생계비를 충족하지 못하는 상태를 의미한다. 각국에서는 최소한 유지되어야 할 생활수준에 대한 최저생계비를 상정하고 가구소득이 이에 도달하지 못할 때 절대적 빈곤상태라고 규정하고 있다.

절대적 빈곤의 개념을 빈곤정책에 적용하게 되면, 특정 국가의 전반적 생활수준 향상에 따라 절대적 빈곤자 수는 감소되게 되며 국민생활 향상에 따른 소비습관이나 기호의 변화, 지역 특성 차이 등을 반영하기 어렵다는 문제점이 발생할 수 있다. 또한 최소한의 기본적 욕구충족 이외에도 심리적·사회적 욕구충족, 생활수준이 높은 사람들로부터 느끼는 상대적 박탈감의 감소 등을 다루기 어렵다는 점이 지적된다. 우리나라에서 2014년까지는 최저생계비를 산출하여 저소득층 지원의 기준으로 활용하였으나 현재는 빈곤대책에 절대적 빈곤이 아닌 상대적 빈곤 개념을 적용하고 있다.

(2) 상대적 빈곤

상대적 빈곤은 동일 사회 내의 다른 사람들과 비교해 상대적으로 적게 가지고 있는 상태이며, 특정 사회의 구성원 대다수가 누리는 생활수준에 못 미치는 수준에 처해 있는 것을 의미한다. 일반적으로 생활이나 건강이 즉시 나빠질 정도로 빈곤하지는 않지만 그 사회에서 관습적인 생활을 영유하는 대다수의 사람에 비해 빈곤하여 기타 사회경제적 빈곤징후를 보이게 되는 상태를 의미한다(김지현, 2015). 따라서 특정 사회의 전반적인 생활수준과 밀접한 관련성을 갖는 개념이라고 할 수 있으며, 동일 기준으로 상대적 빈곤을 정의하는 것은 불가능하며 각 국가와 사회마다 그 의미와 정도가 달라진다.

흔히 상대적 빈곤은 개인의 소득을 일반사회의 평균소득 또는 중위소득과 비교함으로써 규정된다. 국제적으로는 빈곤을 상대적으로 규정하는 추세인데, 여러 유럽연합 국가는 중위소득의 60%, 영국은 평균소득의 50% 이하를 상대적 빈곤으로 규정하고 있다(이승영, 2020). 우리나라는 현재 기준 중위소득 50% 이하를 빈곤층으로 설정하고 있다. 2015년부터 국민기초생활보장제도의 운영을 맞춤형 급여제도로 개편하면서 중위소득과 연동한 상대적 빈곤 개념의 급여별 선정기준을 도입하여 최저보장 수준으로 삼고 있다.

중위소득

　중위소득은 모든 가구를 소득 순서대로 세웠을 때, 정확히 중간에 있는 가구의 소득을 의미한다.

기준 중위소득

　기준 중위소득이란 보건복지부장관이 급여의 기준 등에 활용하기 위하여 중앙생활 보장위원회의 심의 · 의결을 거쳐 고시하는 국민 가구소득의 중위 값(중위소득)을 의미한다. 기준 중위소득은 급여종류별 선정기준과 생계급여 지급액을 정하는 기준과 부양의무자의 부양능력을 판단하는 기준이 된다. 2022년 2인가구 기준 중위소득은 3,260,085원이다.

출처: 찾기 쉬운 생활법령정보(https://www.easylaw.go.kr/CSP/OnhunqueansInfoRetrieve.laf?onhunqnaAs tSeq=97&onhunqueSeq=5739).

(3) 주관적 빈곤

　절대적 빈곤이나 상대적 빈곤 개념은 소득 등과 같은 객관적 사실의 측정에 기반한 지표를 활용하는 반면, 주관적 빈곤은 개인이 빈곤하다고 느끼는 정도나 상태에 대한 주관적인 인식(송건섭, 정미용, 2011)에 근거한다. 최소한의 생활수준을 개인의 주관적 판단에 의해 결정하며 스스로가 빈곤하다고 생각하는 것을 주관적 빈곤이라 정의할 수 있다(우석진, 2011). 주관적 빈곤은 양적으로 측정하기 어렵고 그런 시도를 하더라도 계산된 지표가 많은 오류를 내포할 수 있다는 비판 때문에 빈곤정책 분야에서 제한적으로 사용되고 있다. 그럼에도 불구하고 주관적 지표는 개인과 사회의 선호와 필요를 보다 정확히 파악하는 데 도움을 줄 수 있으며 복지 수혜자가 체감하는 빈곤 정도를 통해 복지정책의 실효성을 평가하는 데 도움을 줄 수 있다는 점 등(Veenhoven, 2007)에서 그 필요성을 인정받고 있다.

2) 빈곤가족의 발생 원인

빈곤의 원인은 매우 다양하고 원인들도 서로 상호의존적이기 때문에 개인의 빈곤을 하나의 요인에 귀인시키기는 어렵다. 일반적으로 빈곤화의 요인은 크게 미시적 관점인 개인적 요인, 천재지변이나 전쟁, 사고 등과 같이 개인의 의지와 관계없이 발생하는 자연환경적 요인, 그리고 거시적 관점인 사회구조적 요인으로 대별해 볼 수 있다.

(1) 개인적 요인

개인적 요인으로는 우선 자립 및 성취 동기 부족, 나태, 무절제, 의존심, 음주, 도박 등과 같은 개인의 부적절한 생활태도 또는 도덕성 부족을 들 수 있다. 다른 한편에서는 세대주나 세대원의 사망, 질병, 장애, 노령, 이혼이나 별거, 세대주의 가출이나 구속, 실직 등과 같이 가족원으로 하여금 주어진 기능이나 책임의 전부 또는 일부를 수행할 수 없도록 하는 가족구성원의 기능 손상 요인을 들 수 있다. 이와 같은 개인적 요인들 중 일부는 다음에 설명될 사회구조적 요인들과 밀접히 연관되어 있다. 빈곤의 발생에 대한 인적 자본이론은 교육이나 직업훈련 등과 같은 인적 자본에 대한 개인적 투자가 없거나 적은 경우 지식과 기술의 부족으로 인해 낮은 생산성이 초래되고 결국 저임금과 저소득에 이르게 되어 빈곤해진다고 보고 있다(김태성, 손병돈, 2002; 임찬우, 2014). 그러나 교육이나 직업훈련과 같은 인적 자본에 대한 개인적 투자는 결국 경제적 능력에 의해 좌우되기 때문에 빈곤의 악순환과 관련성이 많은 요인이라고 할 수 있다.

(2) 자연환경적 요인

태풍이나 해일, 지진, 화산폭발, 산불과 같은 천재지변은 그 지역 주민들에게 재산상의 큰 손실을 초래하여 그 지역을 빈곤화시킬 수 있다. 특히 최근 기후변화로 인해 발생하는 세계 각지의 빈번한 거대 산불과 홍수, 코로나19와 같은 바이러스발 팬데믹 현상이 초래한 자영업소 운영의 시간제한 등은 새롭게 등장하거나 심화되고 있는 자연환경적 빈곤요인이라고 할 수 있다. 천재지변 이외에도 전쟁이나 인재로 인한 대형사고들도 특정 국가 또는 지역을 황폐화시키거나, 개인이나 가족의 전

재산 또는 재산의 일부를 손실시켜 이들을 빈곤하게 만든다. 이런 원인들은 가족구
성원의 사망, 장애, 질병, 교육기회의 박탈 등을 초래하여 간접적으로 가족을 빈곤
화시키기도 하지만 직접적으로 가족의 경제적 붕괴를 가져오기도 한다. 여러 자연
환경적 요인에 의해 발생하는 재산이나 생명의 손실을 미리 예방하는 것은 쉬운 일
이 아니지만 이를 지원하기 위한 사회구조적 시스템이 어떻게 운영되고 있느냐에
따라 자연재해 및 기타 환경적 불행이 가족의 빈곤으로 직결되기도 하고 재자립의
기회가 마련되기도 한다.

(3) 사회구조적 요인

빈곤가족의 발생 원인을 고찰함에 있어 개인적 요인이나 자연환경적 요인을 별
개로 접근하기보다는 사회적 맥락 속에서 개인적 요인이 어떻게 등장하는지, 자
연환경적 요인이 사회적 맥락과 어떻게 작동하는지를 동시에 살펴보는 것이 필요
하다. 어떤 사회구조적 요인들은 사회의 빈곤을 유발하는 직접 원인이 되기도 하
고 동시에 개인적 또는 자연환경적 요인에 의해 발생하는 불행이나 고통이 빈곤으
로 직결되도록 하거나 그 연결을 느슨하게 만들기도 한다. 사회구성원들을 빈곤으
로 유도할 수 있는 사회구조적 요인으로는, 우선 여성에 대한 취업기회 제한 및 임
금 차별, 임시직의 확대, 직종 간 및 직급 간 임금 격차의 심화 등과 같은 국가의 취
업구조와 임금을 결정하는 노동시장의 구조적 불평등을 들 수 있다. 사회 내부의
잘못된 분배 또한 빈곤의 발생 원인이 될 수 있으며, 소득재분배에 개입하는 국가
의 사회복지정책들이 제대로 실행되지 못할 때에도 빈곤은 심화될 수 있다(민경국,
2014). IMF와 같은 국가 경제의 위기 상황이 대량실업을 발생시킬 때 빈곤은 확산될
수 있다.

2. 빈곤가족의 현황과 문제

1) 빈곤가족의 현황

우리나라는 현재 상대적 빈곤 개념을 채택하고 있으며 기준 중위소득 50% 이하를 빈곤층으로 규정하고 있다. 〈표 7-1〉은 상대적 빈곤율을 균등화 중위소득 50% 이하에 해당하는 가구 비율로 구한 것인데, 2020년 기준으로 15.3%로 나타났으며 2011년의 18.6%에서 약간 개선됨을 보여 주고 있다. 그러나 OECD 자료를 보면, 2018년 기준 한국의 상대적 빈곤율(16.7%)은 미국(18.1%)에 비해 낮지만 영국(11.7%), 독일(9.8%), 프랑스(8.5%) 등에 비해서는 높게 나타나고 있다(e-나라지표 국정모니터링지표, https://www.index.go.kr/unify/idx-info.do?idxCd=5056).

표 7-1 우리나라 상대적 빈곤율 (단위: %)

구분	2011	2012	2013	2014	2015	2016	2017	2018	2019	2020
상대적 빈곤율	18.6	18.3	18.4	18.2	17.5	17.6	17.3	16.7	16.3	15.3

출처: 통계청(각 연도), 가계금융복지조사; 통계청(각 연도), 소득분배지표.
주석: 1) 상대적 빈곤율은 균등화 중위소득의 50% 이하에 해당하는 가구의 비율임.
　　　2) 처분가능소득 기준임.

균등화 처분가능소득

균등화 처분가능소득=균등화 시장소득+공적이전소득-공적이전지출

균등화 시장소득에 공적이전소득을 더하고 공적이전지출을 뺀 소득이다. 공적이전소득과 공적이전지출은 정부의 정책에 따라 변경되는 부분이다. 따라서 균등화 시장소득과 균등화 처분가능소득의 차이 정도는 정부의 소득분배정책의 효과를 평가하는 데 사용될 수 있다. 균등화 시장소득과 균등화 처분가능소득 중 한 종류의 소득분배지표만을 작성하는 경우에는 균등화 처분가능소득을 기준으로 한다.

> **균등화 시장소득**
>
> 근로소득, 사업소득, 재산소득, 사적이전소득의 합에서 사적이전지출을 뺀 소득으로, 가구가 직접 벌어들인 소득을 의미한다.
>
> **공적이전소득**
>
> 국민연금, 공무원연금 등의 공적연금, 기초연금 등을 포함한다.
>
> **공적이전지출**
>
> 세금과 사회보험료 등을 포함한다.

출처: 대한민국 공식전자정부 누리집(https://kostat.go.kr/menu.es?mid=b80302000000).

빈곤가족의 현황을 살펴보기 위해서는 정부가 주도하는 빈곤대책의 가장 중심적 역할을 하고 있는 국민기초생활보장제도의 수급현황을 살펴보는 것이 도움이 된다. 국민기초생활보장제도는 지원대상을 2022년 기준으로 생계급여의 경우는 중위소득의 30%, 의료급여는 40%, 주거급여는 46%, 교육급여는 50%로 서로 다르게 규정

표 7-2 2022년 가구규모별·급여종류별 수급자 선정기준   (단위: 원)

구분	1인가구	2인가구	3인가구	4인가구	5인가구	6인가구	7인가구
생계급여 (기준 중위소득 30% 이하)	583,444	978,026	1,258,410	1,536,324	1,807,355	2,072,101	2,334,178
의료급여 (기준 중위소득 40% 이하)	777,925	1,304,034	1,677,880	2,048,432	2,409,806	2,762,802	3,112,237
주거급여 (기준 중위소득 46% 이하)	894,614	1,499,639	1,929,562	2,355,697	2,771,277	3,177,222	3,579,072
교육급여 (기준 중위소득 50% 이하)	972,406	1,630,043	2,097,351	2,560,540	3,012,258	3,453,502	3,890,296

※ 8인가구 선정기준=7인가구 선정기준+(7인가구 선정기준-6인가구 선정기준).

8인 이상 가구는 7인가구 선정기준에서 6인가구 선정기준의 차액을 7인가구 선정기준에 더하여 산정.

출처: 보건복지부(2022a).

하고 있다. 2022년 4인가구 기준 생계급여 수혜자 선정기준은 가계소득이 약 154만 원 이하였다(〈표 7-2〉 참조).

국민기초생활보장 수급자 수는 2021년 기준 약 236만 명, 가구 수는 약 173만 가구이다. 총 수급자 중 각 급여별 중복자를 제외했을 때 생계급여 수급자는 149만 명(117만 가구), 의료급여 수급자는 143만 명(110만 가구), 주거급여 수급자는 216만 명(153만 가구), 교육급여 수급자는 31만 명(21만 가구)이다(보건복지부, 2021; 〈표 7-3〉 참조).

2021년 기준으로 전체 인구에서 국민기초생활보장 수급자가 차지하는 수급률은 4.6%이다. 2015년부터 선정기준이 중위소득이라는 상대적 빈곤 개념으로 전환된 이후 수급률이 2014년 2.6%에서 2015년 3.2%로 증가하였다. 최근 수급자 수와 수급률은 해마다 계속 증가 추세에 있다([그림 7-1] 참조).

표 7-3 급여별 수급자 및 수급가구 현황(2021)   (단위: 명, 가구)

구분	계	생계급여	의료급여	주거급여	교육급여
수급자 수	2,359,672	1,485,635	1,433,325	2,163,011	310,840
가구 수	1,728,389	1,165,030	1,104,792	1,533,918	212,494

※ 총 수급자 수 및 가구 수는 시설 수급자 포함, 각 급여별 중복을 제외한 숫자임.
출처: 보건복지부(2021), p. 21.

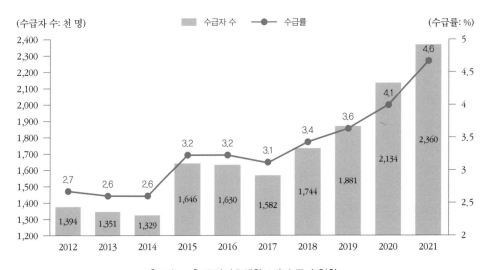

[그림 7-1] 국민기초생활보장 수급자 현황
출처: e-나라지표(https://www.index.go.kr/potal/main/EachDtlPageDetail.do?idx_cd=2760).

2) 빈곤가족의 문제

빈곤가족의 문제는 빈곤의 원인에 따라, 가족의 구성에 따라 상이할 수 있다. 여성가장가족, 여성 한부모가족, 장애인가족, 노인가족 등은 특히 빈곤에 취약하며 빈곤이라는 문제 이외에도 다양한 복합적인 문제를 동시에 가지고 있다.

(1) 경제적 결핍

빈곤가족은 우선 경제적으로 매우 큰 어려움을 겪고 있다. 빈곤가족이 경제적으로 어려움을 겪는 이유는 다양할 수 있으나 가장 중요한 요인은 근로능력의 상실과 실업이라고 할 수 있다. 중위소득 50% 미만인 상대 빈곤층 중 근로능력을 가진 사람은 38.5%에 불과한데(우석진, 2011), 이는 빈곤층 중 노인인구가 차지하는 비율이 높은 데 기인한다고 할 수 있다. 또한 국민기초생활보장 수급자들의 93.1%는 경제활동인구에 포함되지 않고 있다. 경제활동인구에 속하더라도 미취업 또는 실직 상태에 있는 구직자 비율(3.2%)이나 일일 고용의 상태(2.3%)는 매우 낮은 수준이며, 상시고용이나 자영업, 농수산업이나 축산업에 종사하고 있는 합계 비율은 1%에도 미치지 못하고 있어 빈곤가족의 취업 상황은 매우 열악한 것으로 나타나고 있다(보건복지부, 2019a).

이혼율의 지속적인 증가와 더불어 여성 한부모가족에서도 경제적 결핍문제가 두드러지게 나타나고 있다. 기본적인 생계유지 이외에도 자녀양육을 위한 비용부담이 경제적 어려움을 가중시키고 있다. 한부모가족의 빈곤문제는 제10장에서 보다 자세히 다루어질 예정이다.

[기사] 한국인이 겪는 가족위기 "실직 · 빈곤 등 경제문제가 가장 힘들어"

오늘날 많은 가정은 가장의 실직과 빈곤, 이혼과 별거, 재난과 가족구성원의 자살 등 다양한 삶의 위협에 직면한다. 이런 위협은 때로는 가족을 무력한 상태로 빠뜨려 일상적 기능을 마비시키는 이른바 '가족위기'를 불러온다. 한국인들이 가장 많이 겪는 가족위기는 무엇일까?

> 19일 한국보건사회연구원(보사연)이 펴낸 보고서 '사회환경 다변화에 따른 가족위기 진단과 대응전략'을 보면, 이 연구원은 지난해 7월 20~64살 일반 국민 1500명에게 가족위기를 알아보는 전화조사를 벌였다.
>
> ……(중략)……
>
> 조사 결과, "지금까지 살아오면서 가족위기를 경험한 적이 있느냐"는 물음에 응답자의 절반에 가까운 46.1%가 "있다"고 답했다. 그렇다면 어떤 위기가 가장 힘들었느냐고 묻자 절반에 이르는 51.5%가 "경제적 위기"라고 답했다. 경제적 위기는 두 번째로 많이 답한 가족관계 위기(22.4%)보다 2배가량 더 많았다. 자녀돌봄과 노부모 부양 위기로 가족위기를 겪었다는 답도 20.5%에 이르렀다. 미미하지만 재난(1.9%)이나 가족원의 자살위기(1.8%)를 겪었다는 응답도 있었다.
>
> 이러한 가족위기가 무엇 때문에 발생했느냐는 물음(중복응답)에는 가장 많은 이들이 역시 경제적 어려움(47.5%)이라고 답했다. 자녀양육과 부모부양(31.7%), 실직과 취업문제(24.3%), 가계부채(21.7%), 질병(18%), 가계파산과 부도(17.7%) 등이 뒤를 이었다. 이들 위기를 얼마간 겪었느냐는 물음에는 평균 6년으로 답해 많은 가정이 위기를 장기적으로 겪는 것으로 나타났다. 위기를 경험한 가족들은 가족관계 소원, 신체 및 정신건강 악화, 생활제약과 중독 등 부정적 변화를 심각하게 겪는 것으로 조사됐다.
>
> ……(후략)……

출처: 한겨레(2017. 3. 20.).

(2) 건강문제

빈곤가족은 일반가족에 비해 만성적 질병률과 장애율이 높다. 빈곤으로 인한 영양 부족, 불량한 주택, 비위생적 생활관리 등의 지속과 적절한 의료서비스의 구매제한은 질병이나 장애의 원인이 되기도 하고 만성적 질병이나 장애로 인한 높은 의료비 부담이 빈곤의 원인이 되기도 한다.

한국보건사회연구원의 자료에 따르면 소득 1분위에 속한 사람들은 2~5분위에 속한 사람들에 비해 기대수명과 건강수명(기대수명 중 질병이나 부상으로 고통받은 기간을 제외한 건강한 삶을 유지한 기간)이 낮게 나타나(연합뉴스, 2020. 1. 15.), 소득수준이 낮을수록 질병이나 고통을 받을 확률이 높음을 보여 주고 있다.

한국건강증진개발원(2020)의 '제4차 국민건강증진종합계획 2020년 동향보고서'에 따르면, 당뇨병과 같은 만성질환은 소득수준이 '하'인 집단에서 소득이 높은 집

(단위: 세)

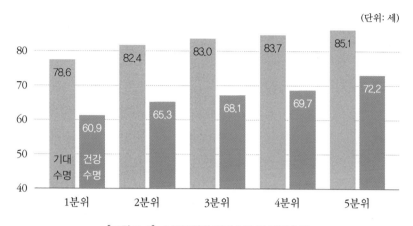

[그림 7-2] 소득분위별 기대수명 및 건강수명

출처: 한국보건사회연구원('10~'15 건강보험공단 자료, '08~'14 지역사회건강조사 자료 등 분석 결과).

단보다 높게 나타났으며 소득 간 유병률 격차도 지난 10년간 증가하였다. 노인 일상생활수행능력(ADL) 장애율 또한 소득을 5등급으로 나누었을 때 1분위에서 가장 높게 나타났으며 소득 간 격차 또한 지난 10년간 크게 상승하였다(한국건강증진개발원, 2020). 국민건강보험공단의 소득별 암 발생률 분석에 따르면, 고소득 계층의 암 발생률이 상대적으로 높지만, 사망률은 저소득 계층에서 더욱 높은 것으로 나타나고 있는데, 이는 조기 검진·치료를 잘하는 고소득층에 비해 저소득층의 치료율이 낮기 때문이라고 볼 수 있다(K헬스코리아뉴스, 2014. 12. 8.).

(3) 열악한 주거환경

빈곤가족은 매우 열악한 주거환경에서 생활하고 있는 경우가 많다. 주거환경의 취약성 정도는 최저 주거기준을 토대로 살펴볼 수 있는데, 보건복지부와 한국보건사회연구원(2020)이 펴낸 자료에 따르면, 2019년 기준으로 저소득층의 최저 주거기준 미달률은 9.2%로 고소득층(1.3%)의 약 7배, 중소득층(3.8%)의 2.4배 높았다. 특히 면적 기준과 시설 기준 미달에서 이런 현상이 두드러지게 나타났다. 또한 빈곤 계층은 지하(반지하)나 옥상(옥탑), 그리고 판잣집, 비닐하우스, 숙박업소의 객실과 같이 주택의 요건을 갖추지 못한 주택 이외의 거처(비주택)에서도 거주하고 있어 최저 주거기준 미달 이외에도 안전 및 위생 등에서 매우 취약한 경우가 많다고 할 수 있다.

표 7-4	소득계층에 따른 최저 주거기준 미달 가구 비율(2019)			(단위: %)
구분	최저 주거기준 미달	면적 기준 미달	시설 기준 미달	침실 기준 미달
저소득층	9.2	6.1	6.5	0.2
중소득층	3.8	3.0	1.2	0.4
고소득층	1.3	1.0	0.4	0.2
계	5.3	3.8	3.0	0.3

※ 소득계층은 조사된 가구소득 10분위수를 기준으로 저소득층(1~4분위), 중소득층(5~8분위), 고소득층
　(9~10분위)으로 구분함.
※ 각 셀의 수치는 해당 셀에 속하는 가구 수를 일반가구 수로 나누어 구한 백분율(%)임.
출처: 국토교통부(2020); 보건복지부, 한국보건사회연구원(2020), p. 376에서 재인용.

최저 주거기준

「주거기본법」은 국민이 쾌적하고 살기 좋은 생활을 영위하기 위하여 필요한 최저 기준을 설정하고 있다. 최저 주거기준에는 주거면적, 용도별 방의 개수, 주택의 구조 · 설비 · 성능 및 환경요소 등의 사항이 포함되며, 필수 시설 구비 여부에 따라 미달 가구를 구분하고 있다. 예를 들어, 2인가구의 표준 가구 구성은 부부이고, 같은 방을 쓰는 것을 전제하여 최소 필요 방 수는 1개이다. 필수 시설에는 수세식 화장실, 입식 부엌, 목욕 시설이 포함되며, 현행 최저 주거기준의 최소 주거면적은 2인가구 $26m^2$, 3인가구 $36m^2$, 4인가구 $43m^2$이다.

---

(4) 심리사회적 위축과 소외

빈곤은 물질적 결핍으로 인해 인간다운 삶을 살고자 하는 개인의 욕구를 제한한다. 빈곤층에 속한 사람들은 물질주의가 만연한 사회에서 좌절과 열등감을 갖고 대인관계를 유지할 수밖에 없는 경우가 많아 자신감과 자아존중감 등이 결여되기 쉽다. 낮은 자아존중감 또는 역량지각은 빈곤가족의 아동에게서도 자주 발견되고 있다(이주리, 1994).

또한 빈곤은 교육기회의 박탈, 다양한 정보를 가진 인력들과의 관계망 단절, 정보수집 도구(컴퓨터, 인터넷 등)의 결핍, 정보수집 능력의 부족과 직결되기 때문에 정보화사회에서의 빈곤은 곧 정보로부터의 차단 또는 소외를 의미한다. 금전, 권력, 정보, 기회 등으로부터 소외된 빈곤계층은 물질만능과 권력지향적 사회 속에서 무력

감을 학습하게 되며 결국 '목소리 없는' 군중으로 전락하기 쉽다. 자신의 권리를 목소리 높여 주장하지 못하는 빈곤집단은 사회의 많은 부분으로부터 소외되거나 배제될 수 있다.

(5) 가족갈등 및 가족해체

2017년 통계청 자료에 의하면, 가족의 경제문제가 전체 이혼건수의 10.2%를 차지하여 부부의 성격 차이 다음으로 비중이 높은 이혼 사유였다. 가족의 경제적 이유는 오랫동안 가족 갈등과 해체의 중요 요인으로 작용해 왔다. 김인숙(1999)은 가족해체의 지표로 부모의 이혼과 별거, 가족원의 가출, 자녀에 대한 양육 포기, 가족구성원의 자살, 가정폭력, 가족불화, 신체적 · 정신적 건강 악화 등을 들고 있는데, 이런 지표들은 빈곤의 원인인 동시에 빈곤의 결과라고 할 수 있다. 장성자와 김승권(1999)의 조사 결과에 의하면, 남편의 실직 후에 부부간의 갈등과 긴장, 가정폭력이 증가한 것으로 나타났다. 또한 남편 실직 이후에 자녀의 가출과 행방불명이 증가하고 이혼과 별거로 인한 여성 가장이 급증하였다고 보고하고 있다(김인숙, 1999에서 재인용). 이런 결과들을 볼 때 빈곤이 가족해체를 촉진하고 있음을 알 수 있다.

(6) 자녀의 발달부진 및 부적응

가족이 빈곤상태로 들어가면 가장 심각한 영향을 받는 구성원 중의 하나는 아동이다. 빈곤이 아동에게 미치는 영향은 발육부진 등과 같은 신체발달의 문제에서부터 저(低)지능, 발달지체 등과 같은 지적발달의 문제, 우울과 불안 등과 같은 내면화된 문제, 공격성, 주의력 결핍 과잉행동장애, 반사회적 행동 등과 같은 외현화된 문제에 이르기까지 광범위하다(허남순 외, 2005). 빈곤은 흔히 가족 내에서 아동을 위한 공부방 등 학습공간의 부족 및 학업에 필요한 물품이나 교육자료 등의 결핍을 초래하여 학업성취를 저해한다. 빈곤가족의 부모들은 근로여건이 열악하여 자녀들과 보낼 시간이 부족한 경우가 많다. 따라서 아동에 대한 지도감독에 결손이 생겨 자녀의 학업성취도 저하 및 학교부적응의 원인이 되고 있다.

부모의 양육행동에 관한 연구들은 빈곤부모들의 훈육이 비일관적이거나 위협적 · 강압적이며 부모-자녀 간 애착이 약하고 자녀에 대한 지도감독의 수준이 낮고 신체적 체벌을 더 자주 사용하고 자녀에게 낮은 수준의 정서적 지지를 제공한다고 보고하고 있다(Conger, Conger, & Elder, 1997; Hanson, McLanahan, & Thomson, 1997; McLoyd, 1998: 허남순 외, 2005에서 재인용). 이런 빈곤부모의 양육행동 특성은 빈곤아동의 비행을 유발하는 요인이 되기도 한다.

빈곤가족이 해체되어 한부모가족 형태를 유지하게 될 경우 특히 아동에게 미치는 부정적 영향이 큰 것으로 보고되고 있다. 김광혁(2008)의 연구에 따르면 한 가족의 경제적 결핍과 구조적 결손은 상호작용을 통해 아동의 학업성적에 부정적 영향을 미치는 것으로 나타났다. 양육 관련 대체자원이 부족한 한부모 빈곤가정에서 모성 취업이 이루어지면 양육결손이 발생하기 쉽고 이는 아동의 심리정서적 발달에 부정적 영향을 미칠 수 있다(박현선, 2008: 이희영, 2013에서 재인용).

3. 빈곤가족을 위한 사회복지 정책 및 서비스 현황

1) 국민기초생활보장제도

국민기초생활보장제도는 생활이 어려운 사람에게 필요한 급여를 실시해 이들의 최저생활을 보장하고 자활을 돕고자 실시하는 제도이다(「국민기초생활 보장법」 제1조). 급여종류로는 생계급여, 의료급여, 주거급여, 교육급여, 해산급여, 장제급여가 있다. 생계급여는 보장가구의 소득인정액이 기준 중위소득의 30% 이하인 경우 받을 수 있으며 수급자의 생계를 유지하기 위해 일상생활에 기본적으로 필요한 의복비, 음식물비 및 연료비 등이 포함된 금액이 지급된다. 의료급여를 통해 수급자가 건강한 생활을 유지하는 데 필요한 각종 검사 및 치료 등의 비용이 지급되며 기준 중위소득의 40% 이하인 경우 받을 수 있다. 주거급여는 수급자의 주거 안정에 필요한 임차료, 수선유지비 등을 지급하며 보장가구의 소득인정액이 기준 중위소득의 46% 이하인 경우에 선정될 수 있다. 수급자에게 입학금, 수업료, 학용품비, 그 밖의 수급품 등을 지급하는 교육급여는 소득인정액이 기준 중위소득의 50% 이하인 가구가 받을 수 있다. 해산급여과 장제급여를 통해서는 수급자가 출산 또는 사망했을 때 일정 금액이 지급된다(보건복지부, 2022a).

2) 자활사업제도

자활사업은 근로능력자의 기초생활을 보장하는 국민기초생활보장제도를 도입하면서 근로역량을 배양하고 일자리 제공을 통해 탈빈곤과 빈곤예방을 지원하기 위해 도입되었다. 자활사업을 통해 근로능력이 있는 저소득층이 스스로 자활할 수 있도록 자활능력을 배양하고 기능습득을 지원하고 근로기회를 제공하는 것을 목적으로 하고 있다(보건복지부, 2022b). 자활사업 지원가능자를 대상으로 근로능력, 자활욕구 및 자활역량평가를 실시하여 그 결과에 따라 집중취업지원 대상자는 국민취업지원제도에 의해 고용센터에 의뢰하고, 평가 점수가 상대적으로 낮은 집중취업지원 비대상자는 지역자활센터 등을 통해 자활근로사업에 배치한다. 자활급여는 시·군·구 및 사업시행기관과 자활사업 참여자의 합의에 따라 월 급여 형태로 지급된다.

3) 긴급복지지원제도

긴급복지지원제도는 갑작스러운 위기 상황에 처한 국민을 지원하기 위한 제도로, 위기 상황과 소득·재산에 근거해 대상자가 선정된다. 위기 상황은 주소득자의 사망, 휴·폐업, 실직 등으로 생계가 어렵거나, 중한 질병으로 수술받을 때, 화재·경매 등으로 거주지에서 생활이 곤란할 때 등이 해당된다. 최저생계비 150% 이하(단, 생계지원은 120% 이하)에 해당하는 사람 가운데 주택 및 토지 등의 일반재산과 현금, 예금, 주식 등의 금융재산을 검토해 결정한다. 생계지원, 의료지원, 주거지원, 교육지원, 사회복지시설 이용지원, 해산비·장제비·연료비 지원 등 지원종류가 다양하다(보건복지부 긴급복지지원제도, http://www.mohw.go.kr/issue/popup/policy_09.html).

4) 빈곤아동 지원

(1) 결식아동 급식지원
정부의 빈곤아동 지원책의 일환으로 결식아동에게 급식을 제공한다. 빈곤가족의 미취학 아동은 조식, 중식, 석식의 3식을 지원받을 수 있으며 취학아동의 경우는 학기 중에는 조식과 석식, 그리고 학교에서 무료급식(중식)을 지원받으며 방학, 토요일, 공휴일에는 3식 모두를 지원받는다. 학기 중 토요일 · 공휴일 중식지원사업은 시 · 도교육비특별회계를 지원받아 교육청과 협의하에 지방자치단체에서 실시하고 있다. 방학 중 중식지원도 지방자치단체가 담당하고 있으며 취학 아동 특성과 지역 여건에 따라 다양한 급식방법으로 지원하고 있다(광명시, 2019)

(2) 드림스타트

드림스타트는 아동의 공평한 양육여건과 출발기회를 보장하기 위해 취약계층 0세(임산부)~만 12세(초등학생 이하) 아동과 그 가족의 건강, 복지, 보육 · 교육 프로그램을 통합한 전문적 · 맞춤형 서비스를 제공하는 국가주도의 아동복지 지원사업이다. 2007년 처음 희망스타트라는 이름으로 시작되어 이후 드림스타트라는 명칭으로 변경되었다. 2015년도 이후 전국에 229개 이상의 아동통합서비스지원기관인 드림스타트가 설치되어 운영되고 있다(보건복지부, 2019b). 서비스는 신체/건강 서비스, 인지/언어 서비스, 정서/행동 서비스, 부모 및 가족, 임산부 서비스로 나뉘어져, 건강검진 및 건강관리, 기초학습 지원, 사회정서 증진서비스, 부모 양육지원 등이 제공되고 있다.

(3) 교육복지우선지원사업

교육복지우선지원사업은 심화된 교육불평등에 대응하여 교육취약학생을 위한 맞춤형 교육복지 강화로 불충분한 교육과 지역 간 및 학교 간 교육 격차를 해소하는 것을 목적으로 하고 있다(서울시교육청, 2021). 교육부 지원하에 지역사회교육전문가(또는 교육복지사)라는 명칭을 가진 전문인력을 학교에 배치하여 취약계층 학생들에게 교육 · 복지 · 문화 서비스를 총체적으로 제공하고 있다. 저소득계층 학생이 많은 초 · 중 · 고와 유치원에서 시행되고 있으며, 2022년 교육복지우선지원사업을 실시하는 전체 학교 수는 3,311개이다(한국학교사회복지사협회, 2022).

(4) 장애아동수당

저소득 장애아동 가구의 장애로 인한 추가비용을 보전하기 위해 만 18세 미만의 등록 장애인이면서 생계 · 의료 · 주거 · 교육 급여 수급자 및 차상위계층에게 수당을 지급하고 있다. 학교에 재학(휴학 포함) 중인 경우 18~20세 장애아동도 포함한다. 소득인정액의 산정방식은 국민기초생활보장제도 방식과 동일하지만 소득의 범위에 사적이전소득, 보장기관 확인소득, 부양비는 적용하지 않으며, 부양의무자 기준도 적용하지 않는다. 2022년 기준으로 기초수급 중증 장애아동에게 월 20만 원, 차상위 중증 월 15만 원, 기초수급 및 차상위 경증 월 10만 원을 지급하고 있다(보건복지부, http://www.mohw.go.kr/issue/popup/policy_05.html).

5) 한부모가족지원법에 의한 모 · 부자가족 지원

「한부모가족지원법」을 통해 2023년 소득인정액 기준 중위소득 60% 이하 한부모 및 조손 가족에게 아동양육비, 추가아동양육비, 아동교육지원비(학용품비), 생계비(생활보조금)를 현금으로 지원한다. 아동양육비는 자녀 1명당 월 20만 원을 지원한다. 또한 자치단체에서는 청소년 한부모의 자립지원을 위하여 소득인정액이 기준 중위소득 60% 이하인 만 24세 이하 한부모가족에게 자녀 1명당 월 35만 원의 청소년 한부모 아동양육비와 청소년 한부모의 자립을 위한 검정고시 등 학습지원, 고교생교육비, 자립촉진수당 등을 지급하고 있다(법제처 국가법령정보센터-2023년도 한부모가족 지원대상자의 범위).

4. 빈곤가족 지원의 과제

1) 국민기초생활보장제도의 개선

오랫동안 국민기초생활보장제도의 가장 큰 문제점으로 불합리한 수급자 선정기준과 급여내용의 부적절성 등이 지적되어 왔다. 2014년 국민기초생활보장제도가 개편되면서 수급자 소득인정액을 기준 중위소득에 근거하도록 하고 맞춤형 급여로 개선되었다. 최근에는 생계급여 부양의무자 기준이 부분적으로 완화되었으나 여전히 개선되어야 할 점들이 남아 있다(전가영, 2022. 8. 1.). 수급권자의 부모나 자녀 가구의 연 소득이 1억 원을 초과하거나 재산이 9억 원을 초과하는 경우 여전히 부양의무자 기준이 적용되고 있는데, 부양의무자 가구의 인원수, 부양의무자 가구에 자녀가 있는지, 있다면 몇 명이 있는지, 수급권자 이외에 또 다른 가족을 부양하고 있지는 않은지 등과 같은 가구 특성이 전혀 고려되지 않고 있다(전가영, 2022. 8. 1.). 부양의무자 기준이 실질적으로 빈곤가족들에게 도움이 될 수 있도록 기준의 정교화가 필요하다.

2) 자립지원 프로그램의 개발

빈곤계층의 탈빈곤 이후의 자립 경로 강화, 자활기업의 안정적 정착지원 등에서 중심적인 역할을 담당하고자 2019년 '한국자활복지개발원'이 설립되었다. 정부는 개발원 설립에 따라 자활사업을 대폭 확대해 수급자의 탈수급 위주의 지원에서 차상위자 등의 빈곤예방으로 확장해 나갈 방침이라고 한다. 한국자활복지개발원과 광역자활센터의 자립지원정책이 실효를 거두기 위해서는 새로 만들어진 조직을 통해 실천적이고 효과적인 자립지원정책과 프로그램이 개발되고 보급될 필요가 있다.

3) 복지사각지대 발굴 및 지원 확대

2014년 송파 세 모녀 사건이나 2019년 봉천동 탈북 모자 사건 등을 보면 여전히 우리 사회에는 복지사각지대에 놓여 극심한 어려움을 겪고 있는 사람들이 많이 있다. 빈곤층에 속해 국민기초생활보장 혜택을 받을 수 있는 수급 가능자임에도 불구하고 제도를 몰라서, 신청과정이 번거로워서, 또는 신청해도 떨어질까 봐 수급을 신청하지 않고 있는 저소득층이 많은 것으로 나타나고 있다(MBC뉴스, 2022. 8. 24.). 따라서 복지혜택이 꼭 필요한 사람들이 정부의 지원을 받을 수 있도록 이들을 적극적으로 발굴하고 제도에 대한 정보에 보다 접근 가능하도록 노력할 필요가 있다.

4) 빈곤아동을 위한 지원 강화

빈곤아동에 대한 지원은 현재 가족이 당면하고 있는 빈곤문제를 해결하기 위한 방안이기도 하지만 장기적으로는 빈곤에 대한 예방책이기도 하다. 따라서 빈곤아동을 지원하는 다양한 서비스에 대한 지속적인 집중투자가 요구된다.

(1) 급식지원사업의 개선

'결식'에서 벗어나 적극적 급식지원사업으로 급식의 공공화, 급식아동 선정기준 확대, 급식지원 전달체계 확대, 급식단가 현실화가 이루어질 필요가 있다. 물가상승과 가맹점에 대한 정보 부족으로 아동들이 아동급식카드를 사용하는 데 어려움이 있으므로(SBS뉴스, 2022. 7. 25.) 급식단가를 현실화하고 가맹점을 확대·홍보할 필요가 있다. 또한 아동급식지원카드를 배달앱과 연계해 비대면으로 주문·결제할 수 있는 아동급식지원 플랫폼 구축도 고려해 볼 수 있는 사안이다. 경기도는 2023년부터 결식아동용 배달 플랫폼을 개발하여 시험 운영할 예정인데(국제뉴스, 2022. 9. 15.), 이는 급식카드 사용에 따를 낙인효과와 편의점 식사로 인한 아동 영양 불균형을 완화하는 데 기여할 것으로 기대된다. 그 외에 아동급식지원 조사의 연중 실시 및 결식아동의 발굴 강화, 민간 아동급식단체와 협력체계 구축, 급식장소 확대 등도 고려가 요구된다.

(2) 방과후 보호 및 학습지원, 문화지원

지역아동센터와 다함께돌봄센터 또는 우리동네키움센터를 확대해 나가는 동시에 이들이 지역사회 기존 복지 인프라와 연계한 종합적인 아동 보호·육성 체계를 구축할 수 있도록 지원을 현실화해야 한다. 현재 진행 중인 교육복지우선지원사업이나 지자체 학교사회복지사를 활용한 학교사회복지사업이 제도화되어 학교 현장에서 종합적인 교육·복지·문화 서비스가 제공될 수 있도록 해야 한다.

(3) 심리사회적 지지

빈곤가족 아동들은 자주 아동학대, 학교부적응, 부모의 이혼이나 별거, 학업부진 등의 문제를 복합적으로 경험하며 생활 스트레스로 인해 우울이나 불안, 공격성, 비행 가능성이 높고 자아존중감도 낮다. 따라서 이들에 대한 심리적 상담, 사회기술훈련, 문제해결능력 배양 등을 통해 학교와 가정에 잘 적응하도록 돕는 것이 매우 중요하다.

이 장의 요약

이 장의 내용은 빈곤의 개념과 빈곤가족의 발생 원인, 빈곤가족의 현황과 문제, 빈곤가족을 위한 사회복지 정책 및 서비스 현황, 빈곤가족 지원의 과제라는 네 부분으로 구성되어 있다.

빈곤가족을 이해하기 위해 우선 빈곤의 개념을 살펴보았다. 빈곤의 개념은 절대적 개념, 상대적 개념, 주관적 개념으로 나누어 볼 수 있는데, 우리나라의 대표적 저소득층 가족을 위한 복지제도라도 할 수 있는 국민기초생활보장제도는 기준 중위소득이라는 상대적 빈곤 개념을 적용하여 대상을 선정하고 있다. 빈곤가족의 발생 원인으로는 나태, 무절제, 도박 등과 같은 개인적 요인, 천재지변이나 전쟁, 사고 등과 같이 개인의 의지와 관계없이 발생하는 자연환경적 요인, 그리고 국가의 취업구조나 노동시장의 구조적 불평등과 같은 사회구조적 요인으로 대별해 볼 수 있다.

빈곤가족의 현황은 상대적 빈곤율과 국민기초생활보장제도의 수급현황을 통해 파악해 보았는데, 우리나라의 상대적 빈곤율은 2020년 기준으로 15.3%였으며 영국, 독일, 프랑스 등의 선진국에 비해 높은 편으로 나타났다. 빈곤가족의 문제는 경제적 결핍, 건강문제, 열악한 주거환경, 심리사회적 위축과 소외, 가족갈등 및 가족해체, 자녀의 발달부진 및 부적응 등 다양하였다.

빈곤가족을 위한 사회복지 정책 및 서비스로는 국민기초생활보장제도, 자활사업제도, 긴급복지지원제도, 빈곤아동 지원, 「한부모가족지원법」에 의한 모 · 부자가족 지원을 살펴보았으며, 빈곤아동 지원과 관련해서는 보다 세부적으로 결식아동 급식지원, 드림스타트, 교육복지우선지원사업, 장애아동수당을 검토하였다. 빈곤가족 지원의 과제로는 국민기초생활보장제도의 개선, 자립지원 프로그램의 개발, 복지사각지대 발굴 및 지원 확대, 빈곤아동을 위한 지원 강화를 제시하였다.

1. 가족빈곤의 원인에 대한 개인적 요인과 사회구조적 요인의 관련성에 대해 고찰해 보시오.
2. 빈곤가족 사례를 활용하여 빈곤가족이 얼마나 다양한 복합적 문제(특성)를 가지고 있는지 살펴보시오.
3. 자활후견기관에서 활용하고 있는 자활지원 프로그램들의 구체적인 사례를 수집하여 발표하고 프로그램이 자립에 얼마나 효과적인지 토론해 보시오.

참고문헌

광명시(2019). 결식아동급식지원. https://www.gm.go.kr/pt/partInfo/wf/wf04/wf04_1.jsp.

국토교통부(2020). 2019년도 주거실태조사 연구보고서.

김광혁 (2008). 가족의 경제적 결핍과 구조적 결손, 이웃환경이 청소년기 아동의 학업성적에 미치는 영향. 한국청소년연구, 19(3), 115-138.

김인숙(1999). IMF 이후 빈곤 가족 해체의 현황과 대안: 실직여성가장과 결식아동 가정을 중심으로. 사회복지리뷰, 12월, 4-35.

김지현(2015). 빈곤의 정의: 다면성과 측정의 한계. 국제개발협력(Journal of International Development Cooperation), 10(1), 11-38.

김태성, 손병돈(2002). 빈곤과 사회복지정책. 서울: 청목출판사.

민경국(2014). 경제사상사. 서울: 21세기북스.

보건복지부(2019a). 2019년 국민기초생활보장사업안내.

보건복지부(2019b). 2019년도 드림스타트사업안내.

보건복지부(2021). 2021년 국민기초생활보장 수급자 현황.

보건복지부(2022a). 2022년 국민기초생활보장 사업안내.

보건복지부(2022b). 2022년 자활사업안내.

보건복지부, 한국보건사회연구원(2020). 통계로 보는 사회보장 2020.

서울시교육청(2021). 2021학년도 교육복지우선지원사업 운영 매뉴얼.

송건섭, 정미용(2011). 주관적 빈곤인식의 측정과 영향요인: 기초생활수급자를 중심으로. 한국지방정부연구, 15(1), 7-27.

우석진(2011). 우리나라 빈곤의 실태와 대응방안. 국회예산정책처 정책연구 용역사업 연구보고서. 한국재정학회.

이승영(2020). 영국의 빈곤 측정 방식 및 빈곤 현황. 국제사회보장리뷰, 여름호 Vol. 13, 105-115.

이주리(1994). 아동의 역량지각과 관련변인들간의 인과모형분석. 대한가정학회지, 32(4), 193-208.

이희영(2013). 빈곤아동의 사회자본이 심리사회적 적응에 미치는 영향: 임파워먼트 매개효과 연구. 한영신학대학교 대학원 박사학위논문.

임찬우(2014). 근로빈곤의 영향요인에 관한 연구: 개인 및 지역 특성에 대한 위계적 일반화 선형모형(HGLM) 분석을 중심으로. 연세대학교 대학원 박사학위논문.

장성자, 김승권(1999). 실직가정 여성의 생활실태와 복지대책. IMF 경제위기에 따른 사회적 취약계층을 위한 복지정책 세미나. 대통령직속 여성특별위원회, 한국보건사회연구원.

전가영(2022. 8. 1.). 생계급여 부양의무자 제도, 왜 폐지되었다 하나. 월간복지동향. https://www.peoplepower21.org/welfarenow/1902666

통계청(2017). 시도/이혼 사유별 이혼. http://kosis.kr/statHtml/statHtml.do?orgId=101&tblId=DT_1B85004

통계청(각 연도). 가계금융복지조사.

통계청(각 연도). 소득분배지표.

한국건강증진개발원(2020). 제4차 국민건강증진종합계획 2020년 동향보고서: 대표지표 현황분석.

한국학교사회복지사협회(2022). 2022 전국 학교사회복지사업운영현황 자료. http://kassw.or.kr/page/s1/s3.php?cf=view&seq=3795&pg=1

허남순, 오정수, 홍순혜, 김혜란, 박은미(2005). 빈곤아동과 삶의 질. 서울: 학지사.

Conger, R. D., Conger, K. J., & Elder, G. H. (1997). Family economic hardship and adolescent adjustment: Mediating and moderating processes. In G. J. Duncan & J. Brooks-Gunn (Eds.), *Consequences of growing up poor* (pp. 288-310). New York: Russell Sage Foundation.

Hanson, T., McLanahan, S., & Thomson, E. (1997). Economic resources, parental practices, and children's well-being. In G. J. Duncan & J. Brooks-Gunn (Eds.), *Consequences of growing up poor* (pp. 190-238). New York: Russell Sage Foundation.

McLoyd, V. C. (1998). Socioeconomic disadvantage and child development. *American Psychologist, 53*, 185-204.

Veenhoven, R. (2007). Subjective measures of well-being. In M. McGillivray (Ed.), *Human well-being: Issues, concepts and measures* (pp. 1-22). Springer.

K헬스코리아뉴스(2014. 12. 8.). "암, 고소득층 발병률 높고 저소득층 생존율 낮아".

MBC뉴스(2022. 8. 24.). 사각지대 빈곤층 73만 명⋯절반 넘게 '미신청' 이유는?

SBS뉴스(2022. 7. 25.). "이걸로 식당 못 가요" 고물가에 편의점 찾는 결식아동.

국제뉴스(2022. 9. 15.). 경기도 결식아동용 '배달 플랫폼' 개발 착수…내년 상반기 시험 운영 예정.

연합뉴스(2020. 1. 15.). 고소득자−저소득자 건강수명 11년 격차… "건강불평등 심각".

한겨레(2017. 3. 20.). 한국인이 겪는 가족 위기 "실직·빈곤 등 경제문제가 가장 힘들어".

대한민국 공식 전자정부 누리집 https://kostat.go.kr/menu.es?mid=b80302000000

법제처 국가법령정보센터−2023년도 한부모가족 지원대상자의 범위 https://www.law.go.k r/%ED%96%89%EC%A0%95%EA%B7%9C%EC%B9%99/2023%EB%85%84%EB%8F%84 %ED%95%9C%EB%B6%80%EB%AA%A8%EA%B0%80%EC%A1%B1%EC%A7%80%EC% 9B%90%EB%8C%80%EC%83%81%EC%9E%90%EC%9D%98%EB%B2%94%EC%9C%84/ (2022-57,20230101)

보건복지부 http://www.mohw.go.kr/issue/popup/policy_05.html

보건복지부 긴급복지지원제도 http://www.mohw.go.kr/issue/popup/policy_09.html

찾기 쉬운 생활법령정보 https://www.easylaw.go.kr/CSP/OnhunqueansInfoRetrieve.laf?on hunqnaAstSeq=97&onhunqueSeq=5739

e−나라지표 https://www.index.go.kr/potal/main/EachDtlPageDetail.do?idx_cd=2760

e−나라지표 국정모니터링지표 https://www.index.go.kr/unify/idx-info.do?idxCd=5056

제**8**장

한부모가족의 가족복지

과거 결핍의 의미를 내포하는 편부 혹은 편모 가족이라 호칭했던 한부모가족은 이제 더는 결핍 가족이 아니다. 한부모가족은 다양한 가족의 한 형태로 정의되고 정상적 가족 범주로 간주된다. 한부모가족 지원대상으로 한쪽의 부나 모로 구성된 가족뿐만 아니라 조손가족도 포함하고 있다. 한부모가족을 위한 사회복지 실천과 정책 개입은 한부모의 자녀양육과 경제생활의 양립을 위한 지원이다. 따라서 이 장에서는 한부모가족이 당면하고 있는 어려움을 한부모가족 유형별로 분석해 보고 한부모가족의 어려움을 해결할 수 있는 사회복지 실천관점과 실천을 살펴보았다. 이후 궁극적으로 한부모가족 문제를 예방하고 해결하기 위한 사회복지정책을 검토하면서 한부모가족의 삶의 질을 향상하기 위한 실천적 · 정책적 대안을 제안하였다.

1. 한부모가족의 이해

1) 한부모가족의 정의

현대사회에 들어서면서 사람들의 삶의 방식과 가치관은 다변하고 복잡해졌다. 다변하고 복잡해진 사회 흐름에 따라 다양한 형태의 가족이 등장하였다. 가족의 역할과 구성에 따라 가족의 형태를 전통적 가족, 맞벌이가족, 계부모가족, 한부모가족 등으로 분류할 수 있다. 전통적 가족은 직업을 갖고 밖에서 일하는 아버지와 집에서 자녀를 양육하며 가족을 돌보는 어머니가 역할을 분리하여 담당하는 가족 형태이다. 맞벌이가족은 부모 모두 직업을 갖고 함께 자녀를 양육하는 가정 형태이며, 계부모가족은 부모 중 한쪽이 계부나 계모로 구성된 가족을 의미한다. 마지막으로, 한부모가족은 한쪽의 부나 모로 구성된 가족의 형태를 말한다(조흥식 외, 2017). 또한 가족의 분화와 해체가 더해져 한부모가족, 노인가족, 청소년가족, 무자녀가족 등의 형태도 새로이 증가하고 있다. 이에 발맞추어 「한부모가족지원법」 또한 한부모가족의 형태를 다양화하고 폭을 넓혔다. 다음은 「한부모가족지원법」에서 정의한 한부모가족이다.

- 「한부모가족지원법」 제4조 제2호에 따르면 한부모가족이란 모자 가족과 부자 가족을 말한다.
- 모자 가족이란 모가 세대주(세대주가 아니더라도 세대원을 사실상 부양하는 자 포함)인 가족을 말한다(「한부모가족지원법」 제4조 제3호).
- 부자 가족이란 부가 세대주(세대주가 아니더라도 세대원을 사실상 부양하는 자 포함)인 가족을 말한다(「한부모가족지원법」 제4조 제4호).
- 한부모가족 지원 대상 범위는 만 18세 미만의 아동을 양육하고 소득인정액이 다음에 해당되는 경우 「한부모가족지원법」에 따른 한부모가족 지원대상자로 선정된다.
  - 한부모가족 및 조손가족(부 또는 모의 연령이 만 25세 이상)
  - 청소년 한부모가족(부 또는 모의 연령이 만 24세 이하)

-「한부모가족지원법」 제4조 제2~4호-

「한부모가족지원법」에서도 보여 준 바와 같이 한부모가족에는 자녀가 양친부모 중 누구와 동거하느냐에 따라 어머니와 자녀로 구성된 모자 가족 그리고 아버지와 자녀로 구성된 부자 가족의 두 가지 형태로 구분하였다. 그리고 현대에 와서 조손가족을 한부모가족 지원대상자로 확대하였으며, 미혼모나 미혼부를 '청소년 한부모'로 호칭을 정정하여 지원하고 있다. 한편, 한국여성개발원(1984, p. 1)에서는 미국의 『사회복지대백과사전』에서 정의하는 한부모가족 정의를 수용하여 "부모 중 한쪽의 사망, 이혼, 유기, 별거로 인하여 편부 혹은 편모와 그 자녀로 이루어진 가족"으로 한부모가족을 정의하였다. 이 때문인지 한부모가족은 얼마 전까지만 해도 편부가족, 편모가족 또는 편부모가족 등으로 지칭되는 경향이 있었다. 편모의 사전적 의미는 '아버지가 죽고 홀로 있는 어머니'라는 뜻으로 오늘날의 다양한 원인에 의해 생겨나고 있는 한부모가족의 의미를 표현하기에는 적합하지 않다. 또한 편부 또는 편모는 의미상으로 당연히 있어야 할 양친부모 중 그 일부만 있다는 뜻의 결손 또는 결핍을 내포하는 단어라고 할 수 있다. 반면, 한부모에서의 '한'은 '하나', 즉 하나로서 온전하다는 의미이며, 한 명의 부모가 아버지와 어머니의 역할을 모두 다 맡는다는 의미를 지닌다고 볼 수 있다. 한부모가족이 종국적으로 도달해야 하는 가족 형태가 재혼 가족은 아니다. 한부모가족이 재혼가족으로 그 모습을 바꾸기도 하지만, 한부모가족은 그 자체로서 하나의 완성된 가족 형태라고 할 수 있다.

한부모가족이 병리적인 형태가 아니라 정상적인 가족의 한 형태라고 하더라도, 오늘날 국가적 · 사회적으로 많은 관심의 대상이 되고 있음은 분명하다. 그 이유는 가족의 경제를 부양할 수 있는 주부양자의 부재로 인해 한부모가족은 경제적 결핍을 경험할 위험성이 크며, 자녀양육에 있어서 한부모가 그것을 전담하는 데서 오는 여러 가지 어려움에 직면할 가능성이 크기 때문이다.

오늘날 현대사회에는 전통적 가족 형태와는 상이한 많은 가족 형태가 존재한다. 가족의 형태와 관계없이 가족은 가족구성원들의 생존과 성장을 위한 필수적 공동체이며, 모든 사회와 국가는 가족이라는 기본단위를 중심으로 움직이고 있다. 그 기본단위의 모습이 변화하고는 있지만, 그것에 요구되는 기능에는 변함이 없다. 따라서 국가와 사회에는 각각의 가족구성원들을 제대로 보호 · 양육 · 지원할 수 있도록 제도적인 뒷받침을 제공해야 할 의무가 있다. 이런 의미에서 한부모가족도 국가와 사회가 적극적으로 지원해야 하는 사회의 일부라고 할 수 있다.

2) 한부모가족의 어려움

(1) 여성 한부모의 어려움

2018년도에 여성가족부가 실시한 '한부모가족 실태조사'에 따르면, 여성 한부모가족이 남성 한부모가족보다 3배 정도 많았다. 여성 한부모의 경제적 부양과 자녀양육에 대한 과중한 책임은 심리적 부담감으로 이어졌다(김유심, 2010; Berryhill & Durtschi, 2017). 여성 한부모의 경우, 이혼·사고·사별의 충격으로 인해 정서적으로 안정되지 못한 상태에서 자녀를 양육하게 되면 신체적·정서적·언어적·성적 학대도 발생할 수 있다고 보고되었다(김경우, 2012). 실제 한부모 정신건강연구에서도 여성 한부모는 남성 한부모보다 더 높은 우울감을 보였다(김정란, 김혜신, 2014). 여성 한부모가족은 남성 한부모가족보다 경제적으로 열악한 상황에 놓여 있었으며, 여성 한부모는 장시간의 노동 때문에 자녀와 많은 시간을 함께 보내지 못하고 있었다(노영희, 김상인, 2016). 또한 여성 한부모는 단독으로 경제활동을 함으로써 소득이 감소되어 경제적으로 더 어려운 상황에 놓이게 되었고(이영호, 2015), 이러한 경제적 어려움은 여성 한부모의 신체적 건강에도 부정적 영향을 끼쳤다. 단독으로 생계를 책임지고 자녀를 돌보느라 자신을 돌볼 시간이 매우 부족했기 때문이다.

한편, 여성 한부모는 가족탄력성을 강점으로 가졌을 때 양육으로부터 받는 스트레스를 스스로 균형 있게 조절함으로써 정신건강을 유지하고 있었다(이영호, 2015). 이는 여성 한부모가 정신건강 상태를 유지하여 양육과 사회·경제 활동을 잘 영위할 수 있도록 가족탄력성을 강화하는 사회복지 실천과 정책의 지원이 필요함을 시사한다(최윤정, 2019). 또한 자립과정에서 강점이 많은 여성 한부모는 역경에 대한 긍정적 사고를 지니고 있었으며, 사회·경제적 자원을 잘 활용하고, 개방적인 정서 표현과 융통성을 통해 이혼 후 생활에 적절히 적응해 나가고 있었다(김지혜, 김희주, 2018).

여성 한부모가 갖는 삶의 어려움은 그들에게 가해지는 사회적 편견과 차별의 맥락에서 존재하였다. 과거 호주제하에서 산 우리나라의 여성 한부모들은 남편이 없다는 이유만으로 수많은 법적·제도적 불이익을 받아 왔다. 사회적 분위기나 제도 등은 이혼이나 별거에 의한 한부모가족의 발생을 최대한 억제하는 기능을 해 왔으며, 따라서 여러 가지 이유로 이혼이나 별거를 선택할 수밖에 없었던 여성들은 자신에게 가해지는 사회적 차별과 편견을 그대로 감수할 수밖에 없었다. 이러한 사회적 차별은 여성에 대한 고용 차별, 미혼모와 여성 한부모에 대한 차가운 시선으로 이어졌다. 여성가족부(2018)는 사회적 차별을 경험한 여성 한부모가 전체 여성 한부모의 11~16% 수준이라고 보고하고 있다. 또한 여성 한부모가 경험하는 차별은 가족 및 친족 관계, 직장과 일터에서 가장 많이 나타났다. 사회적 편견은 여성 한부모의 자신감 결여로 이어질 수 있고, 이는 여성 한부모가 정체성의 혼란을 겪게 할 수 있으며, 삶의 상실감과 허무감을 느끼게 할 수 있다고 보고되었다. 특히 여성 한부모 복지 수급자의 경우 공공부조서비스를 받는 과정에서 낙인감과 수치감을 겪은 경우가 많다고 한다. 심지어 여성 한부모는 이러한 낙인감과 수치감을 내면화하였다. 가난을 증명해야 수급서비스를 받을 수 있는 경험은 정신을 악화시키고 사회활동과 경제활동을 제약하였다. 이렇게 경제적으로 취약해진 여성 한부모들은 교육·주거·의료 등 다차원에서 배제되는 경험을 하게 되며, 점점 취약계층이 되어 갔다(김지혜, 2019).

이혼을 겪는 여성들은 대부분 홀로 생계 부양자가 되면서 소득 감소를 경험하게 된다. 대부분의 아동양육 이혼 여성은 자녀양육과 경제활동을 병행하며 단순 노무직에 종사하였다(김혜영, 변화순, 윤홍식, 2008). 특히 이혼 후 여성이 자녀를 양육하는 경우가 많지만, 이혼 시 위자료와 재산 분할, 자녀양육비를 전남편으로부터 제대로 받지 못하는 경우가 많았다. 하지만 이런 문제를 제도적으로 뒷받침해 주지 못하고 있다. 더욱이 이혼 여성의 낮은 임금을 보조해 주는 임금보조제도는 아직 미흡하며, 이혼 여성이 일하는 동안 자녀를 돌보는 제도 또한 완전하지 못하다. 이러한 경제적 어려움과 양육의 불안정은 이혼 여성 한부모로 하여금 우울감을 느끼게 하고, 정신적 공황을 경험하게 하였다(성정현, 2017; 이정빈, 2013; 최정숙, 2004).

심리적 어려움을 겪고 있는 이혼 여성 한부모의 영향을 받은 자녀들 또한 혼란 및 부적응을 경험할 수 있다. 에드워즈(Edwards, 1987)는 대부분의 자녀가 지속적·부정적인 영향 없이 부모의 이혼을 잘 극복한다고 보았지만, 크란츠(Krantz, 1988)는 이혼가족의 자녀들이 심각한 심리·사회적 적응 차원에서 문제를 경험할 수 있다고 지적하였다. 에머리(Emery, 1988)는 부모의 이혼은 자녀의 여러 가지 부적응과 관련성을 갖기는 하지만, 그 문제들은 비단 이혼가족 자녀들에게만 나타나는 것이 아니라 일반 청소년 집단에서도 발견된다고 하였다.

이런 논란 속에서 아모토와 키이스(Amoto & Keith, 1991)는 1970년대와 1980년대에 미국에서 행해진 이혼가족 자녀와 양친부모가족 자녀와의 비교 연구 92개에 대한 메타분석을 시행하였다. 그 결과, 이혼가족 자녀들이 양친부모가족 자녀들보다 학업성취, 행동, 심리적 적응, 자아개념, 사회적 적응, 모-자녀 관계, 부-자녀 관계에서 낮은 수준을 보인다고 결론지음으로써 부모의 이혼이 자녀에게 부정적 영향을 미치지 않는다는 주장을 반박하였다. 하지만 자녀의 적응이나 안녕에 관한 이혼가족 자녀 집단과 양친부모가족 자녀 집단 사이의 차이가 크지 않음을 동시에 밝혀, 부모의 이혼이 자녀들에게 심각하고도 치명적인 영향을 미친다는 주장 역시 무리가 있음을 보여 주었다. 많은 연구는 부모의 이혼이 초기에 자녀들에게 미치는 영향이 크다는 것을 인정하면서도, 일반적으로 이혼가족 자녀들이 적응유연성을 지니고 있다는 것도 인정하고 있다(Emery & Forehand, 1996).

한편, 어려운 상황을 극복하는 이혼 여성 한부모는 자녀를 통해 삶에 대한 원동력을 찾고 희망을 품었다(문현숙, 김득성, 2000). 그리고 확대가족의 정서적 지지와 돌봄지원은 이혼 여성 한부모가족의 환경적 강점이었다(김지혜, 김희주, 2018). 또한 이혼을 통해 이혼 여성 한부모는 새로운 시작으로 자신의 잠재력을 발견하는 기회를 얻었고, 자아가 성장하였다(김순남, 2009). 더 나아가, 이혼 여성 한부모는 이혼으로 인한 심리 · 정서적 어려움, 경제적 어려움, 양육의 어려움을 극복하면서 자녀와 서로 돕고 의지하는 지지적 관계를 형성하는 등 긍정적인 경험도 가졌다(김순남, 2009). 이혼 후의 적응과정에서, 이혼 여성 한부모의 심리 · 사회적 자립은 여성 한부모가족의 성숙을 가져온 것으로 보인다(김지혜, 김희주, 2018).

사별 후 여성 한부모는 배우자를 먼저 보낸 상실감, 절망감, 우울 등의 심리적 · 정서적 어려움을 겪는다(최승희, 2001). 배우자 사망 후 삶에 적응하기도 전에 자녀 양육과 교육에 대한 과제를 해결해 나가야 하는 삶의 과정이 사별 여성 한부모의 어려움이었다. 사별 여성 한부모는 사별 후 자녀들이 겪을 심리적 어려움과 적응을 돕기 위해 사별 여성 한부모 자신의 심리 · 사회적 적응의 어려움을 극복하는 데에는 적극적이지 못하였다. 그러나 사별 여성 한부모가 갖고 있는 자원과 자녀들을 잘 양육하고자 하는 의지는 사별 여성 한부모가족이 희망적이고 적극적인 삶을 살 수 있도록 도왔다(김지혜, 김희주, 2018). 또한 환경적 강점으로 작용했던 산재보험 · 유족연금 · 보상 · 민간보험을 통해 마련된 생계 기반 지원이 사별 여성 한부모의 경제적 자립을 도왔으며, 가족·이웃·친구·종교기관 등의 지지적 사회관계망이 사별 여성 한부모의 심리·정서 안정과 사회적응을 도왔다(김지혜, 김희주, 2018).

(2) 남성 한부모의 어려움

남성 한부모는 여성 한부모의 경우와 마찬가지로 배우자의 사망·가출, 배우자와의 이혼·별거 등으로 인해 한부모가족이 되었다. 남성 한부모는 자녀양육은 여성 배우자의 역할이라고 인식하고 경제·사회 활동을 중심으로 생활해 왔기 때문에, 이혼이나 사별 후 경제활동을 하면서 자녀양육과 가사 수행까지 병행하는 것을 매우 힘들어하였다(임경택, 2014). 특히 자녀와 관련해서는 여성 한부모보다 남성 한부모가 더 취약한 실태를 보였다(여성가족부, 2015a). 남성 한부모는 여성 한부모처럼 자녀와 애착관계를 쉽게 형성하지 못했고, 자녀와의 의사소통 어려움으로 인한 스트레스를 갖고 있었다(현은민, 신상숙 2008). 남성 한부모 또한 여성 한부모와 마찬가지로 경제적 어려움을 겪고 있었다. 남성 한부모 다수가 주로 일용 노동, 행상 등 비정규직의 불안정한 직종에 종사하고 있기 때문인지(신수자, 1995; 한만수, 2001) 남성 한부모가정의 68.7%가 저소득가정으로 나타났다. 그리고 남성 한부모에 대한 사회의 부정적 시선이 남성 한부모를 가장 힘들게 하였다(현은민, 신상숙 2008). 남성 한부모는 가정을 지키지 못했다는 자책과 주위의 편견으로 인해 심리적으로 위축되어 있었고, 사회적 고립감을 경험하고 있었다(이선영, 2014). 이처럼 남성 한부모가 겪는 자녀양육과 가사 수행의 어려움, 경제적 문제, 이혼이나 사별 후의 심리적 어려움, 남성 한부모에 대한 사회적 편견과 미약한 사회지지체계로 인한 사회적 고립감 등은 남성 한부모의 신체적 건강 손상으로 이어졌다(Janzen, Green, & Muhajarine, 2006). 그리고 이와 같이 삶 속에서 안정되지 못한 남성 한부모는 자녀의 건강을 돌보는 수준도 낮았다(Leininger & Ziol-Guest, 2008: 박현정, 이기연, 정익중, 2013에서 재인용). 특히 이혼한 남성 한부모가 어린 자녀를 양육할 경우, 양육과 일이라는 이중고로 인해 무기력한 생활을 하고 있었다(노정자, 2010).

하지만 남성 한부모의 삶이 부정적이지만은 않았다. 남성 한부모 중 종교가 있고 한부모로서의 삶이 오래되었을수록 회복탄력성이 높았고, 이 회복탄력성은 남성 한부모의 강점이 되어 삶을 긍정적으로 이끌고 남성 한부모가 건강한 가정을 만들어 나가도록 돕고 있었다(황정민, 2017). 또한 남성 한부모가 이혼이나 사별 후에 갖게 된 새로운 역할에 적응하게 되면, 숙고와 결단을 통해 생계를 영위할 수 있는 경제활동을 하여 경제적 어려움에서 벗어나고, 자녀가 성장함에 따라 심리적으로도 건강해지면서 삶에 대한 희망을 품게 되었다(노정자, 2010). 더욱이 남성 한부모가 자녀양육의 어려움을 겪을 때 주변 사람들과 각종 기관의 지원이 큰 도움이 되었으며, 남성 한부모는 자녀와 친밀감을 나누며 애착이 형성되는 순간 양육자로 사는 삶의 의미와 기쁨을 누렸다(임경택, 2014). 그리고 남성 한부모가 위기를 극복하는 데에 있어 사회복지서비스는 안전장치 역할을 하였고, 위기를 극복하는 과정에서 남성 한부모의 탄력성과 외상 후 성장을 도왔다(황정민, 김혜선, 2019).

(3) 조손가족의 어려움

조손가족은 학문적으로 다양하게 정의되고 있다. 그중 2007년 「한부모가족지원법」 내 조손가족에 대한 특례 조항을 중심으로 조손가정을 정의하자면, "65세 이상의 조부 · 조모가 18세 미만의 아동을 양육하는 가정"으로 정의된다(염동훈, 김혜영, 안치민, 2007; 유길준, 2016; 황미진, 정혜정, 2014). 조손가정은 부모세대가 동거하지 않는 것을 전제로, 조부모와 손자녀가 동거하는 가정 형태이다. 즉, 조부모가 손자녀의 주양육자이며 경제적 부양자라 할 수 있다(김원경, 전제아, 2010; 민기채, 2010). 하지만 최혜지(2006, p. 641)는 조손가족을 "성인 자녀가 가구 내에 구조적으로 부재하거나, 또는 가구 내에 존재한다 해도 부모로서의 기능을 적절히 수행하지 못해 성인 자녀의 기능적 부재를 경험하는 가족"이라고 차별성 있게 특징짓고 있다.

2010년 여성가족부가 조손가족 약 1만 2천 가구의 실태를 파악한 결과에 따르면, 조손가정 발생의 주된 이유로 자녀의 이혼이나 재혼이 전체의 50% 이상을 차지하였고, 자녀 · 부모의 가출이나 실종 · 사망 등이 가족해체의 이유로 제시되었다.

이렇게 자녀 가족의 해체로 형성된 조손가족은 많은 어려움을 겪고 있었다. 첫째, 조손가족에서 조부모는 65세 이상이기 때문에 경제적 자활을 통한 근로소득 발생이 거의 없고, 공적이전소득이나 사적이전소득에 의존하고 있어 많은 조손가족이 빈곤에 처해 있었다(민기채, 2010, 2011). 조부모의 빈곤은 손자녀 부양 결핍으로 이어졌으며, 이는 조부모의 심각한 심리적 스트레스의 원인이 되었다(강미희, 2011). 둘째, 조부모는 예기치 않게 손자녀양육을 전담하게 되면서 자신의 정상적인 생애주기 발달에서 이탈을 경험하게 되었다. 이러한 조부모의 생애주기 이탈은 조부모와 손자녀에게 심리적 불안감을 주고, 불안감은 우울과 자존감 손상으로 이어져 심각하면 자살로도 이어지곤 하였다. 특히 조부모와 손자녀의 우울과 낮은 자존감은 손자녀의 사회적응과 조부모의 적응유연성에 부정적인 영향을 끼쳤다(이윤화, 김동기, 2011; 장영은, 2016). 생애주기에서 성공적인 인생의 마지막 단계를 영위해야 하는 조부모에게 다시 손자녀의 양육자가 되어 책임을 지는 상황은 조부모가 새롭게 발생한 생애주기 과업에 적응해야 하는 과제를 안겨 주었다(김미혜, 김혜선, 2004; 안유숙, 2016). 즉, 조손가족에서 조부모는 자신의 노화를 감당하면서 손자녀에 대한 양육, 생계에 대한 책임이라는 삼중고에 시달리고 있었다(민기채, 2011).

반면, 조손가정을 위한 다양한 복지는 꾸준히 향상되어 제공되고 있다. 조손가족을 위한 가족 역량강화 서비스가 도입되었고 사례관리를 통한 심리지원, 돌봄 및 상담 서비스 등이 제공되고 있다(박안나, 2020). 가족해체를 경험한 아동은 그렇지 않은 아동에 비해 우울, 불안, 사회적 철회 등의 심리·정서적 문제를 가진 경우가 많다. 이는 아동의 부모에 대한 미움, 원망 등의 부정적 감정과 부모를 그리워하는 감정 등 양가감정에 기인할 수 있다. 이러한 아동의 부정적인 정서가 친구관계, 학교생활에의 부적응, 충동적·반사회적 행동, 비행 등의 문제를 일으킬 수 있다. 따라서 조부모, 원부모인 자녀 부모, 손자녀를 위한 상담, 교육 등을 포함한 가족 역량강화 서비스, 사례관리 제공은 매우 중요하다 할 수 있다.

(4) 청소년 한부모의 어려움

청소년 한부모는 18세 미만의 아동을 양육하는 24세 이하의 청소년 모 혹은 부로 정의한다. 2015년 기준으로 청소년 한부모는 16,104가구이다. 청소년 한부모의 증가에 맞추어 「한부모가족지원법」은 지원대상자에 청소년 한부모를 포함하였다(이윤정, 2017). 청소년 한부모는 임신 단계부터 양육하는 단계에 청소년기와 성인기 발달과업을 동시에 수행해야 하는 어려움을 겪고 있었다(김지연, 2014). 미혼 청소년 한부모에 대한 사회적 편견과 낙인은 청소년 부모가 가장 힘들어하는 부분이었다. 청소년 한부모는 아직 성인으로서 직업을 갖기 전에 자녀를 출산하고 양육하기 때문에 경제적 어려움을 가질 수밖에 없었다. 그래서 청소년 한부모의 불안정한 생활환경과 경제적 빈곤 상태는 청소년 한부모의 심리·정서 발달상 부적응을 초래했고, 이 때문에 청소년 한부모는 자아존중감 저하, 자기효능감 결여, 우울감 증가를 경험하였다. 원가정 경제 수준이 '중하 이하'라고 한 청소년 한부모가 53.2%였고, 한부모가족 복지시설에서 퇴소 후 원가정으로 복귀할 것이라고 응답한 청소년은 10명 중 2명이었다. 청소년 한부모의 경제적 자립은 해결하기 가장 어려운 문제라 할 수 있다. 그래서 청소년 한부모는 미래에 대해 매우 걱정하고 두려워하였다. 청소년 한부모는 심리적 어려움, 경제적 어려움, 사회적 편견과 낙인, 미래에 대한 불확실성 등으로 인해 스트레스가 만연화되어 있었다(김지연, 2014; 안재진, 김지혜, 2004). 실제로 보호시설에 입소한 미혼 청소년 한부모는 사회적 지지가 충분하지 않아 이미 오랜 시간 동안 죄의식 · 수치심 · 소외감을 느끼고 있었고, 학업 중단으로 인한 학력 저하, 저임금, 불안정한 직업, 결혼의 어려움을 겪고 있었다(김만지, 2000). 청소년 한부모의 학업 중단은 취업의 어려움으로 이어지고, 빈곤의 원인이 되었다. 그리고 이 부모의 빈곤은 아동 빈곤으로 이어져 빈곤의 대물림이 발생하였다(홍순혜 외, 2007). 이에 홍순혜(2012)는 사례관리 전문가를 배치해 청소년 한부모의 발견부터 자립까지 지원해 줄 것을 제안하였다.

한편, 정부는 현재 청소년 한부모가 직면하고 있는 문제를 해결할 수 있도록 청소년 한부모의 교육권을 강화해 주고 청소년 한부모의 소득과 생활을 지원해 주는 사회서비스를 제공하고 있다. 더불어 청소년 한부모의 자녀양육을 지원하는 보육과 보건서비스도 제공하고 있다. 입소시설에서도 청소년 한부모에게 진로 프로그램과 자립 프로그램, 심리상담서비스를 제공하여 청소년 한부모의 정신건강을 돕고 청소년 한부모의 효능감을 높이고 있다(이윤정, 2017).

2. 한부모가족에 대한 이론적 관점과 사회복지실천

1) 생애 구조적 관점

레빈슨과 데로우(Levinson & Darrow, 1978)의 생애 구조적 관점은 인생 주기를 중심으로 한부모가족을 이해하고 개입하는 실천이론이다. 생애 구조적 관점에서는 한부모가족의 인생 사건을 생애 구조적 변화 관점에서 이해한다. 레빈슨과 데로우(1978)는 출생에서 죽음에 이르는 과정을 인생의 4계절(전 성인기, 성인 전기, 성인

중기, 성인 후기)로 구분하여 인생 주기를 설명하였다. 그러면서 인생 주기를 혼돈과 갈등·변화가 발생하는 전환기와 이에 변화된 삶에 적절히 적응하여 삶의 구조를 형성하는 안정기, 이렇게 두 주기의 순환과정이라고 설명하였다. 사별이나 이혼은 인생의 전환기로서 삶이 변화하는 새로운 시작과 가능성을 의미하며, 개인의 심리·사회적 발달은 전환기에 이루어진다고 설명하였다(Levinson & Darrow, 1978: 장혜경, 민가영, 2002에서 재인용).

생애 구조적 관점에서 한부모가족을 볼 때, 한부모가족이 되는 생애적 사건은 인생의 계절이 변화하는 전환기로 볼 수 있는데, 사별이나 이혼이 그 생애적 사건이라 할 수 있다. 한부모가족은 사별과 이혼이라는 전환기를 거치며 새로운 삶의 형태에 적응하고, 새롭게 형성된 삶을 사는 동안 여러 시행착오를 겪으며 삶의 형태를 균형 있게 다잡아 가면서, 새로운 삶에서 의미와 가치를 발견하고 성장한 후 안정기를 맞이한다고 볼 수 있다(박민영, 2006).

2) 가족 스트레스 관점

가족 스트레스 관점은 한부모가족이 겪는 고통과 긴장의 사건인 사별이나 이혼을 위기로만 보는 것이 아니라, 이를 극복하고 적응해야 할 사건으로서 의미를 부여하는 관점이다(장혜경, 민가영, 2002). 즉, 사별이나 이혼을 가족 자원, 인지, 대응의 긍정적 결과를 얻기 위한 실천적 사건으로 보는 것이다. 스트레스 이론에서는 스트레스를 유발하는 생활사건이 다양한 신체적·심리적 질환의 발병에 중요한 영향을 끼친다고 하였다. 더 나아가, 워트만, 실버와 케슬러(Wortman, Silver, & Kessler, 1993)는 특정한 생활 사건의 맥락을 분석하여 궁극적으로 생활 사건이 그 사건을 경험하는 개인에게 어떤 의미를 부여하는지 밝혔고, 취약요인(vulnerability) 또한 설명하였다.

한편, 한국여성개발원(1997)이 분석한 케슬러(Kessler, 1975)의 연구에 따르면 이혼 적응은 다음의 3단계를 거친다.

① 돌이켜 보는 단계(Mourning)
전 배우자에 대한 부정적 감정을 돌아보고, 전 배우자에 대한 분노, 미움, 슬픔 등을 쏟아 냄으로써 전 배우자의 환영에서 벗어난다. 그러나 이 단계에서 부정적 감정을 해소하지 않으면 다음 시점에서 그 감정을 해소하는 과정을 거친다.

② 회복 단계(Recovery)

회복은 개인이 이혼을 얼마나 현실적으로 받아들이는가 하는 정도에 달려 있다. 객관적으로 전 배우자와의 관계를 판단할 수 있다면, 이혼 전 배우자와 함께했던 일상생활의 박탈을 인지할 수 있고, 이는 새로운 배우자를 찾을 수 있게 하는 반대적인 추구를 지향할 수도 있다.

③ 안정된 단계(Stablization)

이 단계는 이혼 한부모의 불안정이 제거되고 개인의 삶과 목표에 재몰입하는 단계라 할 수 있다. 안정된 이혼을 한 한부모는 현실적인 목표를 세우고 목표 달성을 위한 계획을 실천한다. 그리고 개인의 강점을 살려 새로운 관계형성을 준비한다. 이때의 관계에는 접근성이 더 용이하도록 개방성, 수용성, 친절이 수반된다.

한편, 스트레스 이론에서 가족 자원은 가족구성원 간의 긴장을 감소시키고 갈등을 조절할 수 있는 잠재력 요인이자 가족체계의 목표와 욕구를 충족시키는 수단이다. 개인의 생활 사건에 대해 인지하는 형태와 방향이 사건에 대한 적응 결과를 결정짓는다고 보았다. 또한 사건에 대한 적절한 대처행동은 스트레스에 대한 가족의 취약성을 감소시키고, 가족 자원을 강화하고 유지하는 역할을 하였다(김오남, 김경신, 1998).

따라서 스트레스 이론은 한부모가 한부모가족의 사별이나 이혼 등 생활 사건으로 인한 스트레스를 해소하고 가족이 스트레스에 영향을 받지 않도록 한부모와 자녀라는 가족 자원을 분석하고 활용하여 가족구성원 간의 긴장을 감소하고 갈등을 조절할 것을 제안한다. 따라서 사회복지실천가는 한부모와 그 자녀가 당면한 생활 사건을 부정적으로 인지하기보다는 새로운 적응의 과업으로 여기고 잘 적응해 나갈 수 있도록 도와야 할 것이다.

3) 강점관점에 기초한 가족탄력성 강화 실천

월시는 개인의 탄력성 개념을 발전시켜 가족탄력성이라는 개념으로 확장하였다
(Walsh, 2002). 가족탄력성이란 가족이 위기와 사건에 직면했을 때 가족구성원들이
대처하고 적응하고 인내하며 성장해 나가는 역동성이다. 따라서 가족탄력성은 가
족의 부적응보다는 강점관점에 기초한 가족의 성공적 적응을 탐색하는 접근법이라
고 할 수 있다. 월시(2002)는 가족탄력성의 구성요소로 세 가지를 제시하였다. 첫째,
가족의 위기 상황에서 가족이 응집력을 갖고 역경을 이겨 낼 긍정적인 시각과 힘을
제공하는 신념체계를 제시했으며, 둘째, 가족의 변화에 잘 적응하여 안정을 이루며,
상황에 맞도록 융통성을 발휘하여 적절하게 변화되고, 가족구성원들이 독립적으
로 분화됨과 동시에 필요할 때 협력할 수 있는 가족 연대감을 의미하는 연결성과 가
족에게 자원이 필요할 때 적절히 사회 · 경제 자원을 동원할 수 있는 능력을 포함하
는 조직 유형을 제시하였다. 셋째, 의사소통 과정을 구성요소로 제시했는데, 여기에
서의 의사소통 과정은 가족구성원 간의 의사소통을 명확하게 하고 개방적으로 정
서를 표현할 줄 알며 문제와 갈등을 해결할 때 가족 간 의사결정을 공유하는 과정을
의미한다.

한부모가족은 양육 스트레스가 높다. 그런데 양육 스트레스는 가족탄력성에 부
정적으로 영향을 끼친다(이은희, 옥경희, 2012; 이정은, 최연옥, 2019). 반면, 가족탄력
성이 높으면 가족구성원들이 안정적인 심리 상태를 가지며, 가족이 갈등 및 스트레
스가 발생하는 위기 상황을 맞이해도 회복력이 빠르다(정영숙, 이현지, 2009). 김경
순과 이미숙(2009)의 연구에서도 이혼 여성 한부모가족의 가족탄력성이 이혼 가정
의 변화된 가족생활 적응에 도움을 주었다. 현은민(2008) 또한 한부모가족의 가족
탄력성이 높을 때 가족구성원의 우울감이 낮았고, 가족탄력성이 가족의 심리적 스
트레스를 감소시켰다고 보고하였다. 정미경과 이규미(2010)도 가족유대감과 가족
구성원들의 건강한 의사소통과 지지는 심리적 부적응을 예방하거나 감소한다고 하
였다.

따라서 사회복지실천가는 한부모의 가족탄력성을 강화하기 위해 다음과 같은 방
안을 모색해야 할 것이다. 첫째, 사회복지실천가는 한부모가족의 응집력을 키워 주
고 한부모가족이 역경을 이겨 낼 수 있도록 한부모의 강점을 부각하고 역량을 강화

할 수 있는 프로그램들을 더욱 개발해서 한부모가족들에게 제공해야 할 것이다. 둘째, 조직 유형 구성 차원으로, 외부 자원을 적절히 활용하여 한부모가족이 문제해결을 할 수 있도록 한부모가족의 사회관계망을 체계적으로 구축해야 할 것이다. 더불어 가족의 유대감 결속력을 의미하는 응집력을 증진하기 위해 가족이 스스로 갈등을 중재할 방법이나 대처전략을 세울 수 있도록 사회복지실천가가 한부모가족에게 긍정적 관계형성 훈련의 기회를 제공하는 것도 필요하겠다. 마지막으로, 사회복지실천가는 가족구성원들이 서로 개방적이고 명확한 의사소통을 할 수 있도록 한부모가족을 위한 의사소통 방법 숙지 프로그램을 마련해야 할 것이다(최윤정, 2019).

4) 한부모가족의 역량강화를 위한 강점관점 사례관리실천

보건복지부는 2004년 취약·위기 가구를 대상으로 가족중심 강점관점의 통합실천사례관리 사업을 시작하였다. 이때 빈곤의 여성화 아젠다가 대두되어 한부모가족 또한 취약·위기 가구 대상에 포함되었다(노혜련 외, 2006). 여성가족부(2015a) 또한 보건복지부의 취약·위기 가구 대상 사업과 맥락을 같이하여 가족중심 강점관점 통합실천사례관리에서 가족의 문제해결 능력 강화와 자립역량강화를 목적으로 지속성 있는 사례관리, 자원연계, 정보제공 등의 서비스를 한부모가족에게 제공하고 있다. 특히 사회복지실천가는 한부모가족 대상 사례관리를 위한 자원연계 네트워크 협의체를 기반으로 대상자의 다양하고 복합적인 서비스 욕구를 채워 주고 효율적인 서비스를 제공하는 방안을 지속적으로 모색하고 있다.

한부모가족 대상 사례관리 자원 네트워크 협의체는 공공기관인 지방자치단체, 보건소, 취업 전문 기관인 여성새로일하기센터와 고용안정지원센터, 상담기관인 성폭력·가정폭력 상담소, 자살예방센터, 교육기관인 학교, 교육청, 의료기관, 청소년지원기관 등 지역사회에서 한부모가족을 대상으로 서비스를 제공할 가능성이 있는 기관들로 구성되어 있다. 하지만 한부모가족 지원 관련 네트워크에는 참여 기관수는 많으나 실제 서비스를 제공하는 서비스 연계 성과는 미흡하다는 지적을 받고 있다. 한편, 사례관리 대상자 발굴과 관리에 있어서는 네트워크 활용도가 높고, 효율성 높은 네트워크 활용을 통한 대상자 발굴과 관리는 사례관리의 체계적 안정성과 사례관리 목적 달성에도 효과적인 것으로 드러났다(정지영, 박정윤, 고선강, 2014).

따라서 한부모가족의 불안·우울·무기력과 같은 심리·정서적 어려움과 사회적 편견이나 차별로 인한 사회관계망 축소와 위축, 경제적 어려움, 자녀와의 관계 갈등, 돌봄 어려움 등의 문제와 자녀의 불안 심리, 새로운 환경에의 부적응, 부모에 대한 원망과 그리움의 상반된 감정 등의 복합적인 문제를 해결하고 욕구를 채워 주기 위해서 네트워크를 기반으로 한 통합서비스사례관리 사업이 더 효과적으로 운영되도록 집중적인 노력과 투자가 요구된다. 특히 황정임, 이호택과 김유나(2016)의 연구에서는 가족센터와 같은 공공기관을 중심으로 네트워크를 전담하는 부서 및 인력을 설치하고 한부모가족 사례관리를 위한 전문 인력 배치를 통해 통합서비스사례관리의 효과성과 효율성을 증진할 것을 제안하였다.

3. 한부모가족을 위한 사회복지실천 및 정책방향

1) 소득 및 취업 지원 강화

(1) 사회보험 및 공적 부조

현재 한부모가족은 별도의 정부 주도 사회보험 지원을 받고 있지 않으며, 일반 사회보장제도의 틀 안에서 지원을 받고 있다. 우선, 사회보장제도 중 사회보험 부분에서는, 배우자의 사망으로 인해 한부모가족이 되는 경우 「국민연금법」 「공무원연금법」 「군인연금법」 「사립학교교원연금법」 「산업재해보상법」을 통해 경제적 지원을 받을 수 있으며, 「국민건강보험법」에 의해 의료보장을 받을 수 있다. 하지만 이혼으로 인해 한부모가족이 되는 경우에는 한부모가 보험의 직접적 당사자가 아닌 이상 해당 사항이 거의 없다. 특히 한부모가족을 한부모와 미성년 자녀로 구성된 가족이라고 할 때, 미성년 자녀를 둔 한부모 당사자가 소득 보장 보험의 수혜자가 되기는 연령상 어렵다. 따라서 배우자의 사망으로 한부모가족이 되는 경우가 아니라면, 소득보장을 위한 사회보험의 지원은 매우 제한적이다. 공공부조 측면에서 보면 한부모가족이 저소득층일 경우 우선 「국민기초생활 보장법」에 의해 생계지원을 받을 수 있다. 이 지원은 수급 기준을 만족시키는 저소득가정이면 모두 해당되기 때문에, 한부모가족의 발생 원인과 관계없이 수혜 대상이 될 수 있다. 그 밖에 국민기초생활

보장 수급 가구를 위한 다양한 지원은 '제7장 빈곤가족'에 자세히 기술되어 있다. 이 외에도 「국가유공자 등 예우 및 지원에 관한 법률」에 의한 지원이 있으나 이 또한 배우자가 국가를 위해 봉사하다 사망하여 한부모가족이 된 경우에만 해당된다. 그 밖에 한부모가족이 국민기초생활보장 수급 조건에 해당한다면 여러 가지 급여 혜택을 받을 수 있다. 국민기초생활보장 수급 가구를 위한 다양한 지원은 빈곤가족 편에 자세히 기술되어 있다.

(2) 한부모가족지원법에 근거한 지원 내용

1989년 제정된 「모자복지법」이 「모·부자복지법」으로, 그리고 2007년에는 「한부모가족지원법」으로 개정되어 우리나라 한부모가족에 대한 다양한 지원의 근거가 되고 있다. 이 법에 근거하여 한부모가족이 받을 수 있는 대표적 소득지원 복지 혜택은 소득인정액 기준 중위소득 58% 이하 한부모가족 및 조손가족에게 지급하는 한부모가족 자녀양육비 지원과 소득인정액 기준 중위소득 60% 이하이며 만 24세 이하의 한부모가족에게 제공하는 청소년 한부모 자립지원이 있다. 복지급여는 보호 대상자가 「국민기초생활 보장법」 등 다른 법령에 따라 보호를 받는 때에는 그 범위 안에서 이 법에 따른 급여를 받지 못하게 되어 있다(여성가족부, 2022).

(3) 저임금 근로자에 대한 취업 지원

2018년 기준으로 한부모가 되기 전 취업 중이었던 한부모는 61.1%였고, 한부모가 된 이후 취업자는 84.2%로 한부모가 된 후 취업률이 눈에 띄게 증가했음을 알 수 있다(여성가족부, 2018). 한부모가 된 후 취업한 대부분의 여성은 전업주부였던 여성들로, 한부모가 된 후 경제적 부담으로 인해 취업했음을 유추할 수 있다. 오랫동안 경력이 단절됐던 혹은 취업 경험이 없는 여성이 취업하면 대부분 소득수준이 낮은 서비스업에 취업하여 저임금으로 생계를 유지한다. 즉, 저임금 근로자인 한부모들이 자격증을 취득하고 기술을 습득하여 적정 임금을 받을 수 있는 직업을 가질 수 있도록 정부는 한부모를 위한 고용훈련 프로그램을 확대하고 질 좋은 직업을 구할 수 있도록 지원해야 한다.

2) 한부모가족 복지시설

현재 「한부모가족지원법」에 따르면 한부모가족 복지시설은 생활시설인 모자가족, 부자가족, 미혼모자가족 복지시설, 일시지원 복지시설과 이용시설인 한부모가족 복지 상담소로 분류된다. 모·부자가족 복지시설은 세부적으로 기본생활 지원, 공동생활 지원, 자립생활 지원으로 구분되며, 미혼모자가족 복지시설은 기본생활 지원과 공동생활 지원으로 구분된다(여성가족부, 2022).

국가는 2022년 기준으로 한부모가족복지시설에 입소한 가족 중 소득인정액이 기준 중위소득 58% 이하인 가족에게 생계비(생활보조금)를 가구당 월 5만 원을 지급하고 있다.

한편, 전국 한부모가족복지시설은 가족센터와 함께 한부모 정책 서비스전달체계로 역할을 수행하고 있다. 하지만 여성 한부모의 '탈시설화' 운동이 일어나고 있다. 여성 한부모 탈시설화 운동은 여성 한부모가정의 주권을 회복하고자 하는 욕구이며, 전형적인 가족만 정상가족으로 여겨 왔던 사회에 대한 가족 구성권 운동이다. 여성 한부모 탈시설화 운동은 여성 한부모의 임신·출산·양육 과정에서의 자기결정권이 존중되기를 바라며 보호가 아닌 권리로서 여성 한부모의 주거권이 보장되는 것을 목적으로 하고 있다(오진방, 2021).

반면, 시설의 보호가 중요한 대상자도 있다. 가정폭력 때문에 이혼한 여성 한부모는 전남편에서 벗어나 시설의 보호를 받고 싶어 한다. 그리고 생활시설의 사회복지실천가와 시설거주자들은 한부모가족의 사회지지체계 역할을 수행할 수 있다. 따라서 한부모가족의 주거 형태는 한부모가족이 스스로 선택할 수 있고 결정할 수 있는 다양한 거주 형태로 제공되어야 한다.

3) 주택지원(주거지원) 확대 및 강화

현재 모·부자가족 복지시설과 미혼모자가족 복지시설, 그리고 일시지원 복지시설에서는 한부모가족의 숙식 무료 제공뿐만 아니라 교육·의료, 그리고 양육비 등을 지원하고 있다. 그러나 이러한 지원은 계속되지 않거나 아주 일시적으로만 제공하는 것으로, 시설 거주 한부모는 퇴소 후에는 독립해야 한다(여성가족부, 2022).

2017년 주거실태조사 결과에 따르면 한부모가족의 월세나 전세 비율 모두 높게 나타났으며, 주택 점유 형태 결과와 비교할 때 자가 가구의 비율이 현저히 낮아 한부모가족의 주거 안정성이 낮은 것으로 보고되었다(국토교통부, 2018). 반면, 공공임대주택의 경우 거리상의 문제, 비용에 따른 경제적 문제, 복잡한 입주 신청, 공공임대주택에 대한 사람들의 부정적 인식, 입주 신청 자격 미달 등으로 한부모가족의 이용률이 저조하다. 따라서 한부모가족을 위한 공공임대 절차를 더 단순화하여 절차상의 어려움을 없애고, 입주 신청 자격을 더욱 확대해서 한부모가족이 지원받을 수 있도록 해야 한다. 예를 들어, 시설에서 거주하며 지원받던 한부모들이 독립을 희망할때에는 퇴소하기 전에 시설이 절차 진행에 도움을 주어 한부모의 독립을 지지해 주어야 하겠다. 또한 정부는 한부모의 소득수준에 따라 현재보다 더 실질적으로 도움이 되는 정도의 주거급여를 제공해야 할 것이다

4) 가족문제의 해결을 돕는 전문기관과의 프로그램 확대

부부간의 갈등이나 가족폭력 등이 심각해지면 별거나 이혼으로 이어지기 쉽다. 모든 갈등 가족이 이혼에 도달하는 것은 아니지만, 이혼의 가장 큰 사유는 역시 부부간의 갈등적 문제라고 할 수 있다. 따라서 이혼이나 별거를 예방하기 위한 대책으로 부부가 별거나 이혼을 결정하기 이전에 가족문제를 해결하도록 돕는 지원이 필요하다.

가족센터는 과거와 비교하면 더욱 확대된 가족상담 및 가족교육 등 다양한 프로그램을 통해 한부모가족을 지원하고 있다. 또한 서울특별시를 포함한 몇몇 지방자치단체에서는 한부모가족지원센터를 별도로 운영하여 한부모가족을 위한 심리ㆍ사회적 지원을 수행하고 있다. 한부모가족지원센터는 한부모가족의 생활 안정과 자립역량강화 종합지원, 한부모가족 복지시설 및 기관지원 활성화, 한부모가족 인식 개선 및 사회 환경 조성 사업 등을 시행하고 있다(서울특별시 한부모가족지원센터, https://seoulhanbumo.or.kr). 하지만 이 기관 사업들은 한부모가족에게만 국한되어 있다. 한부모가족이 되지 않도록 부부 이혼을 예방하는 차원의 위기가족 개입 프로그램이 부족한 상황이다. 이뿐만 아니라 사회복지관, 여성상담소, 부녀상담소, 아동상담소 등도 가족문제로 인해 갈등을 겪는 부부 개입을 위한 전문가를 배치하여

프로그램을 진행해야 할 것이다. 예를 들어, 가족복지 관련 기관들은 가족응집력 향상 프로그램, 효과적인 자녀양육 훈련 프로그램과 같은 프로그램을 개발하여 가족치료나 가족상담과 함께 전문적으로 제공할 필요가 있다.

5) 자녀지원

한부모가족 자녀를 위한 지원으로는 저소득 한부모가족을 위한 아동양육비와 추가아동양육비, 아동교육지원비(학용품비) 등이 있다. 아동양육비는 소득인정액이 기준 중위소득 58% 이하 대상자만 지원 가능하며 대상자의 소득인정액의 수준에 따라 차등적으로 지급된다. 추가 아동양육비는 조손 및 미혼 한부모의 자녀에게 지급되고 한부모와 아동의 연령에 따라 차등적으로 지급된다(여성가족부, 2022).

한부모가족 지원제도를 살펴보면 저소득층이 아닌 한부모가족의 경우에는 자녀지원이 거의 없다고 해도 과언이 아니다. 현재 이혼한 가정의 경우 법원은 양육자녀가 2인인 4인가구 자녀의 1인당 평균 양육비를 기준으로 양육비를 산정하였다. 비양육자의 양육비 분담 비율은 양육비산정기준표에 의거하고 양육비산정기

표 8-1 자녀 지원비 지급기준

지원종류	지원대상	지원금액
아동양육비	소득인정액이 기준 중위소득 52% 이하인 가족의 만 18세 미만 자녀	월 20만 원
	소득인정액이 기준 중위소득 58% 이하인 가족의 만 18세 미만 자녀	월 10만 원
추가 아동양육비	소득인정액이 기준 중위소득 58% 이하인 조손 및 만 35세 이상 미혼 한부모가족의 만 5세 이하 아동	자녀 1인당 월 5만 원
	소득인정액이 기준 중위소득 58% 이하인 만 25세 이상 34세 이하 청년 한부모가족의 만 5세 이하 아동	자녀 1인당 월 10만 원
	소득인정액이 기준 중위소득 58% 이하인 만 25세 이상 34세 이하 청년 한부모가족의 만 6세 이상 18세 미만 아동	자녀 1인당 월 5만 원
아동교육 지원비(학용품비)	소득인정액이 기준 중위소득 58% 이하인 가족의 중학생·고등학생 자녀	자녀 1인당 연 8.3만 원

출처: 여성가족부(2022).

준표는 부부의 소득 비율로 계산하여 산정한다(서울가정법원, https://slfamily.scourt. go.kr/dcboard/new/DcNewsViewAction.work?seqnum=9654&gubun=41&cbub_code= 000230&searchWord=&pageIndex=1). 2017년 육아정책연구소의 「돌봄 취약계층 맞춤형 육아지원방안」 보고서에 따르면, 만 12세 이하의 자녀를 둔 한부모가족 353가구 중 62.6%나 비양육 부모로부터 양육비를 전혀 받지 않은 것으로 드러났다(배윤진, 조숙인, 장문영, 2017). 이러한 양육비 수령의 심각성으로 인해 정부는 2015년부터 「양육비 이행확보 및 지원에 관한 법률」에 따라 양육비 이행 지원제도를 실행하였다. 이 제도는 비양육 부 · 모로부터 양육비를 지급받을 수 있도록 당사자 간 협의 성립, 양육비 관련 소송, 채권 추심, 불이행 시 제재 조치(출국금지 요청, 명단공개, 형사처벌 등)를 지원하며, 양육비 채권자가 필요한 서비스를 제공하는 기관을 일일이 찾아갈 필요 없이 이행 관리원에 1회 신청하는 것만으로 종합지원 서비스를 제공한다(여성가족부, 2022).

〈참고: 「양육비 이행확보 및 지원에 관한 법률」 개정('21. 1. 12. 공포, '21. 7. 13. 시행)〉
- 감치명령에도 불구하고 양육비를 지급하지 않는 경우 출국금지 요청 및 명단공개 가능
- 감치명령에도 불구하고 1년 이내 양육비를 지급하지 않는 경우 형사처벌 가능

출처: 여성가족부(2022).

　그 밖에 한부모가족 중 중위소득 100% 이하이면 지역아동센터 시설을 이용할 수 있다. 이에 따라 아동 보호(안전한 보호, 급식), 교육 기능(일상생활 지도, 학습능력 제고 등), 정서적 지원(상담, 가족지원), 문화서비스(체험활동, 공연) 등의 서비스를 지역아동센터에서 받을 수 있다. 또한 초등돌봄교실(방과후 학교)은 초등학교 저학년 위주로 운영되는 것으로, 저소득층 · 맞벌이 가정 자녀, 그리고 기타 대상인 한부모가족 자녀 등을 대상으로 하는 보육 · 교육 프로그램이다. 돌봄교실 수강료는 학교 운영위원회의 심의를 거쳐 결정되며, 저소득층 자녀와 단위 학교의 여건을 고려하여 적극적으로 지원된다. 초등돌봄교실의 운영시간은 돌봄 수요에 따라 아침 돌봄, 오후 돌봄, 저녁 돌봄, 토요일 돌봄, 온종일 돌봄 등으로 운영된다. 이 외에도 초등학교 4학년 이상에서 중등학교 3학년까지 저소득층 청소년을 대상으로 하는 청소년 방과후 아카데미도 운영되고 있다. 이 아카데미는 여성가족부 및 지방자치단체

가 사업 주체이다. 아카데미는 전문체험 활동, 학습지원 활동, 자기개발 활동 등의
서비스를 제공한다(여성가족부, 2022).

6) 한부모의 일 · 가정 양립 지원

한부모가족은 자녀양육과 경제적 책임이라는 이중고에 일 · 생활 균형을 이루지
못하고 있다. OECD 발표에 따르면, 우리나라의 2017년 기준 한부모가족 아동 빈
곤율이 52.9%로 OECD 국가 중 2위였고, 양친부모가족 아동 빈곤율 12.6%에 비해
4배에 달한다(OECD, 2020). 2007년에 개정된 「남녀고용평등과 일 · 가정 양립 지원
에 관한 법률」에 근거한 일 · 가정 양립 정책은 여성의 경제활동과 자녀 출산과 양육
을 포함한 가정생활의 균형을 지원하기 위한 정책이라 할 수 있다. 이후 이 법은 남
성의 일 · 가정 양립 지원정책으로도 확대되었다. 반면, 일 · 가정 양립 지원정책은
한부모 대상의 특징을 반영하여 더욱 확대되어야 한다. 한부모를 위한 일 · 가정 양
립 지원정책은 한부모가 근로자로서 개인의 능력과 잠재력을 실현할 수 있도록 장
려하며, 자녀양육과 가사를 잘 감당할 수 있도록 양육을 지원하는 동시에 다양한 여
가활동에도 참여하여 삶의 질을 일정 수준 이상으로 영위할 수 있도록 도와야 한다.
특히 한부모의 일 · 가정 양립을 위해 한부모의 근로시간 단축이 필요하다. 한부모
의 일 · 가정 양립의 가장 어려운 점이 시간 부족인 만큼, 근로시간 단축은 한부모가
가정에서 자녀를 돌보는 시간을 더 확보할 수 있도록 도울 수 있을 것이고, 가사 노
동의 시간적 여유와 여가활동 참여 시간을 제공할 수 있을 것이다. 하지만 근로시간
단축이 임금 감소로 이어져서는 안 된다. 근로시간 단축과 임금보장은 함께 지원되
어야 한다. 이에 노경혜와 강신혜(2019)는 한부모가족을 대상으로 생계급여 보조와
자녀돌봄 현물 서비스를 제공해야 한다는 '한부모가족 취업+돌봄 패키지 프로그램'
을 제안하였다.

이 장의 요약

「한부모가족지원법」에 근거하여 한부모가족은 모자가족과 부자가족으로 정의한다. 한부모가족 지원대상 범위는 한부모가족 및 조손가족, 청소년 한부모가족이다. 한부모가족이 겪는 어려움은 한부모가족 유형별로 제시하였다.

여성 한부모는 경제적 부양과 자녀양육에 대한 책임으로 심리적 부담이 컸다. 여성 한부모의 심리적 부담은 우울 증세와 같은 정신건강의 위기로 나타났다.

남성 한부모도 여성 한부모와 마찬가지로 경제적 부양과 자녀양육에 대한 책임으로 심리적 어려움을 겪고 있었다. 그러나 특별히 남성 한부모의 경우 자녀와 애착관계를 쉽게 형성하지 못해 자녀와의 의사소통의 어려움으로 인한 스트레스를 갖고 있었다.

조손가족은 조부모가 손자녀의 주양육자이며 경제적 부양자라 할 수 있다. 조부모는 65세 이상 노인이기 때문에 경제적 자활이 어려워 빈곤에 처해 있었다.

청소년 한부모는 18세 미만의 아동을 양육하는 24세 이하의 청소년 모 혹은 부로 정의한다. 미혼 청소년 한부모에 대한 사회적 편견과 낙인은 청소년 한부모가 가장 힘들어하는 부분이다.

이러한 한부모가족의 어려움을 극복하고 문제를 해결하도록 돕기 위해, 이 장에서는 한부모가 되는 사건을 생애의 전환기로 보고 개입하는 생애 구조적 관점, 한부모가족이 되는 사건을 극복하고 적응해야 할 사건으로 의미를 부여하는 가족 스트레스 관점, 한부모가족구성원들의 가족탄력성을 강화할 수 있도록 도와주려는 가족탄력성 강화 실천, 한부모가족의 문제해결능력과 자립역량을 강화하는 강점관점 사례관리실천 등을 제시하였다.

한부모가족을 위한 사회복지실천 및 정책방향은 한부모가족의 소득을 지원하며 궁극적으로 취업지원을 통한 한부모의 자립을 지향하고 있다. 한편, 한부모가족이 거주형태를 선택할 수 있도록 주택지원을 확대하고 강화해야 할 것이다. 더욱이 정부는 가족문제의 해결을 돕는 전문기관과 프로그램을 확대하여 가족해체를 예방해야 한다. 또한 한부모가족 자녀들의 돌봄지원이 확대되어 한부모가 일하는 동안 자녀가 방임되지 않도록 예방해야 할 것이다. 즉, 사회는 한부모의 일·가정이 양립되도록 전폭적으로 지원하여 한부모가족이 건강한 가족으로 성장하고 유지되도록 도와야 한다.

📱 생각해 볼거리/토론거리

1. 한부모가족을 위한 사회복지실천에서 한부모가족의 자원 중 강화될 수 있는 강점과 역량은 무엇인가?

2. 한부모가족의 일·가정 양립정책은 양친부모가족의 일·가정 양립정책과 어떻게 다른가? 즉, 한부모가족의 일·가정 양립을 위해 특히 강화되어야 할 지원은 무엇인가?

3. 여성 한부모 탈시설화 운동은 여성 한부모의 임신·출산·양육 과정에서의 자기결정권이 존중되기를 바라며 보호가 아닌 권리로서 여성 한부모의 주거권이 보장되는 것을 목적으로 하고 있다. 하지만 가정폭력 남편으로부터 보호되어야 하는 여성 한부모의 경우 시설의 안전한 울타리가 필요할 수 있다. 한부모 탈시설화 운동의 정당성과 필요성을 주제로 토론해 보시오.

참고문헌

강미희(2011). 사회복지서비스 컨설팅의 필요성에 관한 연구: 조손가족 실태조사를 활용하여. 경영컨설팅연구, 11(2), 69-94.

강창현(2016). 한부모 여성의 건강불평등 분석. 한국공공관리학보, 30(4), 297-319.

국토교통부(2018). 2017년 주거실태조사 결과.

김경순, 이미숙(2009). 이혼한 여성 한부모가족의 가족레질리언스(Family Resilence) 연구-모자보호시설 입소자를 중심으로. 한국가정관리학회지, 27(1), 89-105.

김경우(2012). 가족복지론. 서울: 창지사.

김만지(2000). 미혼모의 스트레스 관리를 위한 프로그램의 효과. 청소년학연구, 7(2), 247-275.

김미혜, 김혜선(2004). 저소득층 조손가족 조부모의 생활만족도에 영향을 미치는 연구. 한국노년학, 24(3), 153-170.

김순남(2009). 성별화된 이혼의 서사. 한국여성학, 25(4), 41-72.

김영정, 김성희(2017). 서울시 한부모 가구의 일 가족 양립 지원방안. 서울시 여성가족재단 연구사업보고서, 1-281.

김오남, 김경신(1998). 편모가족의 가족스트레스와 심리적 복지. 한국가정관리학회지, 40(4), 107-123.

김원경, 전제아(2010). 국내 학술지에 나타난 조손 관련 연구 동향. 한국심리학회지: 여성, 15(4), 653-671.

김유심(2010). 생활사건 스트레스가 빈곤층 여성한부모의 우울에 미치는 영향—영적안녕감의 조절효과를 중심으로. 한국가족복지학, 28(4), 187-218.

김정란, 김혜신(2014). 한부모가족 가구주의 우울에 미치는 영향 요인—가구주의 성차를 중심으로-. 한국가족관계학회지, 19(1), 143-160.

김지연(2014). 청소년 한부모의 생활실태 및 자립지원 방안. NYPI 청소년정책 리포트 51.

김지연, 백혜정(2014). 청소년 한부모의 개인 및 환경 특성이 부모효능감에 미치는 영향. 청소년학연구, 21(1), 51-71.

김지혜(2019) 여성 한부모의 지역사회 차별경험과 주관적 건강과의 관련성. 지방사와 지방문화, 22(2), 487-513.

김지혜, 김희주(2018). 여성 한부모의 자립경험과 강점자원에 대한 연구. 사회복지연구, 49(4), 159-193.

김혜영, 변화순, 윤홍식(2008). 여성의 이혼과 빈곤: 직업과 소득의 변화를 중심으로. 가족과 문화, 20(2), 37-63.

노경혜, 강신혜(2019). 한부모가족 종합서비스 제공 거점기관 운영방안 연구. 수원: 경기도가족여성연구원.

노영희, 김상인(2016). 한부모의 자녀양육 어려움, 고용지위, 사회적지지가 우울에 미치는 영향: 한부모의 성별차이를 중심으로. 가족과 가족치료, 24(2), 167-185.

노정자(2010). 이혼을 경험한 한부모 남성의 홀로서기 과정 연구. 백석대학교 기독전문대학원 박사학위논문.

노혜련, 박은숙, 유서구, 박화옥, 이용우(2006). 취약여성가구주 사례관리 시범사업 평가와 모형개발 연구. 세종: 보건복지부.

문현숙, 김득성(2000). 이혼 후 적응과정에 관한 사례연구. 대한가정학회지, 38(3), 99-120.

민기채(2010). 조손가족 조부모의 소득구성원과 총소득 결정요인. 한국노년학, 30(2), 323-341.

민기채(2011). 조손가구 이전소득의 빈곤감소 효과. 한국노년학, 31(2), 321-341.

박미경, 황성철(2010). 사회적 관계망의 긍정과 부정적 기능에 따른 저소득층 여성 한부모의 우울감 및 생활만족도. 한국가족관계학회지, 15(3), 3-24.

박민영(2006). 한국 한부모가족정책의 문제점과 발전과제. 이화여자대학교 정책과학대학원 석사학위논문.

박안나(2020). 조손가족 조모의 적응 과정 분석: 기독교 상담 관점의 질적 사례연구. 총신대학교 일반대학원 박사학위논문.

박현정, 이기연, 정익중(2013). 이혼한 한부모 아버지의 양육 경험: 가정이라는 밀림속으로 들어간 남자. 한국가족복지학, 41(9), 199-224.

배윤진, 조숙인, 장문영(2017). 돌봄 취약계층 맞춤형 육아지원방안(Ⅲ): 한부모가족 특성별 자녀양육실태 및 지원 방안. 서울: 육아정책연구소.

성미애(2020). 청소년 자녀가 있는 남성 한부모의 어려움 관련 변인. 가정과삶의질연구, 38(1) 1-15.

성정현(1998). 성역할태도와 이혼여성의 적응에 관한 연구. 서울대학교 대학원 박사학위논문

성정현(2017). 이혼한 여성 한부모들의 자립경험. 한국콘텐츠학회 논문지, 17(5), 137-152.

신수자(1995). 부자가정의 특성과 대책. 대구효성가톨릭대학교 대학원 석사학위논문.

안유숙(2016). 저소득층 조손가족 조부모의 손자녀양육경험과 목회적 돌봄. 한국기독교상담학, 27(2), 137-170.

안재진, 김지혜(2004). 미혼모의 사회적 관계망이 자아존중감에 미치는 영향. 한국사회복지학, 56(3), 61-87.

여성가족부(2015a). 한부모가족 실태조사.

여성가족부(2015b). 2015 건강가정지원센터 사업안내.

여성가족부(2018). 2018 한부모가족 실태조사.

여성가족부(2022). 2022 한부모가족지원사업 안내.

염동훈, 김혜영, 안치민(2007). 조손가족 실태조사 및 지원방안 연구.

오진방(2021). 시설중심 지원을 넘어선 한부모 정책이 필요한 이유. 월간 복지동향, 267, 27-31.

유길준(2016). 조손가족 조모의 적응유연성 연구. 인문사회21, 7(3), 23-40.

이선영(2014). 사춘기 자녀를 둔 저소득 한부모가정 아버지의 자녀양육 스트레스 경험에 관한 현상학적 연구. 경성대학교 교육대학원 석사학위논문.

이영호(2015). 한부모 가족 시간빈곤 해결을 위한 전략과 과제. 한국가족자원경영학회 학술대회논문집, 157-168.

이윤정(2017). 청소년 여성 한부모의 스트레스가 학업지속에 미치는 영향: 아동 양육비 및 돌봄 지원 한부모가족 정책의 조절효과 검증. 대한가정학, 55(4), 363-384.

이윤화, 김동기(2011). 조손가족 조부모의 양육스트레스가 손자녀 우울에 미치는 영향과 조부모 양육태도의 매개효과에 대한 연구: 발달단계에 따른 차이를 중심으로. 청소년복지연구, 13(2), 1-22.

이은희, 옥경희(2012). 결혼이민여성의 양육스트레스가 결혼만족도에 미치는 영향: 자아탄력성과 가족탄력성의 매개효과. 한국가족관계학회지, 12(2), 197-217.

이정빈(2013). 한부모 여성의 부모역할 경험. 한국심리학회지: 여성, 18(4), 499-532.

이정은, 최연옥(2019). ADHD아동을 양육하는 어머니의 양육스트레스 대처와 가족탄력성의 관계. 한국콘텐츠학회논문지, 19(1), 96-107.

임경택(2014). 이혼남성의 자녀양육 경험 연구. 백석대학교 대학원 박사학위논문.

장영은(2016). 조부모의 우울이 적응유연성에 미치는 영향. 인문사회21, 7(4), 1161-1181.

장혜경, 민가영(2002). 이혼여성의 부모역할 및 자녀양육지원방안에 관한 연구. 서울: 한국여성
개발원.

정미경, 이규미(2010). 노인의 스트레스, 우울, 낙관주의 및 적응유연성의 경로분석. 한국노년
학, 30(2), 629-642.

정영숙, 이현지(2009). 발달장애아 가족의 교육태도 및 양육경험 유형이 가족 회복력에 미치
는 영향. 특수교육재활과학연구, 48(3), 85-104.

정지영, 박정윤, 고선강(2014). 가족역량강화사업의 개선방향 및 표준화 모델 개발. 서울: 여성가
족부.

조흥식, 김인숙, 김혜란, 김혜련, 신은주(2017). 가족복지학(5판). 서울: 학지사.

최승희(2001). 빈곤한 사별여성의 자립지원방안. 평택대논문집, 15, 62-85.

최윤정(2008). 한부모 가족 여성가장의 정신건강 관련요인에 관한 연구: 위험요인과 보호요
인을 중심으로. 상담학연구, 9(4), 1835-1850.

최윤정(2019). 여성 한부모의 양육스트레스가 정신건강에 미치는 영향과 가족탄력성의 매개
효과. 한국정책연구, 19(2), 49-66.

최정숙(2004). 여성의 이혼과정에 관한 근거이론 연구. 이화여자대학교 대학원 박사학위논문.

최혜지(2006). 저소득층 조손가족의 조부모-손자·녀 관계 결정모형에 관한 연구. 한국노년
학, 26(3), 641-655.

한만수(2001). 빈곤부자가정의 생활실태에 관한 조사 연구: 대구광역시 달서구를 중심으로.
대구카톨릭대학교 사회복지대학원 석사학위논문.

한국여성개발원(1984). 편부모가족의 지원방안에 관한 연구.

한국여성개발원(1997). 이혼가족을 위한 대책 연구.

현은민(2008). 스트레스와 가족탄력성이 여성 한부모 가족의 적응에 미치는 효과연구. 한국
가족복지학, 13(4), 59-84.

현은민, 신상숙(2008). 부자가정의 부의 경험에 관한 질적 연구. 사회과학연구, 7(2), 1-22.

홍순혜(2012). 청소년 한부모와 학습권. 세종: 한국청소년정책연구원.

홍순혜, 김혜래, 이혜원, 변귀연, 정재훈, 이상희(2007). 청소년 한부모의 교육권 보장 실태조사.
서울: 국가인권위원회.

황미진, 정혜정(2014). 조손가족 조모의 심리적 적응에 영향을 미치는 요인. 한국가정관리학회
지, 32(4), 1-22.

황정민(2017). 한부모 아버지의 회복탄력성에 영향을 미치는 생태체계적 요인. 강원대학교
산업과학대학원 석사학위논문.

황정민, 김혜선(2019). 부자가족 아버지의 자녀애착, 양성평등의식, 사회적 지지와 회복탄력
성의 관계 연구. 한국케어매니지먼트연구, 31(4), 83-104.

황정임, 이호택, 김유나(2016). 한부모가족 지원을 위한 네트워크 강화 방안에 관한 탐색적

연구. 여성연구, 191-223.

Amato, P. R., & Keith, B. (1991). Parental divorce and the well-being of children: A meta-analysis. *Psychological Bulletin, 110*(1), 26-46.

Berryhill, M. B., & Durtschi, J. A. (2017). Understanding single mother's parenting stress trajectories. *Marriage & Family Review, 53*(3), 227-245.

Edwards, J. N. (1987). Changing family structure and youthful well-being: Assessing the future. *Journal of Family Issues, 8*, 355-372.

Emery, R. E. (1988). *Marriage, divorce, and children's adjustment.* Newbury Park, CA: Sage Publication.

Emery, R. E., & Forehand, R. (1996). Parental divorce and children's well-being: A focus on resilience. In R. J. Haggerty, L. R. Sherrod, N. Gamezy, & M. Rutter (Eds.), *Stress, risk and resilience on children and adolescents: Processes, mechanisms, and interventions.* Cambridge, UK: Cambridge University Press.

Janzen, B. L., Green K., & Muhajarine, N. (2006). The health of single father. *Canadian Journal of Public Health, 97*(6), 440-444.

Kessler, S. (1975). *The American way of divorce: Prescriptions for change.* MA: Nelson-Hall.

Krantz, S. E. (1988). Divorce and children. In S. M. Dornbusch & M. H. Strober (Eds.), *Feminism, children, and the new families* (pp. 249-273). New York: The Guilford Press.

Leininger, L. J., & Ziol-Guest, K. M. (2008). Reexamining the effects of family structure on children's access to care: The single-father family. *Health Services Research, 43*(1), 117-133.

Levinson, D. J., & Darrow, C. N. (1978). *The seasons of a man's life.* New York: Random House Publishing Group.

OECD (2020). *OECD family database: Child poverty.* http://www.oecd.org/social/family/database.htm

Walsh, F. (1996). The concept of family resilience. *Crisis and Challenge Family Process, 35*, 261-291.

Walsh, F. (2002). A family resilience framework innovative practice application. *Family Relations, 51*, 130-137.

Wortman, C. B., Silver, R. C., & Kessler, R. C. (1993). The meaning of loss and adjustment to bereavement. In M. S. Stroebe, W. Stroebe, & R. O. Hansson (Eds.), *Handbook of bereavement: Theory, research, and intervention* (pp. 349-366). Cambridge, UK: Cambridge University Press. https://doi.org/10.1017/CBO9780511664076.024

서울특별시 한부모가족지원센터 https://seoulhanbumo.or.kr
서울가정법원 https://slfamily.scourt.go.kr/dcboard/new/DcNewsViewAction.
work?seqnum=9654&gubun=41&cbub_code=000230&searchWord=&pageIndex=1

제**9**장

아내학대 가족의 가족복지

우리 사회에 가정폭력이 심각한 수준에 이르고 있다는 것은 이미 잘 알려져 있는 사실이다. 1997년 「가정폭력범죄의 처벌 등에 관한 특례법」(약칭: 「가정폭력처벌법」)과 「가정폭력방지 및 피해자보호 등에 관한 법률」(약칭: 「가정폭력방지법」)의 제정을 통해 사적인 공간에서 벌어지는 매우 개인적인 문제로 인정되었던 가정폭력을 공권력에 의한 강제적 개입이 가능한 사회문제로 선포했다는 사실은 이 문제의 심각성을 단적으로 증명해 주고 있다(김연옥, 박인아, 2000, p. 104). 이 장은 이러한 문제인식에서 출발하여 아내학대를 중심으로 가정폭력이 일어나는 가족이 처한 문제와 그들을 위한 서비스 현황을 고찰하며, 그들을 위한 정책적 · 실천적 대안을 살펴보기로 한다.

1. 가정폭력에 대한 이해

1) 아내학대 개념의 정의

어떤 문제를 무엇이라 명명하고, 어떤 용어를 선택하는가는 그 문제에 대한 인식의 반영이다. 한국사회에서 가정폭력(domestic violence)은 아내구타(wife batter), 아내학대(wife abuse), 아내폭력(wife violence), 가부장적 테러리즘(patriarchal terrorism) 등 여러 가지 이름으로 불려 왔다. '가부장적 테러리즘(patriarchal terrorism)'은 남편에 의한 아내폭력의 성격을 가장 잘 드러낸 용어이나, 여성에 대한 폭력 전반에 사용될 정도로 폭넓어 가정 내 여성폭력에 한정되지 않는다(정춘숙, 2014, p. 9).

아내학대라는 용어는 가정폭력의 범위에 포함되어 아내구타, 아내폭행, 배우자학대, 부부폭력 등의 용어들과 혼용되고 있다. 가정폭력은 가정 내의 부부간, 부모-자녀 간 갈등이나 관계상의 문제가 기본적인 사회관계의 규범을 벗어나 폭력적으로 진행되는 경우를 말하며, 대개 피해자가 누구인가에 따라 아내학대, 아동학대, 노인학대 등으로 구분한다. 피해자의 상이한 사회인구학적 특성에 따라 가해자와 피해자 간의 역학관계와 폭력의 양태나 대응방법이 다르며, 또 예방과 치료적 개입에 있어서도 서로 다른 기술을 요하기 때문이다.

가정폭력에 대한 개념에 따라 가정폭력의 발생 원인이나 법률적 대응전략은 달라진다. 쿠르츠(Kurz, 1993)는 아내학대 연구를 살펴본 결과, 아내학대를 바라보는 시각에 두 가지가 있다고 지적하고, 이 관점에 따라 아내학대에 대한 개념이 구분된다고 지적하였다. 하나는 가정폭력 관점이고, 다른 하나는 페미니즘 관점이다. 쿠르츠의 연구에 따라 두 관점의 차이를 정리하면 다음과 같다.

첫째, 분석단위에 있어서 가정폭력 관점은 가족체계(family system)에 두는 반면, 페미니즘 관점(Dobash & Dobash, 1979; Hanmer, Radford, & Stanko, 1989)은 여성과 남성 사이의 관계에 둔다(Kurz, 1993).

둘째, 책임성에 있어서 가정폭력 관점은 여성과 남성이 모두 가정폭력에 같은 책임이 있다고 보는 반면, 페미니즘 관점은 여성의 폭력이 남성의 공격에 대한 방어적 폭력으로 그 성격이 다르다는 것을 강조한다(Stalans & Lurigio, 1995, p. 389).

셋째, 폭력의 가정폭력 관점은 가정폭력이 타인에의 폭력 및 아동에 대한 폭력과 같은 형태의 폭력이라고 설명하면서 이것이 잘못된 사회화, 즉 폭력은 분쟁을 해결하는 방법 중의 하나라고 가르치는 사회규범과 대중매체 및 어린 시절의 경험을 통해 학습된 것에 기인한다고 주장한다(Straus, Gelles, & Steinmetz, 1980). 반면, 페미니즘 관점은 여성 억압적이고 성차별적 · 가부장적인 사회구조가 가정폭력의 본질적인 원인이라고 본다.

넷째, 개입방안에 있어서 가정폭력 관점은 사회구조나 성차와 같은 요인을 무시하고 개인과 가족의 심리적인 문제에 중점을 둔다. 부부의 상호작용 패턴과 가족체계를 기능적으로 변화시키는 데 그 접근의 초점을 두고 있다(최규련 외, 1999). 반면, 페미니즘 관점은 피해여성의 삶에 대한 통제력을 기르고 대안 선택을 강화하는 것을 목표로 한다. 그리하여 중재 프로그램은 가정유지 대책보다는 피해여성의 보호와 남편의 억압적 행동을 제한하는 정책적 수준에 초점을 둔다. 주로 아내를 남편으로부터 격리시키는 법적 · 제도적 장치에 초점을 두며, 폭력의 조절이 어려운 경우에는 이혼이 폭력의 유일한 해결책이라고 본다.

다섯째, 위기개입의 근거 및 행위자 처우와 관련하여 가정폭력 관점에서는 위기개입의 근거를 가정의 보호에 둔다. 그럼으로써 폭력남편을 '행위자'로 보기보다는 도움을 필요로 하는 가족체계의 한 구성원으로, 아내의 경우도 '피해자'라기보다는 가족을 정상화하고 건강하게 만드는 데 협력의 의무가 있는 동반자로서 위치 짓는다. 반면, 페미니즘 관점은 여성이 자신의 삶을 통제할 수 있는 힘을 가지지 못하는 한 가정의 보호를 목표로 한 접근방식은 결국 전통적인 가족주의로 귀결될 수밖에 없고 폭력의 종식을 이끌어 낼 수 없다고 본다. 따라서 여성이 폭력에서 벗어나 자신의 삶을 통제할 수 있는 역량강화(empowerment)에 초점을 두며, 피해자 보호와 재범 억제를 위하여 형사법 체계가 가정폭력을 '범죄'로 다루어야 한다고 주장한다(김은경, 2001, pp. 80-84).

이상의 가정폭력 개념에서 종합적으로 고려해 보아야 할 것은 학대의 대상과 범위에 대한 것이다. 대부분의 가정폭력의 경우 배우자에 의한 학대를 중심으로 다루고 있으나 남편의 아내에 대한 폭력, 부모의 자녀에 대한 폭력, 자식의 노부모에 대한 폭력 등 가정에서 발생할 수 있는 모든 폭력을 포괄하는 개념이 가정폭력이라고 하겠다. 또한 학대의 범위에서 지금까지는 신체적 학대를 위주로 가정폭력을 설계·연구하였으나 신체적 폭력과 더불어 심리적 학대, 성적 폭력, 방관 등을 포함시켜야 할 것이다. 가정폭력을 지칭하는 개념에 대한 다양한 규정이 있지만, 대부분의 문헌에서는 이를 흔히 혼용하고 있다. 이 장에서는 남편의 아내폭력을 지칭하는 다양한 용어 중 우리 사회에서 일반적으로 통용되고 있는 용어인 '가정폭력'을 사용하며 동시에 아내구타, 아내학대 등의 개념도 함께 사용하고자 한다.

2) 아내학대의 발생 현황

(1) 아내학대 발생 현황

유엔 여성기구(UN Women)와 유엔 마약범죄사무소(UNODC)는 공동으로 '젠더 관련 여성살해' 보고서를 내어 2021년 전 세계에서 여성 8만 1,100명이 살해되었고, 이 중 56%인 4만 5,000명이 남편이나 파트너 또는 다른 가족에 의해 목숨을 잃고 있다고 밝혔다(한겨레, 2022. 11. 24.). 세계은행의 보고에 의하면 최근 전 세계 가임연령층 여성들에게 일어나는 건강상의 문제 중 20%가 배우자와 가족에 의한 폭력에서 비롯된다고 한다. 1980년대 들어 등장하기 시작한 우리나라의 아내학대 관련 연구를 보면 한국형사정책연구원(1992)의 연구에서는 아내학대 발생률이 28.4%, 김재엽(1999)의 연구에서는 34.1%로 나타났다. 아내학대는 결혼 후 1~3년 사이에 37.5%가 발생하는 것으로 나타났다. 1998년 「가정폭력범죄의 처벌 등에 관한 특례법」의 시행 이후 경찰에 신고된 가정폭력 발생건수에 한정해 보면 1998년 3,685건, 1999년 11,850건, 2000년 12,983건으로 증가추세에 있는 것을 알 수 있다. 그러나 신고 비율이 대단히 낮다는 점을 감안하면 실제로 발생하는 가정폭력 건수는 이보다 훨씬 많을 것으로 추정할 수 있다.

가정폭력의 심각성은 가정폭력이 만연해 있는 정도, 즉 가정폭력 실태를 통해서 짐작해 볼 수 있다. 우리나라의 경우 2010년 「법무부 여성통계」를 살펴보면, 2009년 가정폭력 사법 피해자 12,155명 중 여성피해자는 전체의 81%를 차지하고 있다. 피해자와 가해자의 관계가 남편이나 아내인 경우 6,004건 중 남편이 아내에게 폭력을 행사한 경우가 97%에 이른다.

맥세인(MacShane, C.)은 가정폭력이 세계적인 문제로서 모든 인종과 민족, 그리고 비숙련 노동자부터 법률가, 경찰, 의사, 교사 등을 포함한 모든 사회경제적 집단 속에서 발생한다고 지적하였다. 또한 가정폭력에 대한 공식적인 실태 통계를 보면 낮은 사회경제적 계층에서 만연하고 있는 것으로 나타나는데, 실제로 중산층 이상의 경우 지역사회 내 남편의 사회적 지위 등을 고려하여 노출시키기를 꺼리는 경향이 있고 쉽게 지역사회 관련기관에 도움을 청하지 않는다는 사실을 고려한다면 가정폭력문제는 폭넓은 계층에서 더 높은 발생률을 나타낼 것으로 지적하였다 (MacShane, 1979, pp. 35-36).

가정폭력의 심각성은 그 발생 정도와 빈도를 보면 짐작해 볼 수 있다. 가정폭력의 빈도와 정도에 관한 많은 연구를 보면 각 연구의 조사대상과 방법 및 도구에 따라 그 결과에서 다소 차이를 보이고 있으나, 대체적으로는 폭력이 결혼 초부터 시작해서 점점 그 횟수가 잦아지고 폭력 정도가 심해지는 등 상습화되는 경향이 있는 것으로 나타나고 있다.

앞서 살펴본 바와 같이 한국의 아내학대 정도와 빈도를 보면 가정의 존립마저 위협받을 정도로 심각하고 광범위하다는 것을 알 수 있다. 그러나 우리 사회는 가부장적 전통 때문에 가정문제는 제3자나 법적으로 해결하는 문제의 영역이 아니라고 생각하는 국민의식과 기타 법제도의 제한 등으로 인해 오히려 피해자의 책임을 강조하고 순종과 인내를 강요해 온 경향이 있다. 그러나 지속되는 남편의 구타는 점차 남편과 아내의 상호작용 유형인 것처럼 고착되어 당사자들의 힘으로는 구타관계를 빠져나오기 힘들게 만들고, 차차 가족구성원 전체가 폭력의 희생자가 되는 양상을 보이기 때문에 사회적 개입은 필수적이다.

근대 이후 공·사법 영역의 분리가 제도화되면서 가정은 프라이버시권 영역으로 규정되어 가정에서 일어나는 일은 가능한 국가권력이 간섭하지 않으려 하였다. 그러나 가족도 가족법으로 규제받고 있는 현실에서 가족구성원 간의 관계도 기본적 사회관계의 규범을 벗어나는 것을 방치해서는 안 된다는 자각과 가족 개개인의 인간으로서의 존엄성과 행복추구권 보장에 대한 지각이 높아져 「가정폭력처벌법」과 「가정폭력방지법」이 제정되기에 이르렀다.

(2) 2019년 가정폭력 실태조사 주요 내용

「가정폭력방지 및 피해자보호 등에 관한 법률」(제4조의2)에 근거하여 여성가족부는 3년마다 가정폭력 실태조사를 실시한다. 여기에서는 '2019년 가정폭력 실태조사'(여성가족부, 2020)를 바탕으로 우리나라 가정폭력 실태를 살펴보고자 한다.

• 부부폭력: 지난 1년간 부부폭력(신체적/성적/경제적/정서적 폭력 및 통제 중 하나라도 경험이 있는 경우)

  −여성의 부부폭력 피해율 28.9%

  −남성의 부부폭력 피해율 26.0%

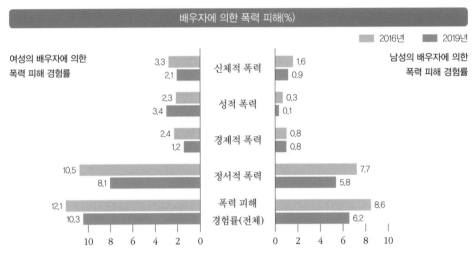

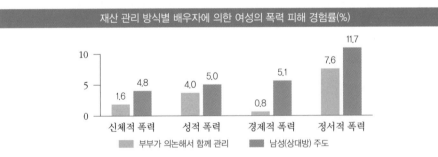

[그림 9-1] 2019년 가정폭력 실태조사 결과 주요 내용

출처: 연합뉴스(2020. 3. 20.).

- 부부폭력 피해 영향: 여성이 남성에 비해 높은 수준의 신체적 상처, 정신적 고통을 경험
  - 신체적 상처(여성 7.4%, 남성 6.3%), 정신적 고통의 경우 '매우 심각하다'의 응답은 여성 응답자에게서만 보고됨
- 부부폭력 도움 요청: 폭력 발생 이후 가족이나 친척, 이웃이나 친구 등에 도움을 요청한 비율이 경찰이나 여성긴급상담전화 1366 등의 공적 지원체계 이용 비율보다 더 높았음
  - 부부폭력을 경험한 응답자들이 폭력 발생 이후 도움을 요청한 대상은 '가족이나 친척' 7.2%, '이웃이나 친구 ' 3.6%, '경찰' 2.3% 순이었음
  - 경찰에 도움을 요청하지 않은 이유는 '폭력이 심각하지 않다고 생각해서'가 32.8%, '그 순간만 넘기면 되어서'가 26.2%, '신고한다고 나아질 것 같지 않아서'가 12.1% 순이었음
  - 여성긴급상담전화 1366이나 상담소 및 보호시설 등 공적 지원기관에 도움을 요청하지 않은 이유는 '폭력이 심각하지 않다고 생각해서'가 30.1%, '부부간에 알아서 해결할 일인 것 같아서'가 25.8% 순이었음

2. 아내학대에 대한 이론적 접근과 영향

1) 아내학대에 대한 이론적 접근

아내학대는 가해자와 피해자라는 양극단에 선 두 개인의 개인적 특성과 경험, 그가 처한 다양한 수준의 사회환경적 조건, 그리고 개인의 환경에 대한 적응과 상호관계라는 관점에서 설명될 수 있으며, 각 접근방법은 문제를 보는 시각과 대응방법에 따라 상이하게 구조화되고 있다. 여기서는 가장 널리 알려진 사회학습이론, 성역할 이론과 여권론적 접근을 설명하고 장단점을 토의한다.

(1) 사회학습이론

사회학습이론에서는 개인이 폭력을 사용하게 되는 행위를 세 가지 측면에서 설

명한다. 첫째는 폭력행위에 노출되어 이를 모방함으로써 폭력학습 과정을 습득한다는 측면, 둘째는 폭력에 대한 노출 정도와 경험 정도가 폭력을 수락하는 규준을 학습하게 한다는 측면, 그리고 셋째는 역할모델의 폭력을 관찰함으로써 학습한다고 하는 측면이다.

여러 연구에서 어린 시절의 가정폭력에 대한 목격 체험과 폭력 피해경험은 훗날 성인이 되어 폭력의 가해자 혹은 피해자가 되는 것과 상관관계가 있는 것으로 나타났다. 개인은 타인의 폭력행위를 관찰, 모방함으로써 새로운 공격행위의 기술을 습득하고, 또한 공격행위에 대한 양심의 가책이나 죄의식 없이 폭력을 사용할 수 있다는 것이다. 또한 폭력을 당한 경험에 의해서도 폭력이 학습될 수 있는데, 어린 시절에 폭력을 목격하거나 경험하였을 경우 성장한 후에 문제해결의 효과적인 방법으로 폭력 사용을 당연시하게 된다는 것이다. 남자들은 원가족에서 아버지의 폭력행사를 경험하거나 목격하면서 학대행동을 학습하게 되고, 여자들은 원가족에서 어머니가 폭력을 당하는 것을 목격하거나 그 자신이 피해자였던 경험에서 여성의 무력한 역할을 학습하게 되는 것이다.

학습이론의 관점을 채택한 개입활동은 아내학대 가족의 남편과 아내가 어떻게 현재의 가해자−피해자로서의 행동을 학습하고 보상받았는지를 알게 함으로써 양자가 자기들의 행동이 현재의 병리적인 틀을 벗어날 수 있도록 하고 새로운 역할모델을 학습하게 하여 보상받게 함으로써 아내학대의 역학관계를 종결하도록 돕는다.

(2) 성역할이론

가정폭력은 고정된 성역할이론으로도 설명할 수 있다. 즉, 남자아이는 공격적이므로 폭력을 사용해도 되고, 여자아이는 남자에게 복종적이고 희생할 것을 강요하는 전통적인 아동기의 성역할 연습의 영향으로 보는 것이다. 성역할에 따른 가족 내의 역할분담은 자녀양육을 거의 여성에게 부담시켜 경제활동이 제한되어 왔다.

전통적으로 여성들이 경제적 독립을 할 수 없다는 사실과 복종과 희생을 강요하는 성역할 요인이 복합되어 가정폭력을 지속시키는 중요한 결정요인이 되고 있다. 즉, 상당수의 남성들은 여성의 기쁨은 아내와 어머니가 되는 것이라고 믿고 가족문제에 있어서는 남편의 의견을 따라야 하며, 또한 성적으로는 항상 남편의 요구를 받아들이는 것이 여성의 의무라고 믿고 있다. 이러한 사실은 가족권력구조를 남성우

위의 계급조직으로서 보고 있어, 피해 여성들은 여성 하위의 전통적인 사고방식을
지닐 수밖에 없음을 뒷받침해 준다.

(3) 여권론적 접근

여권론적 시각에서는 피해자가 아내인 가정폭력에 대해 '배우자 학대'나 '가정폭
력' 같은 중립적인 개념을 사용하는 것은 아내학대 문제가 남성과 여성 간의 불평등
한 권력배분이라고 하는 사회적 맥락을 모호하게 한다고 지적한다. 아내학대가 단
순히 부부간의 갈등 및 분쟁 과정에서의 물리적 힘의 사용이 아니라 여성을 통제하
기 위한 수단이라고 보는 것이다. 즉, 아내학대는 남성이 여성을 통제하기 위한 수
단으로 폭력을 사용하는 것이며, 근본적으로 남녀불평등에서 비롯되어 가족 내에
서 '지배자 남성과 복종자 여성'의 틀을 지속시키는 기제로 사용된다고 본다. 가부

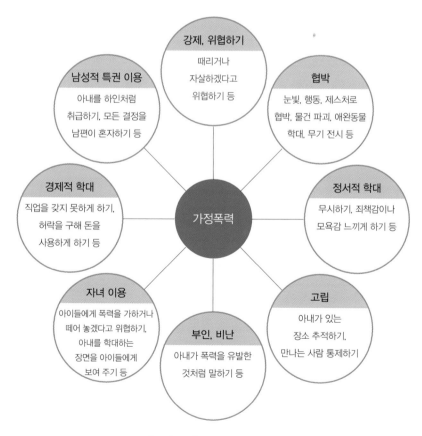

[그림 9-2] 가정폭력의 유형

출처: Pence & Paymar (1993); 공미혜, 성정현, 이진숙(2010), p. 13의 내용을 수정함.

장적 사회구조가 아내학대를 야기하고 영속화시키는 여성 종속의 패턴을 지배한다는 것이다(Dobash & Dobash, 1979). 아내학대에 대한 여성학적 시각 가운데 가장 대표적인 것은 '권력과 통제의 수레바퀴'라고 알려진 강제적 통제모델(coersive control model; Pence & Paymar, 1993)이다.

이 모델을 보면, 남편들이 아내들을 통제하기 위해서 아내를 협박하거나 겁주며, 정서적으로 학대하거나 외부세계로부터 고립시키며, 경제적으로 학대하거나 남성으로서의 특권을 이용하고, 자녀를 이용하거나 자신의 학대를 최소화 또는 부인하는 방법 등을 이용하는데, 이러한 통제행위는 결국 신체적 및 성적 폭력과 연결됨을 알 수 있다.

한편, 급진적 여권주의는 한걸음 더 나아가, 가부장적 사회에서 성(gender)과 사회구조의 특성에 초점을 맞추고, 폭력에 대한 국가의 소극적 자세가 폭력을 조장하는 것으로 보았다. 국가가 폭력적 남성에게서 독립하고자 하는 여성의 욕구를 복지체제를 통해 지원하지 않고 또 극단적인 폭력을 제외한 모든 폭력에 개입을 꺼리는 점이 바로 그러하다는 것이다. 남성은 여성에게 폭력을 행사하는 데에 형법체계에 의한 제한을 거의 받지 않아 심각한 폭력이 아닌 대부분의 폭력에 국가의 개입이 없으며 여성은 국가에 의해 강화된 경제적 종속성으로 인해 폭력을 피할 수 없다고 지적한다.

여권주의적 접근은 아내가 학대자로부터 벗어나 생존하는 것이 다양한 권리의 취득에 달려 있다고 본다. 여성 스스로 여성에 대한 권력과 통제를 향한 가부장제와 성차별에 대한 인식을 얻는, 피해 아내의 의식 전환과 향상이 있어야 한다고 주장하는 것이다. 문제는 현재의 여권주의적 접근에 의하면 향상된 의식을 가진 여성이 부부관계를 떠나기로 한 경우, 여성중심적 세계관과 비판의식의 강조만으로는 현실 상황에 대한 문제해결능력이나 자원부족의 현실적 격차가 주는 괴리를 극복하기 어렵다는 것이다. 즉, 여성이 스스로 의식화되어 가부장제와 성역할 고착 문화에 대한 비판적 의식을 갖도록 돕고 양성성과 권력의 평등화를 지향하고 정치행동화하도록 장려하지만 여성의 욕구와 처해 있는 현실 상황의 요구를 연계하는 자원연계자, 환경조정자로서의 정체성과 구체적인 서비스 지원의 기술을 결여하고 있다고 비판받고 있다(신영화, 1999).

정리해 보면 아내학대는 어떤 인종이나 어떤 사회, 어떤 계급만의 특유한 문제가 아니라 모든 사회와 계급, 종교에 걸쳐 나타나는 보편적인 문제로 여러 가지 요인의 복합적인 작용에 의한다. 학대의 원인으로 일반적으로 가장 많이 거론되어 온 것은 술이나 의처증, 스트레스나 성격적 특성 등의 내재적이고 비정상적인 개인 내적 원인론인 데 반해 지금까지의 연구들은 오히려 전체적인 사회구조와 그 구조가 포괄하는 제도와 문화적 환경 등 사회적인 원인의 작용이 큰 것으로 밝히고 있다. 즉, 아내학대는 폭력이 허용되는 사회문화적인 요건인 규범, 가치, 법률, 명령, 관습, 도덕적 조건 등, 남녀의 성역할 사회화 과정, 가해자인 남성이 갖는 여성에 대한 잘못된 태도와 신념(아내를 자신의 소유물로 여기는 것)에 따라서 폭력을 행사해도 된다는 봉건적 잔재의식, 여성의 열등한 경제적 지위 및 여성에 대한 사회적 고정관념과 관계가 깊다.

2) 아내학대 피해자의 문제

학대받는 아내에게 흔히 제기되는 질문은 '왜 학대관계를 떠나지 못하는가?'이다. 이 질문은 또 다른 가정폭력의 피해자인 아동이나 노인, 장애인과 달리 성인 여성은 자신에게 가해지는 부당한 취급에 저항하고 거부하거나 관계를 떠남으로써 피해를 줄일 수 있는 능력이 있다고 생각되는데도 계속적으로 학대관계에 머무르는 데에 대한 의문이다.

이들이 학대관계에 머무를 수밖에 없는 가장 기본이 되는 이유는 공포감이다. 공포감은 그들의 행동과 결정, 그들의 삶을 지배하고 움직이지 못하게 하는 가장 큰 장벽이다. 다음으로는 보복에 대한 두려움 때문인데, 아내가 도망치면 남편은 어떻게 해서든지 추적해 오고, 완전히 자취를 감출 수 없다면 집을 나간 여성은 몰래 추적해 오는 남편에게서 결코 벗어날 수 없다. 세 번째 이유는 '그것도 결혼생활의 일부분이기 때문'이고 '아이 때문' 등이다. 네 번째 이유는 전통적인 결혼관에서 비롯되는 이유로서 모성애 내지 자기희생적 관점에서 자기 남편이 폭력적일수록 그것을 단지 병이 더욱 악화되는 것으로 이해하면서 남편이 더욱 자신을 필요로 한다고 쉽게 결론을 내려 떠나지 못하기 때문이다. 다섯 번째 이유로, 여성들은 대부분 만약 자신이 '어쨌든' 가부장적인 사회문화가 규정하는 아내의 원형에 부합하지 못하면 죄책감을 느끼게 되며, 자기가 당연히 맞을 짓을 했다고 믿게 되기 때문이다. 또 하나의 중요한 이유는 그들의 경제적 취약성이다. 이혼 절차를 밟는다 해도 여성이 직면하고 있는 위험과 사태의 긴박성은 이해하지 못하면서 결과적으로 여성이 양보하게 되는 화해의 노력이 어쨌든 선행되어야 한다고 믿는 주변 사람들을 설득시키려는 또 다른 수고를 해야 한다. 결국 사회의 전통적인 가치규범으로부터의 압력이 여성으로 하여금 모든 희생에도 불구하고 아내와 어머니로서 가정을 지켜야 하는 역할을 수행하도록 강제한다. 나아가 학대받는 여성이 떠나려고 결정한 경우에도 생활양식의 변화와 수입의 격감에 대한 적응, 이혼녀로서 사회에 재통합되는 어려움, 자녀양육 지원서비스, 법률상담, 건강보호 같은 필요한 서비스의 부족이나 결여 등이 여성이 자신의 결정을 실행에 옮기는 것을 주저하게 만든다. 즉, 지속적인 학대로 인해 학습된 무기력과 무력감, 그리고 폭력적 관계를 떠나려고 결심했을 때 도움을 줄 수 있는 사회적 지지체계와 서비스의 절대적인 부족이 학대받는 아내들을 그대로 주저앉히는 역할을 한다.

학대받은 아내는 이 단계에서 사회적 지지체계로부터의 소외감과 함께 자신의 고통에 대해서조차 수치심을 느끼게 되고, 사고력과 에너지를 모두 소모시킬 정도의 공포를 경험하며, 낮은 자아존중감과 상황에 대한 양가감정을 가지게 되고, 학습된 무기력에 시달릴 뿐만 아니라 원조자를 포함하여 모든 타인을 의심하게 되며, 자기를 비난하고, 현실을 왜곡하게 된다(Ferraro & Johnson, 1983; Hofeller, 1983; Walker, 1984). 연구자들은 학대경험이 여성들의 자아존중감을 잠식함으로써 결국 자기확신감을 상실케 하고 자신을 무가치하게 느끼게 한다고 보고하고 있다. 학대받는 아내들은 계속적인 고통을 인내해 온 결과로 고립감, 우울증, 공포 등의 다양한 감정을 경험한다. 즉, 인지 · 행동 · 정서 · 대인관계에 걸쳐 광범위한 문제를 겪고 있으며, 이것은 피학대여성 증후군(battered women syndrome) 또는 외상후 스트레스장애(Post Traumatic Stress Disorder)로 분류된다.

이들에게는 즉각적이고 지속적인 치료적 개입이 필요한데, 효과적인 서비스 개입을 위해서는 무엇보다도 먼저 학대받는 여성 스스로가 자신을 '학대의 진정한 희생자'로 봐야 한다(Ferraro & Johnson, 1983). 즉, 그들이 잘못해서 학대받는 것이 아니라 단지 그들은 학대의 희생자라는 사실을 인정해야만 폭력의 합리화를 부인하고 대안을 모색하게 된다는 것이다. 그런데 학대받는 여성들 혼자서는 이와 같은 사실을 인식하기가 매우 어려우므로, 학대 영역에서 훈련받은 다양한 자원을 가진 전문가들로 조직된 체계의 원조를 필요로 한다.

3. 아내학대 가족에 대한 서비스 현황

1) 가정폭력에 대한 정책

우리나라에서는 1980년대 후반부터 쉼터 등 민간 차원의 보호 및 상담서비스를 통해 학대받는 아내에 대한 서비스가 산발적으로 이루어져 오다가 1998년 7월 1일 부터 「가정폭력범죄의 처벌 등에 관한 특례법」과 「가정폭력방지 및 피해자보호 등에 관한 법률」이 시행됨에 따라, 경찰 및 사법기관이 개입하여 가해자를 피해자 또는 가정주거공간으로부터 격리시키고, 가해자에게 사회봉사 수강명령, 보호관찰, 감호위탁, 치료위탁, 상담위탁 등의 광범위한 보호처분을 내릴 수 있게 되었다. 「가정폭력처벌법」과 「가정폭력방지법」은 가정폭력의 문제를 더 이상 가정의 문제, 개인의 문제가 아니라 엄연한 범죄행위로서 국가가 개입해서 해결해야 할 사회문제로 규정한 것으로 사회복지 개입의 법적 근거를 마련했다는 점에서 매우 의미가 크다.

(1) '가정폭력범죄의 처벌 등에 관한 특례법'의 핵심 내용
「가정폭력처벌법」은 가정폭력범죄의 형사처벌 절차에 관한 특례를 정하고 가정 폭력범죄를 범한 자에 대하여 환경의 조정과 성행의 교정을 위한 보호처분을 행함 으로써 가정폭력범죄에 의해 파괴된 가정의 평화와 안정을 회복하고 건강한 가정 을 육성하는 것을 목적으로 한다.

「가정폭력처벌법」의 주요 내용을 살펴보면, 가정폭력범죄의 신고 및 고소를 피해 자 본인은 물론 누구든지 할 수 있도록 하고 있으며, 가정폭력범죄의 피해자는 폭력 행위자가 자기 또는 배우자의 직계존속인 경우에도 고소할 수 있도록 하였다.

경찰, 검찰 등 수사기관과 법원의 가정폭력사건 처리를 살펴보면, 경찰은 진행 중 인 가정폭력범죄에 대하여 신고를 받은 즉시 현장에 출동하여 폭력행위의 제지 및 범죄수사, 피해자의 동의가 있는 경우 피해자의 가정폭력 관련 상담소 또는 보호시 설 인도, 긴급치료가 필요한 피해자의 의료기관 인도, 폭력행위 재발 시 격리 또는 접근금지 등의 임시조치를 신청할 수 있음을 통보하는 등의 응급조치를 취해야 하 며, 이와 더불어 가정폭력범죄를 신속히 수사하여 사건을 검사에게 송치하여야 한다. 검찰은 경찰에서 송치받은 사건에 대해 경찰의 응급조치에도 불구하고 재발할 우려가 있는 경우 임시조치를 청구할 수 있으며, 사건에 대해 수사를 한 후 사건의 성질, 동기 및 결과, 행위자의 성행 등을 고려하여 가정보호사건 또는 형사사건으로의 처리 등을 결정한다. 판사에 의해 내려질 수 있는 보호처분으로는 행위자의 피해자에 대한 접근행위의 제한, 친권자인 행위자의 피해자에 대한 친권행사의 제한, 보호관찰 등에 관한 법률에 의한 사회봉사수강명령과 보호관찰,「가정폭력방지 및 피해자 보호 등에 관한 법률」이 정하는 보호시설에의 감호위탁, 의료기관에의 치료위탁, 상담소 등에의 상담위탁 등 일곱 가지가 있다. 이러한 보호처분은 6개월을 초과할 수 없으며, 사회봉사 및 수강명령의 경우는 100시간을 초과할 수 없고 1회에 한하여 보호처분의 종류와 기간을 변경할 수 있도록 하고 있다.

(2) '가정폭력방지 및 피해자보호 등에 관한 법률'의 핵심 내용

「가정폭력방지법」은 가정폭력을 예방하고 가정폭력의 피해자를 보호·지원함으로써 건전한 가정을 육성함을 목적으로 하고 있으며(제1조), 모두 22조로 구성되어 있다. 제2조에서는 가정폭력·가정폭력행위자·피해자·아동에 대한 용어 정의를 하고 있으며, 제4조에서는 국가와 지방자치단체의 가정폭력 예방과 방지를 위한 책무를 명시하고 있다. 제5조에서는 상담소의 설치·운영, 제6조에서는 상담소의 업무, 제7조에서는 보호시설의 설치, 제8조에서는 보호시설의 업무 등을 규정하고 있다. 제14조에서는 상담소 또는 보호시설의 통합 설치 및 운영, 제18조에서는 치료보호에 대한 규정을 명시하고 있다.

2) 가정폭력 피해자 지원기관의 서비스 현황

(1) 추진체계

-365일 24시간 위기개입 상담(초기 지원)
-긴급피난처 운영: 7일 이내 긴급보호
-지역 관련 기관 연계(쉼터, 법률, 의료 등)

-가정폭력 현장 출동
-응급조치 및 긴급임시조치
-사건 접수 및 상담

여성
긴급전화
1366

경찰
112

가정폭력
피해자
지원기관

가정폭력
상담소

가정폭력
피해자
보호시설

-가정폭력 상담(평일 오전 9시~오후 6시 운영)
-피해자 치료 프로그램 운영
-가해자 교정 및 치료 프로그램 운영
-부부 및 집단 상담
-가정폭력전문상담원 양성 교육
-관련 기관 연계(쉼터, 법률, 의료 등)

-자녀와 함께 생활(의식주 무료 제공)
-지속적인 상담, 법률지원
-학습지원(비밀 전학 등), 의료지원서비스
-자립지원(취업연계, 직업훈련 등)

[그림 9-3] 가정폭력 피해자 지원기관

(2) 가정폭력 방지 및 피해자 지원기관의 현황과 기능

① 가정폭력 피해에 대한 상담(여성긴급전화 1366, 가정폭력상담소)

㉮ 여성긴급전화 1366

1366은 365일 24시간 운영하는 전국적으로 단일화된 국번 없는 특수전화(hot line)로서 가정폭력, 성폭력, 성매매 등으로 인해 보호가 필요한 여성이 언제라도 전화를 통해 안내와 상담을 받을 수 있도록 하고 있다. 「가정폭력방지법」 제4조 제1호에 근거한 1366은 원스톱서비스 제공의 중심기관으로 하루 24시간, 1년 365일 즉각

표 9-1 지역별 가정폭력 국비지원 상담소 설치 현황('21. 1. 기준)

구분	합계	서울	부산	대구	인천	광주	대전	울산	경기	강원	충북	충남	전북	전남	경북	경남	제주	세종
예산	128	13	10	3	5	4	3	3	21	10	5	8	8	9	10	13	3	−
지원	(30)	(2)	(5)	(2)	(1)	(1)	(1)	(1)	(4)	(4)	(1)	(3)	(1)	(1)	(2)	−	(1)	−

※( )는 통합상담소 개소 수, 통합상담소는 전체 가정폭력상담소 개소 수에 포함됨.
출처: 여성가족부 홈페이지 자료를 바탕으로 정리함.

적이고 효율적인 서비스를 제공한다는 목적을 가지고 광역자치단체 단위로 1개소씩 전국 16개 시·도에 설치되어 피해자에 대한 긴급상담, 서비스연계(의료기관, 상담기관, 법률구조기관, 보호시설), 종합안내 및 위기개입 서비스를 제공하고 있다.

㉯ 가정폭력상담소

가정폭력상담소의 설립목적은 「가정폭력방지법」에 의거하여 가정폭력을 예방하고 피해자를 보호함으로써 건전한 가정을 육성하는 데 있는데, 그 주요 업무를 살펴보면 다음과 같다. 첫째, 학대 신고를 받거나 그에 대한 상담을 한다. 둘째, 학대로 인하여 정상적인 가정생활 및 사회생활이 어렵거나 기타 사정으로 긴급히 보호가 필요한 피해자를 임시 보호하거나 의료기관 또는 보호시설로 인도하는 일을 한다. 셋째, 행위자에 대한 고발 등 사법처리 절차에 관하여 대한변호사협회나 각 지방변호사 및 대한법률구조공단 등 관계기관에 필요한 협조와 지원을 요청한다. 넷째, 보호가 필요한 피해자를 경찰관서 등으로부터 인도받는다. 다섯째, 가정폭력의 예방 및 방지에 관한 홍보를 한다. 마지막으로, 폭력행위 및 피해에 관한 조사·연구를 한다.

다음으로 가정폭력상담소 현황을 살펴보면 국비지원을 받는 가정폭력상담소는 2021년 기준 128개소가 설치되어 있다. 「가정폭력방지법」 제6조에 따르면 가정폭력상담소는 가정폭력에 대한 신고를 받고 상담하는 일, 가정폭력 피해자 보호시설로의 인계, 법률구조 연계, 경찰관서 등에서 인도받은 피해자의 임시 보호, 가정폭력의 예방과 방지에 관한 교육 및 홍보, 그리고 가정폭력 및 피해에 관한 조사·연구를 업무내용으로 하고 있다.

② 피해자 숙식제공 등 보호(피해자 보호시설)

「가정폭력방지법」 제8조에서는 가정폭력 보호시설은 상담소의 업무 외에 추가적으로 피해자의 일시 보호, 피해자의 신체적·정신적 안정 및 가정복귀 지원, 그리고 타 법률에서 위탁한 사항과 기타 피해자 보호에 필요한 일을 수행해야 한다고 규정되어 있다.

㉮ 가정폭력 피해자 숙식제공 등 보호

가정폭력 피해자를 일시 보호(숙식제공)하고 가정폭력 피해자의 신체적·정신적 안정 및 가정복귀 지원, 자활지원 등을 한다.

표 9-2 지역별 가정폭력 피해자 보호시설 설치 현황('21. 1. 기준)

구분	합계	서울	부산	대구	인천	광주	대전	울산	경기	강원	충북	충남	전북	전남	경북	경남	제주
가정폭력 피해자 보호시설 (개소)	65	11	3	3	1	4	1	1	11	5	3	4	4	4	2	6	2

출처: 여성가족부 홈페이지 자료를 바탕으로 정리함.

③ 가정폭력 피해자 치료

가정폭력 피해로 말미암아 신체적·정신적 치료를 필요로 하는 가정폭력 피해자에 대한 치료비를 지원한다. 치료·보호 범위는 다음과 같다.

• 보건에 관한 상담 및 지도
• 신체적·정신적 피해에 대한 치료
• 임산부의 심리적 안정을 위한 각종 치료 프로그램의 시행 등 정신과 치료
• 임산부 및 태아 보호를 위한 검사 및 치료
• 가정폭력 피해자 가정의 신생아에 관한 치료

㉮ 가정폭력 피해자 피해회복 및 재발 방지
• 가정폭력 피해자 치료·회복 프로그램: 가정폭력 피해자 및 동반아동의 치유

를 통한 자존감 회복 및 건강한 사회인으로의 복귀를 도모
- 가정폭력 가해자 교정 · 치료 프로그램: 상습, 반복, 대물림되는 특성이 있는 가정폭력 가해자들의 성행 교정을 통한 가정폭력의 재발 방지

④ 여성폭력 피해자 주거지원시설

표 9-3 지역별 주거지원시설 공급 현황('21. 1. 기준)

구분	합계	서울	부산	대구	인천	광주	대전	울산	경기	강원	충북	충남	전북	전남	경북	경남	제주
임대주택 (호)	344	20	40	30	18	20	22	28	24	10	11	20	10	20	20	42	9

출처: 여성가족부 홈페이지 자료를 바탕으로 정리함.

⑤ 가정폭력 피해자 무료법률지원(상담 및 구조)

가정폭력 피해여성은 여성폭력에 대한 사회적 무관심, 법률지식 및 경제적 능력 부족 등으로 자신의 권익을 지키지 못하는 인권 사각지대에 놓여 있다. 이에 피해자에 대하여 무료로 법률구조를 지원함으로써 스스로 방어 · 보호 능력이 부족한 피해자의 권익 보호를 강화한다.

㉮ 수행기관

- 대한법률구조공단 전국 18개 지부 및 39개 출장소: 132
- 한국가정법률 상담소: 1644-7077
- 대한변협법률구조재단: 02)3476-6515

⑥ 폭력피해 이주여성 보호 · 지원(보호시설)

표 9-4 지역별 폭력피해 이주여성 보호시설(쉼터) 설치 현황('20. 6. 30. 기준)

구분	합계	서울	부산	대구	인천	광주	대전	울산	경기	강원	충북	충남	전북	전남	경북	경남	제주
폭력피해 이주여성 쉼터(개소)	28	4	1	2	1	1	1	1	4	1	1	1	2	3	3	1	1

출처: 여성가족부 홈페이지 자료를 바탕으로 정리함.

• 신청절차 및 방법: 여성긴급전화 1366 문의 후 신청

　　　　　　　　　이주여성은 다누리콜센터 문의 1577-1366

⑦ 경찰 및 사법체계

폭력사건 처리 시 현장에 출동하여 응급조치를 하여 사건을 사법기관 등 다른 기관에 앞서 가장 먼저 해결하는 경찰의 역할은 매우 중요하다. 가정폭력이 범죄행위로 처벌받게 됨에 따라 가장 먼저 현장을 찾게 되는 경찰관의 역할을 강화하여 폭력에 적극적으로 대처하며, 폭력범죄로 파괴된 가정의 평화와 안정을 회복하고 건강한 가정을 육성하는 것을 목적으로 한다. 검찰의 경우 대부분의 검찰청에 가정폭력 전담검사제를 1999년 9월 1일부터 전국적으로 확대 실시하였다. 이는 가정폭력 사건을 가정보호 사건으로 처리할 것인지 일반 형사사건으로 처리할 것인지를 결정하는 기관이며, 임시조치 등을 통해 피해자를 보호할 수 있다. 검찰도 가정폭력에 대한 인식 제고 및 집행의지를 가져야만 법이 정착될 것이며, 검찰의 역할 부재에 대한 피해자의 불만이 해소되어야 할 것이다. 검찰에서 일반 형사사건과 가정보호 사건으로 구분하여 법원에 송치하면, 일반 형사사건의 경우 재판을 통해 죄의 유무가 판결되며, 가정보호 사건의 경우는 법원의 조사심리를 통해 보호처분 또는 임시조치를 결정하게 된다. 검찰의 청구에 의해 임시조치를 결정하거나 혹은 가정보호 사건의 원활한 조사심리와 피해자 보호를 위하여 필요하다고 인정한 때에는 직권으로 임시조치를 결정할 수 있다. 그러나 법원에서의 가정폭력 조치 역시 경찰이나 검찰과 마찬가지로 임시조치에 대해 소극적인 자세를 보이고 있다.

⑧ 의료기관

「가정폭력방지법」 제18조에 따르면 의료기관은 피해자 본인, 가족, 친지나 가정폭력 관련 상담소 또는 가정폭력 피해자 보호시설의 장의 요청이 있을 경우에는 피해자에 대하여 보건에 관한 상담 및 지도, 신체적·정신적 피해에 대한 치료를 실시해야 한다.

4. 아내학대에 대한 대책[1]

아내학대 대책에 관해 그간 진행되어 온 논의는 아내학대가 사적인 부부관계 문제가 아니라 사회 범죄적 차원에서 다루어야 할 문제로, 학대—피학대 관계의 해결을 위해서는 사회 일반의 의식 전환과 더불어 공적 차원에서의 대책 마련이 시급함을 부각시키고 있다.

가정법률상담소의 조사에 따르면, 가해자는 「가정폭력특별법」 시행 이후에도 폭력행사에 아무런 변화를 보이지 않거나 오히려 더욱 심한 폭력을 행사하는 것으로 나타났고, 학대받은 여성은 문제해결을 위해 다양한 자원과 접해도 문제해결에 필요한 도움을 받지 못했거나 오히려 학대받은 사실에 대해 비난받은 경우가 많았음을 확인할 수 있었다. 아내학대에 대한 대책은 아내학대를 역사적으로 용인되는 하나의 현상으로 간주해 온 사회역사적 맥락에서 모색되어야 한다. 따라서 그 대책은 아내학대에 대한 사회적 태도를 변화시키고, 아내학대를 범죄로 규정하는 쪽으로 지향되어야 한다. 즉, 고질적인 폭력문제의 시정에는 법의 효과적인 운용과 사회적 서비스 확보 노력 및 사회규범의 변화가 필요하다.

1) 정책적 대안

(1) 가정폭력 제도 개선: 임시조치 및 보호명령의 개선

최근 각국 가정폭력 관련 입법 동향을 보면, 「가정폭력방지법」 등의 개정을 통해 피해자의 민법적 보호를 개선하려는 목표를 가진다. 폭력피해자를 안전하게 보호하는 것을 최우선으로 하며, 더 나아가 피해자에게 가장 합당한 보호조치를 스스로 결정하게 하는 자유를 줌으로써, 피해자(여성)의 자유결정권을 권장한다. 무엇보다도 「가정폭력처벌법」은 가정폭력을 퇴치하기 위한 법 원칙을 더욱 명확하게 해야 한다. 최근 각국의 정책 패러다임과 같이, '폭력을 휘두르는 사람이 떠나야 하고, 그 희생자는 집에 남는다.'라는 핵심 원칙이 입법적으로 제도화되어야 한다. 이 원칙이

---

1) 아내학대에 대한 대책은 조홍식 등(2020)의 『여성복지학(3판)』 303~306쪽의 내용을 인용하였음을 밝힌다.

보다 정의로운데, 지금까지의 가정폭력 피해자는 스스로 자신의 보호처를 마련해야 하였고, 동시에 친숙한 집과 환경을 포기해야만 하였다. 특히 아동은 친숙한 환경에 남아 있는 것이 매우 중요한데, 대부분의 아동은 가정폭력으로 전학을 하는 등 이차 피해를 받아 왔다. 따라서 이제는 피해자 안전과 선택 가능성을 높이기 위하여, 현행 「가정폭력처벌법」은 거처양도 및 재산양도금지 규정과 같은 민사상 보호명령의 연동시스템을 강화시키는 등 보다 실질적이고 효과적인 보호 개입이 가능하도록 하는 법적 조치를 더욱 적극적으로 재검토해야 할 것이다. 특히 피해자 안전을 강화하기 위해서는, ① 피해자 및 경찰에 의한 신청권, ② 재산양도금지 규정 도입, ③ 거처양도 및 주거사용권의 명시, ④ 경찰에 의한 의무적 임시격리조치의 필요성, ⑤ 스토킹(stalking) 금지 및 친권 · 양육권 제한 등 임시조치 내용을 실질화할 수 있는 몇 가지 핵심 규정을 시급히 도입해야 할 것이다.

(2) 가정폭력 예방대책 강화

첫째, 가정폭력 대국민 인식개선 및 양성평등 의식 제고를 위해 '가정폭력 추방의 날'과 '아동성폭력 추방의 날'을 정례화하고 캠페인을 실시한다. 월 1회 '가정폭력 추방의 날', 연 1회(매년 2월 22일) '아동성폭력 추방의 날'로 지정하여 민주적인 가족문화를 조성한다. 이를 위해서는 행사의 법적 근거를 마련하고 민관 협력을 확대하여야 한다. 또한 건강하고 화목한 가정의 모범 시민에 대한 포상 제도를 도입하도록 한다. 둘째, 생애주기별 예방교육 체계 확립을 위한 방안을 모색한다. 먼저, 예방교육은 기본적으로 '가정-학교-지역사회 연계를 기반으로 한 사회문화 운동'으로 발전시켜야 한다. 폭력 지지적인 남성적 성역할을 바꾸기 위한 사회 캠페인은 매우 유용한 전략이다. 셋째, 학교교육 체계 구축 및 교재 개발 · 보급이 강화되어야 한다. 이를 위해 초 · 중 · 고등학교의 교육과정에 폭력예방교육, 가족가치관 및 가족관계와 관련된 교육교재 개발 및 보급, 각급학교 교사에 대한 교육 실시로 전달체계 강화, 폭력예방의 조기교육 정착을 위한 법적 근거 마련 등이 이루어져야 한다. 성폭력 예방교육은 또 하나의 '건강한 학교 만들기 프로젝트'로서 성적 · 정신적 건강 증진에 관한 새로운 기준을 마련해야 한다. 그 일환으로 대학사회에서는 '데이트성폭력(강간) 예방 프로그램 및 캠페인'을 강화시켜 나가야 하며, 중 · 고등학교 성폭력 예방교육을 위해서는 '10대 데이트폭력 예방교육'을 강화해야 하고, 또 데이트폭력

불관용정책이 학교의 제도화된 규율로서 정착되도록 계도해 나가야 한다.

(3) 가정폭력 범죄에 대한 사법체계의 적극적 대응

향후 법원의 역할과 자세는 다음과 같이 요구된다. 첫째, 법원에서 가정보호 사건은 생활보호나 가정의 평화와 안정을 위하여 필요하다고 인정될 때에는 심리를 비공개로 할 수 있다. 또한 피해자의 진술을 구체적으로 보장하고 의견 진술 시 필요하다고 인정되면 행위자의 퇴장을 명할 수 있어 피해자를 보호해야 한다. 그리고 재판 시 피해자의 적극적인 참여를 위한 실질적인 피해자 보호가 유도되어야 한다.

둘째, 법이 잘 집행되기 위해서는 법원의 판결이 적절하며 강력해야 한다. 아무리 법에 호소하더라도 법원의 판결이 범죄의 심각성에 미치지 못하면 범죄는 근절되지 않을 것이다. 법적 처분의 편의성이나 처분방식에 대한 몰이해, 폭력에 대한 편견으로 법원의 판결이 적절하지 못할 때는 판사 역시 가정폭력에 대한 교육을 필수적으로 받아야 할 것이다.

셋째, 법원은 보호처분을 받은 대상자의 대부분이 무직이나 저임금 노동에 종사하고 또 남성 가장인 경우가 많다는 사실을 고려하여 보호처분의 기간을 짧게 하는 경향이 있다. 이러한 조치는 보호처분 대상자에게 생업에 지장이 없도록 배려하기 위한 것으로 볼 수 있으나 보호처분이 형식적으로 이루어질 수 있어 폭력범죄가 재발될 가능성이 크고, 피해자와 그 가족구성원은 법의 보호를 받지 못한 채 더욱 폭력적인 상황에 처하게 된다. 이러한 상황은 이 법이 지향하는 건강한 가정의 회복에 위배되며, 사법기관의 폭력문제 처리에 대한 기대를 더욱 낮게 만든다. 따라서 보호관찰, 사회봉사 수강명령이나 보호처분제도의 실효성을 높이기 위해 전문 프로그램이 마련되어야 할 것이다.

2) 실천적 대안

가정폭력 피해자는 긴급한 보호가 요청되고 광범위한 삶의 영향으로 인해 지속적인 지원이 요구된다. 한편, 가해자에게도 장기적인 대책이 필요하다. 따라서 가정폭력의 대책으로서 요구되는 사회서비스의 기본 방향은 다양한 전문 영역이 적극 개입하고, 가해자와 피해자 모두 가능하면 빨리 기관과 연결되도록 제반여건을 조성하며, 피해여성의 고립을 금지하는 것이어야 한다.

- 상담 프로그램의 활성화: 의식훈련 및 적극성 강화훈련, 집단상담, 위기개입, 사후지도로 구성되는 피해자 상담 프로그램을 활성화하고 전문 인력을 양성하며 가능한 한 빠른 시일 내에 피해자가 후유증에서 벗어나 정상적인 생활을 할 수 있도록 해야 한다.
- 생계보호 제공: 피해여성이 집을 나와 생계수단이 끊겼거나 재산분할이나 위자료 등이 지급되기 전인 경우 피해여성과 아동에게 생계보호를 제공해야 한다.
- 주거서비스: 집을 나온 피해여성과 아동의 가장 긴박한 요구인 주거문제에 대해 영구임대주택사업의 혜택을 입을 수 있도록 하거나 모자보호시설을 개방하여 실질적으로 도움을 주어야 한다.
- 재가서비스: 가정봉사서비스와 가정간호사업 등을 아내학대 가족에게 제공하여야 한다.
- 가해자 프로그램: 우발적 폭력행위자를 대상으로 하여 여성의 가치와 권리에 대한 의식을 전환하도록 교육하고, 배우자와 자녀를 지배하려는 욕구를 자제토록 하며 분노조절 등을 훈련시킨다. 상담과 교육, 지지와 조정의 네 가지 요소를 중심으로 하여 진행한다. 또 가해자에 대한 사회봉사 수강명령, 보호관

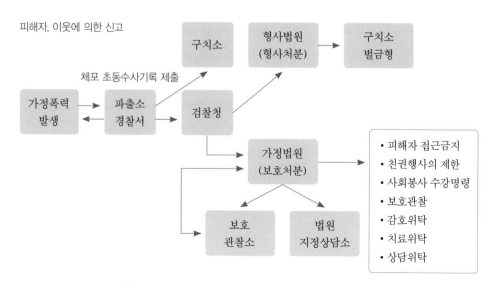

[그림 9-4] 가해자에 대한 공권력 개입과정 및 처분내용

찰, 감호위탁, 치료위탁, 상담위탁 등의 보호처분 내용이 내실을 기하기 위하여 행위자에 대한 교화 프로그램의 연구가 정부와 민간 협력하에 구체적으로 다양하게 추진되어야 할 것이다. 특히 보호처분을 최대한 실효성 있게 수행하기 위한 수강 시설 및 체계, 보호관찰, 감호시설, 치료시설, 상담시설 등의 내실을 기하는 문제도 적극 검토되어야 할 것이다.

 이 장의 요약

우리 사회에 가정폭력이 심각한 수준에 이르고 있다는 것은 이미 잘 알려져 있는 사실이다. 우리나라에서는 1980년대 후반부터 쉼터 등 민간 차원의 보호 및 상담서비스를 통해 학대받는 아내에 대한 서비스가 산발적으로 이루어져 오다가 1998년 7월 1일부터 「가정폭력범죄의 처벌 등에 관한 특례법」과 「가정폭력방지 및 피해자보호 등에 관한 법률」이 시행됨에 따라, 경찰 및 사법기관이 개입하여 가해자를 피해자 또는 가정주거공간으로부터 격리시키고, 가해자에게 사회봉사 수강명령, 보호관찰, 감호위탁, 치료위탁, 상담위탁 등의 광범위한 보호처분을 내릴 수 있게 되었다. 「가정폭력처벌법」과 「가정폭력방지법」은 가정폭력의 문제를 더 이상 가정의 문제, 개인의 문제가 아니라 엄연한 범죄행위로서 국가가 개입해서 해결해야 할 사회문제로 규정한 것으로 사회복지 개입의 법적 근거를 마련했다는 점에서 매우 의미가 크다.

이처럼 「가정폭력범죄의 처벌 등에 관한 특례법」과 「가정폭력방지 및 피해자보호 등에 관한 법률」의 제정을 통해 사적인 공간에서 벌어지는 매우 개인적인 문제로 인정되었던 가정폭력을 공권력에 의한 강제적 개입이 가능한 사회문제로 선포했다는 사실은 이 문제의 심각성을 단적으로 증명해 주고 있다(김연옥, 박인아, 2000, p. 104).

이 장은 이러한 문제인식에서 출발하여 아내학대를 중심으로 가정폭력이 일어나는 가족이 처한 문제와 그들을 위한 서비스 현황을 고찰하며, 그들을 위한 정책적·실천적 대안을 살펴보았다.

생각해 볼거리/토론거리

1. 가정폭력 피해여성에 대한 여성주의 상담의 중요성과 내용에 대하여 논의해 보시오.
2. '상담조건부 기소유예제도'에 대하여 논의해 보시오.
3. 결혼이주여성 가정폭력 실태 및 서비스 현황에 대하여 살펴보시오.

참고문헌

공미혜, 성정현, 이진숙(2010). 여성복지론. 서울: 신정.

권진숙(1996). 배우자학대 부부집단 프로그램에 관한 연구. 이화여자대학교 대학원 박사학위 논문.

김기환(1995). 아동학대의 세대 간 전승을 단절시키는 생태학적 변인 연구. 연세사회복지연구, 2, 26-45.

김승권(2009). 가정폭력 · 성폭력 실태 및 근절방안. 서울: 한국보건사회연구원

김승권, 김유경, 조애저, 김성희, 김윤경, 전영실, 강은영, 곽배희, 박소현, 신영희, 정춘숙, 채규만, 현혜순(2008). 가정폭력 · 성폭력 근절을 위한 중장기 방안 연구(여성가족부 연구보고서 2008-04). 서울: 한국보건사회연구원.

김연옥, 박인아(2000). 가정폭력의 유형별 관련성과 아동의 정신건강에 관한 연구. 한국가족복지학, 5, 103-127.

김은경(2001). 가정폭력범죄의 형사절차상 위기개입 방안 연구. 서울: 한국형사정책연구원.

김은경(2006). 소송과정에서의 가정폭력 피해자 보호현황과 쟁점들. 서울여성의 전화 가정폭력추방정책 연속토론회 3차 자료집.

김은경(2007). 가정폭력 예방교육, 어떻게 할 것인가?: 학교기반 가정폭력예방교육 프로그램 지침서. 서울: 여성가족부.

김인숙, 김혜선, 성정현, 신은주, 윤영숙, 이혜경, 최선화(2000). 여성복지론. 서울: 나남.

김인숙, 김혜선, 신은주(1997). 여성운동과 사회복지: 학대받는 여성의 쉼터 연구. 서울: 나남.

김재엽(1995). 가정폭력의 실태와 임상개입에 관한 연구: 재미한인가정을 중심으로. 한국사회복지조사연구, 2, 86-107

김재엽(1998). 가정폭력의 태도와 행동 간의 상관관계 연구. 한국가족복지학, 2, 87-114.

김재엽(1999). 한국가정폭력의 실태와 행위자 교정프로그램 개발연구, 법무부 용역과제보고서. 서울: 연세대학교 사회복지연구소.

김혜선(1995). 구타의 발생과 지속과정에 관한 연구: 매맞는 아내에 대한 심층면접을 중심으

로. 한양대학교 대학원 박사학위논문.

김혜선(1996). 매맞는 아내를 위한 쉼터의 실태와 대책. 한세정책, 5월호, 23, 105-121.

박경숙(2000). 한국의 가정폭력 정책과 서비스전달체계. 통합적 가정폭력 대응 전달체계 수립을 위한 국제회의 자료집. 보건복지부.

신영화(1999). 학대받는 아내의 능력고취를 위한 집단사회사업실천의 효과성. 서울대학교 대학원 박사학위논문.

신은주(1995). 아내학대에 대한 페미니스트 접근에 관한 사회사업적 분석. 서울대학교 대학원 박사학위논문.

심영희(1996). 가부장적 테러리즘의 발생유지기제와 사회적 대책. 한국가정법률상담소 창립 40주년 기념 심포지엄 자료집 '가정폭력, 그 실상과 대책'.

양현아(2006). 가정폭력에 대한 비판적 성찰: 젠더폭력 개념을 중심으로. 가족법연구, 20(1), 1-45

여성가족부(2020). 2019년 가정폭력 실태조사.

이승렬(1995). 아내구타에 대한 사회적 대책 및 쉼터 운영에 대한 비교연구. 계명대학교 여성대학원 석사학위논문.

이원숙(1998). 아내학대 피해자 및 가족을 위한 사회복지적 개입을 위한 연구: 페미니즘, 구성주의 및 매맞는 여성의 관점에서. 강남대학교 논문집, 2, 333-387.

장연진, 김영미(2021). 가족복지학: 정책과 실천의 통합적 이해. 서울: 신정

정춘숙(2014). 가정폭력 피해여성의 자립의지에 영향을 미치는 요인에 관한 연구. 강남대학교 대학원 박사학위논문.

조흥식, 김인숙, 김혜란, 김혜련, 신은주(2017). 가족복지학(5판). 서울: 학지사.

조흥식, 김혜련, 신혜섭, 김혜란, 신은주(2020). 여성복지학(3판). 서울: 학지사.

최규련, 유은희, 홍숙자, 정혜정(1999). 가정폭력 예방 및 대처 프로그램 모형개발: 배우자 학대를 중심으로. 대한가정학회지, 37(2), 159-173.

한국여성개발원(1993). 가정폭력의 예방과 대책에 관한 연구. 서울: 한국여성개발원.

한국여성개발원(1999). 성폭력 · 가정폭력 관련법의 시행실태와 과제.

한국여성의전화(1992). 쉼터보고서 1. 서울: 한국여성의전화.

한국여성의전화연합(2008). 가정폭력 피해자 안전할 권리, 제대로 확보되고 있나? 가정폭력 추방정책 토론회 자료집.

한국형사정책연구원(1992). 가정폭력의 실태와 대책에 관한 연구. 서울: 한국형사정책연구원.

한인섭(1996). 가정폭력에 대한 법적 대책. 한국가정법률상담소 창립 40주년 기념 심포지엄 자료집 '가정폭력, 그 실상과 대책'.

Breslau, N., & Davis, G. C. (1987). Posttraumatic stress disorder: The etiologic specificity of wartime stressors. *American Journal of Psychiatry, 144*, 578-583.

Dobash, R. E., & Dobash, R. P. (1979). *Violence against wives: A case gainst Patriarchy.* New York: Free Press.

Dobash, R. E., & Dobash, R. P. (1992). *Women, violence and social change.* London & New York: Routledge.

Edelson, J. (2000). *Training counselors and school social workers in family violence.*

Ferraro, K. J., & Johnson, J. M. (1983). How women experience battering: The process of victimization. *Social Problems, 30*(3), 325-339.

Giles-Sims, J. (1983). *Wife-beating: A systems theory approach.* New York: Guilford.

Hanmer, J., Radford, J., & Stanko, E. A. (1989). *Women, policing and male violence.* London: Routledge.

Hofeller, K. (1983). *Battered women, shattered lives.* Palo Alto, CA: R & E Research Associates.

Kurz, D. (1993). Social science perspectives on wife abuse: Current debates and future directions. In P. B. Bart & E. G. Moran (Eds.), *Violence against women: The bloody footprints.* New York: Sage, 252-269.

Mckay, M. M. (1994). The link between domestic violence and child abuse: Assessment and treatment considerations. *Child Welfare, 1*, 29-39.

McShane, C. (1979). Community services for battered women. *Social Work, 24*, 34-38.

Pence, E., & Paymar, M. (1993). *Education groups for men who batter: The Duluth model.* New York: Springer.

Renzetti, C. (2000). Family violence services in the United States: An overview and evaluation with recommendations for the Korean ministry of health and welfare.

Sarri, R. (2000). 가정폭력 정보 및 관점의 국제비교의 중요성. 가정폭력 예방 전략 개발 보고서-보건복지부의 가정폭력 대응능력 향상을 위한 세계은행 프로젝트.

Stalans, L. J., & Lurigio, A. J. (1995). Responding to domestic violence against women. *Crime and Delinquency, 41*, 387-398.

Straus, M. (1973). A General systems theory approach to a theory of violence between family members. *Social Science Information, 12*, 105-125.

Straus, M. A., Gelles, R. J., & Steinmetz, S. K. (1980). *Behind closed doors: Violence in the American family.* New York: Doubleday.

Taylor, J. Y. (2004). Moving from surviving to thriving: African American women recovering from intimate male partner abuse. *Research and Theory for Nursing Practice, 18*(1), 35-50.

Yllo, K. A. (1993). Through a feminist lens: Gender, power and violence. In R. J. Gelles & D. R. Loseke (Eds.), *Current controversies on family violence* (pp. 47-62). Newbury Park, CA: Sage Publications.

Walker, L. E. (1984). *The battered woman syndrome*. New York: Springer

연합뉴스(2020. 3. 20.). [그래픽] 2019년 가정폭력 실태조사 결과 주요 내용.

한겨레(2022. 11. 24.). "살해당한 세계여성 절반, 남편·가족 폭력에"…유엔 보고서.

UN Women 홈페이지 https://www.unwomen.org/en/digital-library/publications/2022/11/gender-related-killings-of-women-and-girls-improving-data-to-improve-responses-to-femicide-feminicide

제**10**장

다문화가족

이주는 인간의 역사와 함께한다. 전쟁, 기근 등 다양한 이유로 인해 생활터전을 이동한다는 의미를 가진 이주는 세계화와 함께 그 속도와 범위, 유형이 확대되고 가속화되어, 최근 들어 복합적이고 다면화된 이주 양상이 관찰되고 있다. 2019년을 기준으로 약 2억 2,700만 명이 국경을 넘는 국제 이주를 한 것으로 보고되며, 이는 전 세계 인구의 약 3.5%를 차지하는 수치이다(IOM, 2019). 이런 이주 현상은 한국에서도 지난 수년간 목격되고 있다. 기존 이민자 송출국으로 알려져 있던 한국사회는 이제 이민자 유입국으로 변모하였으며, 2000년대에 들어 결혼이주여성, 외국인 근로자, 북한이탈주민, 외국인유학생, 난민 등 이주민의 배경이 다양해지며(이상주, 전미숙, 2016) 한국사회는 다문화사회로 진입하여 현재 다문화사회로서의 정체성을 확립하기 위한 노력을 하고 있다.

많은 이주민 집단 중 특히 한국사회의 주 관심대상은 결혼이주민이라 할 수 있다. 또한 결혼이주민이 한국인과 꾸리는 가정을 지칭하는 다문화가족 역시 국내 다문화정책의 주 대상이 된다. 2000년대 이들과 한국인 배우자 간의 국제결혼건수가 급증하면서 국제결혼가족과 구성원에 대한 사회적 관심이 크게 증가했으며, 이는 외국인 배우자의 원활한 적응과 다문화가족의 건강한 생활, 가족해체 예방 및 자녀를 위한 다양한 정책과 서비스의 발전으로 이어졌다. 이 장에서는 다문화가족을 중심으로 다문화가족의 정의와 유형, 다문화가족을 이해하기 위한 이론과 더불어 다문화가족의 욕구와 어려움을 살펴보고 이에 대응하기 위한 정책, 서비스와 사회복지실천에 대해 논의하고자 한다. 이를 통해 한국사회 내 다문화가족에 대한 이해를 확장하고 사회복지실천 현장에서의 다문화가족 지원을 위한 방안을 강구해 보고자 한다.

1. 다문화가족의 정의

'다문화가족'은 누구인가? 일상적인 의미에서의 다문화가족은 다양한 문화적 배경을 가진 구성원으로 이루어진 가족이라 볼 수 있다(조영달, 2006). 즉, 다문화가족은 결혼이민자, 외국인 근로자, 난민, 북한이탈주민 등 이주배경을 가진 구성원이 이루는 가족을 지칭한다. 하지만 한국사회에서의 다문화가족은 이보다 협소한 정의를 가지는데, 이는 법률상 지칭되는 다문화가족의 정의를 살펴보면 알 수 있다. 최근 개정된 「다문화가족지원법」 제2조에 언급된 다문화가족의 정의는 〈표 10-1〉에 나타난 것과 같다.

2008년 「다문화가족지원법」이 처음 제정되었을 때는 한국 출생자와 외국 국적자로 구성된 부부와 그들의 가족구성원만의 다문화가족으로 인정되었으나, 2011년 개정으로 외국 태생이나 추후 한국 국적을 취득한, 즉 귀화한 외국 태생 개인과 그가족도 다문화가족의 범위 안에 포함되었다. 이를 다시 정리하면, 현재 「다문화가

표 10-1 「다문화가족지원법」 제2조

1. "다문화가족"이란 다음 각 목의 어느 하나에 해당하는 가족을 말한다.
   가. 「재한외국인 처우 기본법」 제2조제3호의 결혼이민자와 「국적법」 제2조부터 제4조까지의 규정에 따라 대한민국 국적을 취득한 자로 이루어진 가족
   나. 「국적법」 제3조 및 제4조에 따라 대한민국 국적을 취득한 자와 같은 법 제2조부터 제4조까지의 규정에 따라 대한민국 국적을 취득한 자로 이루어진 가족

출처: 「다문화가족지원법」(2020. 5. 19. 일부개정).

족지원법」에 명시되어 있는 다문화가족은 「국적법」에 의거, 부 또는 모가 한국인(국적 소지자)이어서 자동으로 대한민국 국적을 가지게 된 사람, 대한민국 국민이 아니었으나 대한민국 부 또는 모에 의해 인지되어 국적을 취득한 사람, 혹은 귀화하여 국적을 취득한 사람이 결혼이민자와 함께 가정을 꾸린 경우를 포함한다. 또한 외국 국적 소지자였으나 인지, 귀화 등으로 한국 국적을 취득한 사람과 출생부터 한국 국적을 가진 사람, 혹은 인지와 귀화를 통해 국적을 취득한 사람이 꾸리는 가정 역시 다문화가족에 포함된다. 즉, 개정된 법률로 인해 다문화가족에 대한 범위는 일부 확대되었으나 여전히 현 법률은 국내에 거주하는 다양한 이주배경 가족을 내포하지 못하고 있으며, 이런 협소한 다문화가족에 대한 정의로 인해 많은 이주배경 가족이 필요한 지원을 받지 못하고 있음이 지적되고 있다(설동훈, 2013; 한건수, 2012). 사회복지 정책 및 서비스가 법령의 목적에 따라 개설되고 운영된다는 점을 고려할 때 현 「다문화가족지원법」의 정의는 많은 이주배경 가족을 복지 정책과 서비스로부터 배제시키고 있으며, 이들을 복지사각지대에 머무르게 하고 있음을 알 수 있다. 따라서 다문화가족의 범위와 정의에 대한 재고가 필요할 것이다.

2. 다문화가족 이해를 위한 이론적 배경

1) 문화접촉

문화적 배경이 다른 개인 혹은 집단이 서로 만날 시 일어나는 현상을 문화접촉(cultural contact)이라고 하는데 이는 크게 사회 내 접촉(within-society contact)과 개인 혹은 집단이 특정한 목적을 가지고 다른 문화권을 가진 사회 혹은 국가에 갔을 때 발생하는 사회 간 접촉(between society contact)으로 구분된다(Bochner, 1982). 문화접촉은 또한 직간접적으로도 이루어진다. 개인이 직접 타 문화권 혹은 타 문화권에 속한 사람을 만나 발생하는 접촉은 직접 접촉에 해당되며, 외국 문헌, 미디어, 소셜 네트워크 서비스(Social Network Service) 등을 통해 접촉하게 되는 것은 간접 접촉에 해당된다. 다문화가족 결혼이민자·귀화자와 같이 한국으로의 이주를 통해 한국 문화와 한국인, 언어, 관습 등을 접촉하는 경우, 이는 직접 접촉이자 사회 간

접촉에 해당된다. 하지만 다양한 사람이 한국에서 만나 교류하는 것은 사회 내 접촉이다. 이런 문화접촉이 축적되면서, 한국사회 역시 단일문화 사회가 아닌 다문화사회로 성장해 가고 있으며 이런 문화접촉은 이주배경을 가진 구성원뿐 아니라 이주배경 구성원과 더불어 살아가는 한국사회의 다양한 구성원에게도 많은 변화를 야기한다.

2) 문화변용

문화접촉을 통해 일어나는 문화적 변화를 문화변용(acculturation)이라 볼 수 있다. 문화변용이란 두 문화적 집단 사이 간 지속적이며 직접적인 접촉을 통해 초래되는 문화적 변화를 가리킨다(Redfield, Linton, & Herskovits, 1936). 즉, 이는 사회적 수준의 문화변화도 포함하지만 동시에 문화적 배경이 다른 개인 및 집단이 만나 지속적으로 접촉하는 과정에서 상대방의 문화를 받아들이며 동시에 자신의 원문화 내 변화를 경험하는 과정이라 설명할 수 있다. 이런 문화적 변화, 즉 문화변용은 두 집단 혹은 두 명의 개인 간 모두에게 동시에 일어날 수 있으나 베리(Berry, 1990)는 실제 현실에서는 어느 한 집단이 다른 집단에 비해 더 많은 변화를 겪게 된다고 설명한다.

문화접촉을 통한 변용이 일어날 때 모든 사람이 이에 똑같이 반응하지 않는다. 개인 및 집단은 주어진 상황적 조건 및 맥락에 따라 문화변용에 대해 다르게 대응하는데 이를 문화변용 전략(acculturation strategy)이라고 한다(Berry, 1990). 베리(1990)는

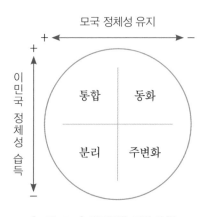

[그림 10-1] 문화변용 전략 유형

이주민이 모국의 문화적 정체성과 특성을 유지하는 데 가치를 두는지, 새로운 사회와 문화에 접촉하고 다양한 활동에 참여하는지 여부를 측정하여 네 가지 전략을 구성하였다. 이는 앞의 [그림 10-1]과 같다.

베리(1990)는 개인이 모국의 문화와 정체성을 유지하면서 새로운 문화를 동시에 받아들이고 새로운 사회구성원과 접촉하고 있다면, 이때 사용하는 문화변용 전략은 통합(integration)이라고 설명한다. 통합전략을 사용하는 이주민들은 자신의 문화 유지의 중요성을 알고, 이를 유지하려는 노력을 함과 동시에 정착사회에 적응하고 언어를 습득하려고 노력하며 동시에 주류사회 구성원과의 교류를 위해 노력하는 사람들로 이해할 수 있다. 한편, 모국 문화와 정체성은 유지하지 않고 새로운 사회와 문화만을 수용하는 것을 선호하는 것은 동화(assimilation)전략을 취하는 것으로 이해할 수 있다. 동화전략을 취하는 사람들은 자신의 전통적 문화를 유지하려는 노력보다는 자신이 정착한 정착사회 내 주류 문화와 언어를 학습하고 주류사회 구성원들과 교류하는 데 많은 노력을 기울인다. 반대로 모국의 문화와 정체성을 유지하면서 새로운 문화와 정책사회와의 접촉을 거부하거나 하지 못하면 이는 분리(separation)로 볼 수 있다. 분리전략을 선택한 경우, 이주 사회의 문화와 언어 등에 적응하고 정책사회 구성원과 교류하려는 노력보다는 모국 문화 및 언어권 내 사람들과만 교류하려는 특징을 가진다. 마지막으로, 모국의 문화와 정체성 유지에도 관심이 없고 새로운 문화 및 정착사회와도 접촉할 의지가 없거나 하지 못하는 사람들의 경우 주변화(marginalization)되었다고 본다. 즉, 모국 문화 유지에도 관심이 없으며 동시에 주류사회 문화를 습득하는 것에도 관심이 없는 것을 의미한다. 예컨대, 이주배경 구성원이 자신의 출신국 문화에 대해 수치심을 느끼고 거리감을 가지고 있으면서도 정착사회 내 존재하는 차별과 편견 때문에 사회구성원으로서 제대로 역량을 발휘하지 못하는 경우 역시 주변화 유형에 해당된다(전자배, 2018).

베리의 이런 문화변용 전략은 물론 문화접촉을 하는 개인과 집단이 전략을 선택할 수 있다는 전제하에 이해해야 한다. 많은 경우, 한 사회 내 주류집단이 비주류집단으로 하여금 모국 정체성 및 문화 유지보다는 주류사회 문화 및 언어 흡수를 요구할 수도 있다. 혹은 주류사회와의 교류 및 관계형성을 원하는 비주류집단에 속한 개인 혹은 집단이 있더라도 주류사회에서 이를 거부한다면 진정한 의미에서의 통합 및 동화전략 선택이 어려울 수도 있다. 특히 다문화가족 내 결혼이민자 · 귀화자와 같은 이주배경을 가진 구성원의 문화변용 전략을 이해하기 위해서는 한국사회의 특성 및 이주배경 구성원에 대한 사회적 관점 등을 고려해야 할 필요가 있다. 더 나아가 결혼이민자와 귀화자 같은 결혼이라는 제도하에 한국인 가정 내 합류하는 이주배경 구성원의 경우 이들에게 과연 전략을 선택할 수 있는 선택이 주어지는지에 대해서도 고민할 필요가 있다.

3) 문화적응 스트레스와 적응

문화변용 과정은 개인마다 다르게 경험된다. 일부에게는 이 과정이 새로운 문화, 언어를 학습할 수 있는 도전적인 과정으로 여겨질 수도 있지만 일부에게는 많은 스트레스를 경험하게 되는 과정이기도 하다. 이런 문화변용 과정에서 발생하는 스트레스를 문화적응 스트레스(acculturative stress)라고 하며, 이런 문화적응 스트레스는 문화변용을 경험하는 사람에게 신체적 · 정신적 · 사회적 건강에 부적 영향을 미치는 것으로 알려져 있다. 이런 문화적응 스트레스는 이주와 동시에 한국 가족으로 합류하는 결혼이주민에게 더 많이 발생할 수 있다. 이들은 이주와 동시에 결혼을 통해 한 가족 내 새로운 역할을 수행하게 되며 이런 문화적응 과정에서의 스트레스와 새로운 가족 역할 수행에서 발생하는 스트레스는 이들을 더 취약하게 만들수 있다. 예컨대, 결혼이주여성의 경우 한국어 학습뿐 아니라 부부간 의사소통 방식 학습, 남편의 부모 · 형제와 같은 확대가족과의 소통 방식 학습을 동시에 해야하며, 이로 인해 가족갈등을 경험하기도 한다.

또한 일부 학자들은 다문화가족 내 아동 · 청소년 역시 이런 문화적응 스트레스를 경험한다고 설명한다(김은경, 김종남, 2016). 한국에서 태어나 한국에서 성장한 다문화가족 자녀라도 성장과정에서 자연스럽게 경험한 이중문화와 또래 및 주변 환경에서 경험한 한국문화 간 마찰이 일어날 때 종종 혼란스러울 수도 있으며, 동시에 주변인들로부터 한국문화 혹은 부모의 모국문화에 동화하라는 압력을 경험할 수도 있다. 더 나아가 부모의 재혼으로 인해 성장기 과정에서 한국에 이주한 중도입국 아동 · 청소년의 경우 이런 문화적응 과정에서 높은 수준의 스트레스를 경험할 수 있다. 이런 문화적응 스트레스는 이들의 신체건강, 정신건강뿐 아니라 사회적 적응에도 부정적 영향을 미치는 것으로 알려져 있다. 문화적응 스트레스는 결혼이주여성

의 우울을 야기하고 건강에 부적 영향을 미치며(김현실, 2012), 다문화가족 아동·청
소년의 경우 이들이 경험하는 문화적응 스트레스는 이들의 심리사회적 적응 및 학
교적응과도 밀접한 관계가 있는 것으로 보고되고 있다(김은경, 김종남, 2016).

4) 다문화가족 대상 실천을 위한 이론적 틀

다문화가족을 위한 사회복지실천의 궁극적인 목적은 이들의 건강한 생활과 안
녕을 위한 지원이라고 볼 수 있다. 앞서 언급한 것과 같이 문화적응 스트레스와 더
불어 다문화가족과 그 구성원이 경험하는 다양하고 복합적인 스트레스와 어려움에
대해 이해하고 이에 개입하기 위해서는 다양성 존중과 문화적 역량, 문화적 민감성
에 기반한 사회복지실천이 필요하다. 다음은 다문화가족을 대상으로 하는 사회복
지실천 현장에서 고려할 수 있는 이론적 틀이다.

(1) 생태체계이론

생태체계이론은 일반 사회복지실천에서 가장 기본적으로 폭넓게 사용되는 이론
적 틀이다. 생태체계이론은 사회복지사가 대상자와 대상자를 둘러싼 환경, 그리고
둘 간의 상호작용과 교류를 촘촘히 살펴보도록 지원하는 이론이며 개인과 환경 간
의 적합성과 적응에 초점을 둔다. 다문화가족 대상 사회복지실천에 있어 생태체계
이론은 '상황을 보는 눈을 확대'(Meyer, 1983: 최혜지 외 2013: 125에서 재인용)시켜 주
는 매우 유용한 틀로 기능한다. 즉, 다문화가족 구성원이 경험하는 현시점의 어려움
을 개인 수준의 어려움으로 단순화시키는 것에서 탈피하여 이들의 삶의 맥락을 전
체적인 관점에서 이해하고 이들이 속해 있는 가족, 확대가족, 지역사회 및 한국사회
와 모국 사회의 맥락에서 이들의 어려움을 이해하도록 돕는 데 유용하다. 특히 생
태체계이론은 앞서 언급한 문화적응 과정(acculturation process)을 이해하는 데 매우
유용한데, 베리(1997)가 제시한 문화적응 과정을 살펴보면 [그림 10-2]와 같다.

[그림 10-2]에서 나타난 것과 같이 이주배경 구성원 개인의 문화적응 과정은 단
순히 개인의 내외적 요인으로만 결정되거나 영향을 받는 것이 아니라 개인이 속한
집단과 주변 환경, 정착사회의 제도·문화·정책에 의해 영향을 받는 것을 알 수 있
다. 즉, 이는 실천현장에서 사회복지사가 이주배경 대상자의 적응과 어려움을 이해

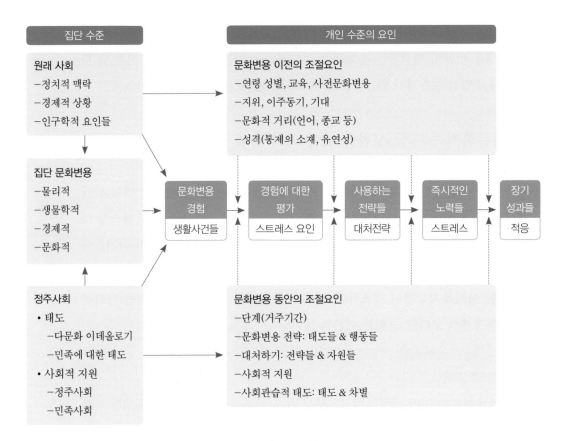

[그림 10-2] 문화적응 과정
출처: Berry (1997): 부향숙(2018)에서 재인용.

하기 위해서는 개인 수준의 다양한 요인과 더불어 가족 관련 요인, 이주의 맥락과 경험, 이들을 둘러싼 중간체계·외부체계·거시체계의 구조 및 그 안에서의 경험, 그리고 대상자와 이들 체계 간의 상호작용을 전체적으로 탐색하고 이해할 필요성을 알려 준다.

(2) 강점관점

생태체계이론이 이주민의 삶과 경험, 한국사회에서의 문화적응 과정 및 생활을 이해하는 틀로 기능한다면, 사회복지실천 현장에서 유용하게 활용될 수 있는 실천 틀로서는 강점관점이 있다. 강점관점은 대상자를 독특한 한 개인으로서 이들이 가지는 다양성을 인정하고 존중하며, 기존의 문제중심적·병리적 관점에서 탈피하여 이들의 잠재적 힘과 역량을 탐색하고 실현해 나가도록 지원하는 이론이다. 특히 강점관점은 문화를 회복탄력성(resilience)의 원천으로 바라보며 어려움과 역경으로부터 대상자를 보호할 수 있는 중요한 보호요인으로 간주한다(Marsiglia, Kulis, & Lechuga-Pena, 2021). 문화는 대상자들의 사고와 문제해결 과정을 이해하는 틀이 되며, 이들의 강점과 역량강화에 빠질 수 없는 요소로 이해된다. 즉, 강점관점은 이주민이 한국사회에서 다문화가족으로 살아간다는 것, 이주배경을 가진 사회구성원으로 살아간다는 것이 결코 결핍이나 부족한 것이 아닌, 자산이자 강점이 될 수 있음을 강조하고 이를 내재화하도록 지원하는 실천적 틀로서 작용한다.

(3) 역량강화 관점

다문화가족을 대상으로 하는 사회복지실천은 이주민들이 경험할 수 있는 '낯섦과 힘없음'(성정현 외, 2020, p. 269)에 관심을 둔다. 이들이 한국에서 생활하면서 구성원으로서의 목소리를 내고 자신의 삶을 주체적으로 살아가도록 지원하기 위해 실천현장에서 활용할 수 있는 또 하나의 관점은 역량강화(empowerment) 관점이다. 역량강화란 스스로의 삶에 대한 통제력을 토대로 타인과의 관계를 형성하며 자신이 살고 있는 지역사회와 더 넓게는 사회에서 영향력을 미칠 수 있는 힘을 가리킨다. 다문화가족 내 결혼이민자와 귀화자, 그리고 이주배경을 가진 많은 이는 종종 한국사회에서 법적·사회경제적으로 취약한 위치에 놓일 가능성이 높으며, 자신의 권리가 침해되는 등 부당한 상황을 경험할 시에도 목소리를 내거나 적극적으로 시정조치를 요구하지 못하는 경우가 많다.[1] 따라서 역량강화 관점은 이들의 힘(power)을 찾아내고 강화하는 데 목적을 둔다.

다문화가족을 대상으로 하는 역량강화 관점 기반 사회복지실천의 특징은 다음과 같이 정리될 수 있다(윤혜미, 2009). 첫째, 대상자의 내러티브를 중심으로 대상자가 자신의 입장에서 현실과 삶을 어떻게 보는가를 살펴봐야 한다. 이 과정 속에서 다양한 실천전략을 적용해서 대상자에게 자신의 장점과 능력을 인식할 수 있도록 한다. 둘째, 힘의 결여와 무력함이 개인의 결핍으로 인한 것이 아니며, 사회구조와 그 과

---

1) 2018년 전국다문화가족실태조사 연구(최윤정 외, 2019) 결과, 일상생활에서 차별을 경험한 결혼이민자·귀화자 중 이에 대해 "그냥 참았다"라고 응답한 비율이 약 78%로 나타나 다수의 이주민이 차별에 적극적으로 대응하지 못하는 것으로 보인다.

정의 결과로서 자신의 현 상황을 이해하도록 돕는다. 즉, 자기비난적 사고에서 벗어나고 개인과 환경 간의 관계와 맥락에서 자신의 상황을 이해하도록 지원한다. 셋째, 대상자의 개인 내적 역량과 동시에 대인관계 측면에서의 힘을 키우도록 지원한다. 자조모임과 같은 집단활동은 대상자로 하여금 대인관계를 넓히는 계기를 제공하며 동시에 집단의식을 발달시킬 수 있는 기회를 제공한다. 정리하면, 역량강화 관점에 기반한 다문화가족 대상 사회복지실천은 다양한 수준에서의 여러 실천전략을 활용하여 대상자가 취약한 이주민이 아닌 "도전의식과 주체적 결단 능력을 가진 능동적인 존재"(윤혜미, 2009, p. 15)로서의 자신을 인정하고 자신의 힘을 스스로 찾아내어 자신의 삶의 주체적인 힘을 행사할 수 있도록 지원하는 것이다.

3. 다문화가족 현황 및 실태

1) 다문화가족 현황

국내 한국인과 외국인 간에 이루어지는 혼인건수는 1990년대부터 2000년대 중반까지 꾸준히 증가추세를 보였는데, 1990년대 초반 국제결혼 건수가 전체 혼인건수의 약 1.2%만을 차지한 것에 비해 2000대 중반에 이르러서는 국제결혼 비율이 10%를 상회하는 증가추세를 보였다. 하지만 이는 2011년을 기점으로 점차 감소추세를 보이면서 2015년에는 약 7.0%까지 감소했다가 점차 반등하여 2018년에는 8.8%, 최근 2019년에는 9.8%까지 증가하였다(통계청, 2020).[2] 외국인과 한국인 간의 국제결혼을 포함하는 다문화 혼인은 2019년 기준보다 약간 높은 10.3%로 나타나는데, 이는 국제결혼뿐 아니라 귀화자와 한국인 간의 결혼도 포함되기 때문이다. 2019년 기준 다문화 혼인건수를 조금 더 구체적으로 살펴보면, [그림 10-3]과 같다. 전체 다

---

2) 2020년의 경우 국제결혼 건수는 2019년 대비 약 35% 정도 크게 감소한 것으로 보고되는데 이는 코로나19 확산으로 인한 출입국 통제 등의 여파로 인한 현상으로 보인다. 이는 국제결혼뿐 아니라 국내 전체 혼인건수에도 두드러지는 현상으로 우리나라 전체 혼인건수 역시 약 26% 정도 감소한 것으로 나타났다(통계청, 2021).

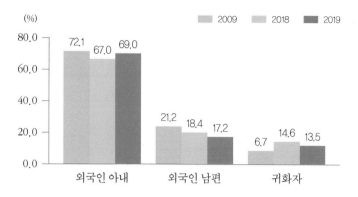

[그림 10-3] 다문화 혼인 유형별 비중

1) 외국인 아내: 출생기준 한국인 남자+외국인 여자의 혼인
2) 외국인 남편: 외국인 남자+출생기준 한국인 여자의 혼인
3) 귀화자: 남녀 모두 또는 어느 한쪽이라도 귀화자인 경우
출처: 통계청(2020), p. 5.

문화 혼인건수 중 약 69.3%가 한국인 남성과 외국 출신 여성 간 국제결혼에 해당되며, 한국인 여성과 외국 출신 남편 간의 결혼이 약 17.2%, 한국인과 귀화자 간의 결혼 비율이 약 13.5%를 차지하는 것으로 보고된다.

국내 다문화가족 규모는 계속 증가하는 것으로 보고되고 있다. 2021년 발표된 행정안전부 외국인주민 현황조사에 따르면 2019년 기준으로 국내 거주하는 결혼이민자, 혼인귀화자 및 기타 사유 국적취득자는 약 36만 명에 다다르는 것으로 집계되고 있다. 이는 2007년 기준 약 14만 명으로 집계되었던 결혼이민자와 국적취득자를 기준으로 볼 때, 2배 이상 증가한 수치이다. 다문화가족 구성은 보통 한국인 배우자, 결혼이민자 혹은 혼인귀화자, 자녀, 기타 동거인으로 볼 수 있다. 특히 여기서 주목할 점은 혼인귀화자 및 기타 국적취득자의 비율이 점차 증가하고 있다는 점이다. 2019년을 기준으로 전체 결혼이민자와 국적취득자 중 국적취득자의 비율은 약 51%로 나타나고 있는데, 이는 국내 거주하는 다문화가족 내 외국 출신 배우자의 거주기간이 장기화되고 있음을 의미함과 동시에 다수의 다문화가족 구성원이 이미 한국 국적을 취득한 법적 한국인으로서 생활하고 있음을 의미한다.

또 한 가지 살펴볼 점은 다문화가족 자녀수가 빠르게 증가하고 있다는 점이다. 2007년 기준 약 4만 4천 명으로 집계되었던 다문화가족 내 자녀수는 2019년 기준 이의 약 5배수인 26만 4천 명으로 집계되고 있다. 〈표 10-2〉에서도 나타난 것과 같

표 10-2 다문화가족 자녀 연령별 현황

연도	연령별 현황				
	계	만 6세 이하	만 7~12세	만 13~15세	만 16~18세
2019	264,626	117,045	104,064	26,524	16,993
2018	237,506	114,125	92,368	19,164	11,849
2017	222,455	115,085	81,826	15,753	9,791
2016	201,333	113,506	56,768	17,453	13,606
2015	197,550	116,068	61,625	12,567	7,290
2014	204,204	121,310	49,929	19,499	13,466
2013	191,328	116,696	45,156	18,395	11,081
2012	168,583	104,694	40,235	15,038	8,616
2011	151,154	93,537	37,590	12,392	7,635
2010	121,935	75,776	30,587	8,688	6,884
2009	107,689	64,040	28,922	8,082	6,645
2008	58,007	33,140	18,691	3,672	2,504
2007	44,258	26,445	14,392	2,080	1,3

출처: 여성가족부(2022. 6. 20.).

이 다문화가족 자녀 연령대를 살펴보면 만 6세 이하, 즉 미취학 아동의 비율이 점차 둔화되고 있는 반면에 다른 연령대 자녀들은 점차 증가하는 추세를 보이고 있다. 이런 연령별 인구 변화는 다문화가족 내 욕구의 변화를 의미한다. 기존 미취학 아동 인구가 다수일 때 다문화가족 자녀지원은 이들의 양육에 초점을 맞춘 정책 및 서비스가 주를 이루었다면, 자녀의 연령이 증가할수록 다문화가족 자녀지원을 위한 정책 및 서비스 초점이 양육에서 교육지원 및 학교생활 적응, 학업성취 등으로 확대되어야 함을 알려 준다.

이와 같은 다문화가족 내 구성원의 변화와 더불어 또 하나 보이는 현상은 다문화가족 유형의 변화이다. 2018년 전국다문화가족실태조사 연구 결과에 따르면 다문화가족 중 부부와 자녀로 구성된 핵가족 비율은 전체 가족 유형 중 34%로 가장 높으며, 부부로만 구성된 부부가구는 17%, 부부, 자녀, 배우자의 부모 · 형제로 구성된 확대가족 유형은 약 10.6%로 보고되었다(최윤정 외, 2019). 여기서 주목할 점은 결혼

이민자 혹은 귀화자 본인으로만 구성된 1인가구가 전체 가구 유형의 14.4%로 보고
되고 있고 결혼이민자 혹은 귀화자 본인과 자녀로만 구성된 한부모가족 비율 역시
6.8%로 높게 보고되고 있다는 점이다(최윤정 외, 2019). 이는 이혼 및 가족해체로 인
해 홀로 생활하거나 홀로 자녀를 양육하는 다문화가족 비율이 증가하고 있음을 알
려 주며, 1인가구로서 혹은 한부모가족으로서 이들이 가지는 욕구와 어려움은 부부
가구 혹은 부부, 자녀로 구성된 핵가족의 욕구와 어려움과 다를 수 있음을 알려 준
다. 또한 다문화 한부모가족의 경우 비다문화 배경을 가진 한부모가족과 또 다른 어
려움을 가질 수 있음을 시사하며, 이들에 대한 각별한 관심의 필요성을 알려 준다.

2) 다문화가족의 특성과 욕구

다문화가족은 그 구성, 유형과 배우자 간 결혼기간 및 외국 출신 배우자의 거주
기간 등 여러 특성에 따라 매우 다른 욕구와 어려움을 가지고 있다. 앞서 언급한 것
과 같이 증가하는 다문화 1인가구 및 한부모가구는 다른 부부, 자녀로 구성된 다문
화가족과는 분명히 다른 어려움과 욕구를 가지며 동시에 한국 태생 부(모)와 자녀로
구성된 비다문화 배경 한부모가족과도 다른 어려움을 가진다. 이 절에서는 다문화
가족의 특성과 이와 관련된 그들의 욕구 및 어려움을 중심으로 살펴보고자 한다.

⑴ 성별 및 출신 국가에 따른 특성 및 욕구
앞서 언급한 것과 같이 다문화가족의 다수는 한국 태생 남성과 외국 출신 여성 간
의 이루어지는 국제결혼을 통해 형성된다. 2019년의 다문화 혼인건수 중 약 70% 가
까이가 외국 출신 아내와 이루어진 혼인이며(통계청, 2020), 2018년 전국다문화가족
실태조사 연구에서도 조사 시점 다문화가족 내 결혼이민자 · 귀화자 중 약 83%가
여성인 것으로 보고되고 있다(최윤정 외, 2019). 하지만 이를 뒤집어 보면, 2019년 혼
인건수 중 약 17%가 한국인 여성−외국인 남성 간에 이루어진 결혼이었으며, 동시
에 2018년 실태조사 결혼이민자 · 귀화자 중 약 17%가 남성이고 이는 낮은 비율이
아니란 것을 알 수 있다. 하지만 여전히 다문화가족에 대한 일반적인 인식은 외국
출신 여성과 한국인 남성 부부로 이루어진 가족이며, 다수의 정책 및 서비스 역시
이들을 중심으로 고안되어 운영 중에 있다. 학계에서도 상대적으로 이들에 대한 관

심은 미미하여, 남성 결혼이민자 혹은 귀화자에 대한 연구는 매우 적은 편이다. 남성 결혼이민자 및 귀화자 본인과 이들의 다문화가족이 가지는 욕구와 어려움은 여성 결혼이민자 및 귀화자 가정이 가지는 어려움과 상이할 수 있음을 고려할 때(연은모, 최효식, 2017), 다문화가족 내 다양한 구성원에 대한 관심이 요구된다.

이와 더불어 결혼이민자·귀화자의 출신국가에 대한 이해 역시 필요하다. 2019년을 기준으로 전체 약 36만 명으로 집계되는 결혼이민자·귀화자 중 1/3에 해당되는 약 12만 4천 명 정도가 한국계 중국인이며, 그다음으로 베트남 출신이 약 28%에 해당하는 약 8만 명이고, 중국 출신이 약 6만 8천 명, 그리고 필리핀 출신이 약 2만 명으로 집계되고 있다. 성별로 이를 구분해 보면, 결혼이민자·귀화자 여성 중에서 베트남 출신이 가장 많으며, 중국, 태국 등이 그 뒤를 따르는 반면, 결혼이민자·귀화자 남성은 기타 국가를 제외하고는 미국 출신이 약 26%로 가장 많으며, 중국, 베트남 순으로 나타나고 있다(행정안전부, 2020). 이런 출신국가의 차이는 다문화가족 내 문화적·민족적 다양성을 나타내는 지표로 볼 수 있다. 즉, 일반적으로 다문화가족이 다 동질적이라고 바라보는 관점은 편견이며, 다문화가족 내에서도 다양한 문화적·언어적·인종적·민족적 배경이 존재한다는 것을 이해해야 한다. 더 나아가 다문화가족을 위한 정책, 서비스, 그리고 서비스 전달과정은 이런 문화적 다양성과 이질성에 기초해서 고안되고 마련, 운영되어야 함을 알려 준다.

(2) 거주기간에 따른 특성 및 욕구

이주는 개개인의 삶에 큰 변화를 가져오며, 이주 후 개인은 언어와 문화 습득, 가족관계 변화, 새로운 역할 수행 등 다층적 수준에서 어려움과 변화를 경험하게 된다. 하지만 이주사회 내 거주기간이 늘어나면서 이들이 경험하는 어려움 및 욕구는 다양해지는 것으로 나타나는데, 이는 여성가족부에서 발표한 '제3차 다문화가족정책 기본계획'을 통해 확인할 수 있다. [그림 10-4]에서 나타난 것과 같이, 이들이 경험하는 어려움의 유형은 한국 내 거주기간에 따라 매우 다르게 나타난다. 예컨대, 거주기간 2년 미만의 이민자의 경우 언어문제, 외로움, 생활방식 등 문화 차이에서 발생하는 어려움, 기관 이용 등이 큰 어려움으로 인식되는 데 비해 10년 이상 한국에서 거주한 이민자의 경우 언어문제 및 기관 이용, 문화 차이 등에서 발생하는 어려움은 현저히 감소하는 반면, 자녀교육, 경제적 어려움과 편견, 차별 등을 어려움

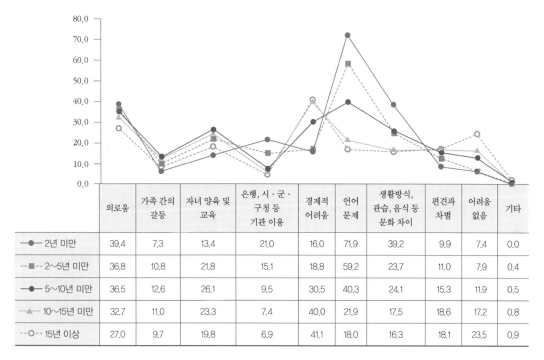

	외로움	가족 간의 갈등	자녀 양육 및 교육	은행, 시·군·구청 등 기관 이용	경제적 어려움	언어 문제	생활방식, 관습, 음식 등 문화 차이	편견과 차별	어려움 없음	기타
2년 미만	39.4	7.3	13.4	21.0	16.0	71.9	39.2	9.9	7.4	0.0
2~5년 미만	36.8	10.8	21.8	15.1	18.8	59.2	23.7	11.0	7.9	0.4
5~10년 미만	36.5	12.6	26.1	9.5	30.5	40.3	24.1	15.3	11.9	0.5
10~15년 미만	32.7	11.0	23.3	7.4	40.0	21.9	17.5	18.6	17.2	0.8
15년 이상	27.0	9.7	19.8	6.9	41.1	18.0	16.3	18.1	23.5	0.9

[그림 10-4] 거주기간별 한국생활의 어려움

출처: 여성가족부(2018), p. 6.

으로 인식하는 것으로 보고되고 있다(여성가족부, 2018).

이런 결과는 다문화가족의 욕구를 파악하는 데에 있어 일반 가족의 생애주기에 대한 이해와 더불어 다문화가족 이주배경 구성원의 한국 거주기간에 따른 이들의 욕구 및 과업에 대한 이해가 선행되어야 함을 알려 준다. 또한 2018 전국다문화가족실태조사에서도 보고되었듯이, 국내 10년 이상 체류한 결혼이민자·귀화자 비율이 약 61% 가까이 되는 만큼 국내 다문화가족 결혼이민자·귀화자의 거주기간이 장기화되고 있어, 다문화가족을 위한 정책 및 지원이 이들의 욕구에 맞춰 유기적으로 변화해야 함을 알려 준다.

3) 다문화가족이 경험하는 어려움

다문화가족이 한국사회에서 경험하는 어려움은 매우 다양하나 이를 하나의 개념으로 정리하면 사회적 배제로 볼 수 있다. 사회적 배제는 최근 들어 사회적 불평등과 소외를 다루는 개념으로 논의되기 시작했고, 특정 개인이나 집단이 본인이 속한 사회에 포함되지 못하는 것을 가리키며, 구체적으로 자원·기회·관계에 대한 접근성 및 기회를 제한받는 것을 의미한다. 사회적 배제는 또한 빈곤과 같은 물질적·경제적 소외를 포괄하는 개념으로 한 사회에서 개인 및 특정 인구집단이 경험하는 복합적인 불평등과 소외를 이해하는 데 사용되고 있다(문진영, 2010). 사회적 배제의 대상 집단으로는 주로 장애인, 노인, 빈곤층 등이 논의되었는데 최근 들어 한국사회의 또 다른 사회적 배제집단으로 간주되는 집단은 이주배경을 가진 구성원, 다문화가족 등이 있다(김태수, 2009). 사회적 배제를 구성하는 요인들은 매우 다양하나 대체적으로 논의되는 요인은 사회적 참여, 고용, 소득 및 노동시장의 참여, 건강 등이 있다. 이 절에서는 그중 결혼이민자·귀화자의 소득 및 노동시장의 참여를 다루는 경제적 측면과 사회적 참여와 관계를 다루는 사회적 측면을 중심으로 이들의 사회적 배제 현황을 살펴보고자 한다.

(1) 경제적 측면의 사회적 배제

경제적 배제는 구체적으로 소득활동의 기회에서 배제되어 경제적으로 빈곤한 상황에 처하게 되는 과정을 의미한다(고수정, 김순양, 2017). 이주민의 경우 모국에서의 어려운 경제적 상황에서 벗어나기 위해 이주라는 큰 변화를 자발적으로 선택하는 경우가 많다. 하지만 많은 경우 한국사회에 정착한 후에도 이런 경제적 상황이 호전되지 않는데, 특히 다문화가족 내 결혼이주민·귀화자의 경우 한국사회에서 경제적 배제를 경험하는 경우가 많다. 실제 다문화가족 내 결혼이주민·귀화자의 고용률은 낮지 않은 수준이다. 2018년 전국다문화가족실태조사 연구에 의하면 이들의 고용률은 66.4%로 나타나며, 이는 같은 해 우리나라 경제활동 인구조사 고용률인 63.1%보다 약간 높은 수치이다(최윤정 외, 2019). 그럼에도 불구하고 다문화가족의 경제적 상황이 호전되지 않는 것은(천정웅 외, 2015) 이들이 종사하는 직업군과 고용 안정성이 다른 인구집단에 비해 취약하기 때문이다.

[그림 10-5]에 나타난 것과 같이 다문화가족 결혼이민자·귀화자의 직종별 분포를 살펴보면, 약 28%가 단순노무 종사자인 것으로 나타나며 이는 비다문화 한국인에 비해 2배나 높은 수치이다. 반대로 사무직·전문직의 경우 고용 비율이 한국인에 비해 현저히 낮은 것으로 나타난다. 이는 다문화가족 외국 출신 구성원의 노동시

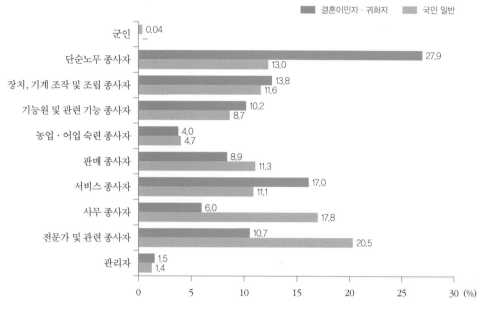

[그림 10-5] 다문화가족 결혼이민자 · 귀화자 직종별 분포

출처: 최윤정 외(2019), p. 273.

장 진입은 기존에 비해 호전되었음에도 불구하고, 여전히 이들이 마주하는 노동시장의 장벽은 매우 높으며 이들이 진출할 수 있는 직종은 여전히 제한적임을 알려 준다. 특히 여성 비율이 높은 결혼이주민 · 귀화자의 경우 일 · 가정 양립, 자녀양육 및 가사노동, 가정 내 돌봄활동 등의 사유로 인해 규칙적이고 안정적인 소득활동이 어려운 상황이다. 즉, 이들은 언어장벽을 가진 이주민임과 동시에 가사 · 돌봄 노동을 수행해야 하는 여성이라는 이중적 고충을 가짐을 알 수 있다.

(2) 사회적 관계에서의 배제

이주민이 정착사회에서 흔히 경험하는 어려움 중 하나는 기존 모국에서 가지고 있던 다양한 사회적 관계의 단절과 정착사회에서 경험하는 사회적 고립이다. 앞서 [그림 10-4]에서도 나타나듯이 '외로움'은 거주기간하고 무관하게 다문화가족 결혼이민자 · 귀화자들이 경험하는 큰 어려움으로 나타난다. 2018년 전국다문화가족실태조사 연구(최윤정 외, 2019)에 의하면, '외로움'을 어려움으로 지적한 이민자와 귀화자는 2015년 실태조사에 비해 증가한 것으로 나타났으며, 특히 '친구 사귀기'가 어렵다고 응답한 이민자 · 귀화자가 많은 것으로 보고되었다.

사회적 관계는 이주민의 적응 및 정착 수준을 가늠하게 하고 정착사회에서 경험하는 다양한 문제 및 어려움에 대응하는 능력을 알려 주는 핵심적인 지표로 이해된다(최윤정 외, 2019). 하지만 2018년 전국다문화가족실태조사 연구 결과, 다문화가족 내 결혼이주민 · 귀화자들은 여전히 가족을 제외한 타인과의 사회적 관계형성이 제한적인 것으로 드러났는데, 그 예로 이들 중 30~40% 정도는 가족을 제외하고 자신의 어려움을 의논하거나 도움을 받을 상대가 없다고 응답한 것으로 나타났다. 즉, 이는 많은 다문화가족 이주배경 구성원이 이주와 적응과정에서 야기되는 많은 어려움에 대해 적절히 외부 자원을 동원하기 어렵다는 것을 알려 준다. 이 외에 사회적 관계의 다른 한 축을 이루는 사회적 모임 참여 정도 역시 이주민들의 한국사회 적응 양상을 알려 준다. 실태조사 결과, 다문화가족 결혼이민자 · 귀화자의 절반 이상이 주로 참여하는 사회적 모임은 모국인 친구들과의 모임이며, 그다음으로 학부모 모임, 종교활동 등으로 보고되었다(최윤정 외, 2019). 다만, 지역주민 모임 등의 활동에 참여하는 이주민은 전체 응답자 중 약 11%인 것으로 나타났으며 민간단체 활동은 약 5%, 정치활동은 1%만이 참여하는 것으로 나타나 모국인 모임을 제외한 한국사회 내 사회적 활동에의 참여율이 높지 않은 것으로 나타났다.

이런 사회적 관계의 공백은 이들이 실제 가정 내 갈등 혹은 사회적 차별을 경험할 때 이에 대응하는 이들의 방식과도 연관 지어 생각해 볼 수 있다. 현재 다문화가족 해체는 심각한 가족문제로 여겨지고 있다. 문화와 성장배경이 다른 성인이 결혼하여 이루는 가족과 그 가족생활은 모든 사람에게 힘들고 어려운 과업이자 과정이지만, 그 과정을 지원해 주고 도움을 줄 수 있는 사회적 자원 존재 여부와 활용도에 따라 어려움에 대해 어떻게 대응하며 해결해 나가는지에 대한 방향이 달라질 수 있다. 다문화가족의 경우 문화적 차이와 더불어 일부 언어소통의 어려움 등 다문화가족이 가지는 특징적인 어려움이 이중적으로 존재할 수 있다. 최근 실태조사(최윤정 외, 2019) 결과, 다문화가족 내 다수 결혼이민자 · 귀화자들은 가족갈등 발생 시 대다수가 소극적으로 대응하는 경우가 많았으며, 전문가와 같은 외부 상담을 요청했다는 응답의 비율은 0.6%밖에 없는 것으로 나타났다. 같은 맥락에서 다문화가족 이주민들은 외국 출신이라는 이유 하나로 한국에서 생활하면서 차별을 경험하는 경우가 많은데 이에 대해 대다수 역시 혼자 참는 방식으로 대응하는 것으로 드러났다.

　종합적으로 다문화가족 이주배경 구성원들은 삶의 다양한 측면에서 배제를 경험하고 있다. 그런 이런 배제경험은 장기간 누적될 시, 이들의 신체건강과 정신건강을 비롯한 삶의 질 전반에 부정적인 영향을 미칠 수 있다. 앞서 문화변용과 문화적응 과정에 대해 학습한 것과 같이 다문화가족 이주배경 구성원들은 이미 이주와 삶의 변화라는 큰 과제와 도전을 경험하면서 일부 취약한 상태가 될 수 있다. 이와 더불어 이들이 한국이라는 정착사회에서 경험하는 배제는 이들의 회복탄력성을 저하시킬 수 있으며, 이들이 건강한 사회구성원으로서 기능할 수 있는 기회와 가능성을 낮출 수 있다. 그렇다면 이들에게 필요한 지원은 무엇인가? 다문화가족 구성원뿐 아니라 이주배경을 가진 한국사회 구성원이 보다 건강한 사회구성원으로 삶을 살아갈 수 있도록 지원할 수 있는 방안은 무엇인가? 이는 다문화사회로 도약하기 위한 한국사회, 그리고 우리가 모두 고민해야 할 내용이며 이에 대한 심층적인 논의가 필요한 상황이다.

4. 다문화가족 정책 및 서비스

　2000년 이후 급증한 국내 다문화가족의 안정적인 정착 및 적응과 이들의 인권침해 문제 등이 사회적 현안이 되면서 이들을 위한 정책적 토대 마련은 2000년대 정부의 과업이 되었다. 다문화가족정책은 2006년 4월 대통령 자문기구인 빈부격차·차별시정위원회와 여성가족부 등 12개 부처가 공동으로 '여성 결혼이민자 가족의 사회통합 지원대책'을 마련한 것을 시초로 본격 추진되었고, 이를 토대로 다문화가족을 위한 서비스 전달기구인 '결혼이민자가족지원센터'가 2006년부터 21개 시·군·구에 처음으로 설치되었다. 이듬해 17개 센터가 추가 개소하였으며, 같은 해 「재한외국인 처우 기본법」이 제정되었다. 그 후 다문화가족의 수가 증가하고 결혼이민자에 대한 가정폭력 등이 사회적 문제로 대두되자, 2007년 12월 「결혼중개업의 관리에 관한 법률」이 제정되어 국제결혼중개업에 대한 관리·감독이 강화되었고, 2008년 3월에는 「다문화가족지원법」이 제정되면서 '여성 결혼이민자' 대신 '다문화가족'이라는 용어가 사용되고, 정책의 대상 및 범위도 결혼이민자 위주에서 다문화가족 전체로 확대되었다. 2009년에는 다문화가족지원사업의 효율적 추진을 위하여 국무총리실 소속으로 '다문화가족정책위원회'가 설치되어 다문화가족의 삶의 질 향상과 사회통합에 관한 중요사항을 심의·조정하고 있다.

또한 2010년과 2012년에 각각 제1차(2010~2012년), 제2차(2013~2017년), 2018년에 제3차(2018~2022년) 다문화가족지원정책 기본계획을 수립하여 다문화가족지원사업의 기본 방향을 제시하고, 이에 따라 매년 시행계획을 마련하는 등 종합적이고 중·장기적인 다문화가족정책을 추진하고 있다. 다문화가족지원정책 기본계획 제1~3차의 핵심내용을 정리하면 〈표 10-3〉과 같다.

표 10-3 다문화가족정책 기본계획 수립 내용

구분	제1차 기본계획 (2010~2012년)	제2차 기본계획 (2013~2017년)	제3차 기본계획 (2018~2022년)
비전	열린 다문화사회로 성숙한 세계국가 구현	활기찬 다문화가족, 함께 하는 사회	참여와 공존의 열린 다문화사회
목표	• 다문화가족의 삶의 질 향상 및 안정적인 정착 지원 • 다문화가족 자녀에 대한 지원 강화 및 글로벌 인재 육성	• 사회발전 동력으로서의 다문화가족 역량강화 • 다양성이 존중되는 다문화사회 구현	• 모두가 존중받는 차별 없는 다문화사회 구현 • 다문화가족의 사회경제적 참여 확대 • 다문화가족 자녀의 건강한 성장 도모
주요 정책 과제	*5대 영역 61개 세부과제 • 다문화가족 지원정책 추진체계 정비 • 국제결혼중개관리 및 입국 전 검증시스템 강화 • 결혼이민자 정착지원 및 자립역량 강화 • 다문화가족 자녀의 건강한 성장환경 조성 • 다문화에 대한 사회적 이해 제고	*6대 영역 88개 세부과제 • 다양한 문화가 있는 다문화가족 구현 • 다문화가족 자녀의 성장과 발달 지원 • 안정적인 가족생활 기반 구축 • 결혼이민자의 사회경제적 진출 확대 • 다문화가족에 대한 사회적 수용성 제고	*5대 영역 70개 세부과제 • 다문화가족 장기 정착 지원 • 결혼이민자의 다양한 사회참여 확대 • 다문화가족 자녀의 안정적 성장지원과 역량 강화 • 상호존중에 기반한 다문화 수용성 제고 • 협력적 다문화 가족정책 운영을 위한 추진체계 강화

출처: 여성가족부(2009, 2012, 2018).

제3차 기본계획은 그동안의 정책과 여러 차별성을 가진다. 먼저, 가정폭력피해 이주여성을 위한 지원을 대폭 확대하여, 법률ㆍ의료ㆍ치료 관련 상담 및 지원이 동시에 이루어질 수 있는 원스톱 종합상담소를 설치하는 것이 제3차 기본계획에 포함되어 있다. 그리고 기존 쉼터 및 보호시설의 경우 외국인 등록증이 있어야 입소가 되었던 반면, 2018년부터는 이 자격요건이 삭제되어 외국인 등록 여부와 무관하게 피해여성인 경우 누구나 서비스 이용이 가능하게 되었다. 또한 점차 늘어나는 한부모가정 지원을 위해 기존 '한국 국적 배우자'가 있어야 제공되었던 근로ㆍ자녀장려금이 제3차 기본계획부터는 본인의 국적하고 무관하게 자녀가 한국 국적을 가진 경우 해당 장려금 신청이 가능하도록 자격요건을 확대하였다.

　다문화가족을 위한 일선의 서비스는 가족센터(구 다문화가족지원센터)에서 제공된다. 다문화가족지원센터는 2008년 「다문화가족지원법」이 제정되면서 개소하였으며, 이후 전국적으로 확대, 2021년 기준 전국 각 지자체에 약 228개 기관이 설치 및 운영 중에 있다. 다만, 최근 들어 서비스 전달체계가 개편되었는데, 가족 관련 서비스를 일원화하고자 하는 취지에 따라 2014년에 시작된 시범사업을 통해 다문화가족지원센터는 건강가정지원센터와 통합한 '건강가정ㆍ다문화가족지원센터'의 이름하에 운영되었다. 총 203개의 센터가 통합센터의 형태로 운영되었으며, 2022년부터 센터의 이름은 다시 바뀌어 현재 '가족센터'로 운영되고 있다. 다문화가족지원센터 사업전달체계는 [그림 10-6]과 같다. 여성가족부 산하 가족센터에서는 다문화가족의 정착과 자립을 위해 정착단계별 지원패키지 서비스 및 방문교육서비스 등 다양한 서비스를 제공 중에 있다. 센터의 기본 프로그램으로는 가족, 성평등ㆍ인권교육, 사회통합서비스, 사례관리를 포함한 가족상담 사업 및 교육ㆍ홍보 사업 등이 있으며, 그 외에 특성화 사업으로는 통번역사업 등이 진행되고 있다. 그리고 다문화가족의 사회참여 및 자립역량을 강화하기 위해 결혼이민자 스스로 정착과정을 설계하고 실행계획을 수립하도록 지원하는 '결혼이민자 정착단계별 지원 패키지'를 도입ㆍ운영하고, 문화예술 모임, 학부모 모임 등과 같은 다문화가족의 자조모임을 활성화하는 한편, 다문화가족 자녀가 건강하게 성장하고 학교생활에 적응하여 원만한 교우관계를 형성할 수 있도록 언어(한국어)발달 지원서비스, 방문 돌봄서비스 등을 지원하고, 학령기 자녀를 대상으로 진로지도ㆍ사회성 발달 등을 위한 '자녀성장 지원사업' 등을 추진하고 있다.

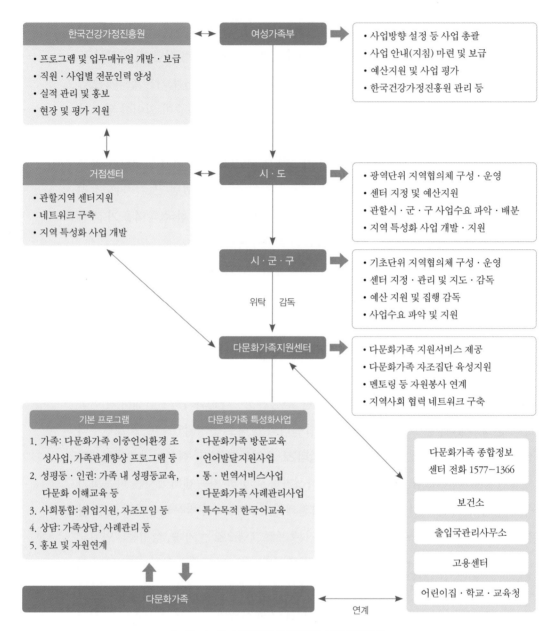

[그림 10-6] 다문화가족지원센터 사업전달체계

출처: 여성가족부(2021a), p. 149.

이와 별개로 다문화가족을 위한 종합정보센터(다누리콜센터, 1577−1366) 역시 활발히 운영 중에 있으며 센터에서는 이주배경 구성원의 13개 국가 언어로 한국생활 관련 정보 및 기관 안내, 긴급상담서비스를 제공하고 있다. 이 외에도 다른 중앙부처 주도 사업이 다양하게 진행되고 있다. 예를 들어, 법무부에서는 국내 이주민을 위해 사회통합 프로그램을 운영하고 있으며, 한국생활에 필요한 사회, 문화, 정치, 법률 등에 대해 소개하고 교육하는 과정을 전국적으로 운영 중에 있다. 교육부에서는 다문화가족 자녀, 중도입국 아동·청소년의 적응지원을 위해 글로벌브릿지 사업, 다문화가족 자녀의 기초학습 지원을 위한 대학생 멘토링 사업, 중도입국 자녀의

표 10-4 부처별 다문화가족 지원서비스

부처	내용
여성가족부	• 다문화가족 대상 한국생활 지원을 위한 특수목적 한국어교육을 제공 • 지리적 여건 등으로 센터 이용이 어려운 다문화가족을 대상으로 자녀양육 및 자녀생활 지원, 한국어교육 등 맞춤형 서비스를 제공 • 부모코칭, 부모-자녀 상호작용 프로그램 등 이중언어를 가정 내에서 활용할 수 있는 다양한 프로그램을 지원 • 언어발달 지연을 보이는 다문화가족 자녀 대상으로 언어평가 및 1:1 언어 촉진교육을 제공 • 한국말이 서툰 결혼이민자 및 외국인을 위해 일상생활 및 공공 영역에서 필요한 통·번역(센터별 1~4개 언어) 서비스를 제공 • 다문화가족의 복잡하고 다양한 문제해결을 위해 대상자를 발굴하여, 심리검사·법률상담·위기가족 긴급지원·외부자원 연계 등 종합적인 서비스를 제공
보건복지부	• 사회보장 지원 • 다문화가정, 농어업인 정보화교육 • 다문화가족 방문교육 서비스 • 다문화가족 자녀 언어발달 지원서비스 • 다문화 보육료 지원
교육부	다문화가정 자녀의 한국어 및 학업 지원, 다문화교육센터 설치·운영
법무부	한국어, 한국문화 등 기본소양교육을 위한 사회통합교육서비스
문화체육관광부	문화소외 방지를 위한 한국문화교육
고용노동부	• 외국인근로자 고용허가 및 관리 • 외국인근로자지원센터
농림축산식품부	결혼이민여성 1:1 후견인제 운영, 신규 이주여성에게 농촌생활 적응 및 정착 지원
통일부	새터민(북한이탈주민) 지원

출처: 여성가족부(2021b).

공교육 진입지원을 위한 사업 등을 진행 중에 있다. 이 외에도 보건복지부, 문화체육관광부, 고용노동부 등에서 다양한 다문화가족 지원서비스를 제공하고 있다.

 이 장의 요약

이 장에서는 「다문화가족지원법」에서 명시된 다문화가족을 중심으로 우리나라 다문화가족지원 정책과 서비스를 살펴보았다. 다문화가족을 위한 우리나라 정책 및 서비스는 2000년대 중반을 시작으로 마련되기 시작했으며 「다문화가족지원법」 제정과 동시에 다문화가족지원센터가 전국 지역자치단체에 마련되어 원스톱 서비스 제공기관으로 기능했다. 2014년부터 건강가정지원센터와 다문화가족지원센터가 통합되어 운영되는 시범사업 단계를 거쳐 건강가정 · 다문화가족지원센터로 가족 대상 서비스가 통합되어 운영되었으며, 최근 들어 이는 '가족센터'로 재명명되어 현재 다문화가족 및 선주민 가족 모두를 위한 서비스를 제공하고 있다.

다문화가족은 비다문화가족과 동일하게 가족형성-자녀출산-자녀 양육 및 교육-자녀 독립 후 빈둥지가족 등의 발달단계를 거치며 관련 발달과업을 수행한다. 다만, 문화적 배경이 다른 구성원이 만나 형성하는 가족이라는 점에서 선주민(비다문화가족)과는 일부 다른 특징을 가진다. 예컨대, 이들의 가족기능은 외국 출신 배우자의 한국사회 적응에 따라 달라질 수 있으며, 외국 출신 배우자와 자녀들은 종종 사회적 차별의 대상이 된다. 또한 다문화가족이 소득 상실, 폭력, 가족해체 등 위기에 처했을 때 이들이 이용할 수 있는 기관과 서비스는 외국 출신 구성원의 체류자격에 따라 매우 달라진다. 예를 들어, 영주권 혹은 한국 국적을 취득하지 않은 여성이 한국인 배우자와 이혼하게 될 경우 이들의 체류자격은 자녀양육 및 남편의 부모 부양 여부에 따라 결정된다. 이렇듯 다문화가족을 대상으로 하는 사회복지실천은 대상자의 특성과 상황에 대한 이해, 문화적 배경에 대한 기초 지식, 그리고 사회복지사와 기관의 문화적 감수성과 유능감을 요구한다. 사회복지사와 기관의 문화적 역량 함양은 우리나라 사회복지 현장과 교육기관이 수행해야 할 중요한 과제이며 한국사회 전반의 다문화 수용성을 높이기 위한 노력 역시 수반되어야 할 것이다.

⊟ 생각해 볼거리/토론거리

1. 다문화가족 결혼이민자·귀화자와 같은 이주배경 구성원의 사회적 배제를 줄이기 위해 할 수 있는 것은 무엇이 있는가?

2. 「다문화가족지원법」에 나와 있는 다문화가족에 대한 범위를 확대하는 방안에 대해 어떻게 생각하는가? 확대에 찬성한다면 어느 범위까지 확대하는 것이 좋은가?

3. 최근 다문화가족에게 서비스를 주로 지원하던 다문화가족지원센터가 가족센터라는 이름으로 건강가정지원센터와 통합되었다. 서비스 제공기관 통합이 다문화가족에 가지는 이점은 무엇이며 반대로 통합이 가지는 취약점은 무엇인가?

YTN(2022. 5. 12.). [뉴있저] '다문화 사회' 진입 '눈앞'…짚어야 할 점은?

이주여성의 삶과 쟁점 http://womanline.or.kr/bbs/board.php?bo_table=B11

참고문헌

고수정, 김순양(2017). 결혼이주여성의 경제적 배제 실태와 영향요인. 지역발전연구, 26(2), 33-70.

김은경, 김종남(2016). 다문화가정 청소년의 문화적응 스트레스와 심리사회적 적응의 관계: 자아정체감의 매개효과와 지각된 사회적 지지의 조절효과. 다문화교육연구, 9(4), 21-43.

김태수(2009). 한국 사회의 외래인 배제. 경기: 인간사랑.

김현실(2012). 결혼이주여성의 문화변용, 문화적응 스트레스와 우울의 관계. 보건과 사회과학, 32, 39-70.

문진영(2010). 한국의 사회적 배제 성격에 대한 연구. 한국사회복지학, 62(2), 87-107.

부향숙(2018). Berry의 문화변용이론에 대한 탐색. *Asian Journal of Canadian Studies*, 24(1), 67-84.

설동훈(2013). 가족과 다문화. 월간복지동향, 175, 28-32.

성정현, 김혜미, 김희주, 박동성, 이창호, 홍석준(2020). 사회복지와 문화다양성. 경기: 공동체.

여성가족부(2009). 제1차 다문화가족정책 기본계획(2008-2012).

여성가족부(2012). 제2차 다문화가족정책 기본계획(2013-2017).

여성가족부(2018). 제3차 다문화가족정책 기본계획(안)(2018-2022).

여성가족부(2021a). 2021년 가족사업안내 I & II.

여성가족부(2021b). 제3차 다문화가족정책 기본계획 2021년도 시행계획.

여성가족부(2022. 6. 20.). 다문화가족 관련 통계 현황. http://www.mogef.go.kr/mp/pcd/mp_pcd_s001d.do?mid=plc503&bbtSn=704742

연은모, 최효식(2017). 결혼이주남성과 자녀 간 관계에 영향을 미치는 변인 탐색: 결혼이주남성의 사회적 차별 경험 여부의 조절효과. 유아교육 · 보육복지연구, 21(1), 213-226.

윤혜미(2009). 결혼이민자 가족을 위한 임파워먼트 기반의 사회복지실천 연구. 한국사회복지학, 61, 85-108.

이상주, 전미숙(2016). 국가 간 다문화정책 비교연구. 한국인간복지실천학, 16, 209-235.

전자배(2018). 다문화가정 부모의 문화적응 태도가 다문화청소년의 자아존중감에 미치는 영향. 다문화교육연구, 11(3), 121-146.

조영달(2006). 다문화가정의 자녀 교육 실태조사. 서울: 교육인적자원부.

천정웅, 남부현, 김태원, 한승희, 박주현(2015). 현대사회와 문화다양성 이해. 경기: 양서원.

최윤정, 김이선, 선보영, 동제연, 정해숙, 양계민, 이은아, 황정미(2019). 2018년 전국다문화가족실태조사 연구. 서울: 여성가족부

최혜지, 김경미, 정순둘, 박선영, 장수미, 박형원, 배진형, 박화옥, 안준희(2013). 사회복지실천론. 서울: 학지사.

통계청(2020). 2019년 다문화 인구동태 통계.

통계청(2021). 혼인 · 이혼통계.

한건수(2012). 한국사회의 다문화주의 혐오증과 실패론. 다문화와 인간, 1(1), 113-143.

행정안전부(2020). 2019 지방자치단체 외국인주민 현황조사.

행정안전부(2021). 2021 지방자치단체 외국인주민 현황조사.

Berry, J. W. (1990). Psychology of acculturation: Understanding individuals moving between culture. In R. Brislin (Ed.), *Applied cross-cultural psychology* (pp. 232-253). Newbury Park, CA: Sage.

Berry, J. W. (1997). Immigration, acculturation, and adaptation. *Applied Psychology: An International Review, 46*, 5-34.

Bochner, S. (1982). The social psychology of cross-cultural relations. In S. Bochner (Ed.), *Cultures in contact: Studies in cross-cultural interaction* (pp. 5-44). Oxford: Pergamon.

International Organization for Migration (IOM) (2019). *World Migration Report 2020*. Geneva: Author. https://publications.iom.int/system/files/pdf/wmr_2020.pdf

Marsiglia, F. F., Kulis, S. S., & Lechuga-Pena, S. (2021). *Diversity, oppression, and change: Culturally grounded social work* (3rd ed.). Oxford: Oxford University Press.

Redfied, R., Linton, R., & Herskovits, M. J. (1936). Mermorandum for the study of acculturation. *American Anthropologist*, *38*(1), 149-152.

제**11**장

알코올 중독자 가족

　알코올 중독자 가족(alcoholic family)이란 가족 중 알코올 중독자가 있는 가족을 말한다. 알코올 중독은 알코올 중독자 개인의 신체적 건강과 사회심리적 기능에 심각한 영향을 미칠 뿐만 아니라 가족과 사회에도 손상을 가져오는 심각한 문제이기 때문에 알코올 중독자 개인에만 초점을 두기보다는 상호관련성 속에서 알코올 중독자와 가족체계를 함께 고려해야 한다. 가족 내 알코올 중독자가 있는 경우 가족구성원들은 술로 인한 경제적 어려움, 직장생활 혹은 사회생활 곤란뿐만 아니라 우울 같은 심리적 문제를 겪게 되며 폭력이나 위협 등에 노출될 가능성도 높은 것으로 알려져 있다. 알코올 중독에 대한 연구뿐만 아니라 알코올 중독자 가족에 대한 연구도 남성 혹은 남편의 알코올 중독에 대해 초점을 맞춰 왔지만 알코올 중독이 가족구성원 및 전체로서의 가족에게 미치는 영향을 고려할 때 알코올 중독을 가족의 문제로 바라보고 접근할 필요가 있다. 이 장에서는 알코올 중독에 대한 이해를 중심으로 알코올 중독자 가족의 욕구와 어려움, 그리고 심리사회적 가족역동 등을 살펴본 후 알코올 중독자 가족의 치료 및 사회복지 서비스에 대해 다루고자 한다.

1. 중독과 알코올 중독에 대한 이해

1) 중독

정신의학적 관점에서 중독 질환은 크게 물질 중독과 행위 중독으로 분류된다 (Kaplan & Sadock, 2007). 이는 약물처럼 존재하는 물질에 의한 의존인 물질 중독 그리고 특정 행위와 그에 따른 쾌감이 의존행동으로 이어지는 행위 중독으로 구분할 수 있기 때문이다(이상규, 2012).

중독과 비슷한 용어로 남용과 의존이 있다. 남용이란 치료 목적과 무관하게 쾌감, 안락감, 다행감 등을 목적으로 사용하는 것이다. 의존은 신체적 의존과 심리적 의존으로 나뉘는데, 육체적 의존성은 약물의 반복적 사용으로 나타나는 육체의 변화로서 금단 증상을 방지하기 위해 지속적으로 약물을 투여하는 것이다. 의존의 증상은 가벼운 불쾌감에서 사망까지 다양하며 이는 복용한 약물의 종류, 복용기간, 복용량, 성별, 나이 및 개인차 등에 따라 달라진다. 심리적 의존성이란 일정 기간 동안 특정 물질(예: 알코올, 마약성 물질 등)을 사용한 후에 발생하는 감정 상태의 변화로 계속해서 약물을 사용해야만 편안함을 느끼며 약물 사용에 대한 갈망 혹은 강한 욕구를 경험하는 상태이다(보건복지부 국립부곡병원 홈페이지, http://bgnmh.go.kr).

물질 남용은 물질 사용으로 인해 적어도 하나 이상의 특정 증상이 존재하여 개인 생활이 방해받는 것을 말한다. 물질 의존에서 심리적 의존이란 긴장과 감정적 불편을 해소하거나 피하기 위하여 물질을 갈망하는 상태로서 습관성(habituation)과 유사한 개념이다. 신체적 의존의 개념에는 내성과 금단 증상이 포함된다. 내성(tolerance)은 반복 사용하였을 때 효과가 점차 감소하거나 같은 효과를 얻기 위해서는 점차 용량을 증가시켜야 하는 상태를 말한다(American Psychiatric Association, 1994). 금단 증상(abstinence or withdrawal symptom)은 물질의 사용을 중단하거나 사용량을 줄였을 때 나타나는 증상이다. 신체적 의존은 내성이 생긴 상태이며, 물질을 중단하면 그 물질의 특징적인 금단증후군(abstinence or withdrawal syndrome)이 나타나는 상태를 말한다(이상규, 2012).

2) 알코올 중독에 대한 이해[1]

(1) 알코올 중독 및 관련 개념

알코올 문제와 관련된 연구에서 자주 등장하는 용어는 알코올 중독, 문제음주, 알코올 사용장애, 알코올리즘, 주정중독, 알코올 의존 등 매우 다양하다. 미국정신의학회(American Psychiatric Association: APA)에서 발간한 『정신장애의 진단 및 통계편람 제4판[Diagnostic and Statistical Manual of Mental Disorders Fourth Edition(DSM-IV)]』(1994)에서는 물질관련장애(substance-related disorders)의 하위 영역에 알코올 관련장애가 있고, 이는 다시 알코올 사용장애와 알코올로 유발된 장애로 구분되었다. 알코올 사용장애는 알코올 의존, 알코올 남용으로 나뉘며, 알코올로 유발된 장애는 알코올 중독과 알코올 금단으로 나뉘었다. 2013년 5월 새롭게 개정된 『정신질환의 진단 및 통계 편람 제5판[Diagnostic and Statistical Manual of Mental Disorders Fifth Edition(DSM-5)]』(2013)에서는 물질관련 및 중독장애라는 별도의 장에 10개의 구체적 물질로 특정 장애를 정의하였다. 알코올과 관련해서는 크게 알코올 관련장애(alcohol-related disorders)가 정의되었는데 여기에는 알코올 사용장애, 알코올 중독, 알코올 금단, 기타 알코올로 유발된 장애, 명시되지 않는 알코올 관련장애가 포함된다.

알코올 중독 혹은 알코올 사용장애의 정확한 진단을 위해서는 병원 진료가 필요하지만, 문제성 음주 여부를 선별하는 도구로서 실천현장에서 일차적으로 많이 활용되는 선별검사로는 CAGE와 AUDIT-K가 있다. 간단하지만 중요한 선별검사로서 CAGE 검사법은 다음의 네 가지 사항을 포함하는데, 네 가지 항목 중에서 두 가지 이상이 해당된다면 술로 인한 문제가 심각하다는 것을 의미한다(이상규, 2012).

• 술을 끊겠다고 결심한 적이 있다.

---

[1] 알코올 문제와 관련된 사회복지 연구나 실천현장에서는 DSM-IV나 DSM-5와 같은 의학적 진단기준을 적용하기보다는 연구나 개입의 목적 혹은 사회문화적인 상황에 따라 다양한 정의가 사용된다. 따라서 이 책에서도 진단기준에 따라 엄격하게 알코올 사용장애와 알코올 관련장애 혹은 알코올 중독을 구분하지 않았으며, 단지 알코올 사용장애를 '중독'이라는 관점에서 다루어 일반적으로 흔히 사용하는 알코올 중독이라는 용어를 주로 사용하였으며, 맥락에 따라서는 알코올 사용장애, 알코올 관련장애도 사용하였다.

- 가족이나 주변 사람에게 술 때문에 질책을 받고 짜증을 낸 적이 있다.
- 술 문제로 인해 죄책감을 느낀 적이 있다.
- 해장술을 하거나 오전에도 술을 마시는 경우가 있다.

(2) 알코올 중독의 정의

일반적으로 알코올 중독(alcoholism)은 "습관성 음주로 인해 음주에 대한 조절능력을 상실함으로써 대인관계나 일상생활, 직업 기능 및 수행능력이 손상되는 만성적인 질환"으로 정의된다(Royce, 1981: 심정은, 2016, p. 6에서 재인용). 즉, 일반적으로 허용되는 양 이상의 음주를 하여 개인의 건강이나 사회적 · 직업적 기능에 장애를 가지는데도 계속 술을 마시는 상태이다. 세계보건기구(WHO)에서는 알코올 중독이란 "전통적 습관 음주의 영역을 넘거나 혹은 지역사회 전체의 사회적 음주습관의 범위를 넘어 음주하는 경우를 말하며, 그에 부수된 병적 인자나 그 병적 인자가 얼마만큼 유전, 체질 또는 신체 병리적 · 대사적 영향을 받고 있는가에 관계없이 알코올 중독이라고 한다."고 정의하였다(강은실, 1995; 심정은, 2016).

이처럼 알코올 중독은 최근의 알코올 섭취로 인해 심각한 부적응적인 행동 변화 및 생리적인 변화가 발생하는 경우에 진단이 내려지며, 알코올 사용의 중단에 따라 자율신경계 기능항진이나 불면증 등의 증상으로 인해 사회적 · 직업적 또는 다른 중요한 기능 영역에서 심각한 고통이나 장해를 일으키는 경우를 말한다. 이와 같은 정의와 특징들을 고려할 때 알코올 중독은 '개인이 지속적이고 반복적인 알코올 사용으로 인해 신체적 · 정신적 · 심리적 및 사회적 기능에 심각한 문제를 초래하는 상태'라고 볼 수 있다.

3) 한국인의 음주율 추이 및 알코올 중독 현황

전통적으로 음주 가무를 즐기는 우리 사회에서 음주는 매우 보편적이며, 술을 권하는 사회적 분위기가 형성되어 있어 음주에 대해 비교적 관대하다. 이러한 음주 문화의 부정적 결과로 과음, 폭음과 같은 무절제한 음주습관이 성인 연령층에서 나타나고 있다(허만세, 2012). 우리나라의 음주율, 사회적 과음자율, 더 나아가 알코올 사용장애 유병률은 다른 나라에 비해 높게 나타난다. 2016년 정신질환 실태조사에

표 11-1　알코올 사용장애 1년 유병률 및 추정환자 수

	전체		남성		여성	
	유병률 (%)	추정환자 수 (명)	유병률 (%)	추정환자 수 (명)	유병률 (%)	추정환자 수 (명)
알코올 남용	2.0	194,149	2.8	267,008	1.2	118,289
알코올 의존	1.5	147,861	2.2	216,863	0.9	88,717
전체 (알코올 사용장애)	3.5	345,010	5.0	492,871	2.1	207,006

출처: 보건복지부(2017); 서울시 정신건강 통계(https://seoulmentalhealth.kr/main/sub1/sub1205)에서 재인용.

의하면(〈표 11-1〉), 알코올 사용장애[2] 1년 유병률은 3.5%로 나타났다(보건복지부, 2017).

　2007년부터 2019년까지 우리나라 만 19세 이상의 음주율 추이를 분석한 2019년 국민건강통계에 의하면 우리나라 만 19세 이상의 월간음주율[3]은 2007년 57.3%에서 2019년 60.8%로 3.5%p 증가하였으며, 월간폭음률은 2007년 37.1%에서 2019년 38.7%로 1.6%p 증가하였다([그림 11-1] 참조). 2019년 기준 성인 100명 중 61명이 월 1회 이상 음주를 하며, 39명이 월간 폭음, 13명이 고위험 음주를 하는 것으로 볼 수 있다(질병관리청, 2021). 월간폭음률은 최근 1년 동안 월 1회 이상 한 번의 술자리에서 남자의 경우 7잔(또는 맥주 5캔) 이상, 여자의 경우 5잔(또는 맥주 3캔) 이상 음주한 분율을 말하며, 고위험 음주율은 1회 평균 음주량이 남자의 경우 7잔 이상, 여자의 경우 5잔 이상이며 주 2회 이상 음주하는 분율을 의미하는데 성인 100명 중 13명이 고위험 음주를 한다는 것은 문제성 음주로 발전할 가능성이 있는 집단의 비율이 높다는 것을 의미한다.

---

2) 이 조사에서 알코올 사용장애란 과다한 알코올 사용으로 일상생활에 어려움이 있으나, 지속적으로 알코올을 사용하고 있는 경우를 말한다.
3) 「2019 국민건강통계」(보건복지부, 질병관리청, 2020)에 따르면 월간음주율, 고위험음주율, 월간폭음률의 정의는 다음과 같다.
　• 월간음주율: 최근 1년 동안 한 달에 1회 이상 음주한 분율, 만 19세 이상
　• 고위험음주율: 1회 평균 음주량이 남자의 경우 7잔 이상, 여자의 경우 5잔 이상이며 주 2회 이상 음주하는 분율, 만 19세 이상
　• 월간폭음률: 최근 1년 동안 월 1회 이상 한 번의 술자리에서 남자의 경우 7잔(또는 맥주 5캔) 이상, 여자의 경우 5잔(또는 맥주 3캔) 이상 음주한 분율, 만 19세 이상

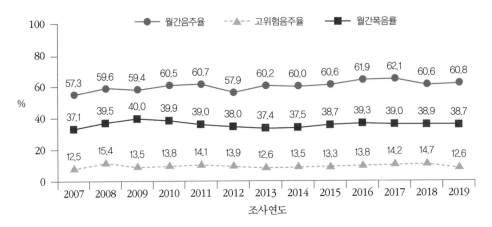

[그림 11-1] 우리나라 성인의 음주율 추이

출처: 질병관리청(2021), p. 3715.

2010년부터 2020년까지 10년에 이르는 성인의 고위험음주율을 남녀 성별에 따라 분석해 보면 [그림 11-2]와 같다.

남성에 비해 여성의 경우 고위험음주율이 낮지만 지속적으로 증가한다는 점이 남성의 고위험음주율과 비교해서 차이가 있다. 이러한 현상은 지난 수십 년 동안 여성 음주에 대한 문화적 금기가 점차 약화되고, 여성들이 전통적인 성역할 인식을 거부하면서 음주에 노출되는 기회가 증가함으로써 나타난 현상이라고 설명되기도 하는데(신행우, 2004), 여성의 전통적인 역할에 대한 인식 변화로 인해 성인 남성에게

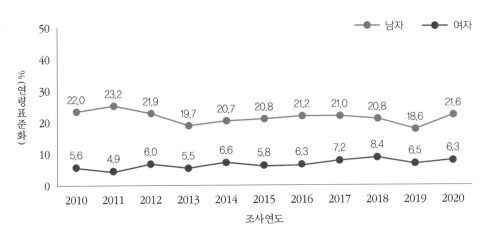

[그림 11-2] 우리나라 성인의 고위험음주율 추이(2010~2020)

출처: 질병관리청(2022), p. 829.

만 배타적으로 적용되어 온 음주 영역에서도 변화가 나타나 남성의 전유물이라고 생각되었던 술에 대한 여성의 접근성과 허용성이 점차 높아지는 것으로 볼 수 있다 (송진아, 강경화, 2013; 허만세, 손지아, 2011).

여성 음주인구의 증가와 더불어 여성의 알코올 관련장애 유병률의 급속한 증가가 이를 말해 준다. 한국보건사회연구원(2003)의 보고에서 2001년 우리나라 여성의 알코올 의존 및 남용의 평생 유병률은 6.3%였는데, 1998년에 같은 방법으로 조사한 연구와 비교했을 때, 3.4배나 증가하였다. 또한 남성 연간 음주자의 고위험군은 2005년에 22.9%, 2012년에 25.6%인 반면, 여성 알코올 고위험군은 2005년에 4.8%, 2012년에 8.0%로 조사됨으로써 남성에 비해 여성 알코올 고위험군이 빠른 속도로 증가하고 있다(보건복지부, 2012). 알코올에 대한 여성의 생리적 특성상 여성의 음주는 그 폐해가 남성보다 심각한 것으로 알려져 있는데, 여성은 체지방률이 높고 알코올 분해 효소가 적어 알코올에 취약하며, 적은 양에도 쉽게 알코올 중독에 이르게 되고 유방암뿐 아니라 심장병, 골다공증, 골반골절 등 다양한 신체 질환에 쉽게 노출되어 그 폐해가 심각하다(허만세, 장승옥, 2010). 이렇듯 여성 음주자 비율이 증가하면서 만성적인 여성 음주자도 증가하고 있고, 알코올 의존 등 알코올과 관련된 문제의 발생률이 높아지고 있다. 그러나 알코올 중독이라는 현상이 주로 남성에게서 발생하는 문제라는 전통적 관념으로 인해 여성 알코올 문제에 관한 관심은 높지 않은 편이다.

4) 알코올 중독 진행과정

술을 마시는 사람 모두가 알코올 중독자가 되는 것은 아니다. 사회적 모임이나 가족행사, 친구모임 등 다양한 상황과 장면에서 술을 마시고 또 술을 즐긴다. 사교적 음주, 건강한 음주도 존재한다. 그렇다면 어떤 사람들이 중독에 빠지게 되는가? 건강하고 사회적인 음주가 문제성 음주가 되며 중독으로 진행될까?

알코올에 대한 반응은 사람마다 차이가 있기 때문에 음주 자체가 중독을 일으키는 충분조건은 아니다. 즉, 술을 마신다고 모두 중독으로 발전되는 것은 아니며 유전인자, 주변 환경, 스트레스 및 대인관계 등에 따라 달라 더 잘 중독되는 사람이 있는 반면, 중독이 되지 않을 수도 있는 것이다. 일반적으로 알코올 중독은 단계적으로 진행된다고 알려져 있다. 초기에는 사회적 · 사교적 · 여가적 음주가 정기적이고 심화된 음주로 이어지고 이는 중독적이고 강박적인 음주로 진행되는 것이다(보건복지부 국립부곡병원 홈페이지). 이를 그림으로 나타내면 [그림 11-3]과 같다.

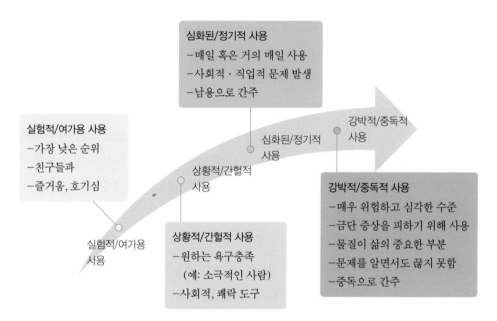

[그림 11-3] 음주가 중독으로 진행되는 과정

출처: 보건복지부 국립부곡병원 홈페이지.

2. 알코올 중독자 가족에 대한 이해

1) 알코올 중독자 가족이 겪는 어려움과 특성

알코올 중독자 가족(alcoholic family)이란 가족 중 알코올 중독자가 있는 가족을 말하는데, 주로 부부 중 한 사람이 알코올 중독자인 경우가 많다(조흥식 외, 2017). 알코올 중독은 알코올 중독자 개인의 신체적 건강과 사회심리적 기능에 심각한 영향을 미칠 뿐만 아니라 가족과 사회에도 손상을 가져오는 심각한 문제이기 때문에 알코올 중독자 개인에만 초점을 두기보다는 상호관련성 속에서 알코올 중독자와 가족체계를 함께 고려한다. 왜냐하면 알코올 중독은 중독자 자신뿐 아니라 가족구성원에게 영향을 미쳐 가족원의 정신 증상 발현에도 영향을 미치며, 이러한 알코올 중독자가 있으므로 해서 가족의 생활에도 영향을 미치게 되어 전반적인 가족기능이 역기능적인 형태로 나타나며, 병리적 악순환이 계속되기 때문이다(김소야자 외, 1989). 이러한 측면에서 가족의 문제와 알코올 중독을 원인-결과론적으로 보는 것이 아니라 상호영향을 받으며 연결된 관계로 본다. 즉, 알코올 중독자가 가족의 중심에 위치하며 가족구성원에게 영향을 미치고 가족은 항상성을 유지하기 위해 역기능적으로 발전하는 양상이 알코올 중독자 가족에게 나타난다고 보는 것이다(Steinglass, 1994: 장수미, 2001에서 재인용).

알코올 중독은 가족 전체에 심각한 피해를 주는 가족병(family disease)으로 알려져 있다. 개인에게 심리적 · 사회적 · 경제적으로 광범위한 영향을 미칠 뿐만 아니라 전반적인 가족적응에 역기능적으로 작용하여 가족구성원 간의 갈등과 가족기능에 심각한 손상을 가져다주기 때문이다(안연선, 전혜정, 2010). 알코올 중독은 서서히 진행되고, 만성화되는 경향이 있는데, 알코올 중독이 되어 가는 오랜 시간 동안 알코올 중독자의 심리적 · 행동적 특성이 가족에게 영향을 미쳐 가족들도 나중에는 알코올 중독자가 보이는 심리적 반응과 행동적 특성을 보이며, 가족관계에서 기능과 역할상의 문제, 그리고 정서적인 문제들을 파행시키기도 한다(김혜련, 전선영, 김정희, 2004).

가족 내 알코올 중독자가 있는 경우 가족구성원들은 술로 인한 경제적 어려움, 직장생활 혹은 사회생활 곤란뿐만 아니라 우울 같은 심리적 문제를 겪게 되며 폭력이나 위협 등에 노출될 가능성도 높다(조흥식 외, 2017). 많은 연구가 알코올 중독자 가족이 가족응집력과 생활만족도 및 가족기능 정도가 낮고, 역기능적인 의사소통 유형이 두드러지며, 융통성 없는 규칙과 역할을 나타낸다고 보고하고 있으며, 전반적인 가족의 역기능성을 강조하고 있다(Steinglass, 1980; O'Farrell, 1987: 이경우, 2002에서 재인용). 구체적인 문제 양상과 특성을 보면, 알코올 중독자 가족은 혼돈, 불일치, 불명확한 역할, 비예측성, 모호함, 반복적이고 비논리적인 말다툼, 폭력 등이 나타나고(Beletsis & Brown 1981: 장수미, 2001에서 재인용), 부부갈등, 가정폭력, 자녀와의 갈등 등 음주로 인한 가정문제가 심각하다.

한편, 알코올 중독자의 배우자들은 가정을 지키기 위해 필사적인 노력을 한다. 가정의 상황이 외부에 노출되지 않게 하기 위해 배우자의 알코올 증상을 숨기거나 사회적 관계를 소원하게 하여 고립되기도 하며, 중독문제가 있는 배우자가 수행하지 못하는 역할들을 대신 수행해야 하는 부담을 안게 되기도 한다. 이러한 스트레스로 인해 가족구성원은 우울과 불안, 신경성 두통, 소외감과 수치심 등 다양한 심리적 어려움을 겪는다(김윤재, 김종배, 황지영, 2022). 특히 중독자인 배우자를 한편으로는 비난하면서도 다른 한편으로는 중독상태의 유지에 기여하는 공동의존 상태에 빠지기도 한다(엄명용, 노충래, 김용석, 2020).

공동의존은 알코올 중독자 가족의 역기능적 특성을 설명하는 대표적인 개념인데 이는 다음 절에서 살펴본다.

2) 알코올 중독자 남편과 알코올 중독자 아내

(1) 남편이 알코올 중독자인 경우 가족의 역동

알코올 중독자 가족이란 가족 중 한 사람이 알코올 중독자인 경우를 말하는데 다수의 문헌이나 연구에서는 남편이나 아버지 등 남성 알코올 중독자를 다루는 경향이 있다. 2021년 국민 정신건강 실태조사(보건복지부, 2021)의 결과에서도 나타나듯이 알코올 사용장애 1년 유병률은 남자 3.4%, 여자 1.8%, 전체 2.6%로 남자의 경우 여자보다 1.9배 높으며 이러한 경향은 유지되어 왔다. 그러나 이러한 유병률의 차이가 앞과 같은 현상을 충분히 설명하지는 못한다. 음주가 전통적으로 남성 문화의 대표적 영역으로 간주되어 왔고, 알코올 사용장애와 같이 알코올과 관련 문제도 자연스럽게 남성의 질환으로 인식되는 사회 분위기가 반영된 것이기 때문이다. 음주행동이 남성중심으로 여겨져 왔고, 알코올 중독이 있는 사람들의 대다수가 남성이기 때문에 연구의 대상자가 거의 대부분 남성으로 이루어짐으로써 알코올 중독에 관한 대부분의 기준에 '표준으로서의 남성(male-as-norm)'이라는 편견을 낳았다. 이러한 편견은 사정(assessment)이나 치료적 개입, 사후관리에도 영향을 주어(Wilke, 1994), 여성의 특성이 반영된 사정이나 개입 등이 상대적으로 발달되지 못했다.

가정 내에 알코올 중독자가 있는 경우 당사자가 남편인가 또는 아내인가에 따라 가정의 유지 기능은 달라지며, 가족 간의 역동성, 상호작용은 매우 다르게 전개된다(조흥식 외, 2017). 가정 내에서 남편이 알코올 중독자인 경우 부인은 결혼생활을 유지하고 남편의 알코올 중독문제를 고쳐 보려고 온갖 노력을 다한다. 이는 성역할 사

회화 과정과 무관하지 않은데 여성은 성장과정에서 타인을 돌보고 배려하는 방향
으로 사회화되어 남편이 알코올 중독자이더라도 가정을 지키려는 경향을 보이기
때문이다(조흥식 외, 2020).

(2) 아내가 알코올 중독자인 경우 가족의 역동

아내가 알코올 중독자인 경우, 남편이나 남편의 원가족의 반응은 남편이 알코올
중독자였을 때와는 사뭇 달라진다. 알코올 중독인 아내와 가정을 유지하기보다는
오히려 가정을 돌보지 않고 자녀들을 방치하며 아내에 대한 비난을 보인다. 음주가
관대한 한국사회에서도 남편의 알코올 중독은 비교적 허용적이며 가족 자원이 모
두 투입되어 회복을 위해 노력하지만 아내 혹은 며느리가 알코올 중독인 경우 남편
과 시댁의 반응은 차갑다. 일반적으로 남편이 알코올 의존자인 경우 부인들은 남편
이 학대하고, 방임하며, 관심을 보이지 않더라도 참는 것이 도리라고 생각하는 반
면, 부인이 알코올 중독자이면 남편이 참는 것은 적절하지 않다고 보는 것이 사회의
일반적인 시각이다(김혜련, 2000). 또한 아버지의 음주문제보다는 어머니의 음주문
제를 더 혐오스러워하는 자녀들의 태도들도 여성 알코올 중독자에 대한 부정적인
사회적 인식을 반영한다고 볼 수 있다.

아내가 알코올 중독자인 경우, 아내에 대한 주변의 반응이 다른 것 외에 알코올
중독 치료에 있어 장애요인 가운데 흥미로운 것은 여성이 갖는 과도한 책임감과 그
것에 대한 가족의 기대이다. 전통적으로 여성들은 가족을 비롯해 타인을 돌보는 역
할로 사회화되어 왔기 때문에 여성이 치료를 받아야 하는 상황에서도 가족에 대한
책임감을 의식하게 되어 치료를 잘 받으려고 하지 않으며, 여성에게 돌봄을 제공할
만한 자원이 남성에 비해 적어짐으로써 또한 치료에 장애가 된다.

남성중심으로 형성된 음주문화는 알코올 중독 혹은 알코올 사용장애를 가진 여
성들에게 사회적으로 더 많은 낙인을 여전히 부여한다. 사회가 변화함에 따라 여성
음주자의 증가를 어느 정도는 수용하고 있어 최근에 와서는 여성이 술을 마시는 것
에 대해 비교적 허용적인 분위기가 형성되었지만, 여성이 만취를 하고 특히 알코올
과 관련된 장애를 가지고 있는 것에 대해서는 남성만큼 수용적이지 않으며 오히려
더 혐오적인 태도를 보인다. 이러한 태도는 여성 알코올 중독에 대한 치료를 어렵게
하는 요인으로 작용한다.

여성 알코올 의존자들은 남성에 비해 사회의 비난과 낙인으로 인해 심리사회적 위험이 더욱 크며, 이로 인해 문제음주자 중 실제로 치료를 받는 여성의 경우는 여전히 극소수이다(Corrigan & Miller, 2006). 여성 음주에 대한 사회적 편견으로 인해 스스로 치료에 대해 느슨하게 생각하고 은둔적인 특성을 보일 뿐만 아니라 가족과 주변인도 여성 알코올 의존 치료에 소극적이며 오히려 회피하는 경향도 있다.

여성 알코올 의존자들이 치료를 받는 비율이 매우 낮은 원인은 경제적인 곤란, 가족상실에 대한 두려움 등 다양한 측면에 기인하지만 가장 큰 요인으로는 여성 알코올 중독자에 대한 사회적 낙인과 비난을 들 수 있다. 여성 알코올 의존자에 대한 사회의 이러한 반응으로 인해 여성들은 죄책감과 당혹감을 느껴 음주를 더 감추고 집에서 혼자 몰래 술을 마시게 될 뿐만 아니라 더 낮은 자존감을 갖게 된다. 이는 전통적으로 사회가 남성보다도 여성에게 알코올 의존을 더 인정하기 어려워한다는 것을 의미하며, 이로 인해 알코올 중독문제를 경험하는 여성들은 문제를 드러내기를 꺼려하여 치료 기회를 놓치기 쉽다. 여성이 알코올 중독자가 되면 알코올 중독이라는 장애 자체로 인해 겪게 되는 고통 못지않게 사회의 질시와 냉대로 인해 더 많은 고통을 겪으며, 사회의 냉소와 편협심 때문에 치료가 더 어렵게 된다(Corrigan & Miller, 2006). 알코올 중독자가 된 여성들은 여성이며 동시에 알코올 중독자이기 때문에 이중으로 낙인찍히며 중독 증상을 더 악화시켜 치료에도 매우 부정적인 영향을 미친다(Tolvanen & Jylha, 2005).

(3) 알코올 중독자 남편을 둔 아내와 공동의존

알코올 중독자 가족의 역기능적 특성을 설명하는 대표적인 개념 가운데 하나가 공동의존(co-dependence)이다. 공동의존은 가족을 '준알코올 중독자(para-alcoholic)'와 '공동알코올 중독자(co-alcoholic)'로 지칭하면서 사용하게 된 은유적 표현으로서 사회복지실천 현장에서 알코올 중독자 부인을 대상으로 하는 교육에서 많이 사용되고 있다(조홍식 외, 2017, p. 319).

공동의존은 알코올 중독자와 그 가족의 상호작용 및 관련성에 초점을 두고 알코올 중독자 가족이 알코올 중독자와 지속적인 관계 속에서 건강하지 못한 삶의 방식을 발전시켜 나간다는 점이 부각되면서 관심을 받게 되었다(Morgan, 1991: 이경우, 2002에서 재인용). 이는 알코올 중독자와 친밀한 관계 속에서 사는 사람들, 즉 배우자와 자녀들의 삶의 특성을 지칭하는 것으로 알코올 중독자와 함께 살면서 습득하는 특정한 성향 및 행동을 일컫는다(이경우, 2002).

공동의존에 대해서는 많은 학자가 다양한 개념으로 정의하고 있는데, 윤명숙(1997)은 공동의존을 "알코올 중독자와 밀접한 관계를 맺고 함께 생활한 결과, 친밀감, 경계선, 주체성과 감정표현 등에서 어려움을 경험하는 역기능성"이라고 정의하였다. 다양한 정의에서 공통적으로 발견되는 것은 낮은 자존감, 수치심, 상대방이 필요로 하는 것을 알고자 하는 욕구, 상대방에 대한 과도한 책임감, 자신의 감정을 부정하거나 외면하는 등의 특성 등이다.

대표적인 공동의존 주창자인 서마크(Cermark, 1986)는 공동의존 현상을 다음의 증상으로 설명하였다(조홍식 외, 2020).

- 자신에게 유리한 상황을 목전에 두고도 자신과 다른 사람을 통제하는 데 모든 자존심을 건다.
- 자신의 욕구보다는 다른 사람의 욕구를 충족시켜 주어야 한다고 과도하게 책임감을 느낀다.
- 다른 사람들과 경계를 가지고 분리시키는 것에 대해 불안해한다.
- 알코올 중독자나 성격장애인 같은 사람들과의 관계에서 자신의 욕구에 충실하지 못하고 힘들어한다.
- 다음의 열 가지 중상 중 세 가지 이상을 보인다.
  - 배우자의 술 문제를 부인한다.
  - 정서적으로 위축되어 있다.
  - 다른 사람들을 필요 이상으로 경계한다.
  - 충동적인 행동을 한다.
  - 불안해한다.
  - 약물을 남용한다.
  - 과거에 신체적 혹은 성적 학대를 받았다.
  - 다른 이들에게 도움을 요청하지 않는다.
  - 스트레스와 관련된 질병이 있다.
  - 2년 이상 알코올 중독자와의 관계를 지속한다.

한 가지 흥미로운 점은 공동의존 현상이 알코올 중독자 가족구성원 모두에게서 나타날 수 있는 속성임에도 불구하고, 여성에게만 유독 공동의존의 개념을 적용한다는 것이며, 특히 알코올 중독자의 아내에게 한정한다는 것이다. 많은 연구가 알코올 중독자의 아내로서 보이는 공동의존에 관심을 두고 있으며, 알코올 중독자를 치료하기 위한 접근에서도 공동의존자로서의 아내에 초점을 둔다. 이러한 점에 따라 페미니즘 관점에서 보는 사람들은 공동의존이 알코올 중독자 부인에게 낙인을 부과하였다고 비판하며, 공동의존 현상이 병리적이기보다는 '과도하게 책임감이 있는 것'이라고 보고 공동의존 개념을 재구성하였다(조흥식 외, 2017).

3) 알코올 중독가정의 자녀

알코올 중독가정의 자녀(Children of Alcoholics: COAs)의 공식적인 수는 알 수 없지만 국내 선행연구 결과, 청소년의 약 25%에서 38%가 알코올 중독자 자녀인 것으로 파악된다. 미국의 경우와 비교하면 우리나라 알코올 중독자 자녀의 발생 비율이 상대적으로 더 높고, 우리나라 청소년 10명 중 3명 이상이 알코올 중독가정의 자녀로 성장할 가능성이 높은 것으로 추정되고 있다(조혜정, 윤명숙, 2010).

부모의 알코올 중독이 자녀에게 미치는 영향에 대한 연구는 1980년대에 들어서 본격적으로 시작되었는데, 대부분 부모의 알코올 중독은 자녀에게 부정적 영향을 미친다는 결과를 제시하고 있다. 부모의 알코올 중독으로 인한 영향을 유전적인 측면에서 태아알코올증후군(Fetal Alcohol Syndrome: FAS)으로 잘 알 수 있는데, 이는 임신기간 중 어머니의 알코올 사용이 자녀의 학습장애, 발달지체 및 과잉행동에 영향을 준다는 것이다(장수미, 2001). 이러한 영향을 받은 자녀는 자라면서 정서적 문제, 과잉행동, 행동장애 등 다양한 문제를 일으킬 수 있다.

태아알코올증후군이 아니더라도 알코올 중독문제가 있는 부모를 둔 자녀의 경우에 여러 가지 어려움을 겪을 수 있다. 알코올 중독자 자녀들은 낮은 자아존중감, 학교부적응, 높은 우울과 불안 등 다양한 심리 · 사회적 어려움을 겪거나(김혜련, 최윤정, 2003; Hill et al., 2008), 부모의 예측할 수 없는 행동으로 친구관계에 어려움을 겪기도 하고, 자신의 발달단계에 맞지 않는 행동, 즉 미성숙한 행동을 하거나 나이에 어울리지 않는 어른들의 과업을 수행할 수도 있다. 알코올 중독자 가족의 아동들을 장시간 방치할 경우, 부모에 대한 분노와 원망이 반항적인 행동으로 나타날 수 있으며 청소년기 비행이나 가출, 학업중단, 비행 등의 행동문제로 표출되기도 한다(엄명용, 노충래, 김용석, 2020).

부모의 중독문제가 자녀에게 미치는 영향은 자녀의 연령에 따라서 다르게 나타나는데, 세대 간 알코올 및 약물 문제가 있었던 가족의 자녀들 중에서도 8~11세 아동은 알코올 및 약물 문제보다도 주의력결핍장애를 경험할 가능성이 높은 반면, 12~18세 청소년 자녀의 경우 알코올 및 약물 문제를 경험할 확률이 2배에서 13배 가량 높은 것으로 나타났다(Hill et al., 2008: 조혜정, 윤명숙, 2010에서 재인용). 또한 알코올 중독자 자녀가 비알코올 중독자의 자녀보다 4~5배 정도 알코올 중독자가 될 가능성이 높으며, 알코올 중독자 자녀의 58%는 알코올 중독자가 되며, 12%는 적응상의 어려움을 갖게 된다(Goodwin, 1988).

가족의 알코올 사용은 자녀에게 다양한 경로로 영향을 미칠 수 있는데, 자녀는 모델링을 통해 부모의 알코올 사용의 영향을 받을 수 있다. 어머니의 음주는 아동의 알코올 관련 문제 또는 장애를 발달시키는 위험요인으로 알려져 있는데 임신 초기의 알코올 노출은 청소년 혹은 청년기 알코올 사용에 부정적 영향을 미쳤으며, 청소년의 음주 시작 연령을 낮추었다(여종일, 2017).

다양한 연구 결과를 종합해 보면 부모의 알코올 중독은 만성적인 스트레스의 형태로 알코올 중독자 자녀에게 부정적 영향을 미치며, 부모의 알코올 중독이 자녀에게 전이될 가능성이 높다고 할 수 있다. 이러한 세대 간 전이에 있어서 유전적 요인보다는 환경적 요인이 더욱 영향을 미치는 것으로 볼 수 있는데, 이는 알코올 중독의 세대 간 전이를 막기 위해서는 알코올 중독자 가족에 대한 예방적 개입이 중요하다는 시사점을 제공한다(장수미, 2001).

3. 알코올 중독자 가족을 위한 사회복지실천

1) 알코올 중독자 가족 대상의 개입에 대한 적용이론과 개입 내용

알코올 중독자 가족에 대한 기존의 이론적 관점은 알코올 중독 가족을 가족병으로 보고 접근하는 관점, 가족체계이론에 근거한 체계적 접근, 그리고 행동적 접근으로 대별된다. 첫째, 가장 잘 알려져 있고 광범위하게 사용되는 것은 알코올 중독은 하나의 질병이며 가족구성원 역시 '공동의존'이라는 질병으로 고통받고 있다고 보는 것이다. 따라서 알코올 중독자 가족에 대한 개입 및 서비스는 알코올 중독에 대한 이해를 높이는 교육, 알아넌(Al-Anon), 알아틴(Al-Ateen) 등 자조집단 의뢰, 다양한 심리적 이슈를 다루기 위해 개별치료 및 집단치료 실시 등이다. 이 접근의 특징은 가족이 중독자의 음주를 변화시키기 위해 적극적으로 개입하는 것이 아니라 자신의 정서적 고통을 줄이고 대처능력 증진을 위해 자신에게 초점을 맞출 것을 강조한다는 것이다(장수미, 2001).

둘째, 가족체계이론에 근거한 접근이다. 이 접근은 가족이 알코올 중독이 계속되도록 돕는 특정 역할과 행동을 가지고 알코올 중독에 적응한다고 가정한다. 따라서 가족체계치료의 목적은 음주를 계속하게 하는 역할을 재정의하고 제휴를 조정하며 의사소통 유형을 변화시켜서 그러한 변화가 단주를 가져오도록 하는 것이다(장수미, 2001).

셋째, 행동적 접근은 가족 간에 기능적 의사소통을 하는 경우 알코올 중독자의 재발 위험이 낮다는 가정하에 실시되는 것으로서 가족중독자와 가족구성원이 함께 단주를 위한 지지체계를 세우고 관계의 응집력을 증진시키고 의사소통 기술을 증진시킨다(O'Farrell & Feehan, 1999: 장수미, 2001에서 재인용).

알코올 중독자 가족을 위한 개입모델을 개발한 장수미(2001)에 의하면 알코올 중독자 가족에 대한 우리나라의 개입은 주로 가족체계론적 관점에 근거하며 공동의존과 행동주의적 접근을 많이 사용한다.

2) 알코올 중독 가족 대상 가족치료

가족치료에서는 알코올 중독자의 행동이 모든 가족구성원에게 영향을 미치고 또한 가족의 반응에 의해서 중독자가 영향을 받기 때문에 가족을 하나의 체계로 보고 가족관계에 초점을 맞추어 개입한다. 알코올 중독자와 배우자는 상호의존적인 방식으로 행동한다고 알려져 있는데 한쪽 배우자가 알코올에 의존한 배우자의 역기능적 행동을 질책하고, 이것으로 자존감이 낮아진 다른 배우자는 알코올에 의존하게 되며 또다시 질책하는 관계를 지속하게 된다. 이 같은 상호의존적 관계는 한쪽 배우자가 약물 의존이나 중독 문제를 계속하도록 촉진하는 역할이 된다. 따라서 알코올 중독의 경우 문제를 가진 개인뿐 아니라 가족치료를 통해 알코올 중독 상황을 명백히 규명하는 것이 필요하다(김유숙, 2000).

다양한 가족치료 중 행동부부치료법은 금주에 도움이 되는 관계적 요소를 증가시키는 것을 개입의 목표 중 하나로 삼는다. 알코올 중독 가족들의 경우 대부분 만성인 경우가 많으며, 약물의 높은 사용과 예측 가능한 행동적 반응들을 보인다. 또한 문제형성에 있어서 매우 전형적인 과정을 보인다. 그러나 가족이 같은 점보다는 다른 점이 많기 때문에 가족 내에서의 알코올의 역할을 사정할 때 이러한 각기 가족의 특이한 사항들을 고려한다(Patterson et al., 2018).

알코올을 비롯한 물질 중독에 대한 가족치료에서 효과가 높은 것은 구조주의 가족치료와 전략주의적 가족치료 전통에 기인한 것인데, 알코올 중독에 효과적인 프로그램은 행동주의 치료 전통에서 기인한 것이다(Fals-Stewart et al., 2005; Rowe & Liddle, 2003). 이 두 가지 전통 모두 현재의 상황에 초점을 두고 적극적인 문제해결 접근법을 취한다. 가족 간의 대화를 활성화하고 문제해결능력을 증진시키는 것이 핵심적 목표이다.

알코올 중독 가족에 대한 개입에서 가족치료자들은 가족의 상황에 따라 다르지만 가족치료만 하기보다는 약물치료, 개인치료와 교육 등 통합적 접근을 통한 치료가 더 효과적이며 바람직하다고 권장하며, 개인치료만 하는 것보다 행동부부치료를 통해 기능적인 부부관계를 증진하고 금주를 다루는 것이 더 효과적이다(Patterson et al., 2018)

3) 알코올 중독 가족 대상 교육

알코올 중독이 가족 전체에 미치는 영향은 매우 크며 파괴적이다. 따라서 알코올 중독자 당사자의 치료만으로는 부족하며 가족을 대상으로 한 교육, 그리고 개입도 병행되어야 한다. 가족은 서로 영향을 주고받는 유기체이기 때문에 가족원 개개인, 그리고 전체로서의 가족역동은 알코올 중독의 발생과 유지에 영향을 미칠 뿐만 아니라 치료에도 영향을 미친다. 또한 한두 명의 알코올 중독자 가족구성원이 나머지

가족구성원에 미치는 영향도 크기 때문에 알코올 중독은 중독자 개인뿐 아니라 반드시 가족 전체를 대상으로 개입이 이루어져야 한다.

알코올 중독자 치료에 가족이 개입되면 치료나 재발방지에 효과가 높다는 연구 결과가 이미 알려져 있다(김유숙, 2000). 가족 중 자녀들은 물론 특히 배우자가 치료에 개입하여 적극적으로 협력하는 것이 알코올 중독 환자의 치료에 무엇보다도 중요하다. 다시 말해, 알코올 중독자 치료의 시작은 중독자 자신, 그리고 배우자로부터 시작되어 가족구성원 전체로 확대되어야 한다.

알코올 중독자 가족을 대상으로 한 개입에서 가족교육은 매우 중요하다. 가족교육의 중요성과 효과는 많지만 다음과 같이 정리할 수 있다(김기태 외, 2005; 김윤형, 2008).

첫째, 가족들은 교육을 통해 알코올 중독에 대한 정확한 정보와 지식을 갖게 됨으로써 중독자를 증오의 대상이 아니라 환자로 보는 시각을 갖게 되며, 알코올 중독은 불치병이 아니라 회복 가능한 질병인 것도 알게 된다.

둘째, 가족교육을 통해 알코올 중독자에 대한 분노의 감정이 이해와 용서의 감정으로 변하고, 그동안 억압해 왔던 고통스런 기억들과 직면하여 다른 사람들과 서로 나눔으로써 부정적인 감정들이 해소되고 안도감을 얻게 된다. 이를 통해 가해자를 용서하고 수치심과 두려움과 분노에서 해방되는 기쁨을 경험하게 되는 것이다.

셋째, 공동체의 수용과 사랑, 이해와 공감을 통해 기쁨과 위로를 얻게 되고, 이것이 환자에게 강력한 치료의 힘으로 작용한다.

넷째, 회복된 환자가 가정으로 돌아갔을 때, 가족의 올바른 태도가 재발률과 재입원율에 지대한 영향을 미치기 때문이다. 알코올 중독 환자가 병원치료를 끝내고 집으로 돌아갔을 때 가족이 알코올 중독에 대한 이해가 부족하고 역기능적 가족역동을 유지한다면 알코올 중독자의 회복과 치료는 요원해지며 재발 가능성이 높아진다.

다섯째, 가족이 올바른 교육을 받을 경우 환자의 경과 및 예후가 훨씬 좋아지며, 사회의 편견을 극복하는 힘을 갖게 된다.

여섯째, 가족들은 교육을 통해 회복의 핵심이 되는 왜곡된 사고를 재구성함으로써 환자에 대한 과도한 죄책감과 책임감을 내려놓고 마음을 새롭게 할 수 있다. 그리고 자존감과 독립을 회복하여 새로운 생활양식을 개발하는 데에 대한 자각을 얻게 된다.

일곱째, 교육에 참여한 가족들은 더 어렵고 힘든 상황에 있는 사람들의 회복 경험을 들으면서 소망과 자신감을 얻고 변화를 시도하게 된다. 그리고 다른 가족들과 함께 모여 더 나은 치료책을 모색하고 상호역동적인 지원을 주고받음으로써 치료가 효과적으로 이루어진다.

여덟째, 더욱 중요한 것은 가족교육을 통해 정서적으로 어려움을 겪고 있던 자녀들이 치료되고 그들이 알코올 중독에 걸릴 위험성을 예방할 수 있다(Anderson Spickard & Thompson, 2003).

4) 알코올 중독자 가족의 가족적응유연성 증진 프로그램

적응유연성(resilience)[1]은 '역경을 겪으면서 개인이 자신의 힘과 능력을 잃었지만 이전의 적응 수준으로 돌아오고 회복할 수 있는 능력' '스트레스가 증가되는 상황에서조차 영향을 거의 받지 않거나 덜 영향받으며, 유능감(efficacy)으로 스트레스 상황에 대처함으로써 스트레스를 현저하게 낮출 수 있는 능력'으로 정의된다. 그러나 개인이 가지고 있는 능력이라는 관점 외에도 "위험상태나 만성적 스트레스 혹은 심각한 외상에도 불구하고 성공적 적응을 이룰 수 있는 능력의 발달과정"(Masten, Best, & Garmezy, 1990), '극심한 역경이나 외상에 노출되었음에도 불구하고 긍정적인 적응을 보이는 역동적 과정'처럼 과정적 측면으로 개념화되기도 한다. 역경이나 높은 위험 상황에 노출된 사람들은 심리적 · 정서적 문제를 보이고 대처능력이나 심리적 자원 등이 부족하여 부적응적 문제를 일으킨다고 보는 관점에서 어려움을 경험한다 하더라도 그들이 가지고 있는 강점과 능력에 따라 극복이 가능하고 더 적응적인 기능을 수행할 수 있다는 관점으로 패러다임이 변하면서 나온 개념이 적응유연성이다.

가족적응유연성(family resilience)은 가족이 스트레스에 적응하고 역경으로부터 회복하는 능력이며, 가족의 잠재적인 회복과 성장을 확신하며, 가족이 혼란스

---

1) resilience는 '적응유연성' '회복탄력성' '회복력' 등 다양한 용어로 번역된다. 이 책에서는 맥락에 따라 이들 용어를 혼용해서 사용하였는데, 제10장에서는 주로 '회복탄력성'으로, 제11장에서는 '적응유연성'으로 썼다. 그러나 다른 자료를 인용할 경우, 원자료에서 쓰인 용어를 사용하였다.

러운 도전을 견디고 원위치로 돌아갈 수 있게 하는 상호작용적인 과정을 의미한다
(Walsh, 1998: 장수미, 2001에서 재인용).

어떤 가족은 위기와 계속적인 스트레스에 산산조각 나는데 어떤 가족은 위기에 잘
대처하며 오히려 더욱 강해지기도 한다. 이러한 현상을 설명할 수 있는 것이 바로 가
족적응유연성 개념이다. 이는 알코올 중독이라는 가족의 위기 혹은 위기가족에 대한
개입에 있어 '결함'과 '병리'라는 부정적 측면이 아니라 회복과 유연한 대처, 강점과
같은 긍정적 요소에 초점을 맞춤으로써 최근 위기가족, 죽음, 별거, 이혼 같은 상실경
험, 장애나 질환이 있는 가족구성원이 있는 가족 등 가족문제에 대한 효과적 개입으

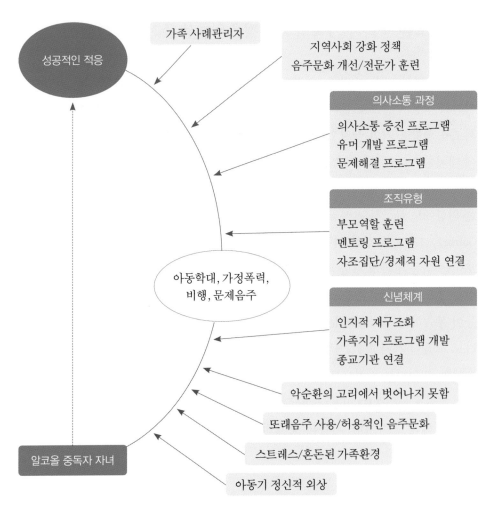

[그림 11-4] 알코올 중독자 가족의 가족적응유연성 증진을 위한 개입모델
출처: 장수미(2001), p. 68.

로 알려지고 있다. 가족적응유연성 접근의 핵심과정은 신념체계(belief system), 조직 유형(organizational pattern), 의사소통 과정(communication process)의 세 가지 영역의 개념적 틀로 구성되며, 이 세 가지 핵심과정이 상호작용하면서 시너지 효과를 갖는다(Walsh, 1998). 장수미(2001)는 알코올 중독자 가족의 가족적응유연성 증진을 위한 개입모델을 개발하였는데 개입모델을 도식화하면 앞의 [그림 11-4]와 같다.

장수미(2001)가 개발한 가족적응유연성 증진을 위한 개입모델은 고난과 역경에서 견디고 극복한 알코올 중독자 가족의 적응유연성에 초점을 맞춘 것으로, 이는 가족의 결함이나 병리에 관심을 두고 치료적으로 접근하는 것이 아니라 가족이 가진 강점으로서 적응유연성을 강화한다는 특징이 있다. 기존의 개입방법은 주로 알코올 중독을 치료하는 정신병원이나 개인 정신의학과와 같은 의료세팅에서 이루어졌지만 새로 개발된 모델은 정신건강복지센터나 사회복지관 등 지역사회 기관에서 실시될 수 있으며 알코올 중독자 가족, 특히 자녀가 갖는 어려움이나 문제를 조기에 발견할 수 있기 때문에 예방적 차원에서 활용도가 높다(장수미, 2001). 알코올 중독자 가족의 개입에 있어서 기존 개입방법과 가족적응유연성 증진을 위한 모델을 비교하면 〈표 11-2〉와 같다.

표 11-2 알코올 중독자 가족의 개입에 대한 기존 개입방법과 가족적응유연성 모델의 비교

	기존 개입방법	가족적응유연성 모델
가족에 대한 관점	가족병/공동의존 (family desease/co-dependence)	가족적응유연성/강점 (family resilience/strengths)
개입시점	치료적	예방적
개입기관	의료기관	지역사회기관
주 개입 전문가	의사	사회복지사

출처: 장수미(2001), p. 72.

5) 알코올 중독자와 가족을 위한 자조모임

'익명의 알코올 중독자 모임'이라고 알려진 단주친목(Alcoholics Anonymous: AA)은 스스로 알코올 중독자임을 인정하는 사람들이 동병상련의 정으로 모인 자조집단으로서 중독자와 그 가족이 회원이 된다. 회원들은 협력하여 자신들의 문제를 해

결하고 다른 알코올 중독자들의 회복을 돕기 위해 서로 간의 경험을 함께 나누고 원조하며 지지한다(김영화, 이진숙, 이옥희, 2016). 회원들은 성별, 연령, 직업, 종교 등에 관계없이 자신들의 공통문제를 해결하며 단주를 위해 효과적인 정보를 교환하고 서로의 경험담을 나눔으로써 단주에 대한 의지를 강화시키고 회복에 대한 용기와 지지를 제공한다. AA 모임은 공개모임과 비공개모임이 있는데 일반적으로 익명으로 활동한다. 우리나라에도 각 지역별로 단주친목이 결성되어 다양한 활동을 이어 나가고 있다(단주친목 홈페이지, http://www.aakorea.org).

알코올 중독자 가족을 위한 가족친목 자조모임으로는 알아넌이 있다. 알아넌은 알코올 문제를 성공적으로 극복하고 있는 사람들이 자신의 경험담을 이야기함으로써 구성원들에게 자기 자신이나 가족들이 배우자 혹은 가족원이 알코올 중독자라는 것을 받아들이기 쉽도록 하고, 부정을 감소시키도록 도와주며, 가족원의 음주로 나타나는 불안과 우울 등의 감정적 상태를 공유하며 음주행위를 유발하는 상황을 인식하여 대처능력을 향상시키기도 한다. 비영리모임인 가족친목모임 알아넌은 회원들의 기부금으로 이루어지며 약 1시간 정도로 운영된다(심정은, 2016).

6) 알코올 중독 가족 대상의 가족복지 지원서비스와 전문기관

(1) 가족복지 지원서비스

우리나라에서 알코올 중독자 가족을 지원하는 가족복지 차원에서의 지원서비스는 많지 않다. 대부분 알코올 중독문제는 개인적 차원의 치료와 회복에 초점이 맞춰져 있으며 국가 혹은 지방자치단체 차원에서 알코올 중독자에 대한 서비스 및 가족지원서비스 전달체계가 체계적으로 확립되지는 못하였다. 다만, 지역에 중독관리통합지원센터를 설치 · 운영하고 알코올 등 중독자 관리체계를 구축하고 중독자의 조기발견, 상담, 치료, 재활 및 사회로의 복귀를 지원한다. 서비스의 대상은 알코올 중독자를 비롯하여 문제성 음주자, 알코올 중독 고위험군, 그들의 가족, 그리고 지역사회 주민이다(김윤재, 김종배, 황지영, 2022).

(2) 중독관리통합지원센터

중독관리통합지원센터는 지역사회 중심의 통합적인 중독관리체계 구축을 통해

표 11-3 중독관리통합지원센터의 알코올 중독 관련 사업내용

영역	필수사업	선택사업
중독문제 조기발견 및 개입서비스	• 알코올 문제 신규 발견 및 이용체계 구축 • 고위험음주군 조기발견 및 단기 개입 서비스	• 기타 중독(도박, 인터넷, 마약) 신규 발견 및 이용체계 구축 • 기타 중독(도박, 인터넷, 마약) 고위험군 조기발견 및 단기 개입 서비스
중독 질환 관리사업	• 알코올 중독자 관리체계 구축 • 사례관리 서비스 • 재활 프로그램	• 알코올 중독자 위기관리 서비스 • 알코올 중독자 직업재활 서비스 • 기타 중독 관리체계 구축 • 사례관리 서비스 • 재활 프로그램
중독 질환 가족지원사업	• 알코올 중독자 가족 신규발견 및 이용체계 구축 • 사례관리 서비스 • 가족모임 지원서비스	• 알코올 중독자 및 기타 중독자 가족 신규발견 및 이용체계 구축 • 가족교육 및 프로그램

출처: 보건복지부 홈페이지(http://www.mohw.go.kr/react/policy/index.jsp?PAR_MENU_ID=06&MENU_ID=06330404&PAGE=4&topTitle=).

중독자 조기발견 · 상담 · 치료 · 재활 및 사회복귀를 지원하는 기관이다. 지역사회 내 알코올 및 기타 중독(마약, 인터넷 게임, 도박)에 문제가 있는 자 및 가족, 주민을 대상으로 다양한 서비스를 제공하고 있다(〈표 11-3〉 참조).

(3) 알코올 중독 치료 전문병원

우리나라에서 알코올 중독의 치료는 의료기관을 통한 치료적 접근이 가장 중심적이다. 알코올 중독은 오랜 기간에 걸쳐 진행되기 때문에 통원치료나 단기치료로는 한계가 있어 알코올 전문병원에 입원하여 집중치료를 받는 경우가 많다.

알코올 중독자는 알코올 문제를 스스로 인식하여 자발적으로 입원을 하는 경우도 있지만, 대부분 본인이 입원을 원하지 않지만 가족이 문제의 심각성에 대해 인지하고 더 이상 가족의 힘으로 해결이 어렵다고 판단하여 강제입원을 하게 되는 경향이 있다(조흥식 외, 2017). 중증 알코올 중독을 치료하기 위해서는 단기간이 아닌 장기간으로, 그리고 통원치료가 아닌 입원치료를 하는 것이 회복에 도움이 된다. 알코올 중독은 내과, 정신건강의학과 등 다양한 분야에서 통합적 치료를 해야 하지만 기

본적으로 정신건강의학과를 통해 입원하게 된다. 병원에서는 질병모델을 통해 알코올 중독을 진단하고 정신건강의학과 치료를 진행하며, 알코올 중독자에 대한 주치료자는 의사가 된다. 의사에게 있어 일차적인 관심은 질병이기 때문에 아무래도 개입의 일차적 목표는 알코올 중독자의 치료이며, 주된 개입 대상도 알코올 중독자 개인이 된다.

2018년 기준 보건복지부 지정 알코올 질환 전문병원은 전국에 9곳이다(〈표 11-4〉 참조).

표 11-4 보건복지부 지정 알코올 중독치료 전문병원

병원 이름	주소 및 홈페이지
온사랑병원	• 부산광역시 금정구 서동로 197-1 • 051-555-0808 • www.온사랑병원.com
다사랑병원	• 광주광역시 서구 풍서우로 224 • 062-380-3800 • www.dsrh.co.kr
더블유진병원	• 경기도 부천시 원미구 신흥로244 • 032-321-1433 • www.wjinhospital.com
진병원	• 경기도 부천시 원미구 석천로 177번길 39 • 1577-1581, 032-322-8275 • www.jinhospital.com
아주편한병원	• 경기도 수원시 장안구 장안로 256 • 031-269-5665 • www.ajougoodhospital.co.kr
다사랑중앙병원	• 경기도 의왕시 등칙골 1길 22 • 발신자 무료: 1544-2838 • 상담전용: 031-340-5040(주간) • www.dsr5000.com
예사랑병원	• 충청북도 청주시 상당구 목련로 64 • 1566-1308, 043-298-7337 • www.yehospital.com

주사랑병원	• 충청북도 청주시 상당구 가덕면 보청대로 4673-61 • 043-286-0692 • www.lovegod.co.kr
한사랑병원	• 경상남도 김해시 김해대로 2272번길 43-47(강동) • 대표전화: 055-722-7000 • www.han-sarang.or.kr

출처: 보건복지부 국립부곡병원 홈페이지.

 이 장의 요약

알코올 중독은 알코올 중독자 개인의 신체적 건강과 사회심리적 기능에 심각한 영향을 미칠 뿐만 아니라 가족과 사회에도 손상을 가져오는 심각한 문제이기 때문에 알코올 중독자 개인에만 초점을 두기보다는 상호관련성 속에서 알코올 중독자와 가족체계를 함께 고려해야 한다. 가족 내 알코올 중독자가 있는 경우 가족구성원들은 술로 인한 경제적 어려움, 직장생활 혹은 사회생활 곤란뿐만 아니라 우울 같은 심리적 문제를 겪게 되며 폭력이나 위협 등에 노출될 가능성도 높은 것으로 알려져 있다. 알코올 중독문제가 있는 부모를 둔 자녀의 경우에 여러 가지 어려움을 겪을 수 있다. 알코올 중독자 자녀들은 낮은 자아존중감, 학교부적응, 높은 우울과 불안 등 다양한 심리 · 사회적 어려움을 겪거나, 부모의 예측할 수 없는 행동으로 친구관계에 어려움을 겪기도 하며, 청소년기 비행이나 가출, 학업중단, 비행 등의 행동문제로 표출되기도 한다.

알코올 중독의 치료는 알코올 중독자 개인뿐만 아니라 가족에 미치는 영향을 고려했을 때 가족을 대상으로 한 다양한 접근이 병행되어야 한다. 우리나라에서는 질병모델에 근거하여 입원치료나 약물치료 등이 우선시되는데, 사회복지실천 분야에서는 지역사회정신건강복지센터나 중독통합관리센터 등을 통한 다양한 접근 등을 개발하고 또 실천하고 있다. 이 장에서는 알코올 중독에 대한 사회복지실천의 분야 및 전문치료기관, 지역사회 자원 등을 소개하였다.

생각해 볼거리/토론거리

1. 우리나라의 음주문화에 대해 어떠한 생각을 가지고 있는지 의견을 나누어 보시오.
2. 가족 내 알코올 중독자가 남편인 경우와 아내인 경우, 확대가족의 반응을 비롯하여 가족 내 역동이 어떻게 달라지는지 토론해 보시오.
3. 알코올 중독자 가족을 위한 사회복지실천에서 강화되거나 개발되어야 할 부분은 어떤 것이 있는지 토론해 보시오.

참고문헌

강은실(1995). 근거이론 접근 방법을 적용한 알콜 중독자 부인의 경험. 대한간호학회지, 34(3), 63-66.
김기태, 안영실, 최송식, 이은희(2005). 알코올 중독의 이해. 서울: 양서원.
김병오(2003). 중독을 치유하는 영성. 서울: 이레서원.
김소야자, 이만홍, 황미희, 남궁기, 김병후, 김선아(1989). 알콜중독환자 가족과 일반 가족의 정신증상 발현율과 가족기능에 관한 연구. 신경정신의학, 28(6), 1073-1081.
김영화, 이진숙, 이옥희(2016). 성인지적 가족복지론. 경기: 양서원.
김유숙(2000). 가족상담. 서울: 학지사.
김윤재, 김종배, 황지영(2022). 가족복지론. 경기: 지식공동체.
김윤형(2008). 알코올중독자 치료를 위한 가족교육의 중요성에 대한 연구. 웨스터민스터 신학대학교 대학원 석사학위논문.
김혜련(2000). 여성과 알코올 중독. 여성건강, 1(2), 19-41.
김혜련, 전선영, 김정희(2004). 아버지가 알코올 중독자인 여성 ACOA의 아버지의 알코올 중독, 가족기능, 부모와의 애착, 심리사회적 적응에 관한 연구. 한국사회복지학, 11, 317-343.
김혜련, 최윤정(2003). 여성 문제음주자 개입 전 사정틀 개발 및 사례적용: 4개 사례연구. 한국가족복지학, 12, 65-98.
김혜신(2003). 알코올 중독자 가족을 위한 가족친목모임(Al-Anon)에 관한 연구: 알코올중독자 부인을 중심으로. 명지대학교 대학원 석사학위논문.
보건복지부(2012). 국민건강통계 국민건강영양조사 제5기 3차년도(2012).
보건복지부(2017). 2016년 정신질환 실태조사.
보건복지부(2021). 2021년 국민 정신건강 실태조사.

보건복지부(2021. 12. 27.). 2021년 정신건강 실태조사 결과발표.

보건복지부, 질병관리청(2020). 2019 국민건강통계.

송진아, 강경화(2013). 여성의 알코올 의존에 이르게 되는 과정에 관한 현상학적 사례연구. 사회복지연구, 44(3), 113-145.

신행우(2004). 여자대학생의 여성성 과잉과 음주의 관계. 한국건강심리학회, 9(3), 693-711.

심정은(2016). 가족친목모임(Al-Anon)을 이용하는 알코올 중독자의 배우자 삶의 경험. 한양대학교 대학원 석사학위논문.

안연선, 전혜정(2010). 알코올 중독자 가족의 가족탄력성이 가족적응에 미치는 영향. 한국가족관계학회지, 15(3), 155-174.

엄명용, 노충래, 김용석(2020). 사회복지실천기술의 이해(4판). 서울: 학지사.

여종일(2017). 정신병리와 가족: 아동ㆍ청소년 정신장애에 대한 발달정신병리학적 접근. 서울: 학지사.

윤명숙(1997). 알코올 의존 남편의 단주가 부부관계에 미치는 영향에 관한 연구. 이화여자대학교 대학원 박사학위논문.

이경우(2002). 알코올 의존자의 부인의 공동의존 정도와 자아존중감 및 건강상태에 대한 연구. 혜전대학 논문집, 20, 189-224.

이상규(2012). 알코올 의존증의 진단과 치료. 2012년 대한간학회 추계학술대회 자료집, 139-144.

장수미(2001). 알코올 중독자 가족의 가족적응유연성 증진을 위한 개입모형 개발: 알코올 중독의 세대간 전이를 예방하는 시각에서. 정신보건과 사회사업, 11, 53-77.

조혜정, 윤명숙(2010). 알코올 중독자 자녀의 자아존중감에 미치는 심리사회적 보호요인과 위험요인. 한국알코올과학회지, 11(2), 33-48.

조흥식, 김인숙, 김혜란, 김혜련, 신은주(2017). 가족복지학(5판). 서울: 학지사.

조흥식, 김혜련, 신혜섭, 김혜란, 신은주(2020). 여성복지학(3판). 서울: 학지사.

질병관리청(2021). 만성질환통계. 주간 건강과 질병, 14(52), 3715.

질병관리청(2022). 만성질환통계. 주간 건강과 질병, 15(13), 829.

한국보건사회연구원(2003). 한국여성의 건강통계.

허만세(2012). 중년여성의 음주문제와 자아존중감 사이의 인과관계 분석. 보건사회연구, 32(1), 201-227.

허만세, 손지아(2011). 중년기 여성의 문제음주 변화와 자아존중감 변화의 종단적 관계에 대한 빈곤의 효과검증. 정신보건 사회사업, 37, 89-116.

허만세, 장승옥(2010). 청년기 초반 성인의 알코올 문제의 변화추이—성차와 우울이 미치는 영향. 사회과학연구, 26(4), 327-350.

American Psychiatric Association (APA). (1994). *Diagnostic and statistical manual of mental disorders* (4th ed.). 이근후 역(1995). 정신장애의 진단 및 통계편람 제4판(DSM-IV). 서울: 하나의학사.

American Psychiatric Association (APA). (2013). *Diagnostic and statistical manual of mental disorders* (5th ed.). 권준수, 김재진, 남궁기, 박원명, 신민섭, 유범희, 윤진상, 이상익, 이승환, 이영식, 이헌정, 임효덕 공역(2015). 정신질환의 진단 및 통계 편람 제5판(DSM-5). 서울: 학지사.

Anderson Spickard Jr., M. D., & Thompson, B. R. (2003). *Dying for a drink: What you and your family should know about alcoholism.* 정지훈 역(2003). 한잔만 더: 알코올 중독, 알아야 치료할 수 있다. 서울: 창조문화.

Beletsis, S., & Brown, S. (1981). A development framework for understanding the children of alcoholics, focus on women. *Journal of health and the Addictions, 2,* 1-32.

Cermark, T. (1986). *Diagnosing and treating codependence.* Minneapolos, MN: Johnson Institute Books.

Corrigan, P. W., & Miller, F. E. (2006). Blame, shame and contamination: The impact of mental illness and drug dependence stigma on family members. *Journal of Family Pychology, 20*(2), 239-246.

Fals-Stewart, W., O'Rarrell, T., Birchler, G. R., Cordova, J., & Kelly, M. L. (2005). Behavioral couples therapy for alcoholism and drug abuse: Where we've been, where we are, and where we're going. *Journal of Cognitive Therapy, 19*(2), 225-246.

Goodwin, D. W. (1988). *Is Alcoholism Hereditary?* New York: Ballentine Books.

Hill, S. Y., Shen, S., Lowers, L., Locke-Wellman, J., Mattews, A. G., & McDermott, M.(2008). Psychopathology in offspring from multiplex alcohol dependence familieswithand without parental alcoholdependence: A prospective study during childhood and adolescence. *Psychiatry Research, 160,* 155-166.

Kaplan, H. I., & Sadock, B. J. (2007). *Synopsis of psychiatry: Behavioral sciences/clinical psychiatry* (10th ed.). New York: Lippinicott Wil-liams & Wilkins.

Masten, A. S., Best, K. M., & Garmezy, N. (1990). Resilience development: Contributions from the study of children who overcame adversity. *Development and Psychopathology, 2,* 425-444.

O'Farrell, T. J. (1987). *Treating alcohol problems: Marital and family interventions.* New York: The Guilford Press.

O'Farrell, T. J., & Feehan, M. (1999). Alcoholism treatment and the family: Do family and individual treatment for alcoholic adults have preventive effects for children? *Journal of Studies Alcohol Supplement*, *13*, 125-129.

Patterson, J., Williams, L., Edwards, T. M., Chamow, L., & Grauf-Grounds, C. (2018). *Essential skills in family therapy: From the first interview to termination* (3rd ed.). 김유숙, 박주은, 천희선, 이현숙 공역(2021). 가족치료의 기술: 첫 면접에서 종결까지(원서 3판). 서울: 학지사.

Rowe, C. L., & Liddle, H. A. (2003). Substance abuse. *Journal of Marital and Family Therapy*, *29*(1), 97-120.

Royce, J. E. (1981). *Alcohol problems and alcoholism: A comprehensive survey*. New York: The Free Press-A Division of Macmillan, Inc.

Steinglass, P. (1980). A life History of Model of the Alcoholic Family. *Family Process*, *19*(3), 211-226.

Steinglass, P. (1994). Family therapy: Alcohol. In M. Galanter & H. D. Kleber (Eds.), *American psychiatric publishing textbook of substance abuse treatment* (pp. 315-330). WA: American Psychiatric Press.

Tolvanen, E., & Jylha, M. (2005). Alcohol in life story interviews with finnish people aged 90 or over: Stories. *Journal Aging Studies*, *19*, 419-435.

Walsh, F. (1998). *Strengthening family resilience*. New York: The Guilford Press.

Wilke, D. (1994). Women and alcoholism: How a male-as-norm bias affects research, assement, and treatment. *Health & Social Work*, *19*(1), 29-35.

2019년 국민건강통계, 2020년 국민건강통계
https://knhanes.kdca.go.kr/knhanes/sub04/sub04_04_01.do
단주친목 홈페이지 http://www.aakorea.org
보건복지부 국립부곡병원 홈페이지 http://www.bgnmh.go.kr
보건복지부 홈페이지 https://www.mohw.go.kr/react/policy/index.jsp? PAR_MENU_ID=06&MENU_ID=06330404&PAGE=4&topTitle=
서울시 정신건강통계 https://seoulmentalhealth.kr/main/sub1/sub1205

제**12**장

장애인가족과 사회복지실천

1. 장애인가족에 대한 이해

1) 장애자녀가 있는 가족

장애자녀가 있는 가족은 비장애부모가 장애자녀를 위한 가장 일차적인 양육과 지지를 제공하는 환경이다. 가족은 장애아동의 가장 기본적인 건강유지, 건전한 정서 및 사회 발달을 지원하는 일차적인 기능을 수행하는 지지체계이다. 특히 장애아동은 아동기부터 장애를 갖게 되고, 발달과정에서도 장애가 만성적으로 지속되는 경향이 있기 때문에 평생을 통한 지원서비스가 필요한 대상이다. 즉, 장애아동의 장애 정도와 유형 등을 고려하여 개별화된 계획과 총체적인 지원이 필요하다.

그러나 장애아동의 가족은 장애아동 출생부터 경험한 혼란과 어려움, 소진의 경험이 누적되어 만성적인 무기력과 스트레스가 심화되는 경향이 있다(Wilker, 1983). 장애아동의 가족은 장애자녀 출생으로 인한 충격, 부정(denial), 분노, 협상, 우울 또는 장애수용의 과정을 거치는 심리적 역동과정을 경험한다. 특히 지속적인 보호제공의 과정에서 경험하는 심리적 소진과 무기력은 발달장애인의 재활과 교육에 대한 동기를 약화시켜 자녀에 대한 방임적인 태도를 취하게 할 가능성도 있다(박희찬 외, 1996; 허준수, 1999; Kirkham, 1993).

2) 장애성인이 있는 가족

장애성인이 있는 가족은 부모가 장애인인 경우와 성인 장애자녀를 양육하는 비장애부모의 가족이 있다. 먼저, 성인기의 장애자녀를 양육하는 부모는 자기 자신도 노년기에 대한 준비를 해야 하면서 지속적으로 장애자녀를 돌보아야 하는 양육부담이 있기 때문에 이중적으로 부담을 느낀다. 성인 장애인을 돌보는 비장애노부모의 가장 큰 욕구는 자신의 노화로 인한 신체적·경제적 능력 저하로 더 이상 성인 장애자녀를 돌볼 수 없게 되거나 부모 사후 성인 장애자녀를 돌보는 것에 대한 심적 부담이 크다는 점이다. 대체로 이 시기의 부모들이 갖는 성인 장애자녀를 위한 서비스 욕구는 성인기의 장애자녀를 위한 거주계획, 직업 및 소득 활동 프로그램의 시작 및 안정화 등 자녀를 경제적·심리적으로 독립시키는 것과 관련이 있다.

부부 중 한 사람 또는 두 사람 모두 장애인인 가족의 경우, 주요 서비스 욕구는 의료서비스, 경제적 지원, 보호지원 등 종합적 지원이 필요하다. 특히 성인 장애부부 중 부부 모두 중증장애인인 경우는 자녀가 성장할수록 많은 지원이 필요하기 때문에 생애주기 관점에서 서비스 욕구에 부합하는 지원방안을 수립해야 한다.

3) 장애인가족의 욕구와 문제

(1) 경제적 부담

장애인가족은 장애와 관련되어 교육, 의료, 재활, 자립지원 등 직접적 비용과 장애인가족을 돌보는 데 따르는 다른 가족구성원들의 직업기회 상실, 사회활동의 포기와 같은 경제적 손실 등 간접적 비용과 지출이 많아서 경제적 부담이 있다.

(2) 부정적 정서와 가족갈등

장애인의 가족들은 장애아동이 출생할 때부터 상실감, 충격, 부인, 슬픔, 분노 등의 부정적인 정서를 경험한다. 이러한 부정적인 정서는 장애아동의 진단 초기에는 심각하지 않다가 장애인의 성장과 생활과정 동안 슬픔과 스트레스가 고조되어 장애에 대한 적응과 재조직의 단계에 이를 때까지 지속되는 경향이 있다.

부정적인 정서들은 가족이 소극적인 대인관계를 형성하고, 수치심과 자존감의 저하를 가져오며, 심한 경우는 만성적인 스트레스, 불안, 무기력감 등을 경험하게 한다(Bosch, 1996; Singer & Powers, 1993). 이 외에도 장애인의 출생과 독립에 대한 죄의식과 자기비난을 나타내기도 한다. 즉, 가족은 장애아동으로 인해 불안, 자포자기, 우울, 학습된 무기력, 자기비난과 죄의식 등의 부정적인 정서를 경험한다.

또한 장애로 인한 역할부담, 직업생활의 유예 등 다른 취약계층보다 부부간의 불화가 많고, 장애인의 형제들도 장애형제로 인해 자기비하와 수치감, 제대로 보살피지 못할 것이란 죄책감, 부모의 보상심리에 따라 장애형제를 대신하여 성공해야 한다는 과잉기대로 느끼는 심리적 부담감, 그리고 자신의 결혼문제와 관련되어 장애형제를 공개할 것인지의 여부에 대한 심리적인 부담감과 부모 사후의 장애형제에 대한 보호부담이 있다.

2. 장애인 가족에 대한 이론적 패러다임과 실천모델

1) 문제의 원인으로서 가족관점: 의료적 관점의 개인적 모델

의료적 관점의 개인적 모델은 1920년대부터 50년대까지 장애의 원인을 밝히는 데 초점을 두었다. 개인적 모델은 의료적 모델로도 불리는데 이 모델은 장애를 개인의 문제로 보며, 문제의 원인이 신체적 손상, 기능적 제약, 심리적 기능손상 등 생물심리적 손상에 기인한다는 것이다(Drake, 1997; Gabel, 1997; Oliver, 1996). 정신장애나 지적장애와 같은 장애유형은 장애의 원인을 주로 가족에서 찾으려 했기 때문에 가족의 병리성을 밝히는 데 주요 초점을 두었다. 장애인의 가족은 장애 발생의 원인 제공자로서 가족이 장애 발생에 생물학적·유전적으로 영향을 미쳤다고 볼 수 있다. 또한 이 모델은 장애인이 가족에게 부정적 측면에서 많은 영향을 미친다고 본다. 따라서 암묵적으로 장애인가족을 비정상적인 가족으로 간주할 수 있는 위험이 있다.

이 모델에서 장애인가족을 지원하기 위한 실천은 주로 수술, 약물 개발 및 치료와 같은 의학적 혹은 생물학적인 유전적 개입을 통해 장애를 예방하거나 개선할 수 있다는 신체의학 및 정신의학적 접근방법을 강조한다.

2) 문제해결의 주체로서 장애인가족: 사회적 모델

　　사회적 모델에서는 장애를 사회정치적 관점에서 장애인이 직면하고 있는 소외와 배제의 문제로 바라본다. 이 모델은 장애인의 기능적 한계에 초점을 두기보다는 사회문화적·환경적 조건에 의해 장애인이 되는 것임을 설명한다. 사회적 모델은 손상(impairment)과 장애(disability)의 개념을 분리하는 개념이다. 장애는 신체적 손상을 가진 이들에게 가해지는 억압적 기제(oppressive mechanism), 즉 일상적 삶의 기회를 박탈하는 사회적 제약조건과 그로 인해 경험하게 되는 불이익과 사회적 배제를 의미한다. 따라서 장애문제를 해결하는 방안도 장애인의 신체적 제약조건에 초점을 맞추는 것이 아니라 장애인이 직면하고 있는 사회·문화적 장벽, 차별과 사회적 배제를 재생산하는 사회구조를 변화시키는 것에 일차적 초점을 둔다(Thomas, 1999).

　　장애인 당사자와 장애인가족은 장벽의 문제를 해결하는 주체이고, 전문가의 역할은 장애인이 사회에서 어떻게 주변인화(marginalize)되고, 낙인찍히며(stigmatization), 범주화(categorize)되는가에 초점을 둔다. 따라서 사회가 장애인의

표 12-1　개인적 모델과 사회적 모델 비교

개인적 모델	사회적 모델
• 개인적 비극으로서의 결함	• 사회적 억압으로서의 장애
• 개인적 문제에 관심	• 사회적 문제에 관심
• 개인적 치료와 처치	• 사회적 행동과 임파워먼트
• 전문가의 활동 강조	• 자조와 협조
• 전문가의 원조에 의존	• 개인적 및 집합적 책임
• 사회적 규준에 적응	• 개별 차이의 긍정
• 장애인을 위해 무언가를 하기(doing for)	• 장애인과 함께 실천하기(working with)
• 환자의 순종	• 소비자의 권리
• 목표에 대한 전문가의 통제	• 장애인의 목표 선택

출처: Oliver (1996), p. 193.

욕구에 보다 효과적으로 반응할 수 있도록 변화시킬 방법을 검토하는 것에 초점을 둔다(Oliver, 1996; Rioux, 1997).

3) 클라이언트 체계로서 가족 관점: 체계이론적 관점

체계이론적 관점에서 장애인가족은 장애가 있는 가족구성원에 의해 영향을 받으며, 장애에 반응하는 체계로서 본다. 체계이론적 관점은 장애인가족이 장애인에 대한 보호부담, 대처, 역할 등을 어떻게 하는지에 관한 이해를 할 수 있도록 돕는다. 왜냐하면 체계이론에서 가족은 서로에게 상호의존적인 존재로서 체계 내의 가족구성원 한 명이 다른 구성원에게도 영향을 미치기 때문이다. 따라서 장애인 당사자만 클라이언트 체계로 보기보다는 가족도 클라이언트 체계로서 가족중심서비스를 제공해야 한다는 주장이다.

턴불 등(Turnbull et al., 2011)은 체계이론적 관점에서 다층적으로 장애인가족에 관해 이해하고 강점과 긍정적 관점에서 장애인가족을 고려하고 가족지원서비스를 제공해야 한다는 주장을 하였다. 즉, 가족의 특성을 고려하면서 가족과 협력관계를 형성할 때 강조되어야 할 점은 다음과 같다. 첫째, 가족의 가치를 존중한다. 둘째, 아동의 장애뿐만 아니라 가족이 직면하는 여러 문제를 이해하려고 시도한다. 셋째, 가족의 강점과 자원을 활용하기 위해 창조적이 되어야 한다. 넷째, 가족의 관심사를 강조하는 협력관계를 형성한다(Turnbull et al., 2006).

가족의 개별 구성원들은 아동의 장애특수성(exceptionality), 대처방식, 건강상태 등과 관련된 개별적인 특성에 따라 다양하다. 아동의 장애특수성은 장애의 특징, 범위와 정도 등에 따라 따르고, 이는 가족의 장애에 대한 반응에 영향을 준다. 가족은 장애아동의 변화에 따라 재적응을 지속적으로 해 나가야 한다. 따라서 전문가가 가족과 협력관계를 형성할 때, 장애아동의 개별적 특성이 어떻게 가족의 우선순위, 자원, 관심사에 영향을 미치는지에 대해 민감해야 한다.

대처방식과 생활관리 기술은 사람들이 문제를 해결하기 위해 사용하는 기법을 의미한다(Scorgie & Wilgosh, 2008). 올슨 등(Olson et al., 1983)은 생활관리 기술을 재구성(reframing), 수동적 반응(passive appraisal), 영적 지원(spiritual support), 사회적 지원(social support), 전문적 지원(professional support)의 다섯 가지로 범주화하였다.

- 재구성: 부정적인 면보다 긍정적인 면을 강조하기 위해 상황에 대한 생각을 변화시키기(Hasting & Taunt, 2002).
- 수동적 반응: 염려를 따로 떼어 놓기(Poston & Turnbull, 2004).
- 영적 지원: 영적인 신념으로부터 인도함과 안도감 얻기(Poston & Turnbull, 2004).
- 사회적 지원: 친구와 가족구성원으로부터 실질적이고 정서적인 도움받기(Turnbull et al., 2009).
- 전문적 지원: 전문가와 기관으로부터 도움받기(Romer et al., 2002)

(1) 장애인가족의 상호작용

가족의 상호작용 혹은 관계 특성은 네 가지 기본적인 형태, 즉 부부, 부모, 형제자매, 확대가족에 달려 있다. 네 가지 형태의 가족체계 상호작용이 가족의 결속력과 적응력에 작용한다.

첫째, 가족체계는 투입에 대해 반응하고 가족 간 상호작용을 통해 산출을 만들어 낸다. 가족 상호작용은 가족이 역할을 수행하고 상호교류할 때 발생한다. 이러한 역할과 상호작용의 결과물이 가족의 기능이다.

둘째, 전체와 하위체계로서 가족체계는 전체를 나타내고, 장애아동을 이해한다는 것이 그 가족을 이해한다는 것이 아니라, 장애아동을 이해하기 위한 전제로서 가족을 이해해야 한다는 것을 의미한다(Whitechurch & Constantine, 1993).

셋째, 가족구성원 하위체계 사이의 경계는 가족구성원 간의 상호작용과 가족 내부 및 외부 영향력과의 상호작용을 통해 이루어진다. 경계가 개방적인지 폐쇄적인지는 가족마다 다르며, 경계의 투과성과 명확성에 따라 구성원의 역할과 가족기능이 달라진다.

(2) 가족 하위체계

가족 하위체계는 부부 하위체계, 부모 하위체계, 형제자매 하위체계, 확대가족 하위체계로 구성되며, 구성원의 유대감에 따라 상호작용은 다르게 나타난다. 첫째, 부부 하위체계는 남편과 아내의 상호작용을 나타낸다. 장애아동으로 인해 결혼생활에 부정적인 영향을 미쳐서 이혼율이 높아지고 부부갈등을 많이 일으킨다는 연구 보고도 있다(Hoddap & Krasner, 1995; Murphy, 1982). 그러나 장애아동으로 인해 부부가 스트레스를 경험할 수 있지만 그 충격은 약하고, 장애아동이 가족의 복지에 치명적인 영향을 주는 경우는 매우 적다는 보고도 있다(Risdal & Singer, 2007). 장애아동만이 아니라 가족의 많은 다른 특성들, 예를 들면 가족의 문화적 가치도 부부의 결혼안정성에 영향을 준다.

둘째, 부모 하위체계는 부모와 자녀 간의 상호작용을 나타낸다. 장애아동이 부모체계에게 미치는 영향은 다양하다. 어떤 부모들은 심한 스트레스를 경험하고 어떤 부모들은 스트레스와 우울증의 수준이 비장애인 부모와 비교하여 별다른 차이점이 없다고 보고하기도 한다. 만일 부모와 자녀의 관계가 긍정적인 경험을 공유하고 충분한 상호작용이 이루어진다면 자녀의 발달에도 긍정적 영향을 미칠 수 있다.

셋째, 형제자매 하위체계는 가족 내 자녀들 간의 상호작용을 나타낸다. 형제자매와의 상호작용은 사회화와 관련된다. 장애아동과 그 형제자매는 가장 처음으로 서로 또래관계를 제공해 준다. 장애아동과 형제자매들 간의 상호작용은 공유, 동료애, 충성, 경쟁, 거부, 그 밖의 여러 가지 감정을 경험할 기회를 서로에게 제공한다. 장애인 형제자매는 다양한 방식으로 비장애 형제자매에게 영향을 미친다(Fisman, Wolf, Ellison, & Freeman, 2000; Lardieri, Blacher, & Swanson, 2000; Stoneman, 2005). 긍정적인 경험으로는 성숙, 자아존중감, 사교능력, 통찰, 인내, 자존심, 직업적 기회, 옹호 및 충실 등을 포함한다. 때로는 부정적 경험을 하기도 하는데 당황, 죄의식, 고립, 분개, 책임감의 증가, 그리고 성공에 대한 압박감 등을 경험한다.

넷째, 확대가족 하위체계는 핵가족 구성원과 친척 간의 상호작용을 나타낸다. 확대가족과의 상호작용은 문화와 접촉 빈도에 영향을 준다. 확대가족의 대표적인 구성원인 조부모들은 장애아동의 가족에게 지원을 제공할 뿐만 아니라 스트레스도 제공할 수 있다. 특히 조부모와의 갈등은 장애아동 어머니의 스트레스와 관련이 있다고 밝혔다(Hastings, Thomas, & Delwiche, 2005). 조부모와 다른 확대가족 구성원이 자신의 감정을 다루고 장애인가족을 보호할 수 있도록 정보와 지원을 제공할 필요가 있다(Janicky, McCallion, Grant-Griffin, & Kolomer, 2000).

(3) 장애인가족의 결속력과 적응력

가족 하위체계의 작동규칙이 결속력과 적응력이다. 가족의 결속력과 적응력은 가족 하위체계의 구성원들이 가지고 있는 정서적 유대감과 가족 하위체계 사이의 경계, 조직, 협상의 질과 본질이다(Olson, Gorall, & Tiesel, 2007). 가족 상호작용에 영향을 미치는 규칙은 각 가족마다 다르며, 이것은 가족의 문화적 특성에 따라 영향을 받고, 가족의 결속력과 적응력도 다양하다(Lynch & Hanson, 2004).

가족결속력은 가족구성원 간의 정서적 유대감을 의미하는데, 가족체계 안에서 그들이 느끼는 독립성의 수준과 관련이 있다. 과도한 분리(disengagement)와 과도한 밀착(enmeshment)은 모두 가족의 역기능을 유발한다. 과도한 분리는 낮은 결속력으로 비롯된 가족구성원 간의 제한된 상호작용을 의미한다. 즉, 결속력이 낮은 장애아동의 가족은 장애아동의 독립성 발달에 필요한 지원, 친밀함, 도움을 전혀 제공하지 못하게 된다. 과도한 밀착은 가족구성원 간의 결속력이 너무 높은 것을 의미한다. 이렇게 되면, 하위체계 간의 경계가 모호하고 악화된다. 예를 들면, 청각장애와 시각장애가 있어서 많은 신체적 도움을 필요로 하는 장애아동이 있을 때, 장애아동의 어머니가 비장애 형제자매 딸에게 자신의 책임을 몇 가지 위임한다면, 그 딸은 부모 하위체계에 들어오게 됨으로써 형제자매로서의 상호작용이나 부모-자녀 간의 상호작용이 악화될 수 있다. 또한 비장애 딸의 요구는 간과될 수도 있다.

가족결속력이 균형을 이루었을 때, 가족을 위한 긍정적인 성과가 나타난다(Lightsey & Sweeney, 2008; Olson, Gorall, & Tiesel, 2007). 균형을 이룬 결속력은 장애아동의 성장, 사회적 기술, 일생생활 기술을 가능하게 만든다. 반대로 낮은 결속력은 부모가 자녀양육이나 자녀 관련 문제에서 높은 스트레스를 경험하게 할 수 있다.

장애인가족을 위한 실천을 하는 전문가는 장애인가족 하위체계 내부와 하위체계 사이에서 결속력 정도를 인식함으로써 전체로서의 가족의 요구와 장애아동의 요구를 충족시킬 수 있도록 알맞은 서비스와 지원을 제공할 수 있고, 가족이 필요로 하는 다른 서비스도 의뢰할 수 있다.

가족의 적응력은 상황적·발달적 스트레스에 대한 반응으로서 변화할 수 있는 가족의 능력, 가족이 표현하는 리더십, 조직 및 협상을 의미한다(Olson, Gorall, & Tiesel, 2007). 가족적응력도 가족의 가치와 문화적 배경에 의해 영향을 받는다. 적응력은 스트레스에 대해 변화가 불가능하거나 변화하지 않으려는 것과 다른 쪽으로는 과도하게 지속적으로 변화하여 하위체계에 혼동을 발생하는 연속선으로 되어 있다.

변화하지 않으려는 가족의 특징은 가족들이 높은 수준의 통제와 구조를 나타내고 가족구성원의 상호작용은 매우 엄격하게 강요된 규칙에 의해 행해진다. 가족구성원 개인이 행하는 역할에 대해서 권위의 계급제도로 비유된다(Olson, Gorall, & Tiesel, 2007). 이 구조에서는 가족구성원 간의 협상이 드물고 받아들여지지 않는다. 예를 들어, 뇌손상으로 지체장애를 가진 아들이 있을 때, 어머니가 아동의 요구와 양육에 대한 주된 책임을 지고 있었다면, 추가적으로 필요한 양육이 있고 이를 다른 가족구성원이 나누는 것에 대해 불편해한다면 다른 가족구성원에게도 스트레스를 갖게 하며, 상호작용에도 영향을 미친다.

반면에 과도하게 지속적으로 변화하는 가족은 낮은 수준의 통제와 구조를 나타낸다. 가족 상호작용은 규칙이 없고, 강요도 없으며, 약속과 헌신은 존중되지 않고, 가족구성원들은 서로 의지할 수 없다고 느끼게 된다. 가족 내에 지도자도 없고, 협상은 끝이 없으며, 역할은 모호하고 자주 바뀌게 된다. 스트레스를 경험하는 동안 모든 가족은 혼란의 시기를 겪게 된다.

(4) 장애인가족의 기능

가족의 기능은 가족구성원이 개인 또는 가족구성원의 요구를 만족시키기 위해 수행하는 과제들을 의미한다. 턴불 등(2011)은 가족이 수행해야 할 주요 기능으로 다음의 여덟 가지를 제시하였다. 즉, 애정, 자아존중감, 영적 정신, 경제, 일상적 보호, 사회성, 여가, 교육이다. 턴불 등(2011)은 가족체계이론적 관점에서 투입요소로서 가족의 특성, 전환과정으로서 가족의 상호작용, 그리고 산출물로서 가족의 기능을 설명하였다. 이러한 가족의 기능은 장애를 가진 가족구성원을 포함하여 모든 가족구성원의 유기적인 관계 속에서 이루어지며, 긍정적이거나 부정적이거나 또는 중립적인 영향을 줄 수 있다.

- 애정: 언어적·신체적 애정의 무조건적인 교환이다.
- 자아존중감: 노력을 통해 여러 가지를 성공적으로 성취했다고 믿어 주는 다른 가족구성원의 관점에 따라 형성된다.
- 영적 정신: 영적인 것과 종교적인 것이 관련된 신념이다. 사람들이 삶에서 어떤 의미를 찾아가는 것을 의미한다. 장애아동은 가족의 영적 정신을 증가시키는 핵심적인 요소이다(Bayat, 2007; Poston & Turnbull, 2004).

- 경제: 장애인가족 자원의 역동성과 경제적 수준은 장애아동 양육의 많은 어려움을 해결한다.
- 일상적 보호: 가족구성원들의 신체적 · 정신적 욕구를 충족시킬 수 있도록 지원하는 것을 의미한다.
- 사회성: 전반적인 삶의 질의 핵심적인 요소로서 장애아동의 우정을 경험하는 과정과 사회화의 욕구충족이다.
- 여가: 스포츠, 게임, 취미 활동 등을 말한다. 가족문화가 가족구성원들의 여가와 레저에 대한 가치관 및 신념 형성에 영향을 미친다.
- 교육: 취업, 경제, 삶의 질의 핵심적인 요소이다.

장애자녀의 삶의 질에 영향을 주는 가족의 기능을 강화하기 위해서는 가족구성원들이 함께 시간을 보내는 것이 매우 중요하다. 가족이 시간을 효율적 · 효과적으로 사용하고자 할 때, 전문가는 다음의 네 가지 요소를 고려해야 한다. 첫째, 가족의 활동을 조절해 줄 수 있는 전문가의 능력을 고려해야 한다. 둘째, 전문가로서 가족에게 요구하는 과업이 가족에게 너무 많은 부담을 주는 것은 아닌지 주의하여 너무 많은 과업을 부여해서는 안 된다. 셋째, 가족이 접근할 수 있는 지역 및 접근 가능한 서비스는 충분한지 고려해야 한다. 넷째, 융통성 있고 가족중심적으로 계획된 서비스인지를 고려해야 한다.

전문가는 여러 가지 장애인의 가족이 보다 효과적 · 효율적으로 시간을 사용할 수 있도록 도움으로써 가족의 삶의 질을 높이는 데 매우 중요한 역할을 할 수 있다.

4) 강점 및 역량강화 관점: 문제해결의 주체 및 협력적 파트너로서 가족 관점

장애인의 가족을 강점관점에서 보면 장애인의 가족은 가족의 자원과 능력에 대해 가장 잘 알고 있는 체계이며 변화와 성장의 잠재력을 가지고 있으며 장애인 가족구성원에게 중요한 영향을 미칠 수 있는 존재이다. 따라서 사회복지 전문가들은 가족과 협력적 관계를 바탕으로 문제나 병리보다는 장애인가족의 능력과 자원을 강조하고 그들의 역할을 존중하는 것이 필요하다.

장애인가족이 가진 강점은 긍정적인 가족정체성을 창출하고, 가족구성원들의 만족스러운 상호작용을 촉진하며, 잠재성 개발을 장려하고, 스트레스와 위기를 효과적으로 다루는 가족능력에 기여하는 관계유형, 대인관계 기술과 능력, 심리사회적 특성을 의미한다(Dunst & Paget, 1991; Dunst & Trivette; 1994; Dunst, Trivette, & Deal, 1994; Dunst, Trivette, Gordon, & Starnes, 1993). 또한 오토(Otto, 1963)는 가족 강점을 개인이 갖고 있는 자원과 가족구성원의 잠재력 개발을 장려하고 가족생활을 만족스럽게 이끌어 가는 힘과 역동성이라고 규정하였다. 이런 관점에서 가족강점의 특성을 분류하면 다음과 같다(양숙미, 1998, 2000b; Dunst, Trivette, & Johanson, 1994).

- 가족과 가족구성원의 성장과 안녕을 촉진하기 위해 헌신한다.
- 가족구성원이 잘하는 크고 작은 일에 대한 이해가 있고, 더 잘하도록 격려한다.
- 공식적이든 비공식적이든 가족구성원이 함께 활동할 시간을 할당하며, 가족이 함께 시간을 보내는 이유에 대해 목적의식을 갖는다.
- 욕구충족을 위한 시간과 활동내용을 정하는 것의 중요성과 가치에 대해 가족구성원 사이의 일치성이 있다.
- 긍정적인 상호작용을 하는 방법으로 가족구성원 간의 의사소통능력이 있다.
- 받아들일 만하고 원하는 행동을 세워 가는 규칙과 가치가 있다.
- 인생사를 다룰 때 긍정적인 기능을 촉진하는 극복전략이 있다.
- 욕구충족과 자원을 얻는 데 사용되는 문제해결능력을 갖고 있다.
- 위기와 문제를 배우고 성장하기 위한 기회로 보는 능력을 포함하여 삶에 대해 적극적인 태도를 나타낸다.
- 욕구충족을 위한 자원을 확보하는 데 필요한 역할 수행에서 적응성과 유연성을 갖고 있다.
- 욕구충족을 위해 가족의 내부 및 외부 자원을 사용하는 것의 균형을 이룰 수 있다.

표 12-2 병리적 관점의 전통적 실천과 강점관점의 역량강화 실천

구분	병리적 관점	강점관점
클라이언트	진단에 기초하여 특정 증상을 가진 사람	독특한 기질, 재능, 자원을 가진 존재
개입의 초점	문제	가능성
과거의 상처	성인기의 병리를 예측하는 요인	개인을 약하게 또는 강하게 할 수 있는 요인
개입방법	전문가가 고안한 치료적 개입	개인, 가족, 지역사회의 참여에 기초한 개입
개인의 발전과 문제해결	문제로 인해 발전은 제한적임	항상 개방되어 있음
변화를 위한 자원	전문가의 지식과 기술	개인, 가족, 지역사회의 강점, 능력, 적응기술
지원의 목적	부정적인 개인적 · 사회적 결과를 감소시키는 것	삶 속에서 사람의 가치와 함께의 가치를 확고히 함

출처: Saleebey (1996): 노진아 외(2011), p. 34에서 재인용.

3. 장애인가족 지원을 위한 사회복지실천

1) 장애인가족 지원서비스의 원리와 구성요소

(1) 가족지원서비스의 실천원칙

레온(Leon, 1999)은 가족지원서비스에서 포함해야 할 주요 가치와 실천의 원리들을 다음과 같이 제시하였다. ① 생애주기(life span)를 통한 서비스, ② 강점관점과 지역사회 역량강화 준거틀의 활용, ③ 서비스의 통합성, ④ 정부, 서비스 기관, 지역사회와의 협력적 파트너십, ⑤ 이웃을 기반으로 하며 이용자와 가족에게 우호적인 서비스 개발, ⑥ 지방정부의 재정적인 지원 강화, ⑦ 지역사회 내의 공식적 · 비공식적인 강점과 자원의 확인, ⑧ 구체적이고 측정 가능한 목적과 목표를 통합하여 결과를 측정하기이다.

(2) 가족지원서비스의 구성요소

가족지원서비스는 앞에서 제시한 가족강점과 역량강화의 철학과 서비스의 주요 원리를 기반으로 하여 가족의 욕구, 욕구의 범주, 서비스 원칙, 자원의 원천, 산물의 다섯 가지로 구성된다. 가족지원서비스는 전문가의 판단에 의한 규범적 욕구보다는 가족의 욕구를 중심으로 사정하고, 가족이 이미 가지고 있는 강점과 자원을 최대한 활용하여 가족 스스로가 서비스에 대한 통제력을 가질 수 있는 방식으로 개입함으로써 가족의 통합성과 역량을 강화시키는 것이다.

가족지원서비스의 구성요소를 그림으로 표현하면 [그림 12-1]과 같다(Dunst & Trivette, 1994).

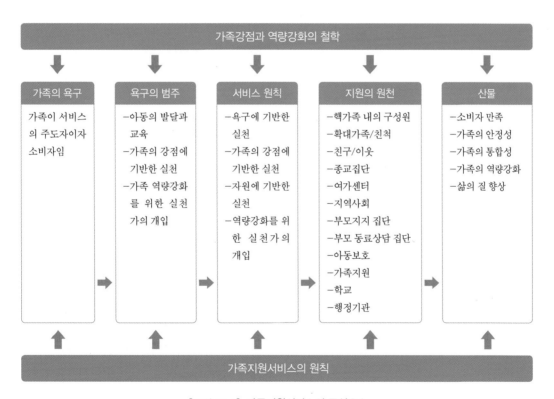

[그림 12-1] 가족지원서비스의 구성요소

(3) 가족지원을 위한 사정과 개입

가족지원을 위한 구체적인 사정과 개입의 틀은 개별화 가족지원계획(Individualized Family Support Plan: IFSP)으로 대표된다. IFSP는 가족의 욕구와 바람, 가족의 강점과 능력, 사회적 지원과 자원, 전문가의 원조 등 4개의 구성요소로 이루어진다(Dunst, Trivette, & Deal, 1994). 이 4개의 구성요소는 서로 상호의존적인 관계를 가지고 있다.

첫째, 가족의 관심사와 욕구는 가족과 전문가가 욕구충족을 위해 함께해 나갈 활동목표(산물)를 정하는 기반이 된다. 전문가 주도적인 개입의 목표 설정이 아닌 가족이 표현한 욕구에서 선정된 활동목표가 기록된다.

둘째, 욕구충족을 위해서 필요한 자원이나 사회적 지원이 모색된다. 여기에서 가족이 이미 가지고 있는 자원이나 지지망이 최대한 고려된다. 자원을 모색하고 동원하는 과정 자체가 가족의 역량을 강화시키는 과정이 된다.

표 12-3 IFSP의 구성요소

배경정보	개입계획
• 성명: 아동/가족/기관의 담당자	• 욕구
	－장애아동
• 아동의 행동특성과 발달수준	－형제자매
－아동의 강점과 능력	－부모
－현재의 기능수행 수준	－가족
	－기타
• 가족의 기능수행 스타일	
－가족의 강점과 능력	• 지원/자원의 원천
－가족 내부의 자원	－가족 내부의 자원
	－비공식적 자원
• 지역사회의 지원서비스	－지역사회의 자원
－비공식적 지원	－공식적 자원
－공식적 지원	
	• 활동과정
	－가족
	－기관의 담당자
	• 평가
	－목적의 달성 수준
	－만족도

셋째, 욕구충족을 위한 활동과정이 계획되고 기록된다. 여기에는 가족의 활동내용과 전문가의 활동내용이 함께 기록된다. 전문가의 원조는 가족이 자신들의 욕구를 충족시키기 위해서 필요한 자원과 지원을 획득하도록 고양하고 힘을 갖게 하는 촉진제가 된다. 따라서 전문가의 일방적인 개입이 아니라 가족 스스로가 욕구충족을 위해 스스로 수행해야 하는 활동내용을 명시한다.

넷째, 평가일정을 기록한다. 미리 일정한 점수기준을 마련하여 가족 스스로가 점수를 매기도록 한다. 평가는 서비스의 종결 때만 시행하는 것이 아니라 과정평가도 포함된다. 활동과정의 효율성, 욕구충족 정도, 자존감, 만족도 등을 평가한다.

IFSP의 구성요소를 표로 나타내면 앞의 〈표 12-3〉과 같다.

(4) 가족지원서비스 실천내용

① 장애영유아 조기교육 및 발달재활치료서비스

장애영유아 조기교육은 IFSP를 기본틀로 하여 이루어진다. 특수교사, 물리치료사, 작업치료사, 언어치료사, 놀이치료사, 사회복지사가 팀을 이루어 참여하는 경우가 대부분이다. 아동의 발달과 관련하여 신변처리, 소근육 운동, 대근육 운동, 인지, 사회성, 언어 등의 영역으로 구분하여 평가하고, 사회복지사를 제외한 다른 전문가들은 자신의 전문 영역별로 아동의 발달을 촉진시키기 위한 개입을 한다.

사회복지사는 주로 가족의 욕구와 강점을 파악하고 가족이 필요로 하는 정보를 제공한다. 현실적으로 사회복지사가 주로 초점을 맞추는 것은 부모의 장애수용 문제, 부모 개인의 스트레스, 부부간의 의사소통, 장애아동과 형제간의 관계 등 가족 내 역동성에 관련된 내용에 한정되는 경우가 많다. 아직까지는 가족을 하나의 개입체계로 보고 가족의 역량을 강화시키는 활동은 미흡한 편이다.

② 부모 동료상담

부모 동료상담(Parent to Parent Program)은 장애아동을 둔 부모끼리의 상담이 전문가에 의한 상담보다 그 이상의 의미를 제공한다는 전제에서 출발한다. 공통의 경험을 갖고 있는 부모 간의 상담은 심리적 안정감과 공동체 의식을 갖게 하여 상담자가 되는 부모와 피상담자가 되는 부모 모두의 역량을 강화시킬 수 있다.

③ 부모교육

부모교육은 소규모의 집단교육 또는 대규모 공개강연 등의 형태로 이루어진다. 부모교육을 통해 주로 가정에서 부모가 수행할 수 있는 아동의 교육과 훈련에 관한 방법 등을 안내하여 준교사로서 부모를 활용한다.

④ 가족상담

가족문제가 발견되는 경우에 가족상담을 제공한다. 상담 내용은 주로 부모의 장애수용, 가족관계상의 불화, 부모의 스트레스 등 정서적 욕구와 관련된 내용이 많다. 이 외에도 장애등록, 서비스 안내 등 재활 관련 정보를 제공하는 상담도 많다.

⑤ 비장애 형제자매 지원

장애 형제자매를 가진 비장애 형제자매를 대상으로 하는 캠프, 교육 등의 프로그램을 통해 장애 형제자매를 가진 비장애아동 간의 동년배 의식 고취, 문제해결방안 등을 모색해 볼 수 있다. 이 외에도 장애 형제자매와 함께 자라는 과정에서 경험하는 어려움을 공유하고, 향후 지지집단으로 성장할 수도 있다.

💡 이 장의 요약

이 장의 내용은 장애인가족에 대한 이해, 장애인가족의 욕구와 문제점, 장애인가족을 바라보는 다양한 관점과 장애인가족을 지원하기 위한 사회복지실천 부분으로 구성되어 있다.

장애인가족을 이해하기 위해 장애아동이 있는 가족과 성인장애인이 있는 가족으로 부부 장애인가족, 그리고 성인 장애자녀가 구성원으로 있는 가족으로 분류하고, 각 장애인가족의 주요 특징과 욕구를 살펴보았다.

장애인복지 전문가가 장애인가족을 어떻게 바라보는가의 관점은 이들을 지원하기 위한 실천에 영향을 미친다. 역사적인 관점과 패러다임의 순서대로 의료적 관점의 개인적 모델과 사회적 모델, 체계이론적 관점, 가족의 강점과 역량강화 관점에서 장애인가족을 바라보는 시각과 관점의 주요 특징을 설명하였다. 문제의 원인제공자로서 가족을 치

료적 관점에서 바라보는 개인적 모델부터 장애를 유발하고 억압하는 사회적 모델, 체계
이론적 관점에서 장애와 가족을 전체로서 보는 관점, 그리고 가족이 가진 역량과 강점을
활용하여 문제해결의 주체 및 협력적 파트너로서 보는 관점을 설명하였다.

장애인가족을 지원하기 위한 사회복지실천으로는 IFSP 틀을 활용하여 강점 및 역량
강화 관점에서 장애인가족의 주요 욕구와 문제를 사정하고, 개별화 장애인가족지원계획
에 근거하여 욕구와 자원을 매칭하여 지원하기 위한 사회복지실천 개입틀을 제시하였
다. 또한 현재 제공되고 있는 부모 동료상담, 부모교육, 형제자매지원 프로그램, 가족상
담 등 다양한 가족지원 프로그램의 내용을 설명하였다.

생각해 볼거리/토론거리

1. 장애인가족의 유형별 다양한 특성과 주요 욕구가 무엇인지 고찰해 보시오.
2. 장애인가족을 바라보는 다양한 실천관점을 살펴보고, 각각의 장단점을 비교해 보시오.
3. 장애인복지실천 현장에서 장애인가족을 지원하기 위한 실천 프로그램을 계획하여 발표하
   고, 이 프로그램의 효과가 무엇인지 토론해 보시오.

참고문헌

노진아, 홍은숙, 이미숙, 박현주, 정길순, 김정민, 강미애, 이나래(2011). 장애영유아 가족지원.
서울: 학지사.

박희찬 외(1996). 장애인 재활. 서울: 도서출판특수교육.

양숙미(1998). 성인 발달장애인 가족의 능력고취를 위한 가족지원 프로그램. 사회복지연구, 12
호. 서울: 서울대학교 사회복지연구소.

양숙미(2000a). 역량강화 집단프로그램이 정신지체 성인자녀의 부모에게 미치는 효과. 2000
한국사회복지학회 추계학술대회 자료집.

양숙미(2000b). 정신지체 성인자녀의 부모를 위한 역량강화 집단 프로그램 개발과 효과. 서
울대학교 대학교 박사학위논문.

허준수(1999). 노인의 보호제공자를 위한 후원 프로그램. 한국가족복지학, 제3호.

Abramowitz, I. A. (1988). *The impact of educational and support groups on relatives caring for chizophrenic family member.* Doctoral dissertation, University of Maryland.

Bayat, M. (2007). Evidence of resilience in families of children with autism. *Journal of Intellectual Disability Research, 51*(9), 202-214.

Bennett, T., Lingerfelt, B. V., & Nelson, D. E. (1990). *Developing individualized family support plans: A training manual.* Cambridge, MA: Brookline Books.

Black, M. M., Molaison, V. A., & Smull, M. W. (1990). Families caring for a young adult with mental retardation: Service needs & urgency of community living requests. *American journal on mental retardation, 95*(1), 32-39.

Bosch, L. A. (1996). Needs of parents of young children with developmental delay: Implications for social work practice. *Famillies in Society: The Journal of Contemporary Human Services, 65,* 477-480.

Breslau, N. (1983). Care of disabled children and women's time use. *Medical Care, 21,* 620-629.

Breton, M. (1994). On the meaning of empowerment and empowerment oriented social work practice. *Social Work with Groups, 17*(3), 23-37.

Cowger, C. D. (1994). Assessing client strengths: Clinical assessment for client empowerment. *Social Work, 39*(3), 262-268.

Crnic, K. A., Friedrich, W. N., & Greenberg, M. T. (1983). Adaptation of families with mentally retarded children: A model of stress, coping and family ecology. *American Journal of Mental Deficiency, 88,* 125-138.

Department for Work and Pension (2006). *Family resource survey.* London: Office for National Statistics.

Drake, R. F. (1997). A Critique of the role of the traditional charities. In L. Barton (Ed.), *Disability and society: Emerging issues and insights* (pp. 147-166). London: Longman.

Dunst, C. J., & Paget, K. D. (1991). Parent-professional partnerships and family empowerment. In M. J. Fine (Ed.), *Collaboration with parents of exceptional children.* Brandon, VT: Center for parent/professional collaboration.

Dunst, C. J., & Trivette, C. M. (1994). What is effective helping? In C. J. Dunst, C. M. Trivette, & A. G. Deal (Eds.), *Supporting and strengthening families. Vol. 1: Methods, strategies and practices.* Baltimore, MD: Paul H. Brookes.

Dunst, C. J., Trivette, C. M., & Deal, A. G. (1988). *Enabling and empowering families: Principles and guidelines for practice.* Cambridge, MA: Brookline Books.

Dunst, C. J., Trivette, C. M., & Deal, A. G. (1994). *Enabling and empowering families.*

Cambridge, MA: Brookline Books.

Dunst, C. J., Trivette, C. M., Gordon, N. J., & Starnes, A. L. (1993). Family centered case management practice: Characteristics & consequences. In G. H. S. Singer & L. E. Powers (Eds.), *Families, disability & empowerment: Active coping skills & strategies for family interventions*. Baltimore, MD: Paul, H. Brookes.

Dunst, C. J., Trivette, C. M., & Johanson, C. (1994). Parent-Professional collaboration and Partnerships. In J. D. Carl & G. D. Angela (Eds.), *Supporting & strengthening families* (pp. 197-211). Cambridge: Brookline Books.

Dyson, L. L. (1993). Response to the presence of a child with disability: Parental stress & family functioning over time. *American Journal on Mental retardation, 98*(2), 207-218.

Featherstone, H. (1980). *A difference in the family*. New York: Basic books.

Fisman, S., Wolf, L., Ellison, D., & Freeman, T. (2000). A longitudinal study of siblings of children with chronic disabilities. *Canadian Journal of psychiatry, 45*, 369-375.

Gabel, S. L. (1997). *A theory of aesthetic of disability*. Doctoral Dissertation. Michigan State University.

Greaves, I. (2005). *Disability rights handbook: 30th Edition April 2005-April 2006*. UK: Disability Alliance.

Hasting, R. P., & Taunt, H. M. (2002). Positive perceptions in families of children with developmental disabilities. *American Journal on Mental Retardation, 107*(2), 116-127.

Hastings, R. P., Thomas, H., & Delwiche, N. (2005). Grandparent support for families of children with Down syndrome. *Journal of Applied Research in Intellectual Disabilities, 15*(1), 97-104.

Hoddap, R. M., & Krasner, D. V. (1995). Families of children with disabilities: Findings from a national sample of eighth-grade students. *Exceptionality, 5*(2), 71-81.

Hodapp, R. M., & Zigler, E. (1993). Comparison of families of children with mental retardation and families of children without mental retardation. *Mental Retardation, 31*(2), 75-77.

Janicky, M. P., McCallion, P., Grant-Griffin, L., & Kolomer, S. R. (2000). Grandparent caregivers I: Characteristics of the grandparents and the children with disabilities for whom they care. *Journal of Gerontological Social Work, 33*, 35-55.

Kagan, S. L. (1991). *United we stand: Collaboration for child care and early education services*. New York: Teachers College Press.

Kirkham, M. A. (1993). Two-year follow-up of skills training with mothers of children with disabilities. *American Journal on Mental Retardation, 97*(5), 509-519.

Lardieri, L. A., Blacher, J., & Swanson, H. L. (2000). Siblings relationships and parent stress in families of children with and without learning disabilities. *Learning Disability Quarterly, 23*(2), 105-116.

Leon, A. M. (1999). Family support model: Integrating service delivery in the twenty-first century. *Families in Society, 80*, 14-41.

Lightsey, O. R., Jr., & Sweeney, J. (2008). Meaning of life, emotion-oriented coping, generalized self-efficacy and family cohesion as predictors of family satisfaction among mothers of children with disabilities. *The Family Journal, 16*(3), 212-221.

Lynch, E. W., & Hanson, M. J. (2004). *Developing cross-cultural competence: A guide for working with children and their families* (3rd ed.). Baltimore, MD: Paul H. Brookes.

McCallion, P., & Toseland, R. W. (1993). Empowering families of Adolescents and Adults with developmental disabilities. *Families in Society: The Journal of Contemporary Human Services, 37*, 579-589.

Meyerson, R. C. (1983). Family & parent group therapy. In M. Seligman (Ed.), *The family with a handicapped child: Understanding & treatment* (pp. 285-308). San Francisco, CA: Harcourt Brace Jovanovich.

Murphy, A. T. (1982). The family with a handicapped child: A review of the literature. *Developmental and Behavioral Pediatrics, 3*(2), 73-82.

Newman, B. M., & Newman, P. R. (1995). *Development through life: A psychosocial approach* (6th ed.). Pacific Grove, CA: Brooks/Cole Publishing Company.

Nixon, C. D., & Singer, G. H. S. (1993). A group cognitive-behavioral treatment for excessive parental self-blame and guilt. *American Journal on Mental Retardation, 97*(6), 665-672.

Oliver, M. (1996). Social model in context. In M. Oliver (Ed.), *Understanding disability: From theory to practice.* 정순둘, 김경미, 박선영, 박형원, 최혜지, 이현아 공역(2007). 사회복지와 임파워먼트. 서울: 학지사.

O'Looney, J. (1994). Modeling collaboration and social services integration: A single state's experience with developmental and nondevelopmental models. *Administration in Social Work, 18*(1), 61-86.

Olson, D. H., Gorall, D. M., & Tiesel, J. W. (2007). FACES IV and the circumplex model: Validation study. *Journal of Marital and Family Therapy, 37*(1), 64-80.

Olson, D. H., McCubbin, H. I., Barnes, H., Larsen, A., Muxen, M., & Wilson, M. (1983). *Families what makes them work?* Beverly Hills, CA: Sage

OnKen, S. J. (1997). *Disability resource curriculum for social work educators.* TX: Texas

Department of Mental Health & Mental Retardation.

Otto, H. A. (1963). Criteria for assessing family strength. *Family Process, 2*.

Poll, L. H. (1986). *A Survey of the unemployment of persons with disabilities*.

Poston, D. J., & Turnbull, A. P. (2004). Role of spirituality and religion in family quality of life for families of children with disabilities. *Education and Training in Developmental Disabilities, 39*(2), 95-108.

Rioux, M. H. (1997). Disability: The place of judgement in a world of fact. *Journal of Intellectual Disability Research, 41*(2), 101-111.

Risdal, D., & Singer, G. H. (2007). Mental adjustment in parents of children with disabilities: A historical review of meta-analysis. *Research and Practice for Persons with Severe Disabilities, 29*(2), 95-103.

Romer, L. T., Richardson, M. L., Nahom, D., Aigbe, E., & Porter, A. (2002). Providing family support through community guides. *Mental Retardation, 40*(3), 191-200.

Roth, W. (1982). Poverty and the handicapped child. *Children and Youth Services Review, 4*, 67-75.

Saleebey, D. (1996). The strengths perspective in social work practice: Extensions and cautions. *Social Work, 41*(3), 296-305.

Scorgie, K., & Wilgosh, L. (2008). Reflections on an uncommon journey: A follow-up study of life management of six mothers of children with diverse disabilities. *International Journal of Special Education, 23*(1), 103-114

Seltzer, M. M., Krauss, M. W., & Tsunematsu, N. (1993). Adults with down syndrome & their aging mothers: Diagnostic group differences. *American Journal on Mental Retardation, 97*(5), 496-508.

Singer, G. H. S., & Powers, L. E. (1993). *Families, disability, and empowerment: Active coping skills and strategies for family interventions*. Baltimore, MD: Paul H. Brookes Publishing Co., Inc.

Stoneman, Z. (2005). Siblings of children with disabilities: Research themes. *Mental Retardation, 43*(5), 339-350.

Sullvan, W. P. (1992). Reclaiming the community: The strengths perspective and deinstitutionalization. *Social Work, 137*(3), 204-209

Thomas, C. (1999). *Female forms: Experiencing and understanding disability*. Buckingham: Open University Press.

Treasery, H. M. (2004). *Child poverty review*.

Tower, K. D. (1994). Consumer centered social work practice: Restoring client self-determination. *Social Work, 39*(2), 191-196.

Turnbull, A. P., Turnbull, H. R., Erwin, E., & Soodak, L. (2006). *Families, professionals, and exceptionality: Positive outcomes through partnership and trust* (5th ed.). Upper Saddle river, NJ: Merill/Prentice Hall.

Turnbull, A., Turnbull, R., Erwin, J. E., Soodak, L. C., & Shogren, K. A. (2011). *Families, professionals and exceptionality: Positive outcomes through partnership and trust* (6th ed.). 이미숙, 노진아, 김연하, 김정민, 김태영, 한민경 공역(2013). 장애아 가족지원: 가족, 전문가, 장애아: 협력과 신뢰를 통한 긍정적 성과. 서울: 학지사.

Turnbull, R., Turnbull, A., Turnbull, A., & Turnbull, K. (May, 2009). *In memory of Jay Turnbull, Exceptional Parent magazine*. Retrieved on June 29, 2009.

Vogt, J. F., & Murrell, K. L. (1990). *Empowerment in organizations: How to spark exceptional performance*. San Diego, CA: University Associate, Inc.

Weick, A. (1992). Building a strength perspective for social work. In D. Saleebey (Ed.), *The strengths perspective in social work practice* (pp. 18-226). New York: Longman press.

Whitechurch, G. G., & Constantine, L. L. (1993). System theory. In P. G. Boss, W. J. Dohetty, R. LaRossa, W. R. Schumm, & S. K. Steinmetz (Eds.), *Sourcebook of family theories and methods: A contextual approach* (pp. 325-352). New York: Plenum.

Wilker, L. (1983). Chronic stress of families of mentally retarded children. *Family Relations*, 30, 281-288.

www.gov.uk, Department for Education

www.gov.uk, Department for Innovation, Universities and skills and Department for children, schools and families

제**13**장

가족복지의 미래 전망과 과제

현대사회에서 가족은 변화하지 않는 실체가 아니라 사회구조의 변화에 의하여 영향을 받기도 하고, 또 자체적으로 사회구조를 이끌어 가는 원인을 제공하기 때문에 대부분의 국가에서 가족은 정책의 주요 대상이 되어 왔다.

현재의 가족변화를 가장 분명하게 보여 주는 것은 가족다양성의 증가이다. '가족' 하면 자동적으로 연상되는 부부와 자녀로 이루어진 핵가족은 더 이상 우리나라의 가장 보편적인 가족유형이 아니다. 1인가구의 가파른 증가 속에서 '정상가족'의 의미와 실체는 옅어지고 있으며, 가족에 대한 국민들의 인식도 자연스레 변화하고 있다.

이 장은 한국사회의 인구, 가족구조의 변동과 가족인식의 변화 및 장래가구추계를 통해 본 가족변화의 전망과 함의, 그리고 가족복지의 과제를 제시하고자 한다.

1. 한국가족의 변화

우리 사회에서 가족의 변화는 빠르게 진행되고 있다. 기존의 혼인과 혈연 중심의 가족을 넘어 탈가족, 개별화, 다양한 방식의 관계 맺기 등 다양한 현상이 나타나고 있다.

1) 인구, 가족구조의 변동

최근 우리 사회가 경험하고 있는 급속한 변화 중의 하나는 가족과 관련된 것이다. 한국 가족 변동의 특징은 가족의 소규모화와 다양성이라고 할 수 있다. 2021년에 한국사회에서 가장 높은 비율을 차지하는 가구유형은 1인가구로 그 비율이 33.4%에 이르렀다. 1인가구와 2인가구 같은 소규모 가구의 비율은 꾸준히 증가하는 반면, 3인 이상의 가구 비율은 감소하여 2000년 3.1명이던 평균 가구원 수는 2021년에 2.3명 수준이 되었다. 이는 부부와 미혼자녀로 이루어진 통념상 '정상가족'은 통계적으로 더 이상 다수 일반으로 볼 수 없음을 드러내는 것이다.

또한 비혼과 만혼 추세가 이어지고 출생률이 감소하면서 한국사회의 인구구조는 그 어느 사회보다 급격하게 변화하고 있다. 통계청 인구동향조사에 따르면 2021년 기준 조혼인율(인구 1천 명당 혼인건수)은 3.8건으로 역대 최저치이며, 여성과 남성의 평균 초혼연령은 각각 31.08세, 33.35세로 10년 전보다 1.67세, 1.22세 늘어났다. 2021년 기준 합계출산율(한 여성이 가임기간에 낳을 것으로 기대되는 평균 출생아수) 또한 0.808명으로 역대 최저치로 떨어졌다(통계청 보도자료, 2022. 3. 17., 2022. 8. 24.).

(1) 1인가구

현재의 가족변화를 가장 분명하게 보여 주는 것은 가족다양성의 증가이다. '가족' 하면 자동적으로 연상되는 부부와 자녀로 이루어진 핵가족은 더 이상 우리나라의 가장 보편적인 가족유형이 아니다. 1인가구의 가파른 증가 속에서 '정상가족'의 의미와 실체는 옅어지고 있으며, 가족에 대한 국민들의 인식도 자연스레 변화하고 있다. 여성가족부는 제4차 건강가정기본계획을 통해 다양한 가족에 대한 차별적 제도를 개선하는 것에 그칠 것이 아니라 법률혼·혈연 중심의 가족개념을 확장하기 위한 노력이 필요함을 강조하고 있다(여성가족부, 2021. 4. 27.). 그러나 최근 이러한 정책방향을 부정한 것으로 보도되었다(아시아경제, 2022. 9. 24.).

1인가구를 형성하게 되는 배경에는 여러 가지 요인이 있을 수 있다. 즉, 사별이나 이혼, 비혼 등 혼자 살아가는 경우를 모두 포함한다. 따라서 1인가구가 포함하는 연령 등의 스펙트럼은 훨씬 넓어질 수밖에 없으며 비단 연령뿐 아니라 성별에 의한 하위집단별 특성도 다르게 나타날 수 있다(진미정 외, 2022, p. 238).

최근 1인가구를 위한 정책논의가 활발한 편인데, 주로 30대 이하의 청년 1인가구와 고령 1인가구가 주된 관심집단이다. 그런데 1인가구에 대한 이와 같은 관심은 주로 노인 1인가구에 대해 초점을 맞추어져 온 경향이 뚜렷하다. 그 이유는 우선 거시적인 관점에서 보았을 때 저출산·고령화라는 우리 사회의 당면현상과 관련하여 가장 집중적인 관심이 주어지는 집단이기도 했고, 또 노년기라는 발달단계 자체가 가지는 여러 가지 특성을 고려해 볼 때 일련의 지지나 돌봄의 요구를 중층적으로 가지고 있는 집단이라는 데 있기도 할 것이다(진미정 외, 2022, pp. 238-239).

(2) 비친족 가구의 증가

통계청 인구총조사에서 비친족 가구[1]가 47만여 가구(한국 전체 가구의 2.2%)로 나타났다. 비친족 가구에 속한 가구원 수는 2016년에 58만 3,438명에서 2021년 101만 5,100명으로 5년 사이 74.0%가 증가한 것을 볼 수 있는데, 이는 통계 작성 이래 가장 많은 수로 기록되었다. 한부모가족, 다문화가족, 미혼부/모가족, 입양가족 등 다양한 상황의 가족이 증가하는 것과 함께 비친족 가구(원) 수가 증가한다는 것 자체가 가족 다양성의 확대를 보여 주고 있다고 생각한다.

'비친족 가구'에는 물론 친밀성을 가지고 서로 돌보며 가족과 같이 지내는 관계도 있고 아닌 관계도 있을 것이다. 그러나 이 집단의 증가는 법적으로 가족 범위에 있지는 않지만, 같이 주거를 공유하며 사는 경우가 증가한다는 것이고 그 안에서 친밀성을 바탕으로 한 관계도 증가한다고 볼 수밖에 없다.

이러한 통계청 국가통계를 통해 포착된 비친족 가구 수의 변화를 통해 우리는 '가족'을 벗어난 가족, 즉 혈연·혼인이 아니더라도 생계와 주거를 함께하는 공동체가 늘어나고 있다는 것을 짐작할 수 있다(나기, 2022, p. 71).

---

[1] 시설 등 집단으로 거주하는 가구를 제외한 일반 가구 가운데 친족이 아닌 친구 또는 혈연관계가 없는 남남으로 구성된 5인 이하의 가구를 말한다.

2) 결혼 및 가족에 대한 인식 변화

제도로서의 가족 구속력도 현저히 약화되고 있다. 결혼은 결정적 귀책사유가 없어도 파탄이혼으로 끝날 수 있으며 법적 결혼을 대신하여 동거, 시민연대, 생활공동체 등 다양한 대안적 삶의 형태가 등장하고 있다.

이제 수많은 개인은 핵가족이 아니라 핵가족 밖의 삶을 경험할 확률이 높아졌다. 일정 기간 혹은 장기간 결혼하지 않고 혼자 살아가는 1인가구는 늘어 가고 있으며, 양부모가 아닌 한부모와 살아가는 아동의 비율이 늘어나고 있다. 가족을 통한 복지에 의존해 왔던 아동, 노인, 장애인은 가족구조의 변동 속에서 생존과 기본적 돌봄 보장에 가장 커다란 타격을 받는 불안한 개인이다.

(1) 가족의 의미

사람들이 생각하는 가족은 이제 가족을 법적인 개념에 기반하여 생각하는 경우는 감소하고, 생계와 주거를 공유하거나 실생활에서 친밀성을 가지고 가족과 같은 생활을 한다면 가족으로 생각하는 경우가 증가하는 경향을 볼 수 있다.

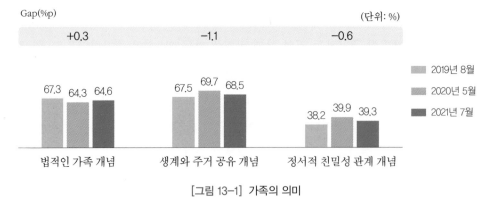

[그림 13-1] 가족의 의미

출처: 여성가족부(2021. 7.).

(2) 가족의 다양성에 대한 인식변화

구체적으로 어떠한 결합을 가족으로 인정하는지를 보면, 성인 남녀 사이의 동거는 가족으로 인정하는 비율이 절반 수준이고, 나머지 결합에 대해서는 인정 수준이 그보다는 낮은 수준이다.

표 13-1 결혼하지 않고 함께 사는 남녀를 제도로 보호하는 것에 대한 태도   (단위: %, 명)

특성	반대	매우 반대	반대하는 편	찬성	찬성하는 편	매우 찬성	계	(명)
전체	38.1	4.7	33.4	61.9	55.5	6.4	100.0	(8,000)
19~29세	27.0	3.0	24.0	73.0	63.3	9.7	100.0	(1,360)
30~39세	28.8	2.7	26.1	71.2	63.8	7.4	100.0	(1,279)
40~49세	37.0	4.1	32.9	63.0	56.1	6.9	100.0	(1,533)
50~59세	41.1	4.6	36.5	58.9	53.7	5.2	100.0	(1,590)
60~69세	48.2	6.1	42.1	51.8	47.2	4.6	100.0	(1,204)
70~79세	48.3	8.4	39.9	51.7	47.6	4.1	100.0	(675)
80세 이상	51.5	9.1	42.4	48.5	45.0	3.5	100.0	(360)

출처: 변수정(2021).

　　그러나 법적 테두리 밖의 관계에 대해 제도적 보호가 필요하다는 것에는 공감대가 더 형성되어 있는 것을 찾아볼 수 있다. 법적 가족이 아니더라도 응급 시 보호자 역할을 하거나 기본적인 지원에 포함되게 함으로써 서로 돌보고 함께 사는 관계를 제도적으로 보호해야 한다는 의견에 대해서는 가족으로 인정하는 것보다 찬성 비율이 더 높다. 특히 앞으로 가족을 형성할 가능성이 상대적으로 높은 20~30대 연령층에서 실질적으로 필요한 제도적 욕구가 높게 나타났다.

　　가족이라고 명명하거나 인정하는 것과 제도적 보호가 필요하다는 것에 대한 태도는 다소 분리된 상태이다. 지금은 서로를 돌보며 가족보다 친밀한 관계를 유지하는 사이라도 다음의 사례처럼 법적으로 가족이 아니면 보호자가 되는 것조차 쉽지 않고, 수많은 시간을 함께한 상대의 마지막이 무연고자 장례가 되어도 바라볼 수밖에 없는 것이 현실이다. 하지만 사람들이 생각하는 가족이 법적으로 가족이냐 아니냐의 기준보다는 매우 현실적이고 실리적인 태도로 가족을 바라보고 있는 방향으로 진행되는 것은 분명해 보인다. 그리고 이러한 태도는 사회가 발전할수록 요구되는 두터운 사회적 안전망에 대한 욕구가 드러나고 있다고 생각된다.

> **사례 ❶**
>
> 사실혼 배우자인 동거인이 2년째 투병하고 있어서 병원에 함께 가고 있거든요. 병원에서 보호자로 등록하는 데 항상 관계가 어떻게 되냐고 묻는 거예요. 그러다가 한 번은 의사한테 의료과실에 대해 항의한 일이 있었어요. 그런데 항의하는 제게 의사가 "그런데 관계가 배우자냐?" 이러는데 할 말이 없는 거예요. 나중에 과실에 대해 사과하고 넘어가고 나서도 의사가 치료에 관해 설명하면서 "치료방식을 A로 할지, B로 할지 정해야 하는데, '가족'하고 잘 상의해 보세요." 나 들으라는 식으로 그러더라구요. 〈뚝딱뚝딱, '가족' 새로 짓기 집담회 1회차 "우리 서로 동반자가 될 수 있었을까"〉

출처: 이민주(2022), p. 32.

2. 가족복지의 주요 쟁점

2000년대 이후 가족정책 기조는 저출산, 고령화, 가족해체에 대한 위기에 초점이 맞추어지면서 주로 출산력 제고, 이혼숙려제도 강화, 건강가정의 가치 강화와 같은 (핵)가족기능을 기반으로 한 복고주의적 가족정책 경향이 뚜렷하였다.

2004년 제정된 「건강가정기본법」은 가족정책을 위해 국가가 책임의식을 갖고 도입한 최초의 법률로서 의미가 있다. 「건강가정기본법」은 「가족친화 사회환경의 조성 촉진에 관한 법률」「한부모가족지원법」「다문화가족지원법」, 보육 관련 법률 등에 영향을 미치는 법이자 가족정책을 이끌어 가는 기본법으로서의 지위를 부여받고 있다. 그러나 「건강가정기본법」과 건강가정기본계획은 한국사회 가족정책의 근거로서의 여러 가지 문제점을 내포하고 있다(송다영, 정선영, 2013, pp. 170-171).

그러나 가족정책의 목적이 현재의 '변화'에 대한 부정적 결과를 최소화하고 긍정적 측면을 확대 재생산하기 위한 국가의 의도된 개입이라는 측면을 고려한다면 「건강가정기본법」이 가지는 근본적 한계를 지적하지 않을 수 없다. 왜냐하면 사회적 문제에 대한 국가의 역할은 개입 여부의 문제이기보다는 개입의 방향과 내용의 문제이기 때문이다. 국가의 개입 방향과 내용을 서구의 대응방식과 비교했을 때 「건강가정기본법」은 현재 가족의 변화에 대한 적절한 대안을 제시했다고 보기 어렵다.

나아가 단순히 적절한 대안을 제시하지 못한 차원을 넘어「건강가정기본법」에 나타난 가족정책의 원칙과 방향은 현재의 문제를 증폭시킬 위험성마저 내재하고 있다는 것이다(윤홍식, 2004b).

이러한 가족다양성에 대한 국민의 의식변화와 사회 상황을 반영하는 법 개정의 필요성이 제기되어 오던 흐름 속에서 제4차 건강가정기본계획이 발표되었다. 이 계획에서는 자녀의 성 결정방식을 부성 우선원칙에서 부모협의원칙으로 전환하고, 「건강가정기본법」상 '건강가정' 용어와 법 제3조 가족의 정의를 개정한다는 내용을 담고 있다. 이러한 내용은 혼인과 가족생활 영역의 법 규정들에서 기본적 인권이 보

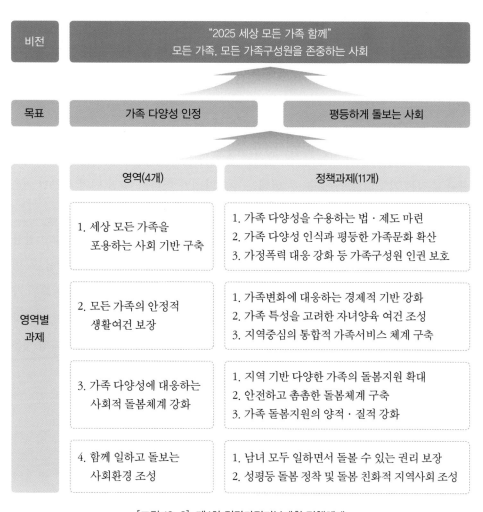

[그림 13-2] 제4차 건강가정기본계획 정책체계

출처: 여성가족부(2021. 4. 27.), p. 14.

장될 수 있도록 하고, 사회현실과 국민의식 변화와 부응함으로써 법과 현실의 간극을 좁힌다는 점에서도 중요한 의의를 갖는다. 그러나 다른 한편으로는 기본계획의 부성주의 원칙과 다양한 가족의 포용에 대한 반대여론도 적지 않은 것이 사실이다.

1) 가족다양성의 증가와 생애주기의 변화

인구통계자료들이 가리키는 방향, 즉 1인가구의 증가, 비혼의 증가와 미혼가구주의 증가, 유배우 인구의 감소, 혼인과 출산을 통한 가족형성의 지연 등은 이른바 결혼적령기, 양친과 자녀로 구성된 '핵가족' 모델, '남성생계부양자 모델' 등 가족과 결혼에 관한 기존의 고정관념이 크게 달라지고 있다는 것을 보여 준다. '보편혼' 시대의 쇠퇴로 요약할 수 있다. 또한 생애과정의 관점에서 본다면 각 개인의 삶에서 '유배우'에 해당하지 않는 기간이 전반적으로 증가하는 경향이 나타난다(송효진 외, 2021, p. 71).

또한 부부만으로 구성된 1세대 가족이 증가하는 현상이 눈에 띤다. 부부가족의 증가는 두 가지 흐름이 있는데, 첫 번째는 결혼 후 자녀를 갖지 않고 부부만으로 생활하고 있는 가구의 증가이다. 두 번째는 성인자녀가 떠나간 후 노년기 부부만으로 구성된 가구이다.

생애주기 또는 가족주기에 맞춘 서비스 제공은 기존의 가족정책에서 자주 활용되는 원칙이다. 알다시피 생애주기 개념은 결혼-출산-자녀양육-자녀독립 후 빈 둥지기간으로 이어지는 표준화된 가족생활을 전제하고 있지만 이러한 표준화된 가족사건에 부합하지 않는 삶을 살아가는 가족들이 현실에서 더 증가할 것으로 전망된다(송효진 외, 2021, pp. 73-74). 이러한 가족구조의 다양성과 생애주기의 다양성을 포용하는 정책변화가 필요하다.

2) 코로나19와 돌봄의 공백문제

한국사회의 저출산 문제와 여성의 경제활동에 따른 돌봄의 공백문제를 해소하기 위해서는 한국의 현실에 맞는 일 · 가정 양립정책을 정착시키고, 일하는 부모(working-parent)의 자녀양육을 지원하는 정책의 실효성을 높일 필요가 있다는 점에서 일하는 어머니를 위한 육아지원정책, 특히 영아기의 양육을 지원하는 다각적 정책이 강화되어야 할 필요가 있다.

　남성의 돌봄 참여를 확대하기 위한 제도 개선도 필요하다. 개정된 「남녀고용평등과 일ㆍ가정 양립 지원에 관한 법률」에서 배우자 출산휴가제, 육아기 노동시간 단축과 시간제 육아휴직 등이 도입된 것은 바람직한 일이나 보다 적극적인 정책의 확대가 필요하다. 가족규모가 소규모화된 사회에서 자녀양육은 아버지와 어머니가 함께 하는 것이라는 사회적 인식의 확산이 필요하며, 이를 지원하는 제도로서 아버지 육아휴직 할당제 등이 도입되는 것이 바람직하다. 결국 성별 노동 분리에 대한 고정관념에서 벗어나는 가족지원정책이 제도화될 때 저출산 해소가 가능하다는 적극적인 인식의 전환이 필요하다.

　코로나 팬데믹 위기로 한국사회는 다양한 문제에 직면하였다. 그 다양한 문제 중에서 가장 큰 문제는 '돌봄'의 공백이었다고 볼 수 있다. 특히 자녀 돌봄을 담당하는 기관의 휴관과 휴교로 인한 돌봄의 공백문제는 가족구성원이 고스란히 부담해야 하는 문제로 다가왔다. 정부는 적극적으로 자녀 돌봄문제에 대응했으나 충분하지 않았고 돌봄위기가 된 돌봄공백은 여성에게 그 부담을 가중시켰다(김영란 외, 2021, p. 51).

　그러나 여러 연구를 보면 오로지 코로나19 팬데믹 상황으로 인해 자녀 돌봄문제가 발생하였다기보다는, 이미 사회구조적 모순으로 인해 존재하던 돌봄문제가 코로나라는 초유의 사태로 인해 수면 위로 더욱 명확하게 드러나는 계기가 되었을 것이라고 주장하고 있다. 코로나 상황으로 인해 그동안 존재했던 기존 정책들의 한계점, 즉 돌봄서비스의 질, 돌봄부담의 성별화(여성에게 부담 가중), 계층화 등의 문제가 급부상하게 된 것이다(류연규, 2022, pp. 51-73). 서비스 이용의 계층화를 완화할 수 있는 서비스의 질적 제고와 인력에 대한 처우개선 및 서비스 이용의 계층화, 성별화 등을 막기 위한 사각지대 해소 및 이용률 제고를 위한 전략이 필요하다.

3. 장래가구추계를 통해 본 가족변화의 전망과 과제

1) 가족변화의 전망

(1) 가구규모의 축소, 1인가구의 증가

통계청(2019. 9. 18.)에서 발표한 장래가구특별추계(2017~2047년)에서 가장 눈에 띄는 것은 가구규모의 축소, 그리고 1인가구의 증가이다. 1인가구는 2017년 28.5%에서 2047년 37.3%로 증가할 것으로 예상되며, 전체 가구의 1/3 이상을 차지하게 된다. 부부만으로 구성된 1세대 가구 또한 2017년 15.8%에서 2047년 21.5%로 증가할 것으로 전망된다. 반면, 부부와 자녀로 구성된 이른바 '핵가족' 형태의 가구는 2017년 31.4%에서 2047년 거의 절반 수준인 16.3%로 감소할 것으로 예상된다. 한부모와 자녀로 구상된 가구는 10% 내외 수준에서 소폭 감소할 것으로 보인다.

부부만으로 구성된 1세대 가구가 증가하는 한편, 2세대 가구가 감소할 것으로 보인다. 특히 세계 수준의 낮은 출산율로 인해 아동이 없는 가구의 비율은 지속적으로 감소할 것으로 전망된다(송효진 외, 2021, p. 63).

1인가구의 양적 규모는 2047년까지 지속적으로 증가하며 특히 연령별 구성비가 어떻게 변화하는지 주목할 필요가 있다.

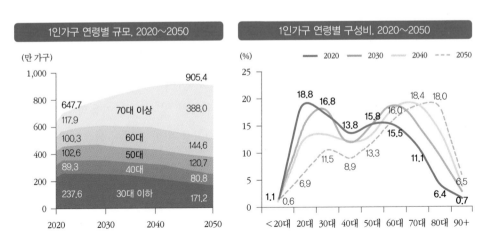

[그림 13-3] 1인가구 연령별 규모 및 구성비

출처: 통계청 보도자료(2022. 6. 28.), p. 2.

[그림 13-3]에서 나타나듯이 1인가구가 전 연령대에 걸쳐 다양하게 분포되어 있음을 보여 준다. 최근 이슈가 되고 있는 1인가구의 증가와 관련하여 성별, 연령별, 혼인상태별 내적 이질성을 감안하면서 1인가구 문제에 접근해야 할 것이다.

최근 1인가구를 위한 정책논의가 활발한 편인데, 주로 30대 이하의 청년 1인가구와 고령 1인가구가 주된 관심집단이다. 그러나 장래가구추계를 살펴보면, 청년/노인 가구의 1인가구뿐 아니라 중장년층인 50대와 60대의 1인가구도 상당히 가파르게 증가할 것으로 예상된다. 즉, 혼자 사는 삶의 방식이 더 이상 20세기 가족주기 모델이 전제하는 대로 가족형성 이전(청년기)이나 '빈 둥지기'(노년기)에만 예외적으로 일어나는 현상이 아닌 것이다. 1인가구는 한마디로 '정상가족'을 기준으로 표준적 가족주기의 시작점과 끝점에만 존재하는 것이 아니라, 생애과정의 어느 시점에서든 개인들이 1인가구로 살아가게 될 가능성이 상당히 높아지는 사회가 상당히 높아지는 사회가 다가오고 있다고 할 수 있다(진미정, 장미나, 노신애, 2019; 황정미 외 2020).

(2) '보편혼' 시대의 쇠퇴, 생계와 돌봄을 공유하는 파트너십의 확대 전망

인구통계자료들이 가리키는 방향은 1인가구의 증가, 비혼의 증가와 미혼가구주의 증가, 유배우 인구의 감소, 혼인과 출산을 통한 가족형성의 지연 등 '보편혼' 시대의 쇠퇴로 요약할 수 있다. 여기서 분명한 점은 성인기의 비혼자가 늘어날수록 '법률혼'에 포함되지 않는다는 것이다. 다양한 만남과 파트너십이 확대될 가능성은 커지며 동거는 초혼 전 단계의 초기 성인기에만 국한되지 않으며 이혼이나 사별을 경험한 장년기, 노년기에서도 늘어날 가능성이 있다. 이러한 변화를 종합해 보면, 보편혼과 연령규범(이른바 '결혼 적령기') 등 결혼에 대한 기존의 규범과 고정관념들이 전반적으로 해체되고 있으며 법률혼의 밖에서 생계와 돌봄을 공유하는 다양한 파트너십이 확대될 가능성도 커질 것으로 보인다(송효진 외, 2021, p. 72).

이러한 한국사회의 가족변화는 그 변화를 바람직한 것으로 간주하든 문제적으로 간주하든 일시적이거나 전면적인 변화이며, 한국에서만 나타나는 이례적이거나 특수한 현상이 아닌 여러 사회에 나타난 광범위한 변동의 일부라는 점이다(송효진 외 2021, p. 43).

따라서 이러한 생계와 돌봄을 공유하는 다양한 파트너십에 대해 사회적 배제나 차별을 발생시키는 것은 바람직하지 못하며, 질병·사망·실업 등 생애사건이 발생할 때 대처할 수 있는 제도적 방안들이 마련될 필요가 있다(송효진 외, 2021, p. 73).

(3) 부부가족의 증가와 생애주기의 변화 전망

인구변화 및 장래가구추계에서 부부만으로 구성된 1세대 가족이 증가하는 현상이 눈에 띤다. 부부가족은 다음의 두 가지 흐름으로 읽을 수 있다. 첫 번째는 결혼 후 자녀를 갖지 않고 부부만으로 생활하고 있는 가구의 증가이고, 두 번째는 성인자녀가 떠나간 후 노년기 부부만으로 구성된 가구이다. 특히 한국사회에서 가장 두터운 인구집단을 형성하고 있는 베이비붐 세대가 노년기로 접어들고 있으므로 노년기 부부가구는 지속적으로 증가할 것으로 예상된다.

생애주기 또는 가족주기 개념은 결혼-출산-자녀양육-자녀독립 후 빈 둥지기로 이어지는 표준화된 가족생활을 전제하고 있으며 기존의 가족정책에서 자주 활용된 원칙이다.

- 생애과정(life course): 졸업과 취업, 결혼과 이혼, 출산과 은퇴 등 역할의 궤적과 이행을 나타내는 사건들로 생애가 구성된다는 점을 지칭하는 용어
- 생애주기(life cycle): 아동기와 중년기 등 생애를 구성하는 일련의 단계와 그 연속적 배열을 지칭하는 용어

현재는 결혼 등 특정한 생애사건이 출현하는 비율이 감소하고 특히 학생과 취업 등 특정한 상태의 중복 현상이 증가하며 분가 후에 다시 부모와 동거하거나 전일제 취업 후에 다시 교육으로 복귀하는 등 역할의 불안정성이 증대되고 있는 것이 현실이다(Macmillan, 2005: 송효진 외 2021, p. 41에서 재인용). 이처럼 다른 형태의 생애 패턴이 증가하는 현시점에도 생애주기 개념이 여전히 유효하고 적합한가라는 질문이 제기되고 있다.

또한 앞으로 이러한 표준화된 가족사건에 부합하지 않은 삶을 살아가는 가족들이 현실에서 더욱 증가할 것으로 전망된다. 무자녀 부부가족은 자녀양육을 기준으로 하는 가족주기와는 다른 생애과정을 경험할 것이며, 노년기 부부가족은 퇴직 이후에도 노후의 삶을 충당할 소득보장에 대한 부담이 커질 것이다. 기존에 가족단위,

특히 생계부양자와 피부양자로 설계되어 있는 사회보장제도가 고령화 시대를 맞이하여 더 긴 기간을 부부가 함께 살아가는 가족의 생활안정에 어떻게 영향을 미칠 것인지 다각적인 검토가 필요하다(송효진 외, 2021, pp. 73-74).

2) 가족복지의 방향과 과제

(1) 가족복지의 방향

1990년대 이후 우리 사회가 직면하고 있는 출산력 저하, 가족부양 기능의 약화, 이혼의 증가, 빈곤 가구율 증가 등과 같은 다양한 차원의 중층적이고 복합적인 가족문제는 가족을 둘러싼 사회경제적 환경, 인구구조 및 가치관의 변화 속에서 아동양육, 노인부양, 장애인 보호 등에 대한 국가의 보다 적극적인 개입과 책임을 요구하고 있으며, 가족 내에서도 여성의 희생과 헌신을 넘어서 양성평등에 기초한 가족공조 원칙이 유지되는 가족정책을 요구하고 있다.

독일 가족부 장관 레나테 슈미트(Renate Schmidt)는 좋은 정책이란 "가족들이 그들의 삶을 어떻게 형성할 것인가를 지정해 주는 것이 아니라 가족들이 선택한 가족 형태 속에서 그들의 책임을 잘 수행할 수 있도록 여건을 조성해 주는 것"이라고 말한 바 있다(이진숙, 2004, p. 44). 이 주장은 우리의 가족복지정책이 무엇에 초점을 두고 구상되어야 할지에 대한 실마리를 제공해 준다고 보인다.

특정 가족이나 가구형태로 건강가정 구현을 목적으로 하는 「건강가정기본법」의 한계를 넘어 현재의 변화에 대한 바람직한 대안을 수립하기 위해서는 먼저 가족정책의 방향이 가족의 가치, 기능, 형태 등의 다양성을 인정하는 것으로부터 출발해야 할 것이다. 여기서 다양성은 단순히 다양한 형태의 가족을 정책대상으로 열거함으로써 전형적 가족의 형태를 단수에서 다수로 전환하자는 것이 아니다. 다양성을 인정한다는 것은 시민의 가족에 대한 상이 다양하다는 것을 전제로 시민 및 가족원이 현실적으로 구성하고 있는 다양한 생활공동체로서 다양한 가구형태를 보장한다는 것이다. 이를 통해 가족정책의 대상에서 사회구성원이 배제되는 문제를 최소화할 수 있을 것이다.

현시점에서 필요한 통합적이고 보편적인 가족복지의 방향은 다음과 같이 요약할 수 있다(송다영, 정선영, 2013, pp. 181-184).

첫째, 돌봄을 사회의 중요한 가치로 부각해야 한다. "모든 인간은 생존과 번영을 위해 돌봄에 의존하므로 돌봄노동은 인류의 핵심이다."(ILO, 2018, p. 5: 백선희, 2019에서 재인용). 출산율 저하 속에서 어린이 돌봄노동의 사회화에 대한 담론이 확산되고 있으나 보육의 사회화를 지향하는 것과 성별분업 강화의 방지를 둘러싼 본격적인 제안은 제기되지 않았다. 돌봄노동에 대한 경제적 보상이란 주제는 돌봄을 이유로 다른 사회적 참여의 기회가 구조적으로 제한된 돌봄노동에 대한 적절한 평가를 추구하는 동시에 돌봄 제공을 여성과 남성이 함께 부담함으로써 임금노동에의 동등한 참여를 보장받을 수 있는 젠더 이슈로 접근되어야 할 것이다.

남녀가 함께 임금노동과 돌봄노동의 책임과 권리를 공유하는 정책들이 만들어져야 하는데,[2] 예를 들어 유아휴직 등 가족친화적인 제도를 시간제 노동자에 확대시키는 정책은 현실적인 조건상 시간제 노동에 종사하고 있는 많은 여성에게 안정적인 임금 노동권을 보장하면서도 그들에게 돌봄에 대한 권리를 확대하는 방식으로 더욱 중요한 선택이 될 것이다.[3]

태어나서부터 죽을 때까지 적절한 돌봄이 보장되는 사회가 복지국가의 이상이라면 가족정책은 아동보육, 노인돌봄정책, 적극적 노동시장정책, 일·가정 양립정책, 사회복지정책과의 결합 속에서 복지국가의 새로운 전망을 제시할 수 있다.

둘째, 가족정책이 좀 더 사회의 지속가능성을 높여 가는 정책이 되기 위해서는 성평등주의적 관점을 견지해야 한다.

1980년대 이래 OECD 국가들에서 돌봄정책은 가장 역동적인 정책 분야로 주목받고 있다. 전통적인 복지국가가 현금급여를 통한 소득보장에 주력해 왔다면, 부양의 또 다른 차원으로서 케어에 대한 정책적 대응은 기존의 복지국가가 새로운 복지국가로 거듭나고 지속가능한 형태로 재편되는 데 핵심적 관건이 되고 있다. 사실 복지정책의 핵심에 케어욕구가 있다고 일컬어질 정도로 복지정책과 돌봄의 관계는 긴

---

2) 스웨덴의 경우 부성휴가를 강화하기 위해 4주를 부성휴가로 사용하지 않을 경우 그 기간에 해당하는 휴가를 포기하는 방식으로 양육에 대한 아버지의 몫을 의무화하였다. 실제로 1981년생 자녀를 둔 가정의 경우 아버지가 18개월에 되기 전에 평균 48일의 휴가를 사용하였다. 1990년생의 자녀를 둔 가정의 경우 48%의 아버지가 평균 59일의 휴가를 받았다. 그리고 1998년에는 적어도 아버지의 절반이 휴가를 받았다(Jenson, 2001: 유해미, 2003에서 재인용).

3) 육아휴직 등 가족친화적인 제도를 시간제노동자에게 확대시키는 정책은 최근 유럽에서 매우 중요하게 고려되고 있다.

밀하다(Jenson, 1997).

젠슨에 의하면 돌봄정책(caring policies)은 돌봄이 요구되는 아동이나 비자립 상태의 성인(가난한 사람, 질환 및 장애인, 노인)을 '누가 돌볼 것인가' '누가 지불할 것인가' '어떤 방식으로 돌봄을 제공할 것인가'에 개입하는 정책으로 구체화된다. 그는 돌봄의 주체로 국가와 가족을 구분했으며, 여기에서 한 걸음 더 나아가 가족의 누구인가(여성과 남성 모두에 의한 돌봄 vs 여성에 의한 돌봄)에 대해서도 관심을 가졌다. 돌보는 일에 대한 지불은 가족, 국가, 고용주 등 세 가지 차원으로 나누었다. 돌보는 방식에 대해서는 공공서비스, 시장, 단체를 상정하였다(Jenson, 1997, pp. 184-187). 이러한 젠슨의 돌봄의 체제를 중심으로 한 분석틀은 비공식적/부불노동의 형식으로 이루어져 왔던 젠더화된 노동으로서 돌봄노동의 성격을 변화시키고 젠더관계를 변화시킨다. 돌봄정책은 젠더관계의 재조직화와 관련하여 다른 어떤 복지정책보다도 지대한 중요성을 갖는 정책이라고 할 수 있으며, 복지국가와 복지제도의 젠더적 성격을 보여 주는 시금석이라고 할 수 있을 것이다(장혜경 외, 2005, p. 43).

지금까지 사회적·정책적 담론은 '누가' 돌봄 역할을 담당할 것인가에 대한 것이었다. 여성이 담당할 것인가, 아니면 남성의 참여를 유도해서 함께 수행할 것인가, 아니면 성별과 관계없이 각자 처한 상황과 적성에 따라 역할을 나눌 것인가를 질문하고 대안을 모색해 왔다. 그러나 돌봄노동이 인간의 삶과 사회 재생산을 위해 필수적인 활동임을 전제한다면, 돌봄을 '누가'보다는 '어떻게' 구성하고 수행할 것인가를 묻는 것이 더 적절할 것이다(이재경, 2022, p. 176).

남녀 모두가 동등한 노동과 돌봄 참여의 기회를 갖게 하고 이를 통해 적정한 수준의 생활을 누릴 수 있게 하는 것은 가족정책의 목표이자 여성정책의 목표이다. 공적영역인 노동시장과 사적 영역인 가족을 분리하고 사적 영역의 돌봄 책임을 여성과 등치하는 사회 속에서 여성의 차별은 쉽게 합리화된다. 남녀 모두가 함께 일하고 함께 돌보는 민주적이고 평등한 사회관계와 가족관계를 만들어야 한다.

(2) 가족복지의 과제

① 가족의 다양성을 고려하는 돌봄지원정책
가족구성의 다양성 증가와 가치관의 변화는 새로운 돌봄관계를 형성하기 때문에 기본 돌봄지원체계가 해소하기 어려운 유형의 돌봄공백 문제를 야기할 가능성이 있다. 예컨대, 한부모가구가 겪는 생계와 돌봄 병행의 어려움, 사회적 고립도가 높은 고령가구원 사이의 노노 간병, 돌봄으로 발생하는 신체적 취약성 문제 등은 우리 사회의 가족다양성이 증가했음에도 돌봄의 충족과 선택에 대한 유연성이 낮고, 특히 돌봄 제공과정에서 여전히 여성의 부담이 가중되는 불평등한 관계로 나타날 가능성을 보여 준다.

과거보다 가족을 구성하고 친밀한 관계를 맺는 방식이 다원화되었으므로 다양한 가족의 일·가정 수요를 충족하면서 개개인에게 삶의 선택을 존중할 수 있도록 돌봄지원정책이 수립되어야 한다(조선미 외, 2022, p. 92).

② 가족정책의 패러다임 전환과 가족구성권 인정

가족정책에 있어 유형별 접근의 한계를 인정하고, 열린 관점으로 가족정책의 패러다임을 바꿔야 한다. 우리 사회에서 정작 가족정책을 필요로 하는 다양한 가족은 가족정책의 대상에 포함되지 못하고 있다. 예를 들면, 황혼의 동거가족, 아동학대 등 이슈로 보호가 필요한 아동이 양육되는 위탁가정의 경우 가족정책을 통한 상담이나 부모교육 등 가족지원서비스를 제공할 법적 근거가 없다. 또한 그룹홈, 돌봄공동체, 주거공동체 등 생계, 돌봄, 주거를 함께하는 다양한 가족의 경우도 현행 「건강가정기본법」상 법적 근거는 없다(송효진, 2022, p. 64).

예컨대, 가족정책이 대상으로서의 가족에 '사실혼' 부부까지를 포함하는 것으로 범주를 확장한다 하여 문제가 해결되는 것이 아니므로 유형별 접근으로 인한 무한반복의 한계를 극복해야 한다. 또한 가족구성권의 보장을 위한 제도적 대안을 모색해야 한다. 다양성과 선택을 존중하면서 제도적 지원의 접점을 어떻게 마련해야 할 것인가에 대한 고민이 필요하다.

이 장의 요약

이 장에서는 한국사회의 인구. 가족구조의 변동과 가족인식의 변화 및 장래가구추계를 통해 본 가족변화의 전망과 함의, 그리고 가족복지의 과제를 제시하였다.

1절에서는 인구, 가족구조의 변동을 통해 가족의 소규모화와 1인가구, 비친족가구 등 가족다양성을 살펴보았다. 또한 부부만으로 구성된 1세대 가족이 증가하는 현상이 눈에 띤다. 부부가족의 증가는 두 가지 흐름이 있는데 첫 번째는 결혼 후 자녀를 갖지 않고 부부만으로 생활하고 있는 가구의 증가이다. 두 번째는 성인자녀가 떠나간 후 노년기 부부만으로 구성된 가구이다.

2절 가족복지의 주요 쟁점에서는 생애주기의 변화, 돌봄의 공백문제를 살펴보았다. 생애주기 또는 가족주기에 맞춘 서비스 제공은 기존의 가족정책에서 자주 활용되는 원칙이다. 알다시피 생애주기 개념은 결혼–출산–자녀양육–자녀독립 후 빈둥지기간으로 이어지는 표준화된 가족생활을 전제하고 있지만 이러한 표준화된 가족사건에 부합하지 않는 삶을 살아가는 가족들이 현실에서 더 증가할 것으로 전망된다(송효진 외, 2021, pp. 73-74).

3절에서는 장래가구추계를 통해 가족변화를 전망하고 가족복지의 과제를 제시하였다. 먼저, 가족변화의 전망으로는 1인가구의 증가, 생계와 돌봄을 공유하는 파트너십의 확대, 생애주기의 변화를 전망하였다. 가족복지의 방향과 과제에서는 가족의 다양성을 고려하는 돌봄지원정책과 가족정책의 패러다임 전환과 가족구성권 인정 등을 제안하였다.

생각해 볼거리/토론거리

1. 다음은 기존 가족의 범위와 다른 가족유형에 대한 글이다. 현행 「민법」 「건강가정기본법」의 법 개념 적용으로 차별받는 가족의 유형과 사례에 대해 토론해 보시오.

> 「민법」 제779조와 「건강가정기본법」 제3조 제1항의 가족 정의, 또 이를 참조하는 240개의 현행 법조항 등 많은 법률에서 정하는 '법률혼과 혈연의 가족' 범위에 포함되지 않는다면, 가족을 단위로 하거나 가족을 경유하는 사회안전망과 서비스로부터 완전히 배제된다. 38년 동안 노모를 부양했지만, 부양 노모가 아버지가 재혼한 부인으로 직계혈족이 아니어서 노부모부양 특별공급 주택청약 당첨이 취소되었으며, 20년 동안 사실혼으로 함께 살았지만 혼인신고를 하지 않아 법적 배우자가 아니라는 이유로 동반자의 시신을 인도받을 수 없어 장례를 치를 수 없었다. 우리 사회에서는 현재 서로를 부양하고 돌보며 제일 가깝고 중요한 관계라 할지라도 법률혼이 아니라면 사회보험, 가족수당, 가족돌봄휴가, 세제 혜택, 주거지원 등 어떤 제도적인 지원과 서비스도 받지 못하며, 위급한 상황에서 의료처치를 결정해야 할 때도 보호자가 되지 못한다.

2. 다음은 사회적 가족[4]에 대한 개념이다. 기존의 가족개념과의 상이점에 대해 논의해 보시오.

> ① 동거사회적 가족: 서로 돌보는 동반자관계로 사회적 가족을 구성한 유형으로 이성커플과 퀴어커플뿐만 아니라 2인 친구가족 등이 이에 속함
> ② 주거공동체 지향 사회적 가족: 협동조합이나 쉐어하우스, 그룹홈 등 자발적으로 주거를 함께하면서 살아가며 사회적 가족을 구성한 유형
> ③ 네트워크 지향 사회적 가족: 공동주거의 방식은 아니지만 생활을 공유할 수 있는 지역사회 영역에서 가족의 소속감으로 연결된 방식으로 서로 돌봄을 수행하는 사회적 가족

3. 다음은 영케어러[5]에 대한 글이다. 영케어러와 관련된 사례를 찾아보고 이들의 문제점, 가족돌봄정책의 과제에 대해 생각해 보시오.

---

4) 가족구성연구소(2019)에서 인용하였다.
5) 최영준 외(2022), p. 1121 참조.

2022년 보건복지부는 제6차 '청년정책조정위원회'에서 아픈 가족구성원을 돌보는 청소년 및 청년을 '가족 돌봄 청년'이라고 공식적으로 명명하고 이들에 대한 대책 수립을 발표하는 등 최근 영케어러의 공식적인 정의를 구체화하려는 움직임이 관찰되고 있다.

참고문헌

가족구성연구소(2019). 서울시 사회적 가족의 지위보장 및 지원방안 연구.

김순남(2022). 누구를 위한 '건강가정기본법인가: 건강가정을 넘어 시민적 유대를 모색하기-위계와 차별 없는 가족정책을 위하여. 한국가족학회/서울대학교 여성연구소 토론회, 3-17.

김영란, 배호중, 선보영, 성경, 류연규(2021). 코로나19 이후 돌봄 정책 연구. 서울: 한국여성정책연구원.

김은지(2022). 저출생시대 돌봄의 질 제고를 위한 가족정책의 방향과 과제. 젠더리뷰, 제65호, 13-23.

나기(2022). 혈연/제도적/이성애 규범적 가족중심의 패러다임 변화 없는 법 개정의 한계-현실과 다른 가족규정, 어떻게 바꿀 것인가. 건강가정기본법 개정을 위한 국회토론회 자료집, 71.

류연규(2022). 자녀 돌봄 정책의 현황과 평가-인구감소시대 사회 돌봄의 현재와 미래를 논하다. 2022년도 한국가족사회복지학회 춘계 학술대회 자료집, 51-73.

변수정(2021). 결혼 안과 밖의 가족 형성에 대한 태도. 보건복지포럼, 293, 8-21.

백선희(2019). 돌봄의 사회적 가치의 재인식과 새로운 사회로의 제언-돌봄의 가치와 포용사회, 서울대 국제이주와 포용센터. 육아정책연구소 · 동국대학교 인구와사회협동연구소 토론회 자료집.

송다영, 정선영(2013). 통합적 가족정책으로의 패러다임 전환을 위한 과제. 비판사회 정책, 39, 145-189.

송효진(2019). 다양한 가족, 다양한 현상. 젠더리뷰, 제54호, 13-19.

송효진(2021). 제4차 건강가정기본계획 추진을 위한 법개정 방향: 가족 다양성 의제를 중심으로. 젠더리뷰, 제63호, 28-40.

송효진, 황정미, 김수정, 박광동, 김은지, 김영란, 박복순, 최진희, 김수진, 홍윤선, 변혜정, 조은주, 김수완, 배지영, 김현희, 이상모, 장원규, 홍주은, 이지영, 김미현, 김동진, 장지영

(2021). 개인화 시대, 미래 가족변화에 대응하는 포용적 법제 구축 방안. 세종: 경제·인문사회연구회

송효진(2022). 건강가정기본법—가족변화에 대응하여 배제와 소외 없는 보편적 가족정책을 위한 기본법으로 재탄생해야—현실과 다른 가족규정, 어떻게 바꿀 것인가. 건강가정기본법 개정을 위한 국회토론회 자료집, 64.

여성가족부(2021. 4. 27.). 2025 세상 모든 가족 함께: 제4차 건강가정기본계획(2021~2025).

여성가족부(2021. 7.). 다양한 가족에 대한 국민인식조사. 서울: EMBRAIN PUBLIC.

여성가족부 보도자료(2021. 1. 25.). 다양한 가족 포용할 가족정책—「제4차 건강가정기본계획 "2025 세상 가족 함께"」마련을 위한 공청회 개최.

유해미(2003). 아동양육 정책의 재편과 시민권의 변화. 페미니즘연구, 8월호, 9-44.

윤홍식(2004a). 가족의 변화를 둘러싼 최근의 담론과 한국가족(복지)정책의 방향. 춘계 한국가족사회복지학회 발표 자료집.

윤홍식(2004b). 가족정책방향 및 가족지원기본법(안)의 주요내용: 가족지원기본법(안))의 법제화 필요성. 가족지원기본법(안) 입법토론회 자료집.

이근옥(2022). 건강가정기본법 개정, 협소한 '가족' 규정을 넘어 시민의 삶을 반영하는 법으로—현실과 다른 가족규정, 어떻게 바꿀 것인가? 건강가정기본법 개정을 위한 국회토론회 자료집, 35-72.

이민주(2022). 건강가정기본법 개정의 필요성: 사회 현실 반영과 차별 해소를 중심으로—현실과 다른 가족규정, 어떻게 바꿀 것인가. 건강가정기본법 개정을 위한 국회토론회 자료집, 32.

이재경(2022). 한국가족: 신 가족주의에서 포스트 가부장제로. 서울: 이화여자대학교출판부.

이진숙(2002). 독일의 공적 가족복지 전달체계에 대한 분석: 한국가족복지전달체계의 발전 방향에 대한 시사점. 가족과 문화, 제14집, 131-161.

이진숙(2004). 독일 가족복지정책의 쟁점변화 분석. 한국인구학, 27(1), 91-120.

이진숙(2017. 10.). 가족의 다양화에 따른 가족서비스지원체계 효율화방안 모색. 보건복지포럼, 78-91.

이진숙(2018. 5. 1.). 한국가족은 어디로 가야 하나. 월간복지동향.

이혜경(1996). 한국 가족정책 대안의 선택과 정부·민간의 관계. 박병호 외 공저, 한국가족정책의 이해. 서울: 신정출판사.

장혜경, 홍승아, 김영란, 김수정(2005). 가족 내 돌봄노동에 대한 사회적 지원방안 연구. 서울: 한국여성개발원.

조선미, 양준영, 임연규, 박송이, 이진숙(2022). 통계로 보는 여성—다양한 가족과 변화하는 가치관: 진단 및 시사점. 젠더리뷰, 제66호, 80-92.

진미정, 고선주, 권순범, 남영주, 배희분, 성미애, 이경희, 이소영, 이재림, 장미나, 장주영, 차

승은, 최새은, 허정원(2022). 가족과 돌봄. 서울: 도서출판하우.

진미정, 장미나, 노신애(2019). 1인가구 건강지원센터 이용실태 및 프로그램 개발연구. 서울: 한국건강가정진흥원.

최영준, 김보영, 김윤영, 임소현, 오서은(2022). 영케어러(Young Carer)의 사회적 위험 대응을 위한 혼합방법 연구. 한국사회복지학회 학술대회 자료집, 1119-1197.

통계청 보도자료(2019. 9. 18.). 장래가구특별추계: 2017-2047년.

통계청 보도자료(2022. 3. 17.). 2021년 혼인 · 이혼 통계.

통계청 보도자료(2022. 6. 28.). 장래가구추계: 2020-2050년.

통계청 보도자료(2022. 8. 24.). 2021년 출생 통계.

한국보건사회연구원(2020). 저출산 · 고령사회 대응 국민 인식 및 가치관 심층조사.

황정미 외(2020). 베이비붐 세대 1인가구를 고려한 가족서비스 전달체계 운영 모형 연구. 한국건강가정진흥원 연구보고서.

Jenson, J. (1997). Who cares? gender and welfare regimes. *Social Politics*, 4(3), 182-187.

아시아경제(2022. 9. 24.). '가족 다양성' 입장 뒤집은 여가부…'사실혼 · 동거' 포함 원점으로.

🌱 찾아보기

인명

내용

저자 소개

좌현숙(Jwa, Hyunsuk)
서울대학교 사회복지학 박사
현 호남대학교 사회복지학과 교수

〈주요 저서〉
『사회복지실천론』(3판, 공저, 신정, 2021)
『영화로 읽는 젠더와 가족』(공저, 학지사, 2015)

김혜래(Kim, Hye Rae)
서울대학교 사회복지학 박사
전 가톨릭꽃동네대학교 사회복지학과 교수, 한국학교사회복지학회장(2010, 2011)
현 가톨릭꽃동네대학교 사회복지학과 명예교수

〈주요 저서〉
『사회복지실천기술론』(공저, 신정, 2023)
『복지교육의 이해』(청목, 2015)
『영화, 사회복지를 만나다』(공저, 한울, 2011)

김혜미(Kim, Hyemee)
서울대학교 사회복지학 박사
현 인천대학교 사회복지학과 교수

〈주요 저서 및 논문〉
『사회복지와 문화다양성』(공저, 공동체, 2020)
「다문화가족 이주여성의 자살생각에 대한 연구」(한국보건교육건강증진학회지, 2021)
「Community-based social service utilization of marriage migrant women in Korea: Focusing on differences by women's country of origin」(The Social Science Journal, 2020)

변귀연(Byun, Kwiyun)

서울대학교 사회복지학 박사

전 호남대학교 사회복지학과 교수

〈주요 저서〉

『가족복지론』(개정2판, 공저, 청목출판사, 2013)

신나래(Shin, Narae)

미국 미네소타대학교 사회복지전공, 철학박사

현 서울대학교 사회과학연구원 연구원

〈주요 논문〉

「문화공연활동을 통한 가정폭력 피해생존자의 역량강화에 관한 연구」(한국여성학, 2022)

「The influence of informal support on battered women's use of formal services」(Journal of
　　Aggression, Maltreatment & Trauma, 2021)

「가정폭력과 재생산 통제」(한국여성학, 2019)

신영화(Shin, Younghwa)

서울대학교 사회복지학 박사

전 한국가족사회복지학회장(2013)

현 군산대학교 사회복지학과 교수

〈주요 저서 및 논문〉

『사회복지와 문화다양성』(공저, 학지사, 2021)

『사례로 배우는 가족상담』(공저, 학지사, 2020)

「아동학대 위기 가족에 대한 이야기치료 접근의 사례연구」(가족과 가족치료, 2020)

신은주(Shin, Eunju)

서울대학교 사회복지학 박사

전 한국가족사회복지학회장(2012)

　　평택대학교 총장(2018. 12. 31.~2020. 9. 25.)

현 평택대학교 사회복지학과 교수

〈주요 저서 및 논문〉

『여성복지학』(3판, 공저, 학지사, 2020)

『가족복지학』(5판, 공저, 학지사, 2017)

「북한이탈여성의 가정폭력피해가 정신건강에 미치는 영향」(지방사와 지방문화, 2019)

양숙미(Yang Sook Mee)

서울대학교 사회복지학 박사

현 남서울대학교 사회복지학과 교수

〈주요 연구보고서〉

「경계성 지적장애 부모와 자녀를 대상으로 한 지역사회 돌봄체계 구축연구」(인천기독교종합
　　사회복지관, 2022)

「장애인일자리 정책환경 변화에 따른 발전방안 연구」(한국장애인개발원, 2022)

「중증장애아동 돌봄서비스 개선방안연구」(보건복지부, 2021)

유영림(You Yonglim)

영국 버밍엄대학교 사회복지학 박사

현 초당대학교 사회복지상담학과 교수

　　무안군가족센터장

〈주요 저서 및 논문〉

『사회복지발달사』(공저, 청목출판사, 2016)

「Understanding the Perspectives and Experiences of Employed Older People on Active
　　Ageing in Their Later Working Life(Biographical Narrative Approach)」(International
　　Journal of Environmental Research and Public Health, 2021)

윤혜미(Yoon, Hyemee)
미국 코넬대학교 대학원 휴먼서비스학 전공, 철학박사
전 한국아동복지학회장(2009~2011)
　　초대 아동권리보장원장(2020. 1. 6.~2023. 1. 5.)
현 충북대학교 아동복지학과 교수

〈주요 저서〉
『사회복지실천의 이해』(5판, 공저, 학지사, 2020)
『사회복지학개론: 원리와 실제』(3판, 공저, 학지사, 2018)
『아동복지론』(개정2판, 공저, 청목출판사, 2013)

홍순혜(Hong, Soonhae)
미국 미네소타대학교 사회복지전공, 철학박사
전 한국학교사회복지학회장(2008)
현 서울여자대학교 사회복지학과 교수

〈주요 저서 및 논문〉
『저소득층 초등학생을 위한 식생활교육 프로그램 개발: 심리·사회적, 영양학적 요인을 중심
　　으로』(공저, 집문당, 2020)
「영케어러의 돌봄활동과 그 영향: KBS 1TV 〈동행〉 출연 가족 사례 분석」(한국사회복지교육,
　　2023)
「드림스타트 사업의 성과, 성공요인 및 한계: 경기도 G시 사례에 대한 초점집단인터뷰 활용
　　질적연구」(한국아동복지학, 2019)

가족복지론
Social Welfare with Families

2023년 9월 10일 1판 1쇄 인쇄
2023년 9월 15일 1판 1쇄 발행

지은이 • 좌현숙 · 김혜래 · 김혜미 · 변귀연 · 신나래 · 신영화
　　　　신은주 · 양숙미 · 유영림 · 윤혜미 · 홍순혜

펴낸이 • 김진환

펴낸곳 • ㈜ **학지사**

　　　　04031 서울특별시 마포구 양화로 15길 20 마인드월드빌딩

대표전화 • 02-330-5114　　팩스 • 02-324-2345

등록번호 • 제313-2006-000265호

홈페이지 • http://www.hakjisa.co.kr

인스타그램 • https://www.instagram.com/hakjisabook

ISBN 978-89-997-2961-4　93330

정가 21,000원

저자와의 협약으로 인지는 생략합니다.
파본은 구입처에서 교환해 드립니다.

이 책을 무단으로 전재하거나 복제할 경우 저작권법에 따라 처벌을 받게 됩니다.

┃ 출판미디어기업 **학 지사**

간호보건의학출판 **학지사메디컬** www.hakjisamd.co.kr
심리검사연구소 **인싸이트** www.inpsyt.co.kr
학술논문서비스 **뉴논문** www.newnonmun.com
교육연수원 **카운피아** www.counpia.com